# 开悟

## 万物演化与个体成长

高永涛　著

**中国铁道出版社有限公司**
CHINA RAILWAY PUBLISHING HOUSE CO., LTD.

**图书在版编目（CIP）数据**

开悟：万物演化与个体成长 / 高永涛著. -- 北京 ：
中国铁道出版社有限公司，2024. 12. -- ISBN 978-7
-113-31796-6

Ⅰ. B-49

中国国家版本馆 CIP 数据核字第 2024CZ3705 号

书　　名：开悟——万物演化与个体成长
　　　　　KAIWU: WANWU YANHUA YU GETI CHENGZHANG

作　　者：高永涛

策　　划：王晓罡
责任编辑：孟智纯　　　　　　　编辑部电话：（010）51873697
封面设计：刘　莎
责任校对：安海燕
责任印制：赵星辰

出版发行：中国铁道出版社有限公司（100054，北京市西城区右安门西街 8 号）
网　　址：https://www.tdpress.com
印　　刷：北京联兴盛业印刷股份有限公司
版　　次：2024 年 12 月第 1 版　2024 年 12 月第 1 次印刷
开　　本：710 mm×1 000 mm 1/16　印张：22　字数：380 千
书　　号：ISBN 978-7-113-31796-6
定　　价：78.00 元

# 序

自古以来，人们对于我们所生活的世界充满了好奇。这种好奇心驱使着一些人去深入探究世界，从而形成了现今人们对世界的各种认识成果，并进一步发展为系统化的认识理论。

正如已故物理学家张首晟所言，人类的知识已经发展成一棵丰茂的大树，但是枝与枝之间的距离却越来越远，很少有人能看清这棵树的全貌，看到枝叶之间的内在联系。当今碎片化的知识内容和快餐式的文化传播方式，进一步使得学习知识变得困难且低效。在这种情况下，知识在很多时候成了人们消磨时间的工具，难以促进个人成长和社会进步。

作为一个喜欢思考的人，这些繁杂的知识时常让我感到困惑，似乎知道的越多，事物就越显得复杂，我就越觉得自己无知，甚至感到迷茫。那么，知识对我们来说价值到底何在呢？

2019年夏天，我机缘巧合参加了和君商学院为期一年的学习。作为一个具备自然科学基础的技术背景人士，我第一次感受到了社会科学的系统性，也体验到了系统学习知识带来的价值。与此同时，自己长期思索的众多自然科学命题，在社会科学的催化下逐渐变得易于理解，多年的困惑开始逐步消散，人生中第一次感觉到了透彻的明悟。这种明悟也激励我想要系统地梳理这棵知识的大树。

我希望通过撰写这样一本书，能够将不同学科的知识系统地贯穿起来，形成一套关于世界的逻辑清晰、层次分明的通用认识理论。这套理论旨在系统地联系起万物的演化历程，系统地阐述各种促进个人成长的方法，从而挖掘知识的价值，推动人们的认知发展、能力提升和思想进步。

正如古语所言："形而上者谓之道，形而下者谓之器。"道是器的本质，器是道的表象。这本书也试图透过纷繁复杂的表象世界，整合跨学科的系统知识，探寻万物内在的本质，揭示那形而上的"道"，从而寻求一套更为普遍的关于认识世界的理论。

　　毫无疑问，编写这样一本书无疑是一个极其大胆的构想，甚至可以说是一种妄想。但是，当脑海中的那个念头挥之不去、让人无法抗拒时，写一本书来表达我心中的"道"似乎就成了一件不得不去做的事情。

　　于是，在 2020 年初，我做出了一个大胆的决定，开始了自己的认知探险之旅。接下来的近三年时间里，我查阅了各种资料，阅读了多部专著，一路跌跌撞撞地坚持了下来。

　　对于我个人而言，这是一本倾注了极多心血的书。回顾过去的三年，多少个不眠之夜仰望星空，多少个清晨早起等待朝阳。写到困苦处，抓耳挠腮，唉声叹气；写到尽兴处，手舞足蹈，抚掌而笑。其中点滴，如人饮水，冷暖自知。

　　我真诚地希望这本书能发挥其价值：为广大读者提供系统化的认知和切实可行的方法，让每位读者在阅读后都能有所收获、有所成长，从而更接近自己理想中的美好生活。

　　鉴于自己的学识和水平有限，书中难免存在理解不足或思考不深的地方，敬请读者不吝赐教。

　　最后，在本书即将付梓之际，我要特别感谢我的妻子袁雯，她在背后默默承担了家庭琐事，无怨无悔地维持着家庭的日常运转。此外，还要感谢王洪波先生、史贤德先生、高海涛先生、陈帆先生、王晓罡先生对本书提出的宝贵意见，并诚挚地感谢编辑老师辛勤的审改与校对。

高永涛

2024 年 8 月于南昌

# 目 录

**1 哲学的认识 / 001**

1.1 从泰勒斯到德谟克利特 / 003

1.2 古希腊三杰 / 007

1.3 轴心时代的其他文明 / 010

1.4 经验论者与唯理论者 / 013

1.5 从康德到黑格尔 / 018

1.6 本章小结 / 023

**2 科学的理解 / 025**

2.1 确定的定律 / 027

2.2 弯曲的时空 / 033

2.3 随机的量子（一）/ 041

2.4 随机的量子（二）/ 044

2.5 统一的梦想（一）/ 048

2.6 统一的梦想（二）/ 054

2.7 本章小结 / 058

**3 一种新的认识（一）：时空与物质 / 063**

3.1 几点说明 / 064

3.2 时空（一）/ 069

3.3 时空（二）/ 074

3.4 物质（一）/ 081

3.5 物质（二）/ 089

3.6 物质（三）/ 095

3.7 物质（四）/ 101

3.8 本章小结 / 105


4 一种新的认识（二）：相互作用与物质运动 / 109

4.1 基本规律 / 111

4.2 相互作用（一）：电磁相互作用 / 119

4.3 相互作用（二）：弱相互作用和强相互作用 / 125

4.4 相互作用（三）：引力相互作用 / 129

4.5 宇宙的演化 / 134

4.6 对更多物理现象的分析 / 139

4.7 本章小结 / 145


5 生    命 / 149

5.1 生命的自我表达与自我延续 / 151

5.2 生命的起源：基因背后的故事 / 156

5.3 生命的进化：基因突变 / 160

5.4 生物种群和生物界 / 163

5.5 本章小结 / 167


6 人与意识 / 171

6.1 人性：前人的认识 / 173

6.2 人的本性 / 178

6.3 第二反馈机制 / 183

6.4 意识 / 189

6.5 认识 / 193

6.6 认识之上 / 198

6.7 需求与幸福 / 202

6.8 本章小结 / 207

## 7 社会与人 / 213

7.1 对社会的认识 / 215

7.2 社会的发展（一）/ 220

7.3 社会的发展（二）/ 222

7.4 社会的发展（三）/ 226

7.5 异同之处 / 229

7.6 道德（一）/ 234

7.7 道德（二）/ 238

7.8 德福一致 / 242

7.9 现状与方向 / 246

7.10 本章小结 / 251

## 8 内修能力 / 255

8.1 价值观与志向 / 257

8.2 思维力（一）：系统思维 / 263

8.3 思维力（二）：结构化思维与模型化思维 / 269

8.4 情感力 / 278

8.5 意志力 / 282

8.6 本章小结 / 286

## 9 外练方法 / 287

9.1 学习之法（一）/ 289

9.2 学习之法（二）/ 293

9.3 习惯养成之法 / 300

9.4 做事之法 / 308

9.5 沟通之法 / 315

9.6 家庭经营与教育 / 324

9.7 企业的经营管理 / 331

9.8 本章小结 / 339

**后记 / 342**

# 1

## 哲学的认识

　　首先，我们的认知探险之旅必须面对的第一个问题便是如何认识物质世界。也正因此，我们将从人类对物质世界的认识的初始阶段出发，一路追溯先哲们的足迹，探寻物质世界的本原。

　　人们对物质世界本原的认识最早可以追溯到古巴比伦的神话，但真正对我们世界具有理性认识的起始点是古希腊。公认的最早的哲学家泰勒斯，从他到亚里士多德的这段历史时期，被雅思贝尔斯称为"轴心时代"。在这一时期，涌现了许多伟大的哲学家，他们对世界的认识更多地建立在理性的基础上，奠定了人们对世界认识的一套基本方法。同时，由于不同学派认识世界的角度各异，古希腊哲学孕育并发展出了对世界不同的认识，包括一些宗教的认识、我们当前建立的科学体系，以及近代多个哲学流派，均源自古希腊哲学的延续。

　　继古希腊之后，哲学的另一个发展高潮是文艺复兴以后逐渐发展起来的近代哲学。在度过了中世纪漫长的思想禁锢之后，文艺复兴让人们呼吸到了自由的空气，哲学也随之呈现出各家争鸣、百花齐放的景象。经验主义者和唯理论者都极大地强调了人这个本体的重要性，这种现象一直延续下来。康德深入探讨了人的认识如何成为可能的问题，而黑格尔则在人的认识基础上提出了绝对理念。然而，古典哲学之后，存在主义者不仅关注存在者这个实体，更关注于存在的意义；实证主义者则希望通过科学哲学来重新认识我们的世界。

　　在本章中，我们将通过梳理历史上的主要哲学流派，了解他们的世界观，进而探讨他们是如何认识我们的物质世界的。

# 1.1　从泰勒斯到德谟克利特

　　从泰勒斯到亚里士多德的这段时期，是古希腊哲学中自然哲学最为繁盛的一个时期。在这一时期，虽然有像毕达哥拉斯、巴门尼德等人基于抽象的理论来解释世界，且后来经过苏格拉底、柏拉图等人的发扬，伦理学以及理性思维已经融入了人们对世界和自我的认识之中，但我们不可否认的是，从泰勒斯到德谟克利特，他们通过观察与逻辑推理已经将我们的物质世界描绘得有板有眼、颇具体系。

　　被誉为科学与哲学之祖的泰勒斯生活在公元前 7 世纪至公元前 6 世纪的米利都，是可考的第一个研究世界本原的人。泰勒斯认为物质世界是由水组成的，他曾说："水生万物，万物复归于水。"这个观点可能受到了他在埃及经历的影响——尼罗河水的泛滥带来了淤泥，也带来了在淤泥中生长的万物。同时，他认为万物是有灵性的，有生命的。因此，"水是最好的"成了他的格言。

　　有趣的是，几乎与泰勒斯同时代的古代中国，诞生了另一位哲学家——老子，他对水同样推崇备至。老子认为："上善若水，水善利万物而不争，处众人之所恶，故几于道。"老子所说的"上善若水"与泰勒斯的格言"水是最好的"有着惊人的相似之处。老子还提到水"故几于道"，在他的理论体系中，"道"是最终生出万物的根源。也就是说，在老子的理论中，水几乎也承担着孕育万物的使命，或至少说水具有"善利万物"的本性。

　　两人的观点极为相似，究竟是巧合还是有必然的联系，现在已经无从考证。然而，通过当今科学的论证，一个不争的事实是：生命的起源和延续离不开水。如果地球上没有了水，生命将不复存在；而作为人类，我们体内 70% 以上都是水。当前生物学对于生命起源的研究也指向了海洋。可以说，泰勒斯和老子虽然是基于观察以及经验总结来认识水的，但他们的洞察力确实非凡。

　　另一方面，不管是泰勒斯还是老子，他们将水视为万物的本原，并对其推崇备至，有一个根本的原因是水具有多种特性，例如水的变化性——在常温下，水呈现液态，加热可以变为气，冷却则结冰，在我们的日常生活中便可观察到它的三种形态。除此之外，水孕育着一切生命，他们应该也清楚地认识到了这一点。正因如此，水在人类文明早期便不约而同地被赋予了崇高的地位。

作为泰勒斯的学生，阿那克西曼德在继承的基础上又继续深化思考。阿那克西曼德认为物质世界的本原不应有固定的形态，因此他提出了一种名为阿派朗（Apeiron）的简单原质。阿派朗通过演化生成万物："万物所由之而生的东西，万物消灭后复归于它，这是命运规定了的，因为万物按照时间的秩序，为它们彼此间的不正义而互相偿补。"阿那克西曼德的这种阿派朗概念比泰勒斯的水更进一步，更接近老子所谓的"道"——"道生一，一生二，二生三，三生万物"。这种抽象化而又不失唯物主义本色的物质本原论至今看来仍具有借鉴意义。

阿那克西曼德的观点中还提到了"命运""时间""正义""偿补"等概念，并将这些概念置于一切之上，可以说他已经从哲学的角度对物质世界的本质进行了深刻的思考。

阿那克西曼德的学生——阿那克西美尼似乎结合了泰勒斯和阿那克西曼德的理论，气是万物的本原，不同形式的物质是通过气体聚和散的过程产生的。火是稀薄的气，水是凝聚的气；如果水继续凝聚，就会变成土，最终成为石头。

宋朝的张载也提出了气是万物本原的说法。我们熟悉张载，是因为他的横渠四句。对于宇宙的本原，张载有着与阿那克西美尼类似的理解。张载认为宇宙的本体、万物的本原是气——"凡可状者皆有也，凡有皆象也，凡象皆气也"。一切万物都是由气演化而来，形态各异的万物都是气的不同表现形态，甚至包括了我们的空间——"太虚即气，则无无"。

为什么阿那克西美尼不立足于发展其老师泰勒斯和阿那克西曼德的理论，而要将气作为万物的本原？而张载为何也选择了气作为万物的本原呢？在我看来，气比水更加无定形，却不像阿派朗那样完全看不见、摸不着。同时，气继承了水的变化特性，因此更容易被人们从观念上接受。因此，无论是阿那克西美尼还是张载，都选择了气作为万物的本原。另一方面，张载的认识更进一步，将我们的空间也视为气的一种形态，实在是深刻而高明。

几乎与阿那克西美尼同时出生的毕达哥拉斯，则开始创立了一套全新的学说。他引入了"数"的概念，并将数视为宇宙的本原，认为"万物皆数""数是万物的本质"，是"存在由之构成的原则"。而整个宇宙，则是数及其关系的和谐体系。

自毕达哥拉斯和阿那克西美尼之后，西方对世界的认知逐步走上了两条不同的道路。一条是以赫拉克利特、恩培多克勒、德谟克利特为代表的认识体系，其特点是以观察为基础、逻辑为辅助，从更加物质化的角度归纳总结出可能的观点；另一条则是以柏拉图为代表的理论体系，更多地在抽象的基础上进行逻辑推理，寻找形而上的万物本原。随着这两个方向的发展，最终形成了西方科学与形而上学的分裂。同时，这两者又在矛盾对立中互相促进，共同前进。最终，作为集大成者的亚里士多德发展出了一套完整的、包含形而上学与自然科学的世界认识体系。

晚于毕达哥拉斯的赫拉克利特创立了一套至今仍然熠熠生辉的学说。对于世界本原的认识，他认为火是宇宙与万物的本原，万物生自火，即火熄灭后变成万物；万物复归于火，即万物燃烧后变为火。火是万物变化生灭的活力之源。他说："一切转换为火，火又转换成一切，犹如黄金换成货物，货物又换成黄金。"另一方面，他又提出了"逻各斯"的概念，用以解释为何火有时候变成水，而有时候变成土。他论述道："一切都遵循命运而来，命运就是必然性，而命运的本质就是贯穿世界实体的逻各斯。"包括神也不可能逃避逻各斯。熟悉古希腊悲剧的人都知晓，无论是谁都无法逃避命运，如俄狄浦斯杀父娶母，阿喀琉斯被阿波罗的箭射中脚踵而死。在埃斯库罗斯与赫拉克利特的认识中，命运被看作是不可逃避的规律。

我们在欣赏赫拉克利特的观点的同时，不得不赞叹他的智慧。他将感官世界中的物质变化与背后的规律（逻各斯）一分为二，又合二为一。

这种规律在他看来是思考的结果，也只有语言可以表达。然而至今来看，把这种规律简单看作唯心主义的学说已经不恰当了，因为它在指导我们认识物质世界，甚至是预言物质世界的运动方面发挥了作用。最直观的例子是数学与物理学的结合。一方面，物理学几乎可以严格遵循数学逻辑推理；另一方面，它却能预言物质世界的运动规律（且这些运动规律不断地被实验所证实）。例如，黎曼几何指导爱因斯坦创立了广义相对论，用于认识宏观尺度，甚至宇观尺度上的世界；而量子力学则建立在泛函分析的基础之上，指导着我们认识微观尺度的物质世界。最终，实验观测又在证实着广义相对论与量子力学的准确性。

在泰勒斯等人提出单一物质本原的基础上，恩培多克勒提出了一个综合的概念，承认有土、气、火、水四种原质。他认为这四种元素按照不同比例组合到一起就组成了万物，而这个组合的动因是爱与恨：四种物质被爱结合起来，又被恨分离开来。这让我们想到了中国古代的五行学说，但是与五行学说中相生相克的观点不同。值得注意的是，这里的爱与恨具有物性的特征，类似于电荷之间的吸引与排斥现象，而不是我们现在所说的精神层面的爱与恨。他的学说从一元转向多元，逐步认识到四种元素之间的相互组合形成了万物，相比于之前的泰勒斯、赫拉克利特等人又有了更大的进步。那就是他不仅考虑时间的变化，也在思考物质之间应有的相互作用和组合。

除了恩培多克勒，与他同时代的阿那克萨戈拉则提出任何事物都是由事物本身的种子构成的。由于事物无限多，因此种子也无限多，同时无限小，且相互之间有差别（而在后文中，我们看到德谟克利特强调的原子在性质上是无差别的）。他认为从世界一开始，这些所有的种子都是混合在一起的一个巨大的混沌物，这有点像中国古代神话中盘古开天辟地之前的世界。这些种子构成的这个混沌物是不动的，但是由于一种阿那克萨戈拉称作"奴斯"的作用，使原始的混沌物发生旋涡运动。这个运动首先从一小点开始，然后逐步扩大、积聚起来，产生日月星辰、大地万物等。同时这种旋涡运动的结果，使稀与浓、热与冷、暗与明、干与湿分开，于是浓的、冷的、暗的和湿的结合为大地，而稀的、热的、干的和明的结合为高空，从而构成了有秩序的宇宙。

"奴斯"在希腊语中本义为心灵，转义为理性。阿那克萨戈拉用"奴斯"来表述万物的动因，无形中还是交给了一个不可知的概念。

与阿那克萨戈拉的观点不同，德谟克利特认为宇宙的本原是原子与虚空，相信万物都是由微小的、物理上不可分的原子构成的。原子是一种最后的不可分的物质微粒。作为物理上不可分的原子，其性质是无差别的，但是原子的形状和大小却是不同的。同时，原子又是不生不灭的，是永恒的。原子自始至终都在运动，而这种运动是其本身的特性。世界上的万物是由于原子的不同排列组合而形成的。对于空间的认识，德谟克利特认为"虚空"存在于原子不存在的地方；原子之所以不可分，是因为其内部没有虚空。

以德谟克利特为代表的原子论者的这种观点，在那个时代更多的是在逻辑上的一种推理。然而，即使是在逻辑上的推理，这种直接导向二元论的思想却为人们认识世界奠定了科学基础。时至今日，所有探究世界本原的科学理论都建立在物质与时空二元论的基础之上，成了我们最难以突破却又坚实的理论根基。

## 1.2 古希腊三杰

德谟克利特之后，人们的认识开始更加关注人本身，代表人物便是古希腊三杰之一的苏格拉底。于是，当苏格拉底把哲学从天上拉回到了人间以后，正如德尔斐神庙的那句神谕"人啊，认识你自己"一样，人们不断地在自我认识中寻求新的突破。而这个被雅思贝尔斯称作"轴心时代"的时期，在西方（主要是古希腊）、东方的中国以及古印度，不约而同地开始了一个对人自身认识的新时代。他们更关注于人们的生活以及对自我的认识。

在古希腊，苏格拉底首先面对物质世界采取了回避的态度。他认为人本身就是没有智慧的，而世界上的万物都是在变化的，因此人是注定无法知道万物本原及万物运行规律的，故而我们就不应该将精力放在对物质世界的认识上，而是应放在对我们自己的认识上。因此，他所追寻的知识即是美德，那个知识已经不是对客观的物质世界的知识了，而是关于人类社会的道德的知识。

当苏格拉底的思想传承到柏拉图时，柏拉图更进一步，将人对世界的认识进行抽象，提出一种叫作"理念"的东西。无论是希腊前期毕达哥拉斯的"数"，还是赫拉克利特的"逻各斯"，都还没有脱离物质世界而存在，都在极力想通过它们来解释物质世界的本原。但是到柏拉图的时候，理念已经发展成足以可以独立于我们所感知的物质世界而存在的一个东西，当然也独立于时空而存在。柏拉图借此形成了一套形而上学的本体论。

在柏拉图的理论体系里，世界既然是可感的，所以就不能是永恒的。比如我们所看到的一只猫，"猫"这个字的背后代表着一种永恒的东西，它并不随着某个个别的猫的存在而存在，因此是理念的猫。他还明确提出了神这个概念，这个神使用理念，将质料重新组合，来生成这个世界。而且神既是善的，所以他就按照永恒的模型来创造世界。当神创造人的时候，神把理智（在柏拉图那里是一种低级的理念）放在灵魂里，又把灵魂放在身体里，将人造成一个既有灵魂又有理智的活物。

柏拉图最终将理念归结至神，但是已经在进行抽象处理，而且是相比于赫拉克利特和巴门尼德更加一般化的抽象，他在寻找那个具有共性的、一般化的东西。

柏拉图对于时空的理解，主要体现在《蒂迈欧篇》中。柏拉图认为时间是永恒的映像。理念的存在是永恒的，而要将这性质完全无缺地赋予创造出来的东西是不可能的，因此他决定给永恒性创造一个活动的映像。在他把世界安排妥当之后，他就照着那始终统一的永恒性创造出一个根据数的规律而运动的永恒映像来，这就是"时间"。时间永远流逝，无始无终。而空间则不然，柏拉图认为空间是永恒的存在，先于万物的创生，是万物运动的场所和存在的条件。

当柏拉图的理论延续到亚里士多德后，开始了新一轮的分化。亚里士多德重新又回到了更加具体的对物性的认识中。作为古希腊哲学的最后一位巨擘和集大成者，他的形而上学、物理学、逻辑学、伦理学、政治学都对后世产生了巨大的影响。

亚里士多德虽然是柏拉图的学生，但他比他的老师更加理性。他的形而上学，相比柏拉图而言，对后世的影响更大。他对于柏拉图的理念论提出了激烈的批判，正如他说："吾爱吾师，吾更爱真理"。

在亚里士多德的形而上学理论中，他首先开始批判他的老师关于理念的学说。他不承认理念的独立性，而更倾向于理念寓于事物中。亚里士多德把这种寓于事物中的、使得一个事物之所以成为一个事物的性质叫作"形式"。没有形式的事物他称之为"质料"，质料凭借着形式成为某种确定的事物，如身体凭借着灵魂成为人。因此他认为形式是事物的本质。他比柏拉图高明之处，在于他所谓的形式是事物本身的实质，而非柏拉图的绝对的存在。因此，亚里士多德不像柏拉图那样，需要一位神来用理念创造事物，而是像种子长成一棵大树一样，形式在种子中自然地成为一棵大树。但是当我们不停地逐层递推，最终我们发现终极的形式是无所依附的。因此他又回到了神的概念中来，他认为唯有神才只包含着形式而没有质料，神是最初因，也是第一推动，是纯粹的思想。

在他完成了形而上学以后，才开始转入到真正对物质世界的认识上。亚里士多德对于物质世界的认识，则主要集中在他的《物理学》和《论天》两部著作中。

亚里士多德认为地上世界由土、水、气、火四大元素组成，这显然是受到了恩培多克勒的影响。然而在现在看来，我们只能称之为朴素的唯物主义。

虽然他的很多论断是思考的结果，甚至是凭空臆断的产物，在当前看来确实是错误的；虽然他过于强调逻辑思维而轻视实验的方法，引导人们走向了另一条歧途。但是，回过头来看，他的很多理论同样到现在为止都堪称高明，尤其是他基于逻辑推理来认识世界的方式，给后人留下了宝贵的财富。

对于物质世界的认识，他认为地球是宇宙的中心，是一个静止的球体，有多层的天体环绕它运行。最接近地球的是月亮，外层是太阳和五大行星，最外层是无数固定的星星。

亚里士多德关于"自然"的概念，有着某种目的论的属性。他说，一件事物的"自然"（性质）就是它的目的，它就是为了这个目的而存在的。从这里可以看出，他将事物的这种称作"自然"的性质内化成一种驱动力，而这种驱动力最后让事物变成了另一个事物；同样自然也可以让事物保持其静止的本性，因此自然是运动或者静止的根源。

进一步地，他认为运动（更确切地说是变化）就是潜存着的东西正在实现。这对于一颗橡树种子变成一棵橡树来说，似乎是合理的。但是当我们面对物质世界的时候，似乎不存在变化的这种明确的方向性和目的性。

最后，当他回到初始运动的原因分析时，他同样提出一个不动的第一推动者的概念，这一点与他的形而上学是一致的。因此我们可以说，不管是他的物理学还是他的形而上学，他总还是希望回归到这个不动的第一推动者上来，这在当时的科学条件下，已经是相当难能可贵了。

相比于他的老师，亚里士多德对于时空的认识更进一步，形成了一套逻辑上自洽的理解。亚里士多德对于时空的阐述见于其《物理学》中。

对于空间，他承认空间的客观存在性，并且认为空间具有长、宽、高三个维度。空间是事物的"直接包围者"，而又不是该事物的一部分；亚里士多德称之为以太。与空间不同，亚里士多德还提出了虚空的概念，将其定义为不包容有任何可触知物体的地方。但是，亚里士多德认为这样的地方是不存在的。

对于时间，亚里士多德首先否定了时间与"运动或变化"的等价性，而认为时间是运动的计数，是运动持续的尺度。运动存在于时间里，而时间是客观存在的，甚至不因物体的静止而消失。时间是单向的、永无止境地流逝的，因此可以说亚里士多德对于时间的认识是绝对的时间观。

最后一点，亚里士多德敏锐地看到了圆运动的优美性，他认为圆周运动的优美性在于它的无止境、循环往复的运动，所以在他的宇宙论中得以运用。圆的超对称特性对现代物理也产生了巨大的推动作用。后来的托勒密继承并发展了亚里士多德地心说的观点，认为地球静止不动地位于宇宙的中心，所有的天体，包括太阳在内，都围绕地球运转。

总的来说，苏格拉底、柏拉图和亚里士多德作为古希腊思想最具代表性的人物，虽然他们不看重实证的重要性，但他们崇尚理性的思考。从柏拉图到亚里士多德，他们以理性的逻辑思考为基础，将现实物质世界的运转建立在逻辑合理性之上，创立了一套认识世界的学说，为后来者提供了一套认识世界的经典框架和重要方法。

# 1.3  轴心时代的其他文明

在这个轴心时代，除了古希腊的思想家，中国出现了老子、孔子、墨子、庄子等思想家。但是，除老子以外的其他思想家大多将关注点放在了现实的生活上，而对宇宙万物的兴趣不大。

正如前文所描述的那样，老子和泰勒斯的思想极其相似。但老子的哲学思想绝不仅仅是他对水的推崇。老子作为中国古代少有的讨论万物本原的哲学家，仅仅五千言的《道德经》就将中国的哲学提升到了另一个高度。

在《道德经》中，老子提出了"道"这个概念，并明确提出了道是万物本原的说法。在老子那里，"有物混成，先天地生。寂兮寥兮，独立而不改，周行而不殆，可以为天下母"。这就是道，寂静而空虚的道，不依靠任何外力而独立长存永不停息，循环运行而永不衰竭。老子认为正是这个道最终生出了万物，即"道生一，一生二，二生三，三生万物"。老子又说"天下万物生于有，有生于无"，从而将道与无紧密地联系起来。这与他所说的道具有"寂兮寥兮"的特征是一致的。

这样的一个认识，不仅从逻辑上将万物的本原自圆其说，更呈现出一种美感。在后文中我们还将重点分析这一说法的合理性。更为重要的是，老子这样的认识几乎奠定了中国两千年来对宇宙、天地的认识基础。

那个时代的中国，除了老子，还出现了影响中华文化最为深远的思想家孔子。孔子说"《易》与天地准，故能弥纶天地之道"，他还说"天尊地卑，乾坤定矣。卑高以陈，贵贱位矣""天何言哉？四时行焉，百物生焉，天何言哉"，但都是比较轻描淡写的对天地的看法。或者说在他的心中，天地就是按照"易理"或"天道"自然生成的，是不必多言的，尤其是在老子已经讲清楚"道可道，非常道"的情况下。在那样的一个时代，人的认识水平无法去理解物质世界的本原与演化，实属正常。但是从孔子对于物质世界的认识来看，他更多的是一种不感兴趣。

墨子作为墨家学派的创始人，曾经对宇宙或者时空有过一些看法。对于时空，墨子认为时空具有连续性，"久，弥异时也""宇，弥异所也"。但这也是一种比较简单的感知。

除了这些大思想家，自古以来，中国的传统思想中对物质世界，更具体地说是天地体系，就没有很深入的研究。《晋书·天文志》中相对详细地阐述了古代各家天地学说，总结出了盖天说、宣夜说、浑天说三种说法。

盖天说据考源自周髀，其大意是"天圆如张盖，地方如棋局"，或者"天似盖笠，地法覆槃"。虽略有不同，但这是我们古人最为认同的天地观念。而宣夜说的大意是说，我们的天是虚空，日月众星自然浮于虚空之中，其行其止，皆须气焉。此外，张衡详细论述的浑天说首次对大地的形状给出了更为接近实际的说法："浑天如鸡子，天体圆如弹丸，地如鸡子中黄，孤居于天内，天大而地小。天表里有水，天之包地，犹壳之裹黄。天地各乘气而立，载水而浮。"

同样在那个时代，古印度出现了另一位世界级的思想家，这就是佛教的创立者释迦牟尼。他出东南西北门，见生老病死苦，同时也悟到了修行解脱之乐，于是出家寻道，创立了佛教。

总的来说，从公元前 800 年到公元前 200 年的几百年间，人类历史上出现的这些思想家们天赋异禀，创造了很多新思想，将人类对世界的认识疆界不断深化、不断拓展。这其中，古希腊哲学家的思想作为那个时代认识物质世界的丰硕成果，显得弥足珍贵。古希腊哲学埋下了人类理性探索世界的种子，留下了理性与逻辑推理的文化传统，孕育着自然科学的萌芽，由理性和逻辑推理所结出的累累硕果指导着后人深入地探索我们的物质世界。

首先，古希腊的哲人们把很多精力都放在了对我们的物质世界的探究中，逐步摆脱了神话的束缚，开始理性地思考物质世界的客观存在性，并试图解释物质世界的成因。其次，在物质世界的形成学说中，都试图用简单的理论来解释物质世界的形成。再次，部分哲学家对于物质运动的普遍性、绝对性，对于时空存在的客观性也形成了自己的一套理论，并从辩证与逻辑推理中寻求可以立足的观点，这些观点影响深远，直至今日看来都极具合理性。最后，我们从古希腊哲学中最应当学习的仍然是我们认识世界的方法，这其中不管是理性客观的态度、严密的逻辑推理，还是面对未知的好奇心，都通过他们的著作传承了下来，成为我们学习的典范。

另一方面，当我们回过头来客观看待那样一段历史时期，由于人们的认识所限，也由于科学技术发展的局限性，无法深入到更加宏观或者微观的世界，是不可能说清楚物质世界的产生与运动的普遍规律的。即使哲人们极力地在用理性客观的态度、逻辑严密的推理来认识物质世界，但是当走到第一推动者或者说创世者这个终极问题的时候，却总是显得力不从心，难以自圆其说。因此，一批哲学家逐步地走向了更为抽象的概念或者想象的"神"，这也为宗教哲学的兴起、盛行埋下了种子。

还有一个限制人们认识物质世界的障碍，那就是人对于自我优越性的深信不疑。不论是在西方，还是在东方，人们对于通过感官认识世界的依赖都很明显。千百年来，人们认识客观世界的理性总是被人的感官认识所干扰，一不留神就会掉进自我优越性与感性认知的偏见中。这种观念千百年来一直扎根于人们的思想意识中，让人们无法客观理性地面对我们的物质世界。

当今世界，当物质世界演化出生物界，继而进化出人类社会，在人们的意识中，人的主观能动性已经不可能用机械论来解释了。但是，我们面对物质世界，坚持自古希腊以来形成的理性的态度和严密的逻辑推理方法是必不可少的。

# 1.4 经验论者与唯理论者

随着轴心时代的结束，东西方逐步进入了漫长的封建时期。帝国的建立让人们无暇关注我们的物质世界本原的问题，而开始越来越关注现世的生活。在西方，经历了多次的战乱以后，神学给予了人们精神上极大的慰藉，逐步走入了大众的生活，融入了人们的思想。面对物质世界，有人认为有上帝即可，是上帝创造了一切，包括时间。在上帝创造一切以前，一切都不存在；而作为上帝，他是独立于时间以外的绝对存在。无论是过去、现在、将来，对上帝来说都是现在。中国同样进入了合久必分、分久必合的漫长的封建王朝更替之中，儒学成为人们最为关注的思想，儒家思想融入了人们的生活。虽然到了宋朝，人们又短暂地关注到我们的物质世界（宋朝张载提出了气是万物本原，周敦颐和邵雍等人提出了宇宙发生论），但仍然不足以催生人类认识世界的新学说，道德才是哲学与生活的核心主题。东西方都在"关于人的学说"的道路上以不同的姿态向前奔跑，而在科学上陷入了漫长的停滞期。

这种情况一直延续了大约 1500 年的时间（东方则更为漫长）。随着新阶层的兴起，随着天灾人祸的频发，旧体制运转逐步失效，人们对于现有生活状态的不满逐步在思想领域显现出来。文艺复兴带给人们自由的思想和人文情怀，虽然并非对古希腊思想完全继承，但也让人们重新对自我及外在的物质世界产生了浓厚的兴趣，而不再是中世纪相对单一的信仰。

哥白尼的日心说告诉我们，人类赖以生存的地球在整个宇宙中似乎并没有什么优越性。布鲁诺作为哥白尼学说的发扬者，因此而殉道。在布鲁诺的哲学观里，他认为不论是形式还是物质都可以看作是永恒的本原，但是形式受物质所限制，形式离不开物质，物质才是永恒的、常驻的最根本的本原。作为太一的第一本原也是物质的，我们所处的宇宙是统一的、无限的、永恒的，无数个世界在宇宙中运动。而且他还辩证地论证了二元论的客观性，但是他再次重申，二元论要归为一元论，统一于太一。

布鲁诺的这种思想对近代唯物主义和辩证法产生了重要的影响。

到了 17 世纪，经验论者在对前人思想批判的基础上，从经验归纳出发去认识世界。培根、霍布斯等人开始对我们所处的物质世界重新开始解读。但是，经验论者的认识并未像古希腊哲学那样深入；他们更多关心的还是认识论的问题。而对于物质实体而言，他们认为其具有不可知性，甚至将其意识化，因此逐步将物质实体变成了精神的一部分，走向了唯心主义的论断。

作为经验主义的开创者，培根基本上还是认同物质实在性的。他认为自然万物都是由物质性分子所组成，自然（的运转）遵循客观的、普遍的规律（培根称之为形式），因此这些规律是可被人认识的。而物质的性质和运动的方式都具有多样性（即我们物理学中所说的物理性质，物理性质是广延性，运动就有平移性；性质具有温度，运动就有冷热变化，这是对应的）。

与培根的观点相同，霍布斯认为物质世界的物体是不依赖于我们的思想而客观存在的东西。但是对于物体的性质和运动的方式，霍布斯却与培根的观点有很大的不同。霍布斯认为物体只有广延性一个根本性质（称为第一性）。与广延性对应的，物体的运动只有在广延性上的变化，即只有位置的移动。

霍布斯还发展出了一套实体与偶性的理论。实体是本身不变的，物体就是实体，而偶性是附着在实体上的可以发生变化的（称为第二性），比如说物体的颜色、温度等。但是广延性是物体固有的唯一的性质，而非偶性。

相比于霍布斯，洛克拓展了实体的概念，引入了一个精神实体。但是对于实体的本质，他认为我们是无法认识到的。因此，经验论者不再关注于物质的本原。到后来的贝克莱、休谟等人，进一步按此方向发展，不仅将物体的广延性看作是主观的第二性，甚至将物质实体彻底意识化。贝克莱因此而否定了物质的实体，只认可精神的实体，走向了唯心主义的道路。贝克莱把他的"存在即被感知"运用于时空，认为时空仅仅是人们心中的观念。他认为："离开了心中观念的前后继承，时间是不存在的。"

休谟则对经验归纳所得到的因果论也提出了质疑，否定了因果关系的必然性和客观性，而只相信自己的直觉和印象，只承认自己所感知到的一个个独立的客观现象，因果联系被他看作主观的习惯性联想。这样一来就更没有物质世界的客观性了。

总的来说，作为经验论者，他们更关注于对认识的研究；他们对于人的本性、认识、情感以及人类社会的道德更为关注。对于物质本原的问题，他们更多是基于经验的感官认识，而没有形成形而上学的系统化理论体系。

与英国发源的经验论者的归纳总结法不同，欧洲大陆的唯理论者更擅长通过演绎推理来建立一套理论体系。他们从不证自明的天赋观念出发，通过一套公认的形式逻辑演绎出一套具有普遍必然性的理论体系，来认识我们的物质世界。

作为唯理论者，笛卡儿以天赋观念为前提，通过逻辑推理的方式来认识我们的物质世界。笛卡儿认为精神实体和物质实体都是被上帝这个独立存在的绝对实体所创造（上帝创造了一团混沌的、运动着的物质，混沌的物质构成了天体、地球和世界上的一切事物）。一旦我们的物质世界被创造，物质世界的运动就遵循着绝对的机械运动形式。对于物质实体的性质，笛卡儿与霍布斯的观念相同，他认为物质实体唯一的性质就是广延性。

对于客观的物质实体，他认为物质实体是一切能为某种形状所限定的东西，它能包含在某个地方，能充满一个空间（即具有空间广延性），从那里把其他任何物质客体都排挤出去。它能由于触觉，或者听觉、味觉、嗅觉而被感知到。它能以若干方式被移动，不是被它自己，而是被它以外的什么东西，它受到那个东西的接触和压力，从而被它所推动。

不难看出，他将自我的感觉与观察作为物质客体存在的依据和尺度，相当于他自己给出一个自认为一般化的定义。虽然他承认物质客体的客观性，但是由于他本身所受的教育、所处的环境的影响，并没有说明物质的本质是什么。

对于空间的认识，笛卡儿肯定了空间与物质的联系。虽然他提出的充实空间并非从实验的意义出发（当前我们知道空间中充斥着宇宙微波背景辐射），但是他的空间学说相比于牛顿的绝对空间还是有所进步的。

斯宾诺莎对于物质世界的认识要从他的"神即自然"说起。这个自然是完全肯定性的"存在者"，是自因的，独一无二的，是绝对无限和永恒的。在斯宾诺莎这里，神可以看作是一个内蕴于自然（而非独立于自然之外）的实体。因此，"神即是自然"，任何有限的事物都得从这个实体引申出来，而不能独立存在。这样，在斯宾诺莎看来，实体既不同于亚里士多德的实体，也不同于笛卡儿的实体；这个实体既不是物质的（即我们的自然界），也不是精神的，而是一个抽象的概念实体，类似于老子的"道"。

进一步地，在确定了一个一般化的、普遍性的、独一无二的实体（神即自然）以后，斯宾诺莎对实体的属性进行了阐述。他认为这个实体具有两个属性，一个是广延，另一个是思维，建立起了属性二元论。广延最终导致了我们的物质世界，而思维最终导致了我们的精神世界；这两者在实体中又是统一的。我们的物质世界遵循着机械论的规则，而我们的思维世界则遵循着演绎逻辑的规则。

莱布尼茨作为唯理论的最后一位哲学家，在科学上也成就非凡，他在数学上发明了微积分（与牛顿同时）、二进制，但是他的哲学则显得更具个性。

莱布尼茨同样认为，我们的物质世界因其确定之故，必然是由自足的实体所构成。但是这个实体由于其不可分割性，因此不应当具有广延性（广延性必然导致空间占有性，空间占有性不能保证不可分割性）。另一方面，他也并不同意斯宾诺莎抽象化的、静止的实体。因此，他认为构成物质世界的实体不仅不应有广延性，同时必须自己能够动起来。这样，莱布尼茨创造出了自己的实体概念，这个实体他称之为单子。

由于单子不具有物质的广延性（更像欧几里得几何中对点的定义），因此这个所谓的单子并不是德谟克利特所谓的原子，并非物理上理解的实体，而是一个能动的精神实体。单子的产生被莱布尼茨说成是由上帝的神性（瞬间）闪耀而产生的。

莱布尼茨还认为每两个单子都是不同的，正如他所说："世界上找不到两片相同的树叶。"但是，单子之间的差别不是物质上的数量的差别，而是精神上的知觉能力的模糊或清晰程度的差别。单子的运动完全是由其内在的欲望所推动的，是自因的实体。

莱布尼茨还认为单子是一个封闭的实体，没有出入的窗口，因此任意两个单子之间不会发生相互作用。我们所见的运动一致性的主因是"前定和谐"，因此我们误以为是相互作用的结果。

莱布尼茨进一步对单子的不可分割性和连续性的矛盾给出解释，这种解释颇有其建立的微积分的思想。他建立了两条规则：一是差异律，即任何两个单子都有差异；一是连续律，即任何两个单子之间还可以插入无数个单子。这样既保证了单子的不可分割性，又保证了单子之间的连续性。

对于时空的认识，莱布尼茨与牛顿得出几乎相反的结论。莱布尼茨认为根本没有所谓绝对的时间和空间，空间只是现象的表现，而时间是相继发生的各种现象的罗列。

　　总结来看，自经验论和唯理论创立以来，两者便各执一词，互不相容。然而仔细思考，不证自明的天赋观念也是人的意识。这种意识虽然不证自明，但是这种不证自明正是来自我们的经验归纳总结。因此，两者是存在着内在联系的。当经验论走到极端，我们看到贝克莱的"存在即被感知"；当唯理论走到顶点，我们看到笛卡儿的"我思故我在"。但是不管是"存在即被感知"，还是"我思故我在"，都片面强调了外在感官或者理性思考的绝对性，更确切地说，是把人自身放在了一个绝对独一无二的优越地位。这就要求二者都必须有一个关于认识的理论为基础，这也是为什么经验论者和唯理论者都必须将人的认识搞清楚并使之稳固的原因。但是当我们回归到唯物论的基础，承认物质决定意识的时候，我们还会如此思考吗？我们还会坚持这样的观念吗？我们的感官或者思维终归是要依靠我们的肉体的，也是终归受到我们所处的外在环境所影响的。我们必须基于此来看待我们的精神世界，经验论和唯理论便可以被统一在一套体系里面。这也是接下来的哲学家所要面对的哲学主题。

　　此外，通过分析经验论者和唯理论者对世界的认识，我们也从中得到了两个法宝：一个是经验论中对存在的感知（认识）的归纳总结；另一个是唯理论者严密的逻辑推理。在物理学中，我们用实验的方法继承经验论者的认识方法，我们只相信我们所看到的或者通过实验得到的结论。我们用数学推理的方法继承唯理论者的逻辑推理，将严密的数学进行近似，在物理学中便可以得到更为符合实验的一般结论。

　　因此，在物理学中我们会看到：一方面，每一套物理体系都基于一套基础性的公设，这套公设更多的是大量实验验证归纳总结的结果，是经验论者的方法。而在公设基础之上的，是严密的逻辑推理，这恰恰是唯理论者的工具。我们看到，不管是爱因斯坦，还是海森堡、狄拉克，他们都不约而同地将物理学视作实验学科，这正是对经验论以及后来的实证哲学的坚持。另一方面，他们又不约而同地选择严密的数学逻辑推理作为物理学理论研究的工具，这正是对唯理论的继承。正如接下来所讨论的康德所认为的那样，思维无内容是空的，直观无概念是盲的，经验直观和思维逻辑应当是完美相容的。

# 1.5　从康德到黑格尔

随着自然科学的兴起以及认识基础受到的挑战，即对于物质世界的认识，必须建立在一套坚实的认识基础之上，否则对于世界本原的认识中将陷入喋喋不休的争论之中。自然哲学在整个哲学中逐步成了不可触碰之地，而哲学家们对形而上学的兴趣也大不如前，他们更热衷于建立自己的认识论体系，把更多的关注点放在对认识本身的研究上。

同样，康德也面临这样的挑战，当休谟打破他的"独断论的迷梦"，他再一次陷入了对认识论的深思。他必须调和经验论和唯理论，建立一套更为高明的认识论体系，这样才有可能解释物质世界的本原问题。

当然，康德早期的对物质世界的认识，更确切地说是对宇宙成因的认识，还是以朴素唯物主义思想为主。

康德早期的思想认为，宇宙最初是一片混沌，是由云雾状的粒子组成，密度大的粒子由于其引力而吸引密度小的粒子，这种趋势性的吸引，最终导致了太阳、地球等天体的出现，而天体之间的斥力又导致了天体自身及天体之间的旋转运动。由此看出，康德早期的思想认为宇宙的运动是自因的，是由于引力和斥力所造成的，他否定牛顿的观点，认为不需要上帝的第一推动。他把上帝赶出了自然界（规律不需要上帝），但是他仍然认为物质是上帝创造的。

但是随着康德哲学思想的转变，康德更多地关注到了知识是如何产生的认识论问题。同样，他对物质世界的认识也建立在自己的认识论基础之上。

康德的认识论主要观点是：人的认识（先天综合判断）既包含先天的成分，又包含后天的成分，人类对客观世界的认识实际上是人类对"现象"的认识，而对于真正的客观世界中的"自在之物"，是不可知的。因此，康德意图在"现象"界建立起自己的理论体系，用以解释自然的规律。

康德虽然最终没有建立起自己完善的自然形而上学，但是《纯粹理性批判》基本上阐明了其自然形而上学的观点，那就是自然的形而上学必须是建立在先天综合判断的基础之上。

康德首先在其先验感性论中研究了时空。康德的时空观与其同时代的牛顿和莱布尼茨的时空观都不同，他认为时空既不是独立存在的客观实在物，也不是事物存在的规律和关系，而是唯有从人的观点和立场出发才能谈论的"直观形式"。确切地说，时空是内在于我们的心灵的，是人头脑中固有的先天的直观形式。康德认为物理客体是占据空间的，人们通过这种"先天形式"去感知对象，获得经验，才使得对象具有了时间序列性和空间广延性。脱离了我们的认识，时间和空间是无意义的。

另一方面，空间和时间的存在性是我们形成感性直观的对象的条件，因此时间和空间同时具有经验性的实在性和先天的客观性。

对于物质客体存在性的问题，康德认为经验主义者和唯理论者都是将自在之物和现象混为一谈，经验论者把现象当作自在之物，而唯理论者却把自在之物当作现象，因此都是错误的。在康德看来，"自在之物"本身是超越经验的，所有关于"自在之物"的认识本身就没有经验的标准，人们可以去思维、去研究，但是它是不可认识的，是不可知的。因此他才会把更多的关注点放在对现象的认识上，阐述先天综合判断的可能性。

康德之后的费希特虽然认同康德的"人为自然界立法"这样的学说，但是他并没有将物质世界的"自在之物"从康德那里继承下来，而是建立了一个绝对的自我，将自我意识与自由合二为一，物质世界（自然界）成为一种人为的"设定"。

谢林意识到了这个问题，再次肯定了自然界运行的客观性和普遍性，并且将自我与非我（包括自然界、人类社会、人的意识等）的本原看作是无差别的绝对同一（绝对精神），自我与非我是由这个绝对精神在其内在驱动下分化发展而来，只是表现不同。如自然界是绝对精神由于其无意识的理智而从其自身中发展、分化出来，然而其已经蕴含了这种潜在的理智，这种潜在的理智集中表现在两极性上。自然科学的目的就是从表象中总结出其中的理智，最终使这种理智精神化。但是谢林用一种非理性的、甚至于富有神秘性的猜测来建立自己的自然哲学理论，并未形成理性完备的体系。

德国古典哲学的集大成者——黑格尔，在对康德、费希特和谢林的哲学思想进行批判的基础上建立了自己的辩证逻辑理论体系。黑格尔彻底抛弃了康德的"自在之物"，使得自我意识进一步解放。另一方面，他在建立哲学体系中给予辩证逻辑以核心地位。

黑格尔的哲学体系可以分两条线推进：一条线是基于逻辑的实体论、本质论和概念论；另一条是外化以后逐步推进的自然哲学和精神哲学。

这两条线，好比赫拉克利特将感官世界中物质的变化与背后的规律（逻各斯）一分为二，又合二为一。黑格尔自一开始便从逻辑学讲起，使用大量抽象概念，因此让人觉得艰深晦涩。

黑格尔认为所有实体就是主体，实体本身就有主体性、能动性，二者不可分，因此世界万物自有其能动性，这种能动性的原因是在于其实体本身，即由于实体的自我否定而造成的万物的运动。

进一步地，黑格尔将这种能动性纳入了理性的逻辑范畴（在之前的哲学家那里，这种能动性是非理性的），试图用逻辑来表达非理性的能动性。在此基础上，黑格尔将本体论、认识论和逻辑学统一于其逻辑辩证法。

首先，黑格尔在其《逻辑学》中基于辩证逻辑形成了一套完整的本体论，这套本体论实际上是在逻辑学范畴内谈论本体的可能性。

在本体论中，黑格尔首先在逻辑上对"存在"做了分析。需要说明的是，这个存在已经不是我们平常所说的物质实体，而是一个抽象的"存在"，因为如果此"存在"被理解为存在的物质实体，则从逻辑学上是无法自圆其说的。这个存在可以理解为一种"趋势"。

有了这个"趋势"，虽然这个趋势还没有变成真正的实体，但这是个存在，因此这个存在仍旧是无。进一步地，从逻辑上有了一对相对的概念，即"存在"与"无"。但是这两个概念之间总会存在一个变化，因此产生了一个"变"的概念，进一步产生了"质"的概念，"质"可以理解为"变"的某个阶段上的态。一个质可确定"定在"成为某物，某物需要确定其性质，则必须要借助他物。而他物的确定则需要另一个他物，因此他物如果不能自定，则会陷入无穷追溯的悖论，或者无法确定的不确定论。于是黑格尔找到一种好的无穷追溯，那就是可回到自身的追溯（循环的追溯）。这样的某物，有一个最大的性质，即它的性质是可被规定的，这样的某物被黑格尔称作"自为的一"。它可以有自己规定自己性质的可规定性，是具有独立性的。

基于以上的逻辑分析，黑格尔基于"自为的一"发展出了另一个范畴：量。从一个"自为的一"到多个"自为的一"，这种量变最终会造成质变。而"度"则是从"量"

变"质"的交错点。

在黑格尔的本质论中，黑格尔对本质（事物的根据）自身进行了分析，提出了本质具有同一性，这种同一性是有内部差别的同一性，是兼具同一性和差异性的。同一性是指同一个事物内部自我否定、自我分化、自我综合的性质，而没有外部事物造成其差异的性质。

对于对立的差异，黑格尔认为，本质的差异或者称为更高层次的差异，是两极化的对立的差异，对立的差异一定是基于同一性的。更高层次的对立差异是自己和自己的对立，称为矛盾。矛盾是最高层次的对立的差异，是自我的否定。正是这种自我否定（矛盾）才是自我存在的基础，才是万物的本质，才是万物的根据（个人认为物质的运动即是自我否定的最好例证、最好具象）。矛盾是无根据的，是自我否定的结果。

关于本质与现象的关系，黑格尔认为本质表现出来即为现象。本质和现象是相对的，本质和现象统一来看，就是现实。现实包含可能性、偶然性、必然性。黑格尔的逻辑学在"现实"中有偶然性，偶然性是可能性的因，但是可能性成为现实，却具有必然性。黑格尔将实体性、因果性、交互性纳入必然性的范畴，实体是自因的，由（个体的）自因到因果，再到交互性，逐级递进。但是交互是全体的自因，是绝对的自因，绝对的自因对应绝对的实体，对应着绝对的主体。由于绝对的主体是自因的，因此是自由的，因此推出绝对的实体是自由的主体。这样，我们从必然性的交互性，可以得到一个自因的、自由的绝对实体。绝对实体则体现的是其自由。具有自由的实体可自然地被看作是一个主体。

研究完本体论（或叫存在论）及本质论以后，从研究主体（即自由的实体）入手，黑格尔建立了自己的概念论。黑格尔认为，概念才是真正的存在，概念才真正意识到了自由，因此自由的概念才是万物的本体。

黑格尔的概念论有三个层次：主观性、客观性及理念。

主观性体现在概念具体性上，其三个过渡环节是普遍、特殊、个别。到个别概念后，概念分化为判断，即概念的自我划分，我与非我。当概念划分为两个部分后，形成推理，在我与非我之间必然有一个更大的"推理"，必然的推理即是客观性。

客观性即是客观世界的策划，这是绝对理念这个主体在描绘客观世界的蓝图。客观性中发展出人来，人进一步发展出人的认识。人的认识既是客观世界的反应，又是主观的意识，主观意识最大的本性是具有目的性，因此就表现出一种理念。理念既有客观因素，又有主观因素。理念是主客观的统一。理念从生命而来；生命在人类中得到延续、永生；生命到了人以后，人类具有了认识，这是一种极大的超越。认识具有了永恒性，认识由低至高发展为真理、意志、善的理念，达到了主客观认识相统一，认识和实践相统一。善就是一种绝对理念，通过这个绝对理念外化出自然界。

在讨论了逻辑哲学以后，接下来我们再看黑格尔的自然哲学，似乎就顺理成章了。

黑格尔的自然哲学是基于目的论的自然哲学。自然界有目的，最初是看不出来的，自然界从机械论、物理论到有机论的上升过程，无非是目的逐步展现出自己的本质，是基于目的论从潜在变为现实。

在自然哲学的基础上，黑格尔形成了其精神哲学体系。

黑格尔的精神哲学分为主观精神、客观精神、绝对精神（绝对理念）三个递进发展的层次。从主观的人人对平等的追求（精神现象学，个体对绝对标准的追求），到自由意识的客观化（将自由意识实现为客观的法制，群体对绝对标准的追求）形成客观精神，再发展到一个不可违抗的、丰碑式的绝对精神（全体所有对绝对标准的追求）。最终这个绝对精神用概念的方式进行抽象化的、逻辑的表达，实现了从自然哲学到精神哲学的发展，也实现了黑格尔绝对理念外化后的（自然哲学与精神哲学）体系建设，最终达到逻辑与外化的物质世界发展的统一。

至此，黑格尔完成了其逻辑体系的建设（但是这个逻辑体系已经不是我们常规理解的逻辑学了），最终通过将绝对精神作为最初因，走上了唯心主义的道路。正如克尔凯郭尔所说，黑格尔如果没有其绝对精神出来，他就是个天才，否则他就是个小丑。黑格尔将最初因归结为绝对理念或绝对精神，相比之下，斯宾诺莎的形而上学显得更为合理，认为自然界的规律是自然的，是必然的。

我们要清楚地划分开绝对逻辑与物质世界的根本不同，这个不同从根源上来讲，是我们的逻辑模型的错误（比如点粒子），以及由此造成的矛盾。但是后面我们将看到，即使在正确的逻辑下同样得不到确定的结果（量子力学的概率波以及测不准关系等）。

即便如此，黑格尔的成就在我看来依然是卓著的，尤其是他的逻辑学中的实体论。

黑格尔的时代没有广义相对论，也没有量子力学，更没有大量实验的支持，仅仅靠逻辑即形成如此精妙、与物理学理论相契合的本体论，让人不得不惊叹于他深邃的洞察力。

## 1.6　本章小结

在本章中，我们不仅回顾了哲学对我们物质世界的认识，也学习了哲学家们认识世界的方法，由此获得了不同时期、不同哲学家对物质世界的不同认识。

古希腊前期的本体论更倾向于一种朴实的组成论，以期通过一种或多种物质衍生出我们的物质世界。到后来柏拉图及亚里士多德，他们在组成论的基础上开始抽象出"神"这样的第一推动者，建立他们的形而上学。而以神学为主宰的中世纪，人们丧失了主动认识物质世界的能动性。

经过漫长的中世纪以后，文艺复兴带给人们重新认识世界的热情。其后的经验论者则在对物质性质的感知基础上，形成自己的认识论，唯理论者则更希望通过自己的理性思维来探究物质世界的本原。

康德在结合经验论和唯理论的基础上，重新建立了自己的认识论。黑格尔则批判性地继承了康德的一些理论，通过严密的逻辑演绎，建立了一套无所不包的辩证逻辑哲学体系。

总结来看，我们首先可以确定的是人类独一无二的好奇心。

不管是柏拉图、亚里士多德，还是莱布尼茨、黑格尔，虽然他们对物质世界的叫法不一，但是他们都在承认物质世界的可知性，并以此为基础怀着极大的好奇，寻找一些一般化、共性的认识，以期对物质世界给出一个更加合理、更加优美的解释。他们所形成的认识成果在一步一步接近一些一般化的、规律性的东西，而非自相矛盾、一无是处的呓语。

其次，不论是古希腊哲学中的亚里士多德、托勒密，还是经验论者、唯理论者、存在主义者，他们的意识中都潜藏着"自我"这个主体，所有的观点或理论都建立在以自我为主体的认知基础上，这在一定程度上限制了人们对世界本原的深入认识。

再次，通过对不同时期哲学家思想的学习，我们也看到很多的合理性以及更为理性的方法，比如自赫拉克利特对于物质世界与逻各斯一分为二的认识方法。

　　总的来说，对于这些哲学家，他们也是人，也脱离不了作为人自身的限制。他们的禀赋、经历各有不同，这造成他们的认识方法和思维模式也各有不同，这势必造成他们思想体系的不同。但是从一个后来者的角度总结来看，他们认识世界、解释世界的勇气，从中使用的各种方法，都是具有开创性的。我们不必苛求他们理论中的缺陷与不足，更不应该否定他们思想的价值，而是应该关注于他们创造的价值。

　　当人类社会发展至近代，随着思想的进步、科学的兴起，人们逐步获得了更为客观的认识世界的手段，认识到理性的强大，也见识到实证的威力。哥白尼让我们第一次看到，我们并非世界的中心。伽利略和牛顿则让我们摆脱了更多认识的桎梏，以相对论和量子力学为基础的现代物理学则彻底颠覆了我们的主观认知。

　　但是当我们综合来看，物理学上的成功与哲学有着千丝万缕的联系，逻辑上自洽的哲学给予物理学很多认识上的参考。所以每当我们去看哲学著作，会看到很多物理学的假设；同样，当我们看一些物理学的著作，也有很多哲学上的假设，物理学没有了基础性假设，同样无法开展工作。

　　所以我们永远不能忘记，哲学，尤其是自然哲学，曾经启蒙我们走向了科学。不管是古希腊还是近现代，不管是经验论者的归纳总结，还是唯理论者的演绎推理，都对我们认识物质世界起到了极大的促进作用，给科学插上了一双翅膀。最初在哲学中发展起来的逻辑学在科学中仍然熠熠生辉，而基于经验归纳总结的方法则广泛应用于建立我们的科学基础。通过先哲们对物质世界的认识，我们得以学到一套更加理性地认识物质世界的方法。我们必须站在巨人的肩膀上，学习、继承先哲们的这些智慧，让这些方法指导我们继续走下去，为更加清楚地认识世界提供支持。

　　时至今日，我们已经对客观世界产生了一种绝对的承认。面对物质世界的本原，我们只有通过科学才能走下去。哲学家也更愿意将人们对物质世界的认识交给物理学家，哲学家更愿意思考人生，思考生命的意义，思考存在与意识的关系，在信仰与理性之间寻求自己的一片天地。

　　所以，接下来，让我们转向科学发展的历史，从科学的角度回顾人们探寻物质世界的本原与本性的过程。

|2|

科学的理解

自文艺复兴以后，人们对世界开始有了越来越深刻的认识，这主要体现在科学的一面。尤其是自 17 世纪以来，自然科学得以长足发展，让人类进入了一个全新的时代：工业时代。此后的人类历史进程大大加速，人们越来越多地领会到物质世界运转的规律，并运用这些规律来进一步认识世界、改造世界，进而创造新世界。一旦摒弃以自我为中心的观念，将客观的规律置于人的生命本性之上，人们认识世界的道路必将被引导至基于精确的实验观测的科学道路上来。

当伽利略、牛顿、爱因斯坦以及薛定谔、海森堡、狄拉克等物理学家出现的时候，物理学给予人们一条全新的认识物质世界的道路。基于逻辑与实证建立起来的物理学迫使我们不得不承认物质世界的客观性。时至今日，人们越来越倾向于用结合了精确数学方法的物理理论来解释和分析物质世界，寻求关于物质世界一般的规律。

在本章中，我们将沿着物理学的发展史，来回顾人类科学探索世界的历程。首先，我们将介绍牛顿经典力学与麦克斯韦电磁学；其次，我们将回顾爱因斯坦创立的狭义相对论、广义相对论以及在此基础上形成的宇宙论；再次，我们还将讨论薛定谔、海森堡、狄拉克等人建立起来的量子力学；最后，我们将关注物理学家们建立的一些更为一般化的统一理论，从而了解物理学家们是如何通过逻辑推理和实验验证相结合的方法，来探寻物质世界规律的。

## 2.1 确定的定律

物理学还未成为一门实验学科之前，人们已经对物质世界和时空有了自觉的认识。这种认识一定程度上在促进物理学从哲学中分离。亚里士多德最早做了这个工作，但是他还没有将自然哲学脱离哲学的范畴，而只是与形而上学相区别，冠之以自然哲学之名，以至于当牛顿写《自然哲学的数学原理》时，他认为自己还是在面对哲学问题。

事实上，牛顿之前的第谷、哥白尼、开普勒、伽利略已经通过实验逐步推翻了仅是基于理性思维的对整个世界的认知体系，而借助于更精确的数学和实验观测来研究我们的世界。

在科学发展史上，真正算得上近代物理学奠基人的，伽利略必须算一个。伽利略对于物理学的贡献不仅仅在于他对亚里士多德理论的质疑，还在于他的理论成为牛顿经典力学的基石。他提出了惯性系的平权性质，即所有物理定律在任何惯性系中都适用。毫无疑问，伽利略的研究促成了牛顿第一定律、第二定律的提出。

伽利略去世后不到一年，牛顿出生于英格兰林肯郡。牛顿因其提出的三大运动定律和万有引力定律而名垂青史。对于牛顿的成就，蒲柏给他写的墓志铭给予无以复加的崇敬："自然和自然的法则隐藏在黑暗之中。上帝说'让牛顿出世吧'，于是一切豁然开朗。"但是对于牛顿的成果，我们也应当客观地看待。一方面，牛顿对物体运动的深刻理解，解释了物质世界宏观物体的运动规律，小到一个苹果，大到天体，用一种优美而简单的方式给我们呈现在眼前。另一方面，牛顿并没有抛弃上帝，他仍然像亚里士多德一样把神视作第一推动者。

我们具体来看一下牛顿对于物理学（这里主要是指运动学及动力学）的贡献。

首先，牛顿提出了运动三定律，即：

1. 牛顿第一运动定律，又称"惯性定律"：任何物体（指质点）在所受外力相互抵消时，保持原有的运动状态不变，即原来静止的继续静止，原来运动的继续作匀速直线运动。物体固有的这种运动属性称"惯性"。

2. 牛顿第二运动定律：任何物体（质点）在外力作用下，其动量随时间的变化率与其所受的外力成正比，并与外力同方向。在牛顿力学中，质量是一个不变的量，故第二定律又可表示为：物体的加速度与所受外力成正比，与物体的质量成反比，其方向与外力方向相同。

3. 牛顿第三运动定律，又称"作用与反作用定律"：当物体甲给物体乙一个作用力时，物体乙必然同时给物体甲一个反作用力，作用力与反作用力大小相等，方向相反，且在同一直线上。

这三大定律，作为牛顿力学的基石，反复地被实验所验证，然而当我们要重新审视这三大定律的时候，应当清醒地认识到一点：这是牛顿在建立力学体系时所创立的三个假设，这三个假设就像欧几里得几何中的五个公设一般，是不可能从逻辑上推出的，而只可以通过实验所验证。

这三大定律，虽然我们在中学已经熟知，但是当我们以现在物理学的成果做进一步分析时，会发现有一些难以自圆其说的问题。

首先我们来看第一定律。第一定律首先推翻了亚里士多德关于力是运动的因的说法，提出了物体运动（匀速直线运动）是不受外力作用的状态，这是一个巨大的进步。但是从我们现在的眼光来看，万物都是运动的，不存在绝对的静止，因此可以说第一定律将静止和匀速运动并列提出，只具有当时的现实意义，而非现如今的绝对准确。但是当我们了解了物理学至今的发展，再看第一定律，我们将会有更好的理解，而不会苛责第一定律的准确性。

从更深层次的理解来看第二定律，第二定律可以看作质点运动改变的量与所受的力相关。我们进一步分析，物体运动的改变量是可观测的，或者说是可实验验证的。当然，在这个过程中，不论是观测还是实验，必须借助于物体与实验工具及我们身体的感知。但我要说的另一点是，这个改变量不会凭空出现，而必须涉及另外一个物体，所以第二定律，甚至在第一定律中就提及的这个力一直都隐藏在幕后。力到底怎么定义、怎么测量，并未在定律中明确，所以引入这个概念显得含混不清。

直到第三定律，才出现了第二个物体，才出现相互作用及相互作用力。这时我们才恍然大悟，力需要来自另一个物体，物体运动状态的改变是需要另一个物体的。实际上第三定律也是跳跃式的，并没有显性地说明这个基础，而是直接跳到了力与相互作用力关系的论断上，告诉我们作用力和反作用力在同一条直线上，总是大小相等，方向相反。

我们希望通过分析，从中寻找逻辑上更加严谨、实验上更加准确、更为基础的理论，来认识我们的物质世界。正如牛顿所说，一个人的成功是站在巨人肩膀上的，前人的成功亦是如此。毕竟一个人的认识是受其所在环境的限制的。在牛顿那个时代，产生这样的科学成就，我们同样应当怀着极大的敬佩来看待这样的理论。

同样，当物理学发展至今，是大量的物理学家共同的努力，才产生了物理学巨大的成就，我们才能享用如此美妙的认识成果。我们对所有前人的理论的分析，也是想通过现有理论的综合，寻找一个更为一般的理论基础。

在这个过程中，我们应当有两种心态：一方面我们应当谦卑，谦卑地意识到我们自身认识的局限性，也谦卑地意识到我们不能仅仅用我们人的感官认识来看待这个世界；另一方面，我们也应当自信，因为我们的认识将有可能站在迄今为止最多的"巨人"身上，获得迄今为止最为全面的对于物质世界的认识。

继续回到关于牛顿三大定律的讨论。我们从现有的物理学认识来看，第一定律显然更具合理性。第一定律基本上只涉及一个孤立的系统（物体或者质点），而其隐含的守恒律至今仍然是我们研究物质世界的基本准则。第二定律涉及运动变化的因——力——这个概念，到了微观世界以后同样得以沿用。第三定律同样涉及守恒律的思想，只是拓展到了两个物体所组成的一个系统。这些思想将是我们继续前行的依据，让我们一步步接近更加一般化的理论。

总的来说，假如我们抛弃宏观与微观的理论，这三大定律在实验中依然是经得起考验的。但是作为假定的前提，我们将会在后文中看到更为基础的新的理论表述。

除此之外，牛顿的另一大成就便是万有引力定律，即两个质点彼此之间相互吸引的作用力，与它们的质量乘积成正比，并与它们之间的距离平方成反比。

万有引力定律的神奇之处在于其将"苹果的落地"与"地球围着太阳转动"这两种完全不同的尺度上的运动原因统一在一个公式中。从公式本身来看，也极具美感，第二定律中的质量与力的正比关系和第三定律中的作用力与反作用力的关系均被保留下来，纳入其中，同时引入距离这个与空间相关的概念，将物质（质量）与空间（距离）关联在一起。这有助于我们更加深入地看待物质与空间的关系。另一方面，万有引力的普遍性、准确性得以通过实验观测来验证，然而万有引力的"初始因"在哪里，牛顿并没有给出更为合理的解释，只能将运动的原因归结为上帝的推动，而将物质的本原归结为上帝的创造，直到爱因斯坦创立广义相对论，给予万有引力全新的诠释。

对于时空的认识，牛顿承认时空的绝对性。

他认为空间是一个处处相同的容器，是一个独立存在的客体，而由于空间的独立性，空间应当是绝对的，他认为"绝对空间究其本质而言，是与外界任何事物无关而永远是相同的和不动的，与物质是无关的"，牛顿所谓的空间更像是亚里士多德的以太。

对于时间，牛顿认为：时间像没有起点和终点的河流一样，均匀流逝。"绝对的、真正的数学的时间自身在流逝着，而且由于其本性而在均匀地、与任何其他外界事物无关地流逝着"，时空与物质无关，也与运动无关，物质的消失并不会导致时空的消失。这种绝对的时空观在当时占据了绝对的领导地位。基于此提出的伽利略变换几乎解释了我们所观测到的物质世界的一切运动。

与此同时，另一位与牛顿同时代的天文学家罗默已经发现了光速是有限的，但是很不幸，这个观测并未被牛顿所重视（更可能是未被他所知）。

尽管现在看来，牛顿的运动定律和伽利略的变换关系都是需要修正的，但是在当时，伽利略和牛顿基于数学与实验的物理学让科学真正开始作为一个独立的学科出现。

牛顿之后，很多物理学家开始投入到对物质世界的科学认识中，对于电和磁的认识同样产出了丰硕的成果。电磁理论经过库仑、奥斯特、安培、法拉第等物理学家的共同努力，逐步形成了系统的理论，最终被天才的麦克斯韦完成了极具洞见的统一。

库仑首先提出了点电荷之间的相互作用的关系：库仑定律，即真空中两个静止的点电荷之间的作用力与这两个电荷所带电荷量的乘积成正比，和它们距离的平方成反比，作用力的方向沿着这两个点电荷的连线，同种电荷相斥，异种电荷相吸。

库仑定律像极了牛顿的万有引力定律，但是由于电荷的种类是两种，且存在同性相斥、异性相吸的特点，公式中力的方向便出现了反向。这意味着两个点电荷之间的关系突然变得微妙起来，一个质点除了质量属性以外，新增了一个全新的属性，这个属性不再是一元的，而是二元的。

其后的奥斯特、安培、法拉第等物理学家逐步将电和磁之间的关系梳理出来，最终由麦克斯韦统一成一组优美的方程组，建立了一套完整的电磁理论体系。麦克斯韦的电磁理论体系统一了电、磁和光，完成了牛顿之后物理学的又一次大统一。

由于麦克斯韦统一了奥斯特、安培、法拉第等物理学家的研究成果，并用简洁、优美的四个方程式表示出来。因此，接下来我们重点来分析麦克斯韦四个方程组。方程组的微分形式如下：

$$\boldsymbol{\nabla} \cdot E(E\,表示电场强度) = \frac{\rho}{\varepsilon_0} \tag{1}$$

$$\boldsymbol{\nabla} \times E = \frac{\partial \boldsymbol{B}}{\partial t} \tag{2}$$

$$\boldsymbol{\nabla} \cdot B(B\,表示磁感应强度) = 0 \tag{3}$$

$$\boldsymbol{\nabla} \times \boldsymbol{B} = \mu_0 \boldsymbol{J}(\boldsymbol{J}\,表示电流密度) + \mu_0 \varepsilon_0 \frac{\partial \boldsymbol{E}}{\partial t} \tag{4}$$

公式（1）与前文所提及的库仑定律在静电场情况下事实上是一致的，但是却进行了推广（不仅止于静电场），运动电荷的电场的散度同样满足上述方程。分析来看，其本质在于电荷会产生一个对应的电场。

公式（1）还有另一层含义，即电场是一个有源场，这意味着电荷存在的独立性，换成另一种说法，那就是有一些质点有电荷属性（另一些质点却没有，如中子）。众所周知，这种电荷属性又表现为两种类型（即正电荷和负电荷）。

接下来我们更愿意分析公式（4），主要原因在于公式（4）对应着安培－麦克斯韦定律，说明电荷（电场）的运动产生了磁场（磁性质），对于这一现象的研究主要应当归功于安培。

另一方面，在法拉第的研究中，他发现变化的磁场可产生感应电势（进而还可能产生感应电流）。到了麦克斯韦，则总结为公式（2）。但是从当前物理学的研究结果来看，这个前提是基于我们前面所提及的质点的电荷性，或者电荷存在的独立性。而对于一个单独的磁荷（磁单极子），尽管包括狄拉克在内的很多物理学家已经预言了其存在，但我们至今仍未发现。这给我们一个启示：我们应当意识到数学上的对称性，并不等于物理上的对称性，尤其是在不同尺度上。也正因此，在经典物理学的范畴内，磁场依然是无源场，这就是公式（3）要表达的。

经过对以上四式的联立推导，可以得到一个标准的波动方程，其中波速为一个不变量，这个不变量在真空中表示为 $c_0$，即：

$$c_0 = \frac{1}{\sqrt{\varepsilon_0 \mu_0}} \qquad (5)$$

$\varepsilon_0$，$\mu_0$ 分别为真空电容率和真空磁导率，麦克斯韦计算后发现这个速度（波速）与光速非常接近。于是他不仅预言了电磁波的存在，在经过计算后，还断言光就是一种电磁波。在他去世 9 年后，赫兹于 1888 年通过实验证实了电磁波的存在，且速度为光速。

从库仑到安培、法拉第，再到麦克斯韦、赫兹，最终形成一套较为完美的电磁理论，将电、磁、光统一起来。电磁理论的创立是科学史上的又一次大革命。随着电磁理论的完善，其中所涉及的光速不变这个论断被实验所证实，而随着对于光的研究的深入，最终促成了现代物理学中两大基本理论（相对论和量子力学）的诞生。

最后，我们将再一次从量纲的角度来审视电磁理论所蕴含的物理内涵，并尝试摒弃常识，即摒弃一些从宏观延伸至微观的概念，简化经典物理学中的物理量描述，以期寻找一些更为根本的信息。

一个不争的事实是万有引力定律与库仑定律在数学形式上的相似性。万有引力定律将物质（质量）与空间（距离）关联在一起，库仑定律亦然。二者的区别在于万有引力表示的是物质的质量特性，而库仑定律表示的是物质的电特性，这样在我们的意识中就确立了质量与电荷量这些物理量的基础性地位。在电磁理论中也确实如此，我们通过电荷量以及从牛顿力学中借过来的物理量（质量）以及表征时空的两个物理量（空间和时间），即可推导出电磁理论中的所有其他物理量。

我们首先接触到的物理量是质量，从另一方面看，也可认为质量是某一类物质的一种物理属性。在这里我们暂时不急于给物质一个完整的定义和内涵，但事实上物质并不等同于质量。因此，我们有必要将物质与质量区别看待。这样我们就可以对物质进行较为基础的分类，即有（静）质量的物质和无（静）质量的物质。当我们将关注点放在有质量的物质上，根据经典物理学的物理理论（当然深入到原子物理和原子核物理的层次，这个分类仍然适用），有质量的物质又可分为两类，即带电荷物质和不带电荷物质，带电荷的物质进一步又可分为带正电的物质、带负电的物质。当考虑相对论和量子力学对物质的认识以后，这个分类可以进一步深化，逐步建立一套以"物质"为载体的属性体系。这套体系自亚里士多德建立以来起就影响甚广，在于其逻辑上的合理性和认识上的一致性。但是我们绝不能将物质与属性割裂开来看待，没有任何属性的物质是不存在的，尤其是在后文认识物质的本质的时候，如果我们纠结于完全独立的物质实体，必然会陷入不可知论，甚至会产生难以自洽的诸多矛盾。

至此，我们梳理了认识物质世界的两套经典物理学理论，即牛顿经典力学和麦克斯韦电磁理论。受到当时人们的认识及实验条件所限，尽管无法考察宇观尺度及量子尺度上的物质的形成及运动的规律，但是不论是牛顿的经典力学，还是电磁理论，这些物理学理论已经在更大尺度或是更为复杂的领域开启了新局面。虽然这其中又出现了更多的未知现象，待人们去解释，但是我们离一套更为一般、更为统一的理论更近了一步。

另一方面，随着对物质世界认识的深入，我们不得不面对更大或者更小尺度上的认识盲区。正如自人类出现以来，人们一贯所保持的那种好奇心一样，伴随着这种好奇心，我们必将走向更为广阔以及更为微观的世界。

## 2.2 弯曲的时空

### 2.2.1 引言

牛顿和麦克斯韦经典物理学理论的建立，并未给我们提供一套关于物质世界形成和运动的完善理论。在宏观和微观尺度上，当时的人类仍然是一个孩子，一些现象仍然不能被当时的物理学理论所解释，如黑体辐射问题和迈克尔逊 - 莫雷实验。这里要提及的是一个具有象征意义的事件，即 1900 年开尔文爵士的演讲。

在世纪之交的 1900 年，物理学家开尔文爵士在送别旧世纪所作的讲演中讲道："19 世纪已将物理学大厦全部建成，今后物理学家的任务就是做一些零碎的修补工作即可。""但是，物理学晴朗的天空还有两朵小小的，令人不安的乌云。"这两朵乌云就是黑体辐射问题和迈克尔逊 - 莫雷实验。正是这两朵小小的乌云，促使了相对论和量子力学的创立。爱因斯坦创立的相对论和薛定谔、海森堡、狄拉克等人创立的量子力学，使得人们在宇观尺度和微观尺度两个方向上对物质世界的认知都达到了全新的高度。

如果从哲学的角度来看，爱因斯坦创立的相对论及基于相对论建立的宇宙论可看作广义本体论中的宇宙论的物理学表述（物理学的宇宙论），而量子力学可以理解为狭义的本体论的物理学表述。然而作为物理学的广义相对论（也包括基于广义相对论建立起来的宇宙论）和量子力学，其本身的逻辑严密性和实验的精确性将其与哲学的解释完全分割开来。

在本节中，我们将重点讨论相对论及基于广义相对论建立起来的宇宙论，来看看这套物理理论是如何从宏观乃至宇观的尺度上解释物质世界的形成与运动演化的。

## 2.2.2 狭义相对论

我们知道，牛顿的经典力学建立在绝对时空的基础上，也就是说不管是他的质点动力学，还是万有引力定律，都把研究对象限制在了物理客体本身及物理客体之间的相互作用上，而不关心时空的性质。与此同时，有两个重要的基本原理作为理论之基础：一个是相对性原理，即惯性系的普适性，可表述为物理定律在任意两个惯性系中都一定适用；另一个是伽利略变换。但是当麦克斯韦方程组推导出电磁波的速度不依赖于任何的惯性系的时候，光速的不变性和伽利略变换之间的矛盾就变得不可调和。当迈克尔逊和莫雷在 1887 年用实验证实了光速不变性的时候，开尔文爵士所说的一朵乌云预示着经典物理学大厦已经开始摇晃。

爱因斯坦在思考了这两者的矛盾以后，开始重新审视时空，尤其是时间的概念。在深入思考以后，爱因斯坦认为人们必须放弃时间的绝对性，并提出了同时性的相对性，化解了二者的矛盾，从而建立了狭义相对论。

在这个过程中，爱因斯坦的狭义相对论抛弃了牛顿力学中常用的三维欧氏空间，将事件的发生看作是四维闵可夫斯基时空的一个用时间和空间共同定位的点，将事件与时空紧密联系在一起。

从表面上来看，对时间的绝对性的放弃是一次颠覆性的变革，但是牛顿和爱因斯坦对时间的认识（定义）实际上是不同的。牛顿关于时间的绝对性是围绕着事件发生的时间而定义的，也就是说同时性是绝对的。因此一旦事件发生了，就不可能重演。对于事件本身来说，发生的那一刻的时间只能有一个，事件时间一定是绝对的。但是我们绝不能忽视观者，事件的发生不可能仅仅是事件本身的自我记录，而是需要被不同的观者观测到的。如果观者本身不处在与事件同样的惯性系中，由于光速不变，观测时必须通过事件所反射的光传播至观者处，该事件才能被观测和记录。这样自然会造成一个不可调和的矛盾，那就是与事件不同的惯性系观者所看到的事件必然是与事件惯性系中发生时间不同的（隐含着两个惯性系观者各自戴着互相校对一致的手表）。因此，当明确了观者时间才是事件时间后（而日常的观测一定是观者时间才是事件时间），我们发现同时性的相对性是必然的结果。基于此，爱因斯坦狭义相对论抛弃时间的绝对性也就显得顺理成章了。

狭义相对论中的洛伦兹变换同时保证了相对性原理和光速不变原理，但是打破了牛顿的绝对时间和绝对空间观念，让物质世界更加接近于人们的认识本质。由此产生的钟慢效应、尺缩效应与我们对时空的通常认识产生了极大的冲突。这两个效应是狭义相对论中的典型效应，并已经被充分验证和接受。在狭义相对论中，尺缩效应被理解为不同的惯性系有不同的同时面，导致在不同的惯性系中测到不同尺度的尺子。具体来说，与尺子相对运动的惯性系中测得的长度要比与尺子相对静止的惯性系中所测长度要短，因此就产生了"尺缩"效应。钟慢效应则是指静止的惯性系中观测匀速运动的动钟时，动钟读数变慢。

但是当我们回归到认知的物质基础以后，这些结论就是必然合理的结果。其主要原因仍旧是光速确定与光速不变所造成的，毕竟光速传播是需要时间的。事实上，我们的认识从感觉到理性、从直观到实证的拓展不仅是人类社会发展的必然规律，更是物质世界运动的普遍驱动。

除了这些效应，狭义相对论还推导出了另一个重要的结论，那就是著名的质能转换方程 $E=mc^2$（其中 $E$ 代表能量，$m$ 代表质量，$c$ 代表光速）。在爱因斯坦之前，物理学家们并没有将质量和能量作为一个整体的概念来认识，但是爱因斯坦基于狭义相对论的推导，给出了质量和能量的相互转换关系，将质量和能量联系起来认识。这个不可思议的公式不仅给我们提供了一条获取能量的途径，更具价值的是，将两个物理量从本质上统一起来了。

## 2.2.3　广义相对论

当完成了狭义相对论以后，爱因斯坦将注意力放在了牛顿的引力理论上。从当时的实验观测与理论解释来看，与电磁理论不同，引力理论无法纳入狭义相对论范畴。爱因斯坦不得不寻找新的解决方案，这就是广义相对论。广义相对论同样建立在一些新的基础性假设和原理之上。

爱因斯坦认为，引力可以看作是四维时空的弯曲；时空弯曲程度由引力场的能动张量（代表着物质在时空中的分布）所决定（对应爱因斯坦方程）；如果一个质点只受到引力的作用，则这个质点被称为自由质点，自由质点的世界线必然是测地线。

除了以上假设，广义相对论还必须符合广义协变性原理和等效原理。

所谓广义协变性原理就是要求物理定律的适用性不局限于惯性坐标系，而可以适用于更为广泛的坐标系。这样一来，广义相对论讨论的问题就具有更为广泛的普适性，从伽利略协变性，到洛伦兹协变性，再到广义协变性，这是一个越来越一般化的过程。

反过来说，如果物理定律在限定一些条件以后（比如选择特定参考系以后），可以实现对原有物理理论的回归或兼容，或者说与原有物理理论的解释是等效的，这就是等效原理。在广义相对论中，加速运动参考系与引力场可以看作是等效的。

爱因斯坦正是基于以上三个基础性的假设，借助于广义协变性原理和等效原理，运用黎曼几何建立了广义相对论。广义相对论将牛顿的万有引力理论做了合理的修正和更加符合观测的解释，并且对时空及引力提出了更为客观真实的认识，同时在不考虑引力的情况下可以很好地完成对狭义相对论的解释。

爱因斯坦在广义相对论的严密的逻辑推理的基础上，不仅成功解释了水星近日点进动现象，还做出了"星光偏折"的预言，最终被爱丁顿等人的观测所证实。后来更多的实验证实了广义相对论的准确性。

广义相对论再次改变了我们对时空的认识，爱因斯坦的这种颠覆性的时空观集中体现在他的《狭义与广义相对论浅说》一书中。在该书中爱因斯坦认为，空间与时间未必能看作是脱离物质世界的真实客体而独立存在的东西，并不是物理客体存在于空间中，而是这些物理客体具有空间广延性。这样看来，"关于一无所有的空间"的概念就失去了意义。不存在一无所有的时空，没有物质就没有时空，时空和物质应当是相生相灭的。

## 2.2.4 宇宙论

广义相对论也在推动着现代宇宙论的建立和发展。广义相对论创立以后，很多物理学家投入其中，孜孜不倦地努力，以期给出与观测事实更加相符的准确推理以及更加精确的预言，形成一套完整、自洽的宇宙理论。

爱因斯坦是最早借助广义相对论研究宇宙的物理学家，他自 1917 年开始基于宇宙学原理（即空间均匀性及各向同性），结合人们普遍的认识，形成了静态宇宙模型的解决方案。但是由于爱因斯坦方程无法得到静态解，爱因斯坦又不甘心打破人们对静态宇宙的认知，因此他在 1917 年引入了宇宙学常数 $\Lambda$，用以平衡万有引力。而这个错误直至 1923 年爱因斯坦才意识到，并因此而放弃了静态宇宙的观念。

当前关于宇宙形成的主流认识是一个叫作"大爆炸模型"的宇宙论，大爆炸模型的一个核心论述是：我们的宇宙是始于奇点大爆炸，且是在不断膨胀的。

大爆炸理论最初由俄国物理学家弗里德曼所提出，后又经过哈勃、罗宾逊、沃克、伽莫夫、霍金等人的完善和修正，逐步地形成了当前的一套相对完整的关于宇宙演变的理论体系。大爆炸理论可以解释很多的观测现象，同时这些观测现象如宇宙的红移现象、微波背景辐射、氦核丰度等也给它提供了有力的观测证据。

大爆炸理论建立在宇宙的宇观尺度上的空间均匀性及各向同性的基础之上。虽然我们知道太阳系中乃至银河系中都并非各向同性的，比如太阳的质量占据整个太阳系质量的 99.9%，但是其直径却是太阳系直径的百万分之一（在微观世界，一个原子核的质量占到了整个原子质量的 99% 以上，而原子核的直径只占到原子直径的十万分之一），除此之外，就只剩那些微不足道的行星、彗星等绕着太阳转动。

但是在宇观尺度上（$>3 \times 10^8$ 光年）观察宇宙，我们将发现无论哪个方向的观察都并没有什么特别之处，这就是假定宇宙空间均匀性及各向同性的观测基础。

基于以上假定，人们进一步证明，宇宙是一个常曲率时空（具有最高对称性，并

且 $K$ 值决定几何）。宇宙空间可能存在三种几何结构：第一种，宇宙空间是平直的三维空间；第二种，宇宙空间是一个三维球面；第三种，宇宙空间是三维双曲面的。

在确定了宇宙的空间几何结构以后，借助爱因斯坦场方程，对宇宙的演化进行分析，人们不得不从分析结果中得到一个动态的宇宙，爱因斯坦的静态宇宙模型被人们抛弃了。

斯里弗等人观测发现了红移现象，在深入研究的基础上，哈勃提出了红移量与地球同河外星系间的距离成正比关系。这进一步佐证了宇宙正在膨胀。从大爆炸理论来进行分析，同样得出了宇宙必然膨胀的结论，同时给出了与哈勃定律相符的公式。

除了宇宙红移现象，通过实际测量得到的宇宙中各种轻元素丰度，与大爆炸理论计算的在"原初核合成"阶段轻元素在宇宙中所占含量（主要是氦核的丰度）的比例非常相近。这间接验证了大爆炸模型的正确性。

除此之外，作为宇宙大爆炸留下的余波，微波背景辐射的观测也进一步增加了大爆炸模型的可信度。

另一方面，随着人们实验观测提供的新数据，大爆炸模型也在面临着很多挑战，并逐步在做一些修正，如暴涨理论以及关于暗物质、暗能量的理论。

暴涨理论是针对极早期宇宙各向均匀性及宇宙平直性等疑难问题给出的一种理论修正。通过对微波背景辐射的准确观测，发现极早期的宇宙（<1 s）已经是空间均匀性且各向同性的，但是对大爆炸理论的分析并没有给出极早期的宇宙已经是空间均匀性和各向同性的充足理由。同样，极早期宇宙为什么会异常平直，这也是大爆炸理论难以解释的。因此物理学家提出了宇宙暴涨理论。暴涨理论指出在极早期的宇宙，有一段极短的时间，宇宙呈现指数级膨胀（暴涨），由于暴涨速度过快，以至于能够将产生的任何微小曲率都抹平。

暗物质的存在也是由于天文学家对于星系的观测与大爆炸理论以及结构成型理论之间的不一致而形成的一种推测。根据天文学家的观测，宇宙中可见的物质含量不足以解释所观测到的星系内部以及星系之间彼此产生的引力强度。因此，物理学家引入暗物质这一概念。对于暗物质存在性的问题，已经有多个间接观测支持，但是直接观测仍然没有确切的结果。

另一个值得重点关注的现象是 1998 年对高红移 $I_a$ 超新星爆发的观测。当年的观测表明当前的宇宙处于加速膨胀状态，但是加速膨胀的原因却不得而知，当前公认的一种解释是存在"暗能量"使得宇宙加速膨胀。从当今的观测结果来看，首先，暗能量应当是无法被直接观测到的，是没有质量属性的；其次，其压强和能量密度作用相斥，大小相当；最后，暗能量还应当是空间分布均匀的。

暗能量是大爆炸模型未曾涉及的一种全新的物质种类，相对于物质的质量属性和辐射属性，更加捉摸不定。

## 2.2.5 物质的再分类与新的问题

至此，我们简单回顾了相对论及基于广义相对论建立起来的宇宙论。同样，我们需要回过头来对物质世界的组成及属性做一些讨论。

在上一节中，我们将物质分为有（静）质量的物质和无（静）质量的物质，有质量的物质又分为带电荷物质和不带电荷物质，带电荷的物质进一步又分为带正电的物质、带负电的物质。而在无质量的物质中，我们最早认识到的是电磁波。在经典物理理论中，分类至此结束。

当我们讨论相对论以后，光子／电磁波作为无质量的物质被明确提出来，同时通过质能转换方程，实现了质量和能量之间的转换，甚至能量比质量更加基础。一般情况下，二者可以被看作同一的属性来考察。除此之外，在宇宙论中出现了暗物质与暗能量的概念，暗物质的引入是考虑到引力效应的结果，所以我们如果默认暗物质与引力是等效的，而引力与质量是相关的，那么暗物质并非神秘而不可理解。暗物质的属性更多的是物质的质量属性，比如黑洞应当被认为是暗物质的一种，仍可以被划分为有质量的物质，其暗特性更多地表现为不发光。

作为更加难以理解的暗能量，则更多的是在抵抗引力效应，导致宇宙加速膨胀，因此暗能量应当是没有质量属性的一种全新的物质。由于暗能量所产生的效应太过单一，人们至今无法获得关于暗能量的更多信息。

至此，我们对于物质世界的组成的认识又多了一层理解。根据当前主流的分类，一些物理学家在宇宙学的角度更希望用宇宙的"内容物"来取代原有的对物质的叫法，而进行更加清晰的分类，当前我们不妨统一来看，从而形成如下分类。

基于当前的宇宙论来分类当前宇宙的"内容物"。"内容物"主要划分为物质、辐射、暗物质、暗能量。如果将内容物的总量看作是 100%，则物质的占比约为 31%，其中我们可观测到的发光的物质占比约为 6%，其余为暗物质。宇宙中占比最大的为暗能量，约为 69%，而辐射占比则仅仅不到 0.01%。从物质的属性来说，质量属性及上一节提到的电 / 磁属性仍然是物质的主要属性。除此之外，暗能量的属性应当是需要重新引入的，但是由于人们的研究实在是太少，目前无法准确定义。

时至今日，大爆炸模型仍然是一个不完美的模型，存在着许多有待解决的问题，尤其是大爆炸模型的一个基本的前提是基于广义相对论的正确性。如果大爆炸始于一个无限小的奇点，那么人们有理由怀疑在一个极小的尺度下，奇点是否真的存在。霍金和彭若斯虽然在 20 世纪 70 年代通过广义相对论证明了奇点的存在性，但是如果考虑到量子效应，则奇点的存在并非绝对的。换个说法，如果按照量子力学中测不准关系来看，广义相对论在如此小的尺度下，或许早已失效。当霍金和彭若斯仅仅考虑运用相对论证明了奇点的存在以后，他们同样意识到了这个问题。

在微观世界中，物体的运动不再是连续而确定的，我们必须用量子理论来研究物理客体的各种性质及运动规律。而显然的是，一个无限小的奇点，不应仅仅考虑相对论效应，还不得不考虑量子效应。

事实上，当我们深入到微观物质世界以后，大量的物理学实验得不到经典力学的解释。也正因此，物理学家才沿着另一条道路，从微观的尺度探寻物质世界的本原，建立起量子理论体系，并获得了巨大的成功。

量子物理学家将组成物质世界的成分称作原子，但是与德谟克利特不同，物质世界的原子并非只有一种，也并非不可分。研究微观世界的物理学家们将原子进一步分解，得到了组成物质世界的更为基本的"粒子"。关于粒子的理论，物理学家同样在不断完善的过程中形成了粒子物理学，进一步建立起一套标准模型，让人们更加深刻地认识到微观世界竟也如此丰富多彩，却又遵循着严格的规律在运行。

为此，我们有必要稍微深入一点，去了解一下量子物理学家们是怎么认识并解释物质世界的微观景象的。

# 2.3 随机的量子（一）

## 2.3.1 早期量子理论

量子理论的建立要从开尔文爵士在 1900 年的那次著名的演说谈起，开尔文爵士所说的"两朵乌云"中的另一朵，即黑体辐射问题。在对黑体辐射问题的研究中，普朗克首先提出了能量量子化的概念，并经过玻尔、海森堡、薛定谔、狄拉克等人的共同努力，逐步建立了一套完整的量子理论体系。

黑体辐射的问题一直在困扰着当时（19 世纪末）的物理学家，无论是维恩，还是瑞利和金斯，都无法从根本上准确解释黑体辐射现象。

普朗克在经过仔细研究后，1900 年发表了论文《黑体光谱中的能量分布》，并在这篇论文中提出了能量量子化的概念（这时候"能量量子化的概念"更多地可以看作是一个为了解释黑体辐射现象的假设）。普朗克认为能量子是能量的最小不可分单位，这个最小量约等于 $6.63 \times 10^{-34}$J·s，能量的传输只能以量子的整数份进行。这个量非常小，因此我们在日常生活中无法感觉到这种量子性。

虽然在后来的研究中，普朗克并没有基于他的量子假设更进一步，而是选择尽力去捍卫经典物理学的权威，试图调和量子力学和经典物理学之间的关系，但这并不妨碍他成为量子力学的先驱，也不妨碍后继者接过他的接力棒，继续向前探索。这其中包括爱因斯坦、玻尔、德布罗意、泡利、海森堡、玻恩、约尔当、薛定谔、狄拉克等一大批物理学家。

爱因斯坦对于量子理论的贡献主要在于他对光电效应的完美解释。

1887 年，赫兹在进行证实麦克斯韦的电磁理论的火花放电实验时，偶然发现如果接收电磁波的电极受到紫外线的照射，火花放电就变得容易产生。后来经过汤姆逊、莱纳德的研究，发现光电效应确实与光的强度无关。这在光的波动理论中是很难解释的一件事情，因为在波动理论中，光的能量应当是与光的强度相关，增强光的强度应该能够打击出更高能量的电子，但是光电效应现象却偏偏不服从此理。

1905 年 3 月，爱因斯坦发表论文《关于光的产生和转化的一个启发性观点》，对光电效应进行了光量子化解释。他认为，如果用光的能量在空间中不是连续分布的这种假说来解释，似乎就更好理解光电效应产生的机理。如果能量子（光子）不能再被分割，而只能整个地被吸收或产生出来，那么就可以更好地解释光电子的产生与入射光的频率相关，而非与光的强度（振幅）相关。这让光子微粒说的基础更加牢固，而后来的研究则更加巩固了光作为一种粒子的信念。但是光的干涉、衍射等现象也在用事实证明光的波动特性，所以我们对于光的理解更准确的说法应当是波粒二象性的，而非一种学说打败了另一种学说。毫无疑问，光电效应对量子理论的建立起到了极大的促进作用。

相比于相对论，爱因斯坦所提出的光电效应并未被人们广泛熟知，然而有趣的是，爱因斯坦获得诺贝尔物理学奖却正是因为他对光电效应的合理解释。更为戏剧性的是，爱因斯坦在发表了关于光电效应的这篇论文后，便并没有在量子论的道路上走下去，而是走上了一条决定论的道路。爱因斯坦至死都没有对量子论再发生任何兴趣，而是成为量子论的反对者。

时间到了 1911 年，卢瑟福的实验推翻了汤姆逊的"葡萄干布丁"模型，建立了"行星系统"模型，然而由于此模型的不稳定性，后来玻尔将轨道量子化的概念引入了卢瑟福的"行星系统"模型，完美地解释了氢原子光谱。

然而玻尔和卢瑟福的原子论并没有走很远就遇到了困难，其最大的困难在于无法解释在面对核外电子更多的原子中，其电子在弱磁场中的光谱分裂（即反常塞曼效应）。最终，为了解释这些现象，泡利引入了自旋量子数，提出了不相容原理，即原子中不能有两个电子同时处于同一量子态。自旋量子数作为核外电子的第四个参数，准确解释了原子中电子的壳层结构。

1923 年，法国物理学家德布罗意在对光子的波粒二象性的认识基础上，提出了实物微观粒子的波动性的假设，认为一切微观实物粒子均伴随着一个波，这就是所谓的德布罗意波。基于此假设可以很好地推出玻尔的角动量量子化条件。此假设最终被戴维逊 - 革末实验所证实。

## 2.3.2 矩阵力学

事实上，"行星系统"模型还存在着其他的问题。电子绕着原子核转动并不像行星绕着恒星转动那样有着确定的轨迹。首先对经典轨道的理论提出质疑的是海森堡。

海森堡认为物理理论只能基于实验观测的事实。在物理理论中，只有在实验里能够观测到的物理量（可观测量），才具有物理意义。因此物理理论中只应出现可以观测的物理量，而玻尔的轨道理论建立在一些不可直接观察或不可测量的物理量上。如电子运动的速度和位置，无法在实验中得到充分的证实，人们无法同时测得一个粒子的位置和它的速度。

因此，海森堡、玻恩、约尔当等人摒弃了玻尔创立的（测不到的）电子轨道的概念，运用矩阵这一数学工具（当海森堡把其论文交给玻恩时，玻恩才意识到海森堡的理论与矩阵这个数学工具的一致性，因此与约尔当共同将其置于严格的矩阵数学之上），1926 年（实际上三篇论文都是 1925 年完成的）创立了矩阵力学，通过矩阵表示和矩阵运算对量子力学给出了严格的表达与推理。

矩阵力学中，同样给出了若干基础性公设，这些公设支撑了矩阵力学体系的建立。这些基础性公设包括：①所有物理系统的可观测量 / 特定的物理量（力学量，不包括经典的轨道、周期等物理量）均可以表示为一个厄米矩阵，如位置、动量等；②物理量（矩阵）的一个观测值，是该厄米矩阵的一个本征值，所有可能的观测值的集合即是该矩阵本征值的集合，由于矩阵的厄米性，因此本征值恒为实数；③由于矩阵运算的非对易性，一个物理系统的坐标矩阵 $Q$ 及其共轭动量矩阵 $P$ 满足正则对易关系 $QP-PQ=\mathrm{i}\hbar I$，这也是测不准关系的根基；④继承了玻尔的频率条件，一个物理系统（如原子）的频率 $\nu$（对应能量，可理解为测量值），由频率条件 $h\nu = E_1-E_2$ 所决定。

在矩阵力学中，由于物理量变成了矩阵，运算规则也与经典物理量的运算规则有极大的不同（主要体现在非对易性上）。海森堡对上述第③条公设作做一步推理，得出当微观粒子处于某一状态时，它的力学量（如坐标、动量等）一般都不具有确定的数值。对任一物理量的测量将导致对应的另一物理量无法被准确测量，如观察者可以精确地测量位置或动量，但不能同时测量两者。粒子位置和动量的不确定性，必然大于或等于普朗克常数除以 $4\pi$，即 $\Delta x \Delta p \geqslant h/4\pi$。能量和测量时间的不确定性亦是如此，此即海森堡提出的不确定性关系，或称为测不准关系。在我看来，不确定性关系的本质，归根结底是我们不能将粒子看作点粒子，如果粒子不是点粒子，逻辑上自然就会有将粒子看作点粒子时的不确定关系。

在矩阵力学中，海森堡更关注观测值，因此在海森堡的量子力学体系中，表示的是可观测量随时间的演化。

矩阵力学成功解释了原子光谱量子化的理论，并启发着狄拉克等物理学家将量子力学推向了更加系统、更加严密的理论方向。

### 2.3.3 波动力学

几乎是在同一年，薛定谔在了解到德布罗意的研究后，受到德拜的启发，采用微积分作为数学工具，提出了一个波动方程。对这个方程的最初解释是基于"量子性是微观体系波动性的反映"这一理念，从而构建出的微观体系的运动方程，这就是薛定谔方程。基于此方程建立起来的量子理论称为波动力学。薛定谔方程是在人们对平面波理解的基础上，通过一些基础性条件（如线性等）限制而构建出来的方程。作为波动力学的基本假设，波动方程中模平方最初的解释并非概率波。薛定谔认为电子的波函数中的模平方应该被解释为在空间中弥散的电荷密度。后来是玻恩（1926 年）赋予了波函数的概率解释。随着量子力学的不断完善，（含时）薛定谔方程被理解为描述量子系统的量子态（态矢量）随时间变化而演化的关系。

薛定谔波动方程的巨大贡献在于其（在非相对论情况下）计算出氢原子的谱线，得到与玻尔模型完全相同的结果。

薛定谔方程是一个线性方程。满足薛定谔方程的波函数拥有线性关系。假设波函数 $\Psi_1$ 与 $\Psi_2$ 是薛定谔方程的解，则 $\Psi_1$ 与 $\Psi_2$ 的任意线性组合也是薛定谔方程的解，这种线性组合可以延伸至任意多个波函数。因此，波函数的叠加同样是薛定谔方程的解，从而很好地符合了态叠加原理。

## 2.4 随机的量子（二）

### 2.4.1 量子力学的基本假设

矩阵力学和波动力学分别从不同的角度对量子力学进行了描述，但是以海森堡为代表的矩阵力学和以薛定谔为代表的波动力学却在思想上水火不容，各执己见。

不久薛定谔就证明了波动力学和矩阵力学的数学等价性。其后，冯·诺依曼将量子力学建立在无穷维可分离的希尔伯特空间中，并在其中引入勒贝格测量下的平方可积函数作为一组基底，将波动力学视为量子力学在该基底下的实现或展开，从而严格证明了矩阵力学和波动力学的等价性。

但是真正将量子力学系统化并置于严密推理之上的还是狄拉克。1930年，狄拉克出版了划时代的巨著《量子力学原理》，建立起一套逻辑清晰、推理严密的量子力学体系。

作为哥本哈根学派的一员，狄拉克同样坚守这样一些原则：物理学的研究对象一定是可观测量，量子力学研究的对象，在观测过程中必然会受到被观测物体的干扰。

一方面，与牛顿力学所处的欧几里得空间、狭义相对论所处的闵氏时空、广义相对论所处的四维弯曲时空不同，量子力学的对象是被置于希尔伯特空间中。

另一方面，如同牛顿建立自己的动力学和爱因斯坦建立他的相对论一样，在《量子力学原理》中，狄拉克也同样建立了自己的基础性公设（前文已经说到牛顿力学的公设为其三大定律，而爱因斯坦的狭义相对论的公设是相对性原理和光速不变原理），并基于这些公设完成了整个量子力学的体系建设。

这些公设主要包括：

### 1. 态叠加原理

这是狄拉克认为的最基本的公设，即每一个微观量子系统都有多个（两个或两个以上）量子态。一个量子在未被观测之前，其所处的状态一定有多个状态，或者说是多个态的叠加。

某个量子态可以用希尔伯特空间中的一个矢量表示，相差一个复数因子的两个矢量对应着同一个态，从而将希尔伯特空间中的矢量与量子态建立了对应关系。

进一步地，态叠加原理可以用数学表示为矢量的线性相加：如果一个量子态是别的量子态的叠加，则其对应的矢量也是别的量子态对应的矢量的线性相加，即线性表出。态叠加原理隐含着：任何矢量都可以被基矢量展开，任何矢量又可作基矢量。这就说明不存在一个特殊的坐标系，坐标系是人为选择的结果。

这些状态是在数学上的转换是线性的，但本身是平权的，即态叠加不是加法，而是量子系统本身的特性，是一种状态不确定性 / 未知性的体现，即几率解释。

综上，这个态矢量已非欧氏空间中的矢量，而是一个希尔伯特空间的矢量，矢量的线性变换，并不等于量子态的变换，量子态还是那个量子态。

**2. 可观测量原理**

量子力学中一个可观测量 $A$ 可以用一个线性厄米算子 $\hat{A}$ 表示（即与之对应）；厄米算子的本征矢量对应量子系统的一个量子态，称作本征态。相应的本征值对应着量子系统的可观测量的测量值。

综上所述，量子态是一种抽象的物理概念，所有量子态之间是平权的。量子态对应的矢量不是可观测量，线性厄米算子 $\hat{A}$ 对应的才是可观测量，量子态对应的矢量是线性厄米算子 $\hat{A}$ 的本征矢量或者本征矢量的线性组合。

量子力学中，测量是不可逆的，测量前我们不知道量子态处于哪个（本征）态，测量会让量子态发生坍缩，测量后的量子系统处于测量值（本征值）对应的本征态上。

斯特恩－盖拉赫实验证实了量子系统态叠加原理，支持了概率解释。

**3. 量子化条件**

如同我们在海森堡的矩阵力学中所看到的，狄拉克在 1925 年也得到了类似的条件，但是用算符表示的。此条基本公设体现了量子力学与经典力学中的根本性的不同，即物理量之间的非对易性。基于此条公设，我们可以证明海森堡的不确定性关系。

**4. 运动方程**

不管是薛定谔方程，还是海森堡方程，都等价地给出了量子系统随时间的变化而演化的方案。薛定谔方程可理解为描述量子系统的量子态如何随着时间的变化而演化。在海森堡的量子力学体系中，表示的是可观测量随时间演化。而到了狄拉克，态矢量与对应的可观测量都会随着时间流易而演化。

## 2.4.2 变换理论

根据以上假设，我们知道量子系统的量子态对应着一个矢量，可观测量对应着一个线性厄米算子，线性厄米算子的本征矢量对应着特殊的态：本征态。算子对应的本征值为可观测量的测量值，位移算子和动量算子之间存在着非对易关系，同时量子系统中量子态或者可观测量随时间变化，对应着不同的量子理论，在薛定谔绘景里，描述量子系统的态矢量随着时间流易而演化。在海森堡绘景里，表达可观测量的算子会随着时间流易而演化。在狄拉克绘景里，态矢量与对应于可观测量的算子都会随着时间流易而演化。

为此，我们需要在表象中将量子态进行量化表示，这种量化包括离散的量化和连续的量化。具有分立本征值的厄米算子对应矩阵（一般是有限维，但也可以是无限维）可称为离散的量化；连续本征值（谱）对应的就成了函数，这样的量化可称为连续的量化。

离散的量化中，量子态自然地可用一个矩阵（线阵）表示，并可沿用欧氏空间中的相关性质（归一化、正交性、完备性等）。可观测量对应的算子也可用矩阵（方阵）表示，这样一来，所有的运算就变成了矩阵的运算。这就是上文中所讨论的海森堡等人发明的矩阵力学。

在连续的量化中，函数作为矢量，在重新定义了内积以后，同样可沿用欧氏空间中的相关性质（正交性、完备性等）。但是由于本征值谱的连续性，矩阵表示便存在一些困难。虽然我们可以将本征矢想象为一个连续的一维矩阵，将算子想象为一个连续的二维方阵，但是已经不能很好地体现连续性了。于是，我们可以借用狄拉克发明的 $\delta$ 函数，将内积推广到无限发散的希尔伯特空间。厄米算子的本征矢可以用希尔伯特空间的一组基矢表示，而厄米算子的本征值谱可以通过一个函数表出。

在希尔伯特空间选取基矢组即选取表象，通过选取希尔伯特空间中的一组特定的基矢，来表示量子态，称作表象表示。在选取表象后，我们可以进一步分析表象中的表出方式和变换关系。由于在量子力学中，位置表象和动量表象具有特殊的地位，既可相互表出，又可表出其他可观测量，所以位置表象和动量表象及其表象的变换是量子力学重点研究的课题之一。

进一步地，将量子态进行表象表示以后，量子态如果不随时间流易而演化，则归结为求解定态薛定谔方程。量子态如果随时间流易而演化，则归结为求解含时薛定谔方程，此即薛定谔绘景。如果将可观测量对应的算子进行表象表示以后，考察算子随时间的变化，则归结为求解海森堡运动方程，此即海森堡绘景。

物理学中，常常需要考虑对称性及守恒律的问题，即某个物理量在某种变换下保持不变，我们就说这个变换具有对称性，这种对称性必然导致对应的某个物理量守恒。这种对称性和守恒律的一一对应关系称作诺特定理。

在量子力学中，同样存在这样的对应关系，如空间平移变换的对称性保证了动量的守恒，时间平移变换的对称性导致了能量守恒，转动变换的对称性造成了角动量的守恒，空间反演变换的对称性保证了宇称守恒。这种对应关系在量子力学中更加明显，也更具有启发意义。

### 2.4.3　物质属性与量子力学小结

在量子力学的理论体系中，我们同样需要重新审视物质的属性。由于量子力学中物质是以量子的形式存在的，因此量子化的物质（一般称作粒子）的属性成为我们考察的重要对象。一般来讲，粒子的属性除了上文我们分析的质量/能量属性、电/磁属性以外，物理学家们又引入了自旋、宇称等属性。然而自旋与宇称等属性在本质上是量子化的微观属性，是针对微观粒子在某种作用下的变化方式，而不像质量一般在宏观尺度上形成量的累加。

总的来说，整个量子力学的理论体系可以建立于上述四个基础公设之上。这些公设虽然不能被严格推导出来，但却是整个量子力学的基石。基于四个公设的推导在明确相关定义的前提下逻辑严密，且与实验符合，进一步提升了量子力学在现代物理学中的基础性地位，同时也为我们认识物质世界提供了全新的视角。

## 2.5　统一的梦想（一）

### 2.5.1　相关理论介绍

相对论和量子力学建立后成为现代物理学的两大基石，为我们认识物质世界提供了全新的视角，但是并没有给我们提供破解物质世界奥秘的终极答案。从理论物理的角度来看，量子力学与广义相对论始终无法统一成一套理论框架。两套理论之间存在着难以逾越的鸿沟，广义相对论本质上还是一套经典的理论，而量子力学的量子化思想作为一种全新的物理思想，与广义相对论自然无法被统一成一套自洽的物理理论，这对物理学家来说是不够优美的，也是不可接受的。

从我们对物质世界本质的认识来看，对于很多基本的问题，两套理论同样没有提供完美的答案。质量从何而来？时空为何是四维的？当前的物理学常数为什么是那样一些确定值？两套理论的基本公设是否有更深层次的原因？

这种统一从麦克斯韦将电和磁统一起来的那一刻开始，经历了 160 多年的努力，物理学家们取得了阶段性的成就。

首先，在狄拉克、朝永振一郎、施温格、费曼等人的共同努力下创立了量子电动力学（QED），实现了量子理论和经典电动力学的统一，也实现了量子力学与狭义相对论的统一。

在杨振宁和米尔斯建立规范场论以后，温伯格、萨拉姆、格拉肖等人希望借此形成弱相互作用和电磁相互作用的统一理论，然而他们给出的模型没有解决规范粒子质量的问题。后来温伯格注意到希格斯机制以后，将其应用于电弱相互作用，解决了规范粒子的质量问题，建立了完善的电弱相互作用的统一理论。电弱统一理论预言的中性流及规范粒子先后被发现，再次证明其准确性。

其次，盖尔曼等人将规范场论应用在对强相互作用的解释中，形成了量子色动力学。这一理论的一些预言在粒子加速器上被证实，使其成为公认的对强相互作用最科学的解释。人们对物质之间相互作用的认识更加全面，于是物理学家们试图更进一步，将强相互作用与电弱相互作用统一起来，形成一个更加一般化的统一理论：大统一理论（GUT）。

在建立 GUT 的道路上，物理学家们在微观世界建立起一套基于基本粒子及其相互作用的物理理论：粒子物理学，并逐步形成一套标准模型。标准模型在不违背量子力学和狭义相对论基本公设的前提下，不仅将电弱相互作用与强相互作用统一在一套规范的理论体系中，还做出了关于诸多粒子（顶夸克、粲夸克、希格斯粒子）的预测，这些粒子的发现让标准模型备受推崇。

在标准模型的基础上，物理学家们建立了几个 GUT，最早的也是最广泛被接受的 GUT 是由乔吉和格拉肖于 1974 年提出的 SU（5）模型及后来的超对称 SU（5）模型，然而这些模型均没有被实验证实。

最后，即使是当前最基本的、最有希望被物理实验所证实的统一理论，GUT仍然不会成为终极理论的候选者，无法将物质世界及其相互作用完全统一起来。这主要是因为GUT仍然没有实现与广义相对论的兼容，没有将引力纳入其中。然而人们对于终极理论，或者称为万有理论的追寻从未停止。这其中最重要的候选者是弦理论以及更完善的超弦理论。超弦理论认为，微观的粒子在普朗克尺度上，是由各种不同振动方式的弦所组成的。超弦理论在对现有的一些理论和实验的解释上显示出合理性，然而超弦理论并没有给出任何一个被实验所证实的预测。圈量子引力理论作为另一个万有理论的候选者，试图通过将空间量子化，来实现物质世界相互作用的统一，但是至今同样未取得显著的进展。

## 2.5.2　量子电动力学

麦克斯韦的电磁理论作为一套经典物理理论，以一种非常优美的数学形式呈现在人们眼前。在量子力学建立以后，如何将电磁场进行量子化相比较而言显得更加现实。

由于电动力学为经典理论，不包含量子化的思想，所以，QED作为描述光子、物质（带电粒子）之间相互作用的理论，必须考虑兼容经典电动力学、狭义相对论、量子力学三套理论。

首先，作为QED研究对象的电磁场应当被量子化，海森堡等人实现了自由电磁场的量子化，后由狄拉克实现了真空中电磁场的量子化。

真空电磁场量子化的主要思路是：通过一组量子谐振子，以及创生算符、消灭算符，描述了真空中电磁场的量子化，即电磁场既可以看作经典场，又可以看作光量子的集合。由于描述真空中电磁场的谐振子振动永不停止，因此真空中电磁场无论何时都会有一定的能量，这是最低能量态，而光子自发发射现象被解释为是电子被真空中电磁场的量子涨落激发所致。

约尔当、维格纳进一步将电子等物质粒子视为对应量子场的激发态，提出了电子场的概念。电子场的激发相应于电子的产生，电子场的退激相应于电子的湮灭。狄拉克引入负能概念，根据对量子化的电子场的计算，预言了与电子对应的负能粒子的存在。其后，安德森在宇宙射线中发现的正电子进一步证实了这套理论体系的正确性。二者先后获得了诺贝尔物理学奖。

电磁场是矢量场，由它经过量子化得到的光子是自旋为 1 的粒子。而电子场是旋量场，量子化后得到的电子是自旋为 $\frac{1}{2}$ 的粒子。

粒子间的相互作用表现为相应的场之间的耦合作用，在 QED 范畴内，传递相互作用的粒子就是光子。

但是，QED 高阶微扰计算必定会得出无限大值，如电子自能以及电子和光子的真空零点能量。这一问题造成了 QED 十多年的发展低谷，直到 19 世纪 40 年代末至 50 年代初，贝特、费曼、施温格、朝永振一郎等人共同努力，引入重整化程序，才让 QED 形成了一套完整的理论。

QED 中的重整化可以看作是通过对质量、电荷等物理量重新定义而进行了修正，引入无限大的项抵消掉计算中出现的无限大的项，最终形成的测量物理量不再是无限大的。这意味着物理学家们不再固守质量和电荷的绝对实在性，粒子不能再看作经典的点粒子。

在研究重整化的同时，费曼发明了一种更为简单、更为实用的图形技术，将图示与相互作用的一个过程对应起来，实现了逻辑上的简化和可操作，同时对相互作用过程保持了量子力学的统计诠释，因此不至于将费曼图具象化。

时至今日，QED 对兰姆位移、异常磁矩、电子 g 因子等的计算结果与实验数据取得了惊人的一致性。QED 作为一套可重整化理论，已经成为量子场论中与实验符合度最高、广受认可的成熟理论。

QED 的成功为物理学家建立新的量子场论提供了一套标准化的样板。

我们通过分析 QED 的物理思想，首先看到了对粒子的一种全新的认识。在 QED 中，粒子本身已经不是经典意义下的实心的、静止的、永恒的点粒子，而是称为一个激发态，而场被量子化成一组谐振子。其次，粒子之间的相互作用同样延续了量子力学的思想，不再具有确切的作用位置以及碰撞的思想，而是一种态耦合。更具体来说，由于这种耦合过程的不确定性，我们只能将其看作具有无数种可能性，而以其发生概率幅来描述这一过程。过程中创生 / 消灭的粒子我们无法准确观测，而只能观测初态和终态的粒子。

### 2.5.3 电弱统一理论

QED 第一次实现了量子力学与经典场论的统一。这给物理学家以极大的信心，一部分物理学家开始尝试将 QED 中的成果应用于已知的其他相互作用领域（弱相互作用、强相互作用等）。

费米最早尝试建立关于弱相互作用的量子场论，其最初研究的是中子的 β 衰变，并形成一个矢量流的相互作用模型。后来随着弱相互作用中宇称不守恒被发现，这个理论被费曼等人修正以后形成新的矢量流相互作用模型。但是前后这两个模型都没有引入规范玻色子，且这套理论是高阶不可重整的，高于一阶的微扰计算同样会产生无限大值，而且通过重新定义物理量无法移除这些无限大值。

随着"在强相互作用中建立量子场论"的尝试遇到同样困境，量子场论走入又一个低谷，这种困境持续了大约二十年时间。

1954 年，杨振宁和米尔斯对电动力学的局域对称性进行推广，从纯粹理论的角度建立了基于更复杂的对称性的理论：（非阿贝尔）规范场论。规范场论的建立给统一理论打开了一扇崭新的天窗。

格拉肖、萨拉姆等人先后在 1960 年、1964 年分别借用规范场论建立起电弱统一理论。这套理论需要传递相互作用的无质量的、带荷的规范玻色子，而弱相互作用力程很短，预示着需要一个很大质量的玻色子来传递这种相互作用，这是矛盾的。同时，这套理论仍然没有解决重整化的问题。

希格斯在南部阳 - 郎和戈德斯通的研究基础上，于 1964 年提出：杨 - 米尔斯规范场论中的规范对称性是可以打破的，这种对称性自发破缺可以赋予规范玻色子质量，通过对称性自发破缺赋予规范玻色子质量的这种机制称为希格斯机制。希格斯机制为传递弱相互作用的规范玻色子提供了有质量的可能。最终，温伯格将希格斯机制引入弱电规范理论，解决了弱作用规范玻色子的质量问题。

另一方面，在引入希格斯机制以后，霍夫特证明电弱统一规范场论是可重整化的。也就是说，规范玻色子通过希格斯机制获得质量的规范理论是可以重整化的。这样，电弱统一理论中的重整化问题也得到了解决。后来，格拉肖等人建立的 GIM 机制，将轻子弱电相互作用理论推广至夸克上，电弱统一的理论逐步走向完整。

电弱统一理论将 QED 对应的 U（1）规范变换群拓展至 SU（2）×U（1）规范变换群，实现了弱相互作用与电磁相互作用的统一。

SU（2）×U（1）的规范理论要求理想情况下存在除光子之外的三个无质量带荷的规范玻色子，用来传递弱相互作用。但是由于对称性的自发破缺，使得三个无质量的规范玻色子被赋予质量。从希格斯机制来看，这是由于规范玻色子所处的态（场、环境）具有更差的对称性，这种二者对称性的不匹配造成对称性的自发破缺，最终赋予规范玻色子以质量。通俗地来理解，对称性的自发破缺可以理解为粒子所处环境造成粒子本身发生了性质变异，被赋予了质量。

除此之外，霍夫特将标量多重态引入规范场论，实现了电弱统一理论的重整化，让人们对重整化和希格斯机制有了更深的认识。

## 2.5.4 量子色动力学

在 QED 相关理论形成以后，人们同样希望将夸克、胶子之间的强相互作用形成一套完善的量子场论描述方式，但是在建立强相互作用量子场论的过程中，同样遇到了极大的困难。汤川最早使用量子场论的方法来研究原子核中质子与中子的强相互作用，但是由于描述强相互作用强度的耦合常数远大于电磁相互作用的耦合常数，因此我们不能再忽略那些原本可以在 QED 中忽略的高阶展开项。

这种困境同样持续了二十多年，在规范场论建立以后，物理学家们重新将规范场论应用于强相互作用，逐步建立了量子色动力学（QCD）。

1964 年，盖尔曼和兹维格建立了第一个三夸克模型，但是这个模型并不是一套规范理论，存在很多问题有待解决。1972 年，盖尔曼开始尝试将规范不变性纳入色 SU（3）群中，但是遇到了极大的难题，即无法解释比约肯标度问题。直到 1973 年，格罗斯、维尔切克和波利泽证明非阿贝尔规范场论具有渐进自由的特性，即非阿贝尔规范场论中，夸克相互作用强度随能标的增加而减弱，也就是说在非常高的能量下，夸克和胶子之间的相互作用会变得非常微弱，非常微弱的相互作用创造了夸克 - 胶子等离子体。因此，在高能量相互作用中，可以强对相互作用进行微扰级数展开，做实际的量化预测，盖尔曼借此建立起了强作用的定域 SU（3）规范理论，形成了完整的强相互作用的规范理论，称为 QCD。

QCD 描述了夸克、胶子之间的强相互作用，作为粒子物理学标准模型的一个基本组成部分，理论预言的一些现象在高能物理实验中陆续得到证实。

量子色动力学是通过色荷定义局部对称性的 SU（3）群规范场论，即它所对应的是非阿贝尔规范群 SU（3），群量子数被称为"色荷"。每一种夸克有三种颜色，对应着群的基本表示。胶子是强作用力的传播者，有八种，对应着群的伴随表示。这个理论的动力学完全由它的规范对称群决定。

夸克模型建立以后，并没有很快找到自由的夸克，这是因为低能情况下，禁闭现象所造成的。禁闭现象意味着当它们被分开时，夸克之间的力并不降低。这是因为当试图分开两个夸克时，在胶子场中的能量足够产生一个夸克对。所以夸克永远是以强子的方式束缚在一起。

但是，在非常高的能量下，强相互作用耦合常数会变得很小，这种称作渐进自由的特性，不仅让量子色动力学在高能下可以使用微扰理论，还很好地解释了比约肯标度问题。

# 2.6 统一的梦想（二）

## 2.6.1 大统一理论（GUT）

电弱相互作用规范理论和强相互作用规范理论建立之后，由于它们都通过相似的规范场论来描述，理论物理学家随即尝试将它们统一起来。

最早统一三种相互作用的是 SU（3）×SU（2）×U（1）规范场论，人们称之为基本粒子的标准模型，可实现对强、弱、电三种相互作用的统一描述。标准模型将粒子进行标准化分类，包括三代轻子、三代夸克、传递相互作用的规范玻色子和希格斯粒子，后文我们将对这些粒子做进一步分析。

1974 年，乔吉和格拉肖更进一步，提出了首个大统一理论（GUT）模型 SU（5）模型。

GUT 所涉及的 SU（5）群作为一个更大的群，可以将标准模型的 SU（3）×SU（2）×U（1）作为一个子群嵌入其中。

SU（5）规范场论同样存在各种困难，同时也在逐步发展、完善。如当前形成的超对称 SU（5）模型中，三种相互作用的耦合常数在能标 $10^{16}$GeV 处比较精确地实现了统一，同时根据超对称性的要求，费米子和玻色子之间可以实现相互转换。

根据计算，GUT 理论预言质子会衰变。但是数十年的实验观测并没有发现质子衰变现象，时至今日，没有任何支持 GUT 的实验证据。

至此，我们分析了物理学家在统一的道路上所形成的一些成果，从 QED 到并不成熟的 GUT，人们利用规范理论从微观上对相互作用及物质的本性形成了规范描述。然而故事并没有结束，对统一的溯源让我们不得不继续前进。

标准模型，或者说标准模型基础上的 GUT 理论，即使可以统一并解释三种相互作用，引力仍然没有被包含进来。这是因为，将广义相对论和量子场论结合起来，形成量子引力理论，在技术层面存在诸多困难：耦合常数有无量纲的问题（引力耦合常数有量纲，其他相互作用耦合常数没有量纲），耦合常数尺度的问题，引力理论的强时空属性问题。这些问题是更大的统一理论必须要面对的。

物理学家们在尝试实现更广泛的统一理论过程中，最早形成的"超引力大统一理论"将引力纳入其中，在能标 $10^{19}$GeV 处实现了四种相互作用的统一。根据超引力理论，四种相互作用只有在宇宙大爆炸的前 $10^{-44}$ s 的极短暂瞬间才能达到统一。虽然这个时刻非常短暂，但它让人们看到了希望。这个理论同时预言了超对称粒子的存在，但这些理论预言至今仍未得到实验证实。要统一四种相互作用，并形成既自洽又可实验验证的理论，实属不易。

## 2.6.2 超弦理论和圈量子理论

另一种具有创造性的万有理论候选者是弦理论及后来发展起来的超弦理论。

弦理论自 1968 年由维内齐亚诺提出以来，最初是用于描述强相互作用。后来，苏士侃在深入研究的基础上提出了弦的本质描述，即进一步深入后可知该方程实际上描述了一种类似弦的运动行为，这种弦可以伸长、收缩，还可以震动和摇摆。随后，施瓦兹将弦理论用来描述引力，那个被弦理论预言的非质量粒子可以认为是引力子。

进一步的研究表明，弦理论可以描述任何费米子和玻色子，这些粒子完全可以看作更小尺度下弦的振动，而诸多粒子之间的差异性主要体现在弦的长度、振动状态、形状和张力的不同。例如，弦的振动模式产生了不同的质量与电荷等力荷，振动的剧烈程度决定了粒子能量的大小，弦的振动造成了粒子的波动性。弦理论最大的创新在于对粒子（包括引力子）的这种全新的描述，同时弦的延展性让弦有能力去统一两套水火不容的理论：量子力学和广义相对论。然而其特征尺度即普朗克长度仅为 $10^{-33}$ cm，因此，在我们对粒子的理解中，现有测量尺度下（$10^{-15}$ cm）只能将其看作点粒子。

自古以来，人们认为微观粒子应该是"乌托子球"似的零维点粒子，弦理论破天荒第一次明确提出将粒子的概念具象化成弦的振动，具有极大的创新性。在我看来，这种创新堪称是异想天开的神来之笔，这种神来之笔为物理学开辟了一个全新的天地。其最直接的好处就是能消除点粒子造成的无穷大问题，继而让重整化有可能退出这套新理论的舞台。我认为这是必然的。我一直怀疑并不支持"乌托子"化的点粒子，因为这存在逻辑上的重大缺陷。

在此基础上，施瓦兹、格林和威腾等几位理论物理学家继承发展，运用新的数学技巧，把弦理论与超对称引力理论巧妙地结合在一起，形成了超弦理论。超弦理论自诞生以来经过两次巨大的突破。

一次是在 1984 年，格林和施瓦兹构造了一种具有时空超对称性的弦模型，因而被称为超弦理论。超弦理论使时空的维数限定为十维（九维空间和一维时间），其中六个空间维是蜷缩在极小尺度内，并未表现出来，超弦理论内部对称群限定为 SO（32）。十维的超弦理论可以很好地解决一些反常现象（如避免负概率出现），这一突破让弦理论不仅可以解释引力，还可以解释标准模型中的其他三种相互作用。

另一次是 1995 年，威腾在南加州大学弦论年会上发表了他那震惊弦论物理界的演讲。威腾运用对偶性将五种超弦理论通过数学处理实现了统一。他认为五种超弦理论如同一套理论在五个镜子内的倒影，这五套理论本质上可统一为一套理论，威腾称之为 M 理论。M 理论要求，当耦合常数增大时，空间的另一个维度表现出来，即增加了一维至十维，由于这一个维度的增加，进一步发展出了膜的概念。

在超弦理论中，人们自然地可以得到规范对称性、超对称性和引力理论，粒子被认为是受激振动的闭弦，粒子的族数是多维空间集合形态所造成的。由于超弦理论将空间维度拓展到十维，因此其他维为何无法被观测到的问题必须要有一个合理的解释，弦论物理学家们引入紧致化概念，额外维度被"卷曲"成圆环状，弦可以沿着环多次绕行。对于相互作用的强度问题，由于除引力之外其他相互作用的玻色子被理解为一种开弦，附着于三维的膜上（即三维空间），而引力子被理解为闭弦，自由穿行于多维空间，因此引力相互作用才会很弱。

总之，超弦理论由于抛弃了点粒子的概念，是一套原则上不存在发散困难的理论，重整化在这套理论中也可以不再使用，这套理论几乎是一套能自洽地解决量子引力问题同时又足够包容所有其他相互作用的完美理论。因此，超弦理论被认为是万有理论最有可能的候选者。

在我看来，超弦理论在对物质世界的解释上，首次引入了非点粒子的弦概念，这与我后文所提的空间变换理论颇为接近，因此逻辑上显得更加合理，也可能更接近真实，确实取得了重大进步。该理论在更微观的尺度上为粒子提供了一种更为简洁的解释，这个探索方向被认为比标准模型更具合理性。

但是，不论是超弦理论还是后来发展出的 M 理论，其预言的物理现象从来没有被证实过。同时，在理论上也还存在诸多问题，似乎仍旧在物理学和哲学的边缘徘徊。弦论虽然在弦与时空之间建立了异常紧密的联系，甚至不惜代价扩充空间的维度，但是从观念上，他们还是在做二元论的事情，仍然没有放弃二元论，他们认为弦是大自然最基本的组成单元，这种突破还需要更进一步。

除此之外，由斯莫林等人发展出来的圈量子引力理论，同样取得了令人瞩目的理论成就。圈量子引力理论在保持时空为四维的情况下，以广义协变性原理和背景独立为前提，从广义相对论出发，通过一套非微扰理论实现了引力理论的量子化。

在该理论中，时空被量子化，由关系循环织出的自旋网络所表出。然而该理论并没有对其他三种相互作用实现更好的相容。

总的来说，要实现引力的量子化，必须对引力本身的特性进行考察。如前所述，引力理论（广义相对论）被看作是一种关于时空的理论，其相互作用耦合常数在量纲及尺度上与其他相互作用大不相同，这是引力论一直难以被量子化的主要原因。然而，不论是弦理论，还是圈量子理论，对引力的量子化都在理论上实现了一种相对自洽，这是值得肯定的。

# 2.7 本章小结

通过对物理学发展及其基本思想的回顾，我们明白自伽利略和牛顿时代起，以物理学为核心的科学逐渐取代了哲学，开始对物质世界进行精确解释。因此，基于数学和实证的我们对物质世界的认识取得了巨大进步，众多科学家，特别是物理学家，为我们理解物质世界作出了卓越贡献。

伽利略和牛顿的研究拓展至太阳系，牛顿的理论优雅地统一了从地面物体到天体的运行规律。在安培、法拉第和麦克斯韦等人的共同努力下，诞生了经典电动力学；1900 年，开尔文勋爵关于"两朵乌云"的演讲揭开了现代物理学的序幕。

只有将现代物理学理论与现代实验观测手段结合起来，物理学才真正开始了对我们所处的物质世界本原的探索。物理学基本接替了哲学的角色，肩负起阐释万物本原的任务，这一趋势在近半个世纪的物理学发展中愈发明显。从宏观角度，一套完备的宇宙论让我们对宇宙起源和万物本原的理解更加清晰。从微观角度，我相信量子力学及后来包含 QED、QCD 的量子场论，乃至弦理论都在逐步接近物质的本质。更令人惊奇的是，近些年来，原本独立发展的微观和宏观物理学正在走向统一，尤其是弦理论，它为物质世界中的四种相互作用提供了一个统一框架，可以说物理学的发展成果丰硕。

回过头来，再次回味这些物理学思想，我们寻求其中的共性认识，以期更深入地理解物质世界的本质，探寻宇宙万物的深层内涵和运动规律。

我们从伽利略、牛顿开始，继承了坚实的概念基础：质量。无论是惯性质量还是引力质量，它们都具有客观实在性。在此基础上，我们才能讨论电荷。后来，爱因斯坦的质能转换方程让我们认识到质量和能量本质上是趋同的。深入微观世界后，我们发现了许多内蕴属性，如自旋、宇称，以及强相互作用中的色荷等概念。要深刻理解这些概念，需对相应物理理论有深入了解。只有这样，我们才能从根本上考察物质的本性，无论是质量、电荷，还是自旋、宇称、色荷、同位旋，我们需要透过这些名称，寻找其背后的物理内涵，探索物理量之间的根本联系，从而形成对物质本质的认识。

从另一个角度看，最终测量所有这些物理量都需要在相互作用下进行观测。四种基本相互作用作为源，物质的运动形式作为观测现象。通过推算源引起的物体运动，我们应得到与观测相符的结果。这是我们研究物质世界的基本方法，也是物理学家试图统一四种相互作用的动机。一旦将四种作用统一进一个理论框架，并能预测万物运动规律，若预测与实验观测吻合，那么万有理论就实现了。

因此，除了对物质本性的认识，对相互作用下的物质运动规律的研究同样重要。同时，物质运动的背景——时空，也是我们的考察重点。时空具有许多特殊性，数千年来的常识使其难以被深刻理解，但经过哲学家和物理学家的努力，我们对时空的理解已大为深化，是时候形成对时空的新认识了。

总的来说，我们不仅要考察物质的本性，还要研究物质的运动特性，更要探究使物质运动成为可能的时空。

**首先，我们总结一下物理学家们对物质本性的认识。**

正如我们在《确定的定律》一节中提到的，从牛顿那里继承来的质量是物质最基本的属性。质量的客观实在性毋庸置疑，正是因为有了质量这一属性，物体或质点才能独立存在，牛顿的三大定律才得以成立。因此，要了解物质的本质，就无法回避质量的概念。除了质量，电荷属性同样重要，电荷建立在质量基础之上，没有质量，电荷便无从谈起。

然而，能量的出现挑战了质量的核心地位，特别是爱因斯坦提出质能转换方程之后，表明物质可以没有质量，但不能没有能量；能量成为最根本的物理量，能量子可以没有质量属性，当然也可能没有电荷属性。

因此，当我们进入狭义相对论的领域时，我们发现居于中心地位的物质属性是能量。现在看来，即便对于尚未被完全认识的暗物质和暗能量，其能量属性应当也是基础属性。

当人们探索微观量子世界时，不仅能量或质量这一基本属性被量子化，电荷、自旋、宇称等物理量也被量子化了。然而，与能量 / 质量属性和电磁属性不同，自旋、宇称这些量子化参数在宏观尺度上并没有累积效应，也不直观显现。

随着对微观世界研究的深入，新的量子化参数被引入，弱同位旋、弱超荷、色荷、味、同位旋等粒子属性构成了弱相互作用和强相互作用的理论体系。对于粒子本身的认识也发生了重大变化，无论是从场的激发态角度还是从重整化的角度来看，粒子都不再被视为绝对实在、不生不灭的点粒子，而是可产生、可消灭的量子场激发态粒子，或者（可能）是两个无限（无界）量之间的差量。而对质量本质的认识也有了全新的理论——对称性自发破缺赋予质量的希格斯机制。

对于量子化属性（参数）的理解，仍在不断深化。在弦理论中，这些量子化属性不再具有独立的物理意义，而是被认为是由弦的长度、形状、振动状态（如频率）的不同导致不同的量子化属性。也就是说，物质在量子力学尺度下的众多属性，在更小的尺度下得到了统一，成为弦的不同振动模式的表现。同时，难以量子化的引力相互作用也被纳入量子框架，规范玻色子（引力子）被视为振动的闭弦。这一绝妙的想法将许多量子化属性视为更基础的拓扑结构差异和运动、振动差异。

这样，我们对物质本性的探索逐步深入到微观世界，通过普朗克尺度上的弦振动，我们有望实现理论的统一。然而，遗憾的是，在弦理论中由于量子化属性的差异性，不得不牺牲一些量子数，并通过更高维度（或更多运动自由度）来补偿，最终导致空间维度（运动自由度）的增加。物质属性与时空维度紧密交织，迫使我们不得不重新审视时空的概念。

**基于此，我们再来梳理一下物理学家对于时空的认识。**

牛顿认为的绝对时空观彻底将时空与物质及其运动割裂开来，认为空间处处相同，静止不动，与物质无关；时间无始无终、均匀流逝，与运动隔绝，物质的生灭不会造成时空的消失。这种思想在人们心中根深蒂固，直到相对论的出现。

狭义相对论首先打破了绝对的时间观，通过同时性的相对性，将时间与物质的运动（事件）紧密地联系起来。同时，狭义相对论所讨论的背景时空不再是三维欧氏空间，而是变成了四维闵氏时空，时间和空间也由此被统一起来。在广义相对论中，四维时空再次得到发展，爱因斯坦放弃了四维闵氏时空的概念，时空变成了弯曲的、更具一般性的四维时空。而且，时空的弯曲被认为是由质量造成的，这进一步将物质与时空关联起来。

这样一来，在宏观上，空间被看作物理客体广延性的体现，不存在独立于物质之外的时空，也没有超越时空之外的物质；没有物质就没有时空，时空和物质应当是相生相灭、对立统一的。

在量子力学中，尽管人们继承了点粒子的概念，并且没有特别聚焦于考察时空，但依然承认了狭义相对论中时间的相对性。对于空间，狄拉克创造性地提出了全新的认识：真空并非像通常想象的那样空无一物，而应当是所有负能态都被负电子填满，而正能态空着的状态，这就是著名的狄拉克海。这样，电子可以被看作在狄拉克海中漂浮的正能态电子；如果狄拉克海吸收了一个高能光子，只要能量足够大，就可以从海中激发出一个正能电子，同时海中留下一个空穴，这个空穴可被看作是带正能量和正电荷的粒子。这个理论第一次在量子力学范畴内将物质与空间紧密联系在一起，给了人们一种全新的思路去重新认识空间。然而，令人遗憾的是，后来关于微观粒子间相互作用的研究，并没有在时间和空间上做太多探讨。后来的研究更多地基于量子力学的基础理论，延续了点粒子的观念，进一步通过对相互作用场的量子化、规范化，加上一些精妙的数学技巧和物理学机制，形成了粒子物理学的标准模型，统一了三种相互作用的一套物理模型。

然而这套物理模型绝非时空理论。因此，虽然这套理论成果卓著且自成一派，一旦考虑到引力理论就显示出力不从心的一面；当引力理论的时空本性必须被纳入其中时，明显无法自洽地统一起来。

因此，随着人们认识的发展，统一理论进展到弦理论、圈量子理论时，时空必须被纳入考量，无论是增加时空的维度或运动自由度，还是将时空进行量子化的表述，实际上都是要解决"重新认识时空"的问题。这是在统一四种相互作用的道路上必然会遇到的问题。

在弦理论中，虽然对时空有了重新的认识，但更多的是通过扩展时空维度来实现四种相互作用的统一。而在圈量子理论中，则坚持时空为四维的这一论断，同时在时空量子化方面进行探索。这些理论之间的不一致注定在某些方面存在尚未考虑周全的因素，也显示这些理论距离终极理论的称号还有一段距离，我们对时空的探索尚未结束。

**最后，我们对现有理论中物质的运动规律做一些概括性总结。**

不论是宏观尺度还是微观尺度，物质的运动都遵守一定的运动规律。天体之间的绕动，到牛顿三大运动定律描述的运动，再到微观世界量子能级的跃迁运动，运动的形式在变化，但总是有规律可循的。相对论中所提及的基本运动包括平移（虽然这个平移已经不再是牛顿的匀速直线运动）、转动、伪转动等。一些物理量具有平移不变性、转动不变性、伪转动不变性，分别对应着相关物理量的守恒律。在量子力学中，粒子的运动同样包括了平移、转动、反演等基本运动，这些运动是通过算子的操作实现的。在运动的过程中，同样运动的不变性体现着对称性，对应着相应的守恒律，如空间平移变换的不变性保证了动量的守恒，时间平移变换不变性导致了能量守恒，转动变换不变性造成了角动量的守恒，空间反演变换不变性对应着宇称守恒。

进一步地，运动的非对称性，或称作非对易性，必然会造成新的物理量的产生。不论在相对论中还是在量子力学中，这种非对易性都是重点研究的对象。个人推测，这也正是物质世界存在的根本原因。

通过本章的分析，通过梳理物理学的历史和一些主流理论的主要思想，我们大致了解了对于物质、时空、物质运动规律的物理学认识及认识方法。这其中有差异，也有共性，但是我们深入这些理论的本质，共性的东西就逐步浮出水面，变得更加明显。当我们把这些共性重视起来，就会距离一般性的终极理论更近一步。终极理论不是空中楼阁，而应当是一套更加基本、更具包容性的理论，在做一些近似后一定会包容并回归到当前的理论。

概括而言，当我们用诗意的语言来表达，这个世界其实并不是完美的；用物理学的语言来表达，物质世界不是绝对对称的，这种对称性在各种尺度上都会产生对称性破缺，正是这种破缺造成了我们丰富多彩的世界。如果没有对称性的破缺，就没有这么优雅的宇宙，也没有我们人类的存在了。

然而，如此多的理论仍然没有被统一起来，甚至相互之间矛盾重重，这就注定统一的理论尚未成型，尚待时日。但是，在如此多的物理现象支撑下，我相信这个时间并不需要很久。

为此，从后面的两章开始，我们将正式开启认知探险之旅，探索终极理论的一种可能。我将对时空、物质和运动逐层递进地展开分析，在更深层次对时空、物质、四种相互作用以及由相互作用造成的运动进行广泛的归纳与深入的推理分析，形成一套逻辑上相对自洽的理论，实现对时空、物质和运动的重新认识。

# 3

## 一种新的认识（一）：时空与物质

前文我们从哲学和物理学两个角度，大致回顾了前人对物质世界的构成及运动演化的认识。接下来，我们将正式踏上认知冒险之旅，更确切地说是思维冒险之旅，以一种几乎是全新的、具有颠覆性的视角来看待时空、看待物质世界的构成及运动，并将以一股无畏的勇气去探寻将物质世界及其运动从更高层面统一起来的可能性。

在本章中，我们将先进行几点说明。在一些基本的说明之后，本章将首先考察时空，结合前文的认识对时空的本性进行全面的、较为深入的阐述。这个阐述原则上与前人的认识一致，尤其是近几十年来所取得的认识成果，即时空并不能脱离物质而独立存在。在此基础上，下一章将继续考察物质的本质与物质的属性，进一步考察运动的规律，最终形成关于时空、物质和运动的一套逻辑上自洽、物理上合理的体系化认识理论，并再次对物质的运动规律和诸多现象进行一些解释。

# 3.1　几点说明

我们系统地回顾了自有历史以来的哲学家及物理学家们对物质世界的认识。这些认识大多自成体系，且逻辑复杂，代表了数千年来世界上最聪明的一群人对物质世界的理解与解释。我相信他们中大多数都不是凭空想象的，而是基于他们自己的世界观及其思维力量在尽可能客观理性地来认识、来解释我们所处的物质世界。因此，无论是哲学的认识还是科学的理解，都会给予我们很多确定的、一般化的论断或观念。从哲学的角度，通过回顾我们获得了一些研究方法和一般化的逻辑上自洽的结论。而从物理学的理论中，我们得到了许多关于物质世界的经得起实证的准确理解，比如力与物体运动的关系、相对论中时空与物质的关系，以及量子力学中的测不准原理和泡利不相容原理等等。

通过对这些理论的回顾，我们对物质世界的认识变得更加全面、深入和客观。同时我们也坚信物质世界是可以被认识的，而且是可以被准确认识的。更具体地说，物质世界的本原与运动规律必然应当在逻辑上是可解释的，同时如果实验条件允许，那么在实验上也应当是可验证的。人类正是怀着这样的自信走到了今天，同样我们将继续怀着这样的自信和人类与生俱来的"惊奇"继续探索物质世界。

对于物质世界的认识，不管是哲学的认识还是物理学的理解，这些思想或理论首先是意识的产物。我们前文已经说到，物质是意识的基础，意识不能脱离物质而存在。但是以物质为基础的意识却有着巨大的差异性和不确定性。一方面，这些先哲们怀着堂吉诃德式的勇气，借助自己惊人的洞察力，通过思想上锲而不舍的一次次冒险，才形成了对物质世界更加深刻、更加客观的认识，我们肯定并尊重他们的认识成果。另一方面，这些认识成果必然受到创作者所处时代、环境及其自身知识结构等诸多因素的影响，尚不能非常准确、全面地解释我们的物质世界。所以，我们需要更加客观理性地看待这些认识成果。

同样的问题在诸位阅读本书时也会存在，虽然本书中对时空与物质世界的认识更多地会借用常识来讨论，但是我们一旦谈论某些概念，就会将这些概念限制在我们认识的框架里，终究变成我们认识的产物。由于诸位读者的知识结构差异，在阅读本书时可能也会产生不同的理解。

所有的这些认识差异甚至是曲解，都会给我们更为客观地认识物质世界造成极大的困扰，限制我们对物质世界的认识与解释。因此，我们要用更为理性的眼光看待这些理论，既要透过现象看到本质，吸收其中的合理之处，又要抛弃那些含糊不清的非理性成分。尤其是在对微观世界的研究中，将我们迁移到微观世界的一些宏观概念做传统观念下的认识需要非常谨慎。否则，一不留神就会陷入主观意识和原有的习惯性认知的困境。

那么，我们如何做到准确分辨这些理论中的合理部分与不合理部分呢？我们对物质世界的认识又如何做到客观理性呢？

首先，我们要面对的是认识物质世界的方法和标准的问题。我们应该相信我们的思想还是应该相信我们的感觉器官？理性主义者坚持认为自己的理性是最可靠的，经验论者的传统是坚持自己所看到的，而实证主义者则尤其重视实验验证的重要性。在科学研究中，这种传统被继承发展，形成了以实验观测为基础的实证方法。马赫首先提出并强调科学定律的实证性，而不是一种先入为主的真理。后来的爱因斯坦、海森堡、狄拉克等诸多物理学家都坚持这一原则，这已经成为做物理研究要遵循的基本原则：物理理论一定得经得起实验观测的验证。

其次，我们的逻辑演绎推理的思维方法同样发挥着巨大的作用。在物理学的研究中，我们一方面离不开实验观测，另一方面同样需要准确的逻辑思维，这就是数学（数学对物理的指导作用最早可追溯到毕达哥拉斯，然而他过于强调数的地位，导致其理论荒诞不经。到了赫拉克利特、柏拉图、亚里士多德，甚至到了笛卡儿、斯宾诺莎、黑格尔，这种通过逻辑研究物质世界的传统一直被延续下来。随着科学的兴起，数学逻辑对研究物质世界的作用更为明显）。这是因为数学是理性的产物。数学不仅是抽象的产物，更具有严密、清晰的逻辑推理性，体现的是一种强逻辑上的客观必然性，不存在任何的含糊性。而物质的运动在一定范围内同样遵循着绝对的规律，这些规律的确定性是由物质之间的相互作用和守恒律作保障的，代表着物质世界运动的客观性和必然性。二者在本质上都具有绝对的因果联系，一个抽象，一个具体。正是这种内在的因果联系，导致数学成为物理学的支柱，成为研究物理学最重要的工具。

基于以上两点分析，一套对物质世界准确认识的理论，应当经得起实验观测与数学逻辑的双重考验。我们的认识最终应当既符合实验观测的，又在数学上逻辑严密的。这才是一套好的认识理论。而实验观测的准确性和逻辑推理的严谨性正是我们认识物质世界的两大法宝。

但是近年来，新的挑战出现了。

实验观测是物理理论的眼睛，物理理论必须经得起实验观测的验证。一直以来，人们通过实验观测来判定一套物理理论的成功与否；如果物理理论的计算预测与实验观测相符，则说明物理理论非常成功，否则不然。

然而，随着我们的研究对象向宏观和微观两个尺度上的不断拓展，我们的实验观测手段受到了限制。当前，我们不得不承认很多理论成了实验观测的禁区。一些物理理论的预言在地球上已经无法用实验观测来验证，一些理论从预言变成了解释，只具有逻辑上的美感，物理理论的实证性受到了极大的挑战。在经典力学、量子力学等成熟的理论中，理论计算可以很好地解释实验观测结果，实验观测也很好地符合了理论的预言。但是在宇宙学、大统一理论以及当前最具影响力的量子引力理论中，已经很难做到通过实验观测来证实这些理论的正确性，或许这些理论将永远不会被实验所验证。然而很多时候，由于这些理论对当前成熟理论的合理解释，我们也不能证伪这些理论。

那么我们应当如何客观看待实验观测这个工具呢？

对于人类来说，获得外部信息的途径无非是眼、耳、鼻、舌、身，任何的实验观测都必须通过视觉、听觉、嗅觉、味觉、触觉而被我们所感知，我们认识物质世界的手段仅此而已。从宏观来看，大约138亿年的宇宙历史，400多亿光年的宇宙半径，人类的历史如刹那之波，人类生存的地球在宇宙中如沧海之一粟。从微观来看，我们的实验观测手段只能到 $10^{-15}$ m，核乳胶测量粒子寿命最短只到 $10^{-13}$ s，更小的尺度我们无法准确观测。面对如此浩渺无际的宇宙，面对普朗克尺度下如此微小的微观世界，尽管观测手段越来越精妙，我们仍然有太多的信息无法获取，实验观测有着明显的局限性。

然而，我们确信一个信念，那就是观测不到并不等于不存在。尤其是在研究宇宙的方法中和微观的普朗克尺度下，如何面对实验观测，我们应当保持更加开放的心态。如果我们仅仅将观测结论作为判定一套理论正确与否的依据，则仍然会陷入以人为中心的尴尬境地，未免失之偏颇，甚至造成困境。说尴尬是因为我们人类一直在去自我中心化道路上前进，从把国土当作世界的中心，到把地球当作世界的中心，再到将太阳当作世界的中心，最后不得不抛弃中心论。在人类发展的进程中，人类的自以为是被客观理性与实验观测一步步击垮。也正因此，人类才通过客观理性的逻辑推理与实验观测在对物质世界认识中获得了巨大的胜利。如今，如果我们一味强调实验观测的不可或缺，仅仅以实验观测作为判断物理理论正确与否的标准，而抛弃理性的逻辑推理，至少在短期内会将某些理论逼上绝路，甚至阻断进步。进步应当也必须从思想开始，从开放的思想开始。

虽然数学和物质的运动规律之间有着很多内在联系，但是数学仍旧是数学，并不完全等同于物理。一方面，数学总是呈现一种极限的逻辑美感，比如数学上可以有一个（10，10）型张量，但是对于物理学来说这是没有意义的；数学的向量可以由20个数决定，等价存在于一个20维空间中，但是同样在物理学中也是没有意义的。数学中的研究对象很多时候是理想的，如欧氏几何中的点、线、面，但是物理学则不然。另一方面，自大爆炸以来（如果大爆炸理论是正确的），人们面对的就是一个超多体的系统问题。而且这个多的程度已经超出了我们的想象，据估算，宇宙中物质的总量超过了 $10^{57}$ 个粒子，这些粒子以不同的运动方式、在不同尺度上相互作用，组成几乎是无限的宇宙。粒子的性质在变化，粒子的数量在增减，粒子的运动方式也不同。这种时空维度上的量变与质变，导致我们的研究对象（宇宙）已经变得异常复杂，这种情况下要研究所有事物的运动，数学自然变得力不从心。因此数学并不完全是物理学，二者是有界限的，而非完全对应的，我们不可完全依靠数学的强逻辑去解释物理，必须在很多情况下进行近似和对应。所以，我们在确信物理与数学二者有很好兼容性的同时，应该清楚地看到二者的区别。我们不能抱着数学逻辑，以期解决所有的物理问题，更不能将数学等同于物理。

回头来看，当科学发展至今，可以确信的是，我们决不能完全用形而上学去看待整个物质世界，更不可将一切无法自圆其说的问题诉诸上帝。我们必须要认识到物质世界的客观实在性与超多体之间相互作用及运动所带来的不确定性，同时也必须承认物理学所倡导的严密的逻辑推理和精确的实验观测，这是我们判定认识客观性的准绳。而在这中间，我们也应以宽容、开放的态度允许一定的突破，即在漫漫的历史长河中，面对短期的某一方面的不完整或缺失，我们应保持耐心，保持开放的心态，宽容地看待。最终，我们对于物质世界的认识将统一于逻辑的严密性和实验观测的准确性。

根据以上几点说明，我们将更客观地来看待先哲们的研究成果，也将保持开放的心态来运用两大法宝。我们可以更加从容地从这么多纷繁复杂的理论中进行深入的研究。

那么，我对物质世界的研究具体针对什么问题？应当从哪里开始呢？

常识告诉我们，世界是物质的，物质是运动的，运动是绝对的。通过这三句话，结合上文对于守恒律和非对易性的理解，我们可以在哲学上形成一套对物质世界的基本认识。对于物质世界运动的具体规律，我们在物理学上有很多理论来精确描述，从而建立起关于宇宙的理论体系和关于微观世界的理论体系。但是我们再追问下去，组成世界的物质的本性是什么？物质与我们所处的时空的关系是什么？运动之源"力"的本质又是什么？这仍然有待深入研究。

针对这些问题，我将更多地以当前的研究成果为基础，结合逻辑合理性方面的要求，进行深入分析，形成一些基本的认识。这套基本的认识可以理解为经验论的总结结果，它应当既不违背当前所有的实验观测结果，又从逻辑上可以证明其自洽合理性。基于这样的经验性的认识，我将从弱逻辑推理进行系统的阐述。

此行的道路是艰难的，但是当我们走完此程以后，回过头来，那种快乐一定是由衷的，是一种悟道一般的快乐，是一种"会当凌绝顶，一览众山小"的快乐。探究世界本原所带来的快乐与震撼将是任何其他活动都无法企及的。

## 3.2　时空（一）

### 3.2.1　引子

时间和空间，这两个我们再熟悉不过的概念，就像孪生子，不离不弃，又与我们相伴终生。从古至今，我们每一个人都生活在一定的地域空间内，都经历一段完整的时间，直至我们生命的结束。但几乎所有人都说不清楚，时间和空间到底是什么。

人类历史上一批最聪明的人，从柏拉图、亚里士多德到牛顿、莱布尼茨，再到爱因斯坦、狄拉克、霍金，几乎都发表过自己对时空的认识，前文我们已经做了简单的介绍。但是时间和空间到底是什么，是真实的客观存在？还是主观的臆想编造？我们到底该如何来看待时间与空间，至今仍无定论。

但是人们的认识不会止步，总是在寻求对时间和空间根本性的认识。本节我们将在前人认识的基础上，尝试对时间与空间进行深入的考察，给出一些不同的看法。

无论是在哲学上还是在物理学上，一种普遍的认识是：时间和空间是物质存在和运动的必要条件，是万物表演的舞台。这种认识似乎不难理解，因为空间是包容万物的，假使我们的客观世界没有空间，自然不会有物质世界的存在。同时，物体的运动需要花费时间，我们观察、认识事物也需要花费时间。假使没有时间，物体的运动无从谈起，我们也不会观察到运动的信息，我们不可能通过任何途径认识物质世界。这似乎在说，没有了时空，我们的物质世界也将不复存在。因此绝大多数人仍旧是将时空看作物质存在的前提，认为物质世界无法脱离其所依存的时间与空间，二者是相互依存的，是辩证统一的。这样一来，这种常识性认识导致时空与物质具有明显的二元对立性。进一步讲，在人们的常识中，虽然时间和空间具有极大的抽象性，但空间和时间同样也具有客观性，即我们所处的时间和空间不依赖于人的意志。

但是这些常识性的认识准确、合理吗？我们有必要深入去分析一下。

当然，为了尽可能有条理、尽可能符合大众的认知，我们姑且将时空与物质世界分节进行研究。但是在我的内心深处，我更愿意将物质世界和时空统一来看，这个过程我们将在后文中逐步深入并实现统一。此外，当物理学发展至今，我们已经有了非常完备的概念来描述时空以及物质世界，我同样很乐意借用这些概念。

前文我们也说过，哲学家和物理学家对于时空的认识，从亚里士多德到牛顿，一直延续了时空绝对性的认识。当亚里士多德提出绝对静止的概念时，他已经将时间割裂开来看了；而到了牛顿，对于时空绝对性的信仰，依然坚定不移。

这种认识一直到爱因斯坦相对论的出现，在狭义相对论中，爱因斯坦明确提出了时空的概念，并且将两者联系起来看待，将空间看作三维，时间看作一维，将二者合为四维闵可夫斯基时空。

到了广义相对论，爱因斯坦将引力解释为时空的弯曲，而且时空的弯曲被认为是由物质造成的，进一步将物质与时空关联起来。以广义相对论为基础的宇宙论，解释了宇宙的产生过程，并认为宇宙是和时空同时产生的。霍金和彭若斯在研究宇宙论时也提出一定有时间开始和结束。

在量子力学中，狄拉克在对真空的理解中，引入了狄拉克海的概念，极大地更新了人们对空间的认知。

在超弦理论中，空间的维度被极大地拓展。M 理论中，空间进一步被认为是十维的，而加上时间一个维度，时空应当是十一维的。而在圈量子理论中，空间则被离散化表述。

我们可以看出，对于时空的认识，在人们的认知层面，始终未达成一致，在当代物理学中，人们对时空的认识在某些方面（如时空的维度），也是各成体系，难以统一。那么到底这些理论谁更经得起推敲呢？运动的自由度与时空的维度是否可以绝对对应？时空与物质到底谁先产生、谁后产生？二者之间是否在不同相互作用中有统一的关系？时空的本性是连续的还是离散的？这些问题尚待深入研究。

## 3.2.2 时间的意义

带着这些问题，我将首先对时间进行一些考察。

从传统的社会认知出发，开始的时候时间并未被赋予如此精确的内涵，尤其是我们阅读历史的时候，我们知道一日、一月、一年都是通过日月的变化来定义时间，时间并不具有物理上的实在性。

人们对时间真正科学的认识应当从时间单位的精确定义出发。2018 年第 26 届国际计量大会规定，当铯的频率 $\Delta\nu_{\mathrm{Cs}}$，即铯 -133 原子基态的超精细能级跃迁频率以单位赫兹，即秒 $^{-1}$ 表示时，将其固定数值取为 9192631770 来定义秒。从这个对时间单位的精确定义来看，人们已经摒弃了对时间感性的认识，而是对时间给出了精确的定义，这个定义首先是依赖于物质而定义的。我们知道，不论是铯原子还是电磁波，都是物质的一种存在形式，而铯原子的振动和电磁波的发射实际上是物质运动的一种形式。也就是说，我们对于时间的定义既没有脱离物质，也没有离开物质的运动。如果没有物质及其运动，那么我们也无从据此定义时间的单位。否则，我们必将退回至牛顿的绝对时间观念，把时间当作"瞬间"的延续。

概括而言，不难看出，时间的定义指向物质的运动。

进一步地，我们怎么才能知道铯原子振动所产生的电磁波周期呢？从当前的技术来看，铯原子的振动产生的电磁波（或者光子），正是让我们测得铯原子振动的依据。这样看来，为了测量我们所认识的时空，其根本必须是基于电磁波或者光子这一媒介质。通过物质来测量时间，更具体地说，是要通过测量电磁波的波长及波数来获得时间。而波长却又成了一个空间的概念，波数则同样是运动的计数，也就是我们说的时间一方面依赖于物质在空间中的运动，一方面也依赖于对空间尺度的测量。除此之外，我们无法寻找到任何时间客观存在性的证据，从而让我们理性地认识到它的存在。

### 3.2.3　空间的意义

那么空间又是什么呢？这个问题相比于时间的问题，显得更为复杂。

前文已经讲过，从哲学家和物理学家的理解，我们初步形成了一种共识，即空间是物质伸长性、广延性的表现。爱因斯坦在他晚年也已经意识到时空与物质这种不可分割、同生同灭的关系，而不再坚持时空是物质存在的前提条件这样的观点。没有物质的时空无所谓时空，是没有意义的时空。

我们对于空间的认识，当前仍要继承前人的这个观点，即空间是基于物质的。

我们常说空无一物，那是因为空间不存在物质，因此空间具有空无一物的"空"的特性，这就是我们对空间的常识。然而，当我们稍加思考，就会得到一些更为一般的结论。

首先，空间既然是"空无一物"的，那么自然应当是处处相同的，或者是无差别的。其次，既然这种"空无一物"的空间为我们所知，且我们可以去测量其尺度，这说明空间与物质之间是有差别的，正是因为这种差异性才有了测量空间的可能。再次，这种"空无一物"的特性还体现在空间对物质的包容性，并且与物质不发生相互作用，即不改变物质的性质和运行形式。可以说"空间是物质的伸长性、广延性的表现"，其内涵就是空间本身的无差别性、空间与物质的差异性、基于物质的可测量性和空间与物质不发生相互作用这些空间特性的统称。当我们把这些特性归集后就会发现：至少从逻辑上来说，空间无法离开物质而独立存在。

我们进一步来分析空间可测量的问题。

既然空间是可量化测量的，对空间的认识必须要回归到我们对空间可测量的范畴里来。我们知道，常用的测量空间尺度的单位包括用于测量长度、面积、体积等的单位。我们对空间测量的基础是明确的，即我们将通过长度单位"米"来看看对空间尺度测量的理解。长度的国际制单位是米，所以我们要了解空间测量的基础，必须得搞清楚米的定义。但是当我们去分析米的定义，会很快发现这个定义指向了一个不变的常数：光速 $c$。米这个长度单位在 1983 年被定义为光在真空中 $1/299792458$ s 的时间内所通过的距离，符号是 m。

事实上，1983 年以前已经有了"米"的定义，1 m 的长度就是通过巴黎的子午线上从地球赤道到北极点的距离的千万分之一。然而当时没有与光速相对应，后来由于人们对光速的认识逐步深入，因此为了给长度的单位一个更为普遍的定义，才引入了光速这个常数。但是无论如何，通过光速定义的长度单位"米"并非一个独立的量，米的定义除了依赖于光速，还依赖于时间单位秒。因此我们又不得不回头再去看时间的定义。

这样一来，空间测量的定义依赖于时间，而时间测量的定义又依赖于空间及物质的运动，这似乎陷入了一个悖论：我们对于时间和空间测量单位的定义无法独立完成，而是一种相互的定义，除此之外还涉及一个常数：光速 $c$。换言之，不论是时间的度量，还是空间的度量，都需要光速来决定，光速是关键。

## 3.2.4 换个角度从逻辑上再论时空的意义

让我们再换一个角度，通过一个思想实验，来看待时空的问题。

让我们想象这样一种场景：假想我们的宇宙被冻结，让所有物质处于绝对的静止，比如我们在科幻片中看到的那样（即使我们知道这是不可能的），每一个人、每一个生命、每一颗星体，甚至每一个原子、每一个电子、每一个光子都凝固了，静止在原地。人和人之间将会停止任何信息的传递，无法感受到彼此的存在，物和物之间不存在相互作用，这个时候我们还可以谈论时间和空间吗？我们还能测量时间和空间吗？

当然不能。

前面我们已经知道，时间的测量是基于（物质）运动的。脱离了物质的运动谈时间，是不可能实现的，也是没有意义的。物质运动是我们感知并可测量时间的必要条件，感知或者测量必然伴随着物质的运动。但是由于物质世界的静止，即不存在运动，我们自然也就无法定义时间。因此，从这个意义上来讲，时间必然只能是物质运动的一种表征，是从物质运动抽象出来的一个概念，用于一种物质运动度量另一种物质运动，是一个相对的概念。时间是物质运动的表征，是对时间本性的最准确的诠释。而牛顿所谓的永恒的绝对的时间是不存在的，但是绝对的运动是不可否认的。

对于空间，我们同样可以研究"冻结的宇宙"这个思想实验模型。如果宇宙中的物质都存在一个绝对静止的状态，即物质和物质之间没有任何相互运动，自然通过物质来测量空间也就不可能实现，那么我们便无法知道空间的存在的，只是因为有了物质的运动，才有了测量空间尺度的条件，我们才知道了空间的存在，才可以测量空间的尺度。

测量的前提一定是物质的运动，物质的静止意味着一切不可测量。因此，不论是时间还是空间，当前完全可以理解为二者都是伴随着物质及其运动而为我们所知的（即在我们的意识中产生的）。没有物质，没有物质的运动，我们无从谈起时空，更无法测量时空。这样一来，时空除了相互依赖来定义以外，同样依赖物质以及物质的运动。光速这个常数所对应的光的运动，既代表了物质运动的绝对性，又间接定义了时空尺度测量的标准，因此具有了特殊的物理地位。我们可以说时空离不开物质及其运动，而物质的存在与物质的运动也离不开时空，时空不再是物质运动的舞台，而是与物质相互依存、辩证统一。

# 3.3  时空（二）

## 3.3.1  关于时空维度的理解

我们对时空的认识之旅到此并没有结束。一直以来，时间与空间都被区别看待，且具有不同的维度。正如我们在狭义相对论中看到的，闵氏时空的时间只有一个维度，而且只能向前，而在热力学运动中，这种时间的单向性则更加明确。空间则不然，空间具有三维的广延性。这又是怎么回事呢？

首先我们从时间单位的定义来看时间的维度。时间单位本身的定义即铯原子的震动，是物质变化的一种表征，涉及运动计数的问题。而我们对时间的定义正是基于我们的传统观念，物质的变化运用了一种没有方向的定义，即只记录铯原子震动的次数，而没有记录铯原子震动的方向。因此，时间必然存在着一个量的概念，而不存在一个方向的概念。时间是一个典型的标量。我们之所以认为时间有一个方向，更多的是基于人们认识的结果。我们已经知道，时间本身只是物质运动的一种测量或表征，而物质的运动本身是有方向的，通过一个无方向的量"时间"来表征物质的运动，本身就是不合理的，但是由于我们数千年来认识的习惯，已经无法把时间做多向分解，因此作为一个度量值，时间只能表征物质的运动与否以及运动的快慢，而更精确地表征物质运动的任务则交给了有方向的物理量"速度"。这样一来，时间就成了一个完全人为定义的物理量，而在这个物理量中，我们关注的只是它的变化速率（是否变化和变化快慢）而不是变化方向。因此当我们从抽象的物质运动角度来理解时间时，时间本身是没有方向的。然而在爱因斯坦相对论和热力学中，时间被看作是一维单向的，这个方向更多的是人为附加的，代表着运动的绝对性。这种绝对性在热力学运动中体现为一种不可逆性（是与热力学熵相关的运动）。而在动力学中，时间的不可逆性将面临极大的挑战，匀速直线运动原则上是可逆的，但这并非真的像空间一样，确实是有方向的，而是附加在空间的方向性之上的。

在空间测量中，空间在一个维度上的测量用米作为单位。当涉及两个维度时，我们使用平方米来表示面积。而当涉及三个维度时，我们使用立方米来表示体积。这样，除了长度以外，我们还引入了描述空间的新概念：面积和体积。但我们并没有见到如"四次方米"这样的单位。这是因为我们在三维空间停止了升维，即我们的空间是三维的。这又有什么含义呢？

首先，直觉和常识告诉我们空间是三维的。这不仅在我们的日常理解中，也在物理学中被广泛接受。然而，为什么空间是三维的，这是一个微妙且复杂的问题。有些人使用人择原理来解释：如果空间是一维或二维的，那么物质无法表现出多样性，像我们这样的生物需要一个三维的环境才能生存。否则，人类可能会变成"线条人"或"纸片人"，在这种情况下，人类将无法存在。因此，空间必须是三维的。

另一个解释是，三维空间有利于物质的稳定存在。例如，万有引力定律和库仑定律都在三维空间中体现了物质的存在性。如果宇宙是四维空间，那么引力将与距离的三次方成反比。这将导致行星在运行过程中向心力和离心力间的平衡被破坏，从三维空间中的稳定平衡转变为高维空间中的不稳定平衡，最终可能导致物质的消失。

我们暂且不讨论哪种解释更令人信服，而是探讨维度的内涵和定义。实际上，维度的定义有着多种理解。

首先，古人对三维的理解主要基于人们对地理环境的认识。无论是东方还是西方的古人，都有关于方向的概念，比如东、南、西、北和前、后、左、右、上、下等。

这种共同的认识源于观察地球上日月星辰的运转而形成的经验知识。例如，太阳总是从某个方向升起，然后在另一个方向落下，这直观地定义了 2 个方向。垂直方向的对称性让我们有了"东、南、西、北" 4 个方向，再加上"上、下" 2 个方向，形成了 6 个方向，对应于立方体的 6 个面。基于这 6 个方向，我们直观地认为空间具有三维性。

其次，欧几里得几何学和笛卡儿直角坐标系对我们的认识产生了深远影响，使人们坚信空间具有三维性。在欧几里得几何学中，直线、平面和立体都被赋予了特殊地位。对于"立体"，我们通过其延展性来覆盖我们所在的空间。由于有质量的物体与空间不同，它们不具备无限的延展性，因此被定义为与空间不同的物质。这样，我们不仅定义了三维空间，也定义了三维物体。在基于三维欧氏空间的三维笛卡儿直角坐标系中，任何一点的位置都可以通过三个坐标维度来确定，这使我们的空间具有三个自由度，即空间是三维的。仅用两个坐标是无法准确确定空间中一个点的位置的。例如，在三维笛卡儿直角坐标系中，如果确定了 $x$ 和 $y$ 两个坐标，我们将得到一条 $z$ 值相等的直线，而不是一个具体点的位置。

然而，无论是从古人传统的前、后、左、右、上、下 6 个方向来认定空间的三维性，还是从欧几里得几何学中定义的"体"的六面性来认定空间的三维性，从逻辑上深入分析，这些观点都不具备充分的合理性，都是站不住脚的。因为前、后、左、右、上、下这 6 个方向的选择是基于"垂直"这个前提的。如果没有垂直这个前提，我们从方向这个概念出发，逻辑上无法推导出三维空间。

如前所述，我们感知的空间是空旷且无差异的，那么在一个空无一物、无差别的空间中，我们没有理由设定"垂直"这一特性，更没有理由认为空间具有上下、左右、前后三个维度。垂直性，无论是直线间或平面间的垂直，都是人为对空间图形进行的一种对称划分。虽然这种划分在对称性上有其必然性，但它毕竟是人为的，并不反映空间本身的属性。如果我们按垂直方向对空间进行划分，各相邻方向间的夹角为 $\pi/2$ 弧度，这时确实只有 6 个方向和 3 个维度。但假如以 $\pi/3$ 弧度的夹角来划分空间，我们将得到 14 个方向和 7 个维度的空间。按照这样的思路，我们可以得出空间有更多方向和维度的结论。如果一直这样划分下去，我们的最终结论可能是：空间是无限维的，其方向是从球心到球面任一点的方向，而不是限定在垂直条件下的 6 个方向（3

个维度）。换句话说，如果没有人为设定的"垂直性条件"，而仅基于人为设定的平直性条件，从方向概念出发，我们无法从空无一物的空间推断出它是三维的。不考虑经验的情况下，这在逻辑上是不合理的。

基于欧几里得几何，并从方向概念出发，仅依赖于人为设定的平直性条件，我们对空间维度的更合理理解应该是球对称的无限维空间，而非三维空间。

**接下来，我想换个角度来分析"空间三维性"这一判断的合理性，即从物理学视角来探讨空间的三维性。**

在物理学中，维度代表运动的自由度。因此，我将通过考察实体与运动规律来重新审视欧氏空间中的点、线、面、体的关系（通常假设欧氏空间中的体是具有长、宽、高的立方体）。

如果我们将点视为一个实体（实际上，长时间以来，人们认为物质世界的微观组成最小单元是一种称为"点"的实体，例如德谟克利特的原子就具有欧氏几何中点的性质：不可分割），那么线可以被视为点的运动轨迹。直线则可以视为点的匀速直线运动轨迹，即不改变方向（只有两个方向或一个维度）的平移运动，这也可以被理解为点粒子在不受力的状态下于平直空间中的运动路径。这里的"方向"是指在欧氏几何体系下空间直线的方向。如果直线沿一个与其原方向不同的方向平移，我们就会获得一个平面；而当平面沿着与其上任何一条直线都不同方向平移时，我们就会得到一个立方体。这些都是在施加了一系列限制之后得到的对称性极佳的图形（另一类是通过特殊的旋转运动形成的圆形和球形）。

然而，当涉及体的运动时，其运动方向就受到了限制，主要体现在运动过程中路径的重复性。

我们必须仔细分析问题所在。

从点到线、到面、到体，我们一直在进行平移操作，但定义的方向始终未变，都是沿直线方向或矢量方向，即从一个点指向另一个点的"线向"。

在平直空间中，点可以从一个位置平移到另一个位置；线可以沿着其上的一点向另一点平移，线上的其他点也可以同向平移；面可以从其上的一点向另一点平移，面上的其他点也可以同向平移；体同样可以从其上的一点向另一点平移，体上的其他点也可以进行同向移动。但是，体的平移导致了路径的重复。

为了确保路径不重复，平移的自由度被限制为 3 次，这应该是对三维空间更为合理的解释。当然，我们也可以看出，那些平移路径不重复的对象是抽象的，具体来说，它们缺失了一个维度，这种缺失从传统观念来看，不能称为物理实体。

进一步地，如果我们限定平移只能是正交（或垂直）平移，那么直线与直线之间的正交定义为 $\pi/2$ 弧度夹角；直线代表 2 个方向，正交的直线代表 4 个方向，等分 $2\pi$ 弧度角；点的全空间平移自由度变为 6 个自由度（3 个维度），这就是我们传统上所认识的三维空间。但是，如果我们不对正交平移进行限制，实际上我们的空间自由度应当是径向的，即从圆心向球面发散的自由度，是无限维的自由度。

通过分析，我们可以说，空间是三维的，但这已不是传统意义上人们认为的上下、左右、前后三个维度，而是由运动自由度所形成的三个维度。在无差异的平直空间中，这种运动自由度自然形成了我们定义的三维空间，而不是空间本身就是三维的。三维空间是我们自己的一套定义体系（时空与物质的对应对立、欧氏平直空间的运动自由度）下的必然产物。

依据欧氏几何的一些概念及其默认的空间平直性，我们从物理学中运动自由度的角度出发，得出了空间是三维的结论。

然而，这一结论依赖于一个潜在的假设，即我们的物质基础是点粒子，并且这种理解是建立在欧氏几何的抽象概念之上的。当我们将基元视为一条线、一个环或一个膜时（正如弦理论所主张的），当我们的空间不再是欧氏空间、闵式空间等平直空间，物质的运动自由度就会发生改变，那时，我们的空间还是三维的吗？这显然并非一个简单的问题。

事实上，基于这样的理解，在物理学中我们通常采纳一种更为抽象的空间维度观念，这种观念认为如果一个空间变量由 $n$ 个参数决定，则该物理量存在于 $n$ 维空间中（显然，这种认识源自欧氏空间、笛卡儿坐标系）。然而，这种对空间的理解是抽象的，因而难以直观把握。

而在以实体为研究对象的物理学领域，更为严峻的问题是，运动的对象如点粒子、线或面本身至少缺失一个维度，这意味着这些对象在物理学中难以被视为实体。这为物理学中的三维空间埋下了潜在的不稳定性，表明空间的三维性并非无懈可击。

综合以上分析，对于空间维度的理解，尽管我们已经阐述了三维空间的内涵，但回过头来看，空间的三维性是建立在前提条件之上的。"空间是三维的"这一结论是以欧几里得几何为基础，以欧几里得几何中的诸多定义和坐标系的建立为前提的。

另一方面，通过深入分析时间和空间维度，我们不难看出，这两者在本质上存在差异。尽管对二者的测量都依赖于物质的运动，但时间与物质运动之间存在着绝对的对应关系，而空间则不然，它对应的是物质的存在性问题以及物质运动自由度的问题。

当然，在最新的统一理论——超弦理论（以及 M 理论）中，空间的自由度已被扩展至十维。这一设定，同样是为了确保弦运动的自由度。

## 3.3.2　数学与物理学的分流

既然空间对应的是物质存在性的问题，那么我们有必要将空间这一概念从几何学中分离出来，转而置于物理学的范畴内进行考察。

我们认识到，欧几里得所构建的几何空间，在逻辑（数学）上是自洽的一套理论，其在物理学中的应用也是基于平直性的假设。然而，在物理学领域，这种自洽性是难以实现的，欧氏几何也不再是绝对真理的体现。例如，关于"点"的定义，即"一个没有部分的存在"，我们很难断定其体积非零；而结合对"线"的定义，我们可以确信点不占据空间。由于线没有宽度，或者说在物理学中应当被视为宽度为零，一个空间维度为零的量，在这个维度上是不可测量的，因此其存在性无法得到确证。同样，平面也面临着类似的困境。更棘手的是，越来越多的实验和理论均表明，空间与物质是相互关联的，这使得空间的平直性面临极大的挑战。

根据前面提到的物理学实证性原则，我们断言：一个物理量的存在性和准确性必须能够被测量到。然而，在欧氏几何体系下定义的对象，在物理学中却遭遇了不可测量的难题。因此，在物理学体系下，我们必须超越那些在欧氏几何体系中没有几何维度的量的限制，或者换一种表述方式，点、线、面这些概念仅仅是欧氏几何中的对象，而不能将它们视为物理实体。同样地，我们应当仅从几何学逻辑的角度来考虑欧氏几何学的空间，而不应将其完全等同于物质世界的空间。

为了真正深入理解空间，我们不能仅仅从欧氏几何的视角去看待平直的欧氏空间，把它当作一个理想的客观对象，而应从物理学的视角更加深入地探究空间的本质。这正反映了本章第一节所强调的观点：数学与物理学本质上是不同的，数学的高度抽象不能完全映射到物质世界，数学上的点不同于物理中的粒子。我们不能期望仅凭数学逻辑来解决所有物理问题，更不能将数学和物理学混为一谈。

那么，时空的本质究竟是什么呢？

对于时间，我们可以这样理解：时间是物质运动变化的表征，其本质是从物质的运动变化中抽象出来的概念。时间并不具备绝对性（尽管运动本身具备绝对性），时间的特性反映了运动的属性。"时间是一维的"意味着运动的绝对性，而非运动的方向性。运动的绝对性并不意味着时间是不可逆的；在动力学中，时间被认为是可逆的，只有在热力学等统计学科中，时间才是不可逆的、具有方向性的。"时间是一维的"意味着时间既能表征运动的量（即计数），也能表征运动的速率（即快慢）。从技术层面来讲，测量时间本质上是用一个标准的运动来测量所关注的运动的过程。

时间的存在极大地促进了物理学的建立与发展，也给我们的生活带来了便利。然而，一旦理解了时间的本质，我们在应用时间时就必须极为谨慎。我们需要时间，实际上是需要对物质运动的表征，是对物质运动的量和速率的表征。

对于空间，通过本节的分析，我们得到了以下一些认识：首先，我们的空间绝非物质本身，而是与物质形成对立。在当前的认知水平下，这种对立体现为辩证逻辑中的矛盾统一。正因为此，空间和物质是相互依存的，而非独立存在的；这与从柏拉图那里继承来的观念——空间先于物质存在是不同的。与物质的各种性质（如质量、电荷、自旋等）相比，除了尺度可测量之外，空间不具有其他任何属性，并且空间的尺度测量必须依赖于物质的测量工具，这本质上是对物质的测量（如物体间距离的测量）。在我们的理解中，至少在欧氏几何的认知体系中，空间是三维的，因此我们对空间及物质尺度的测量也包含三个维度。空间本身不与物质发生相互作用，且在各处是无差别的（即平直空间）。

在本节中，关于空间的认识就到此为止，也仅限于此。

由于空间的复杂性，特别是它与物质之间的对立性和差异性，我们对空间的理解不可能一蹴而就。对空间的认知将是一个反复的过程，并且必须随着我们对物质认识的深入而逐步发展，只有全面考察我们所处的物质世界和时空之后，才可能得出更为自洽的结论。因此，我们目前关于空间的认知并不是最终的结论，我们将在后续不断进行修正，并逐步揭开其神秘的面纱。在下一节中，我们将在讨论物质的同时，结合对物质的认识，更加深入地重新审视空间。

但是，在本节对时空的分析中，尤其是在对时间和空间计量单位的研究中，我们发现时间与空间都关联到一个常量——真空中的光速 $c$。也就是说，我们对时空的研究始终与物质紧密相连，更确切地说，与光这种特殊的物质形式相关。光不仅是时空单位定义的基础，也是物质存在的一种重要形式。从麦克斯韦开始，光速 $c$ 就是与空间相关的一个物理量。为了更深入地理解物质世界和时空，我们必须直面"物质"这一概念，重新审视"物质"的本质，并进一步探索物质与空间之间更为内在的联系。

# 3.4　物质（一）

## 3.4.1　引子

在上一节的分析中，我们认识到时空的存在实际上与物质及其运动密不可分。无论是逻辑推理还是科学定义，我们在界定和测量时空尺度时，总是会涉及物质。同时，时空本身的属性非常简单：对于时间，我们主要关注的是它对应的物质运动的速率以及运动的量；对于空间，我们关注的是它的尺度和维度。此外，在广义相对论中，爱因斯坦指出物质会对时空产生影响，使时空发生弯曲。

在对时空有了一定的认识之后，我们自然会想要深入探讨与时空紧密相关的"物质"，探究物质的本质以及它所具备的性质，了解为何物质会展现出如此多样化的性质。

在本节中，我们将尝试提供一种不同于现有哲学理论和物理理论的解释。这种解释虽然与众不同，但对于某些物理现象，它将能够在逻辑上提供很好的解释。同时，我们将重新审视时空，重新理解物质与时空的关系，力图构建一套在逻辑上自洽的关于时空与物质的完整理论体系。

关于物质世界本原的共识是：物质世界诞生于大约 138 亿年前的一次大爆炸。在探讨物质的本质时，从微观角度来看，物质世界是由最基本的单位——粒子所构成，不同属性的粒子共同形成了这个多姿多彩的世界。基于这一认识，物理学家们创立了粒子物理学，旨在解释微观物质世界的基本构成和运行规律。而最新的超弦理论则将众多粒子的属性视为更小尺度下弦的振动，进一步尝试将微观物理和宏观物理的理论统一起来，以包含微观和宏观的物质运动规律。

然而，无论是基于广义相对论的宇宙学，还是粒子物理学、弦理论，这些理论都有其局限性。许多物理观测现象尚未得到合理解释，宏观物质与微观物质的运动规律还未完全统一，万有理论尚未建立，对于物质本质的统一认识也尚未形成。

尽管如此，在缺乏一套完善的万有理论的情况下，对这些理论的系统回顾已使我们对物质世界有了深刻的理解，并更加理性和客观地看待它。特别是对于物质属性和物质运动规律的认识，由于它们具有实证的客观性，毫无疑问，这将推动我们进一步揭示物质的本质，揭开物质世界的神秘面纱。

### 3.4.2 物质的基本属性

接下来，我们首先来考察物质的基本属性。

霍布斯和笛卡儿在物质基本属性的认识上是一致的，他们认为物质只有一个基本属性，即空间广延性。这一结论具有显著的客观性；然而，这并不足以证明物质的存在性。物质的广延性必须对其他客体产生影响，才能证实其客观性。而霍布斯和笛卡儿所说的广延性是自因的，不是他证的。因此，我们需要对广延性进行一些修正。

首先，我们从物质最基本的认识或定义出发：物质必须是可感知、可测量的。我们暂时将这种属性称为"可观测性"。这样，物质的广延性既是客观的，也是可通过其他方式验证的。可观测性的主体就是"人"——无论是直接观测还是间接观测，所有物理理论都要求以可观测性为基础，这一点我们在前文中已多次强调。换句话说，基于物质的客观实在性定义，从粒子到星系，包括人类自身这个物质实体在内，彼此之间必然存在相互作用。这种相互作用构成了物质可观测、可测量的基础。如果不是这样，作为物质的"人"就无法观测到这些物质的存在。尽管当前这一特性面临一些挑战——比如前文提到的暗能量，目前尚未被直接观测，只是一个假设。但按照主流科学认知，暗能量与物质之间的相互作用是不可否定的。正是基于这种相互作用，我们才推断出它的存在。因此，无论何种物质，其基本属性是它们之间必然会有相互作用，从而表现出物质的可观测性。我们认为物质具有空间广延性，也是因为我们观测到了物质的空间广延性，而不是因为物质自证的广延性。至于可观测性的更深层原因，我们将在后文中进一步探讨。

### 3.4.3 物质分类和物质具体属性分类

基于物质的这种基本属性，即可观测性，结合前文对物理学的梳理，让我们再看一看物质的分类。为了更加准确地描述物质的分类，同时遵循物理学的惯例，我们有必要借鉴当前物理理论中的一些常用术语，并引入新的概念，以实现对物质的全面分类。

首先，从宏观角度出发，我们将采用"宇宙内容物"这一概念来描述宇宙中所有的物质，这包括有质量的物质以及无质量的物质，如辐射（电磁波）。近年来，为了解释宇宙中的某些现象，暗物质和暗能量的概念被提出，并且引起了广泛关注。尽管对这两种存在，尤其是暗能量的了解还非常有限，但暗物质和暗能量应该被包含在宇宙内容物中。换言之，所有不同于空间、能够相互作用且具有可观测性的物质，都可以视为宇宙的内容物，或称为广义的物质。内容物之间会相互作用，或者可以被由物质构成的"人"直接或间接观测到。内容物的基本属性就是物质的基本属性：可观测性。

具体来说，我们人类所有的观测方式，归结起来是通过我们的视觉、听觉、嗅觉、味觉和触觉。目前为止，能与我们的这些感官直接发生相互作用的，是有质量的物质和无质量的物质（辐射）。在之前的讨论中，我们使用"物质"一词既指代有质量的物质，也包括辐射，同时还涉及暗物质和暗能量（广义的物质定义）。但从现在开始，我们将把"物质"这个概念限定为已经明确认识到的有质量的物质和无质量的物质（狭义的物质定义），即实质和辐射。对于暗物质和暗能量这类尚未深入研究的内容物，我们将暂时不把它们包含在狭义的物质定义中，目前也不打算对其进行深入探讨。

另外，我们将有质量的物质赋予一个更加明确的名称：实质。至于像中微子这类尚未确定是否有质量的物质，我们暂时将其归入辐射类别中。

我们继续对物质进行进一步的分类，实质可以分为带电荷的物质和不带电荷的物质。带电荷的物质又可以细分为正电荷物质和负电荷物质。

上述宏观角度下的物质分类及参与的相关作用如下表所示。

**物质宏观分类及参与的相互作用**

| 总称 | 分 类 | | | 参与的相互作用 |
|------|------|------|------|------|
| 内容物 | 物质 | 实质 | 带电荷的物质 正电荷物质 | 引力、电磁力 |
| | | | 带电荷的物质 负电荷物质 | 引力、电磁力 |
| | | | 不带电荷的物质 | 引力 |
| | | 辐射 | | 电磁力、引力（？） |
| | 暗物质 | | | 引力 |
| | 暗能量 | | | 导致星系间加速膨胀的斥力，具体原理未知 |

其中，有一点需要说明：由于对暗物质和暗能量的研究尚不充分，为了更专注于研究物质本身以及保持逻辑上的完整性，我们将暗物质和暗能量单独分类。然而，这两类存在很可能最终会被归入物质的范畴。因此，在后文中，我们很多时候仍然会用广义的物质来描述所有具有可观测性的物质，请读者在阅读时注意区分。

对于上述的分类方法，我们可以换个角度来考虑，即通过物质及其属性的研究方法来重新对内容物进行分类。内容物的基本属性是可观测性，可以理解为具有可观测性的存在。如果我们缩小分类的范围，专注于研究物质，那么与物质对应的物理量（如质量、电荷）可以视为物质的具体属性（质量属性、电荷属性），而物理量之间的差异则反映了物质具体属性之间的差异。物理量本身的量化差异本质上是物质具体属性的量化差异。无论是质量还是能量，或是电荷，在宏观尺度上，这些量化差异都可以通过千克、焦耳、库仑等单位进行定量描述。我们可以通过这些物理量的量差来寻找物质运动的相关性规律。经典物理理论正是基于这种思维方式构建的，例如一个物理量（如作用力）的量差会导致另一个物理量（如加速度）的量差。这样，在宏观层面，物质既存在具体属性的差异，也存在属性的量差。关于属性的量差，我们可以直观地理解并在日常生活中广泛应用，比如将一定质量的物质称为物体，而在考察一个物体的运动时，我们会关注它的质量是多少。

然而，另一方面，这种做法也减弱了我们对物质属性本身的理解。质量属性和电荷属性的差异究竟意味着什么？在宏观层面，这种差异常常被忽略，而实际上我们需要深入到微观粒子的尺度来进行探究。

当我们进入微观尺度，这些物理量不得不量子化以体现属性的差异，这就意味着物质属性被强化，而物质属性的量差被弱化，例如电荷完全量子化为 1 个或者 1/3 个单位。当我们从单个粒子的角度重新审视这些具体属性时，它们所揭示的更多是物质粒子的物理性质（物理学术语，在我的体系中等同于物质属性）的差异。

从微观物理理论出发，基于量子场论构建的粒子物理学及其标准模型，对构成宏观物质的微观粒子进行了全面的分类。这种分类正是基于基本粒子的物质属性的量子化描述建立的。在这里，除了粒子的基本属性（即可观测性）之外，其余的属性我们称之为粒子的量子属性，也就是微观粒子的具体属性。

相比宏观物质的具体属性，微观粒子的具体属性更为复杂。除了我们从宏观角度继承来的质量 / 能量、电荷等属性外，在量子力学中，物理学家们引入了自旋、宇称等量子属性；在量子色动力学中，又增加了同位旋、超荷、色、味等量子属性；而在粒子物理学中，进一步添加了弱同位旋、弱超荷等量子属性。所有这些量子属性共同定义了一种独一无二的粒子类型。

根据标准模型的预测，已经发现的基本粒子共有 61 种，这还不包括物理学家们预测存在但尚未找到的引力子。在这 61 种基本粒子中，有 48 种费米子（包括 36 种夸克和 12 种轻子）、12 种规范玻色子，以及 1 个希格斯玻色子。所有这些粒子种类必定在一个或多个量子属性上有所不同。根据自旋属性的不同，粒子可分为两大类：费米子和玻色子。费米子是构成物质的基础粒子，其自旋为 1/2 的奇数倍；而规范玻色子作为传递相互作用力的媒介子，其自旋为 1/2 的偶数倍（包括 0），它们也是基本粒子。所有其他粒子都可以通过这些费米子的相互作用来形成。除了引力之外的其他相互作用力都已包含在标准模型的理论框架内。

基于标准模型的具体微观物质粒子分类如下表所示。

1）轻子

| 粒子 | 质量属性 | 电荷属性 | 自旋属性 | 色荷属性 | 弱同位旋属性 | 分代 | 相互作用 |
|------|----------|----------|----------|----------|--------------|------|----------|
| 电子 | Y | -1 | 1/2 | N | -1/2 | 第一代 | 电磁相互作用、弱相互作用、万有引力 |

续上表

| 粒子 | 质量属性 | 电荷属性 | 自旋属性 | 色荷属性 | 弱同位旋属性 | 分代 | 相互作用 |
|---|---|---|---|---|---|---|---|
| 反（正）电子 | Y | +1 | 1/2 | N | 0 | 第一代 | 电磁相互作用、弱相互作用、万有引力 |
| 电子中微子 | Y? | 0 | 1/2 | N | +1/2 | 第一代 | 弱相互作用、万有引力（？） |
| 反电子中微子 | Y? | 0 | 1/2 | N | 0 | 第一代 | 弱相互作用、万有引力（？） |
| μ 子 | Y | -1 | 1/2 | N | -1/2 | 第二代 | 电磁相互作用、弱相互作用、万有引力 |
| 反 μ 子 | Y | +1 | 1/2 | N | 0 | 第二代 | 电磁相互作用、弱相互作用、万有引力 |
| μ 子中微子 | Y? | 0 | 1/2 | N | +1/2 | 第二代 | 弱相互作用、万有引力（？） |
| 反 μ 子中微子 | Y? | 0 | 1/2 | N | 0 | 第二代 | 弱相互作用、万有引力（？） |
| τ 子 | Y | -1 | 1/2 | N | -1/2 | 第三代 | 电磁相互作用、弱相互作用、万有引力 |
| 反 τ 子 | Y | +1 | 1/2 | N | 0 | 第三代 | 电磁相互作用、弱相互作用、万有引力 |
| τ 子中微子 | Y? | 0 | 1/2 | N | +1/2 | 第三代 | 弱相互作用、万有引力（？） |
| 反 τ 子中微子 | Y? | 0 | 1/2 | N | 0 | 第三代 | 弱相互作用、万有引力（？） |

2）夸克

| 粒子 | 质量属性 | 电荷属性 | 自旋属性 | 色荷属性 | 弱同位旋属性 | 分代 | 相互作用 |
|---|---|---|---|---|---|---|---|
| 上夸克 | Y | +2/3 | 1/2 | 三色 | +1/2 | 第一代 | 强相互作用、电磁相互作用、弱相互作用、万有引力 |
| 反上夸克 | Y | -2/3 | 1/2 | 反三色 | 0 | 第一代 | 强相互作用、电磁相互作用、弱相互作用、万有引力 |
| 下夸克 | Y | -1/3 | 1/2 | 三色 | -1/2 | 第一代 | 强相互作用、电磁相互作用、弱相互作用、万有引力 |
| 反下夸克 | Y | +1/3 | 1/2 | 反三色 | 0 | 第一代 | 强相互作用、电磁相互作用、弱相互作用、万有引力 |
| 粲夸克 | Y | +2/3 | 1/2 | 三色 | +1/2 | 第二代 | 强相互作用、电磁相互作用、弱相互作用、万有引力 |

续上表

| 粒子 | 质量属性 | 电荷属性 | 自旋属性 | 色荷属性 | 弱同位旋属性 | 分代 | 相互作用 |
|---|---|---|---|---|---|---|---|
| 反粲夸克 | Y | −2/3 | 1/2 | 反三色 | 0 | 第二代 | 强相互作用、电磁相互作用、弱相互作用、万有引力 |
| 奇夸克 | Y | −1/3 | 1/2 | 三色 | −1/2 | 第二代 | 强相互作用、电磁相互作用、弱相互作用、万有引力 |
| 反奇夸克 | Y | +1/3 | 1/2 | 反三色 | 0 | 第二代 | 强相互作用、电磁相互作用、弱相互作用、万有引力 |
| 顶夸克 | Y | +2/3 | 1/2 | 三色 | +1/2 | 第三代 | 强相互作用、电磁相互作用、弱相互作用、万有引力 |
| 反顶夸克 | Y | −2/3 | 1/2 | 反三色 | 0 | 第三代 | 强相互作用、电磁相互作用、弱相互作用、万有引力 |
| 底夸克 | Y | −1/3 | 1/2 | 三色 | −1/2 | 第三代 | 强相互作用、电磁相互作用、弱相互作用、万有引力 |
| 反底夸克 | Y | +1/3 | 1/2 | 反三色 | 0 | 第三代 | 强相互作用、电磁相互作用、弱相互作用、万有引力 |

3）玻色子

| 粒子 | 质量属性 | 电荷属性 | 自旋属性 | 色荷属性 | 相互作用 |
|---|---|---|---|---|---|
| 胶子 | N | 0 | 1 | 8 | 强相互作用 |
| $W^+$ | Y | +1 | 1 | N | 弱相互作用 |
| $W^-$ | Y | −1 | 1 | N | 弱相互作用 |
| $Z^0$ | Y | 0 | 1 | N | 弱相互作用 |
| 光子 | N | 0 | 1 | N | 电磁相互作用 |
| $H^0$ | Y | 0 | 0 | N | 希格斯粒子是希格斯场的量子激发，基本粒子因与希格斯场耦合而获得质量 |

　　需要再次强调的是，在微观尺度上，我们已无法将这些"粒子"视为传统意义上的表面光滑、球形、不可分割的点粒子。无论是费米子还是玻色子，我们对这些粒子的实际大小已经无法精确观测，更不能确定它们是否是球形或其他形状，这正是区分微观物质与宏观物质的根本标准。个人认为，也正因为此，一些建立在点粒子概念上

的物理理论在微观领域会遇到许多问题。而作为终极理论的潜在候选者，弦理论已经不得不将这些粒子视为弦的振动，而非具有确切三维尺寸的某种球形点粒子。因此，将所有粒子视为点粒子的观念，我们将不再采用。

另一方面，基本粒子的这种分类显示出明显的对称性，在逻辑上也呈现出令人赞叹的优雅。

关于物质的分类，我们可以换个视角，从属性上来进行完整的划分，详细如下表所示。

**物质属性分类表**

| 物质属性分类 | | | | 备　注 |
|---|---|---|---|---|
| 物质属性 / 物理性质 | 宏观属性 | 具体属性 | 质量 / 能量属性 | 二者相同是以爱因斯坦的质能方程为基础的 |
| | | | 电荷属性 | |
| | | 基本属性：可观测性 | | 在宏观和微观尺度上都应具有的，因此称作基本属性 |
| | 微观属性 / 粒子属性 | 基本属性：可观测性 | | |
| | | 具体属性 / 量子属性 / 量子数 | 质量 / 能量属性 | |
| | | | 电荷属性 | |
| | | | 自旋属性 | |
| | | | 宇称属性 | |
| | | | 色荷属性 | |
| | | | 味荷属性 | |
| | | | 同位旋属性 | |
| | | | 弱同位旋属性 | |
| | | | … | |

关于上述分类，有一点需要说明：物质的颜色、味道、熔点、放射性等扩展属性，本质上是微观物质相互作用产生的宏观效应，它们并不具备独立的物理实在性。因此，我们在此不再对这些属性进行详细解释，有兴趣的读者可以参阅相关的物理科普书籍。

对于物质属性的这种分类方式，一些具有哲学素养的读者可能会觉得有些表述似曾相识。确实如此，因为历史上的哲学家们在逻辑上已经提出了类似的描述。正如前文提到的，亚里士多德在他的实体论中提出了质料和形式之间的辩证关系，他称没有形式的事物为质料，而形式存在于质料之中；质料依靠形式变成了确定的实体，例如身体依靠灵魂变成了人。因此，他认为形式是事物的本质。

这一套理论在经验论者和唯理论者那里经历了变革，通过实体与属性的关系被重新阐述成了不同的理论。然而，不同理论之间存在极大的分歧，有的将实体神化，有的将实体精神化，有的则将实体概念化，因此在逻辑上都面临着一些难以解决的问题。尽管如此，这种关于实体和属性的表述还是被继承下来，并被应用于科学研究。

在我们的物理学中，这套理论以物理客体和物理性质的形式得以延续。在粒子物理学里，物理客体指的是不同种类的粒子，而物理性质则是这些粒子的量子属性或量子数。因此，虽然量子属性包含了"量"这个字，但它本质上不再是同一物质属性的量差，而是代表了物理性质（即物质属性）之间的特征差异。在后面的内容中，我们将主要使用这套物质和属性的体系来深入探讨物质的本质。

## 3.5 物质（二）

### 3.5.1 物质属性分类的启发

正如前文所述，在宏观物质世界中，质量和电荷不仅表现出性质的不同，更多的时候我们研究的是这些属性的定量差异。然而，在微观层面上，除了继承宏观层面的质量和电荷等属性外，我们更加关注的是这些属性本身之间的差异。同时，这些属性在粒子物理学的标准模型中大多已被量子化，成为量子属性的差异。例如，三代轻子之间虽然质量属性不同，但电荷是相同的，因此并不存在量化的差异，而是表现为量子属性的不同。通过对微观物质粒子及其属性的这种分类，我们得以从量子属性的角度来重新审视这些"基本粒子"。我们发现，任何两种基本粒子之间都存在着量子属性的差异，正是这种量子属性的差异造成了粒子种类的不同，使得每一类粒子都独一无二。

关于粒子的量子属性差异，我们可以这样理解：如果两个粒子之间没有任何量子属性的差异，逻辑上我们就无法区分它们为两种不同的粒子，而只能将它们视为同一种粒子。进一步地，如果一个粒子没有任何量子化属性，也就没有可观测性，我们将无法通过任何手段观测到它的存在，从而也无法证明它的存在。一个不可观测的独立实体，在本质上与空间无异。因此，我们可以得出结论：粒子最根本的属性就是差异。这不仅表明粒子的存在本身是与空间差异的一种体现，也说明粒子之间属性的差异是每一类粒子的存在性和独特性的根本原因。只有与空间的差异性，才使得一个粒子成为一个独立的粒子。而这种差异性具体体现在能量、质量还是其他属性上，我们先不讨论。但至少可以确定的是，它必须与空间存在差异性。

同样地，从宏观角度来看，让我们想象一个场景：如果整个宇宙中处处都不存在差异，那么自然就不会有内容物的存在，更不会有任何种类的物质。因此，我们可以说宇宙内容物的根本属性也是差异。而空间之所以成为空间，正是因为其无差异的特性，它被视为具有一种"空"的属性。

因此，无论是从宏观还是微观的角度，无论是实质、辐射还是其他形式的物质，其存在的根本在于物质与空间之间的这种差异。没有差异，就会导致一切趋同，也就不会有任何种类的物质存在，这自然就成了我们定义的空间。这个看似显而易见的结论实际上揭示了差异的绝对性和根本性。这也促使我们对物质的根本属性有了一个全新的理解：物质的本性就是差异性。正是由于物质与空间的差异性，物质才具有了可观测性，才成为了物质。

同样，在粒子物理学中，我们研究的众多物质粒子的量子属性差异，使得一类粒子之所以成为特定的一类，这正是对亚里士多德的质料形式理论以及后来的实体属性理论的继承和发展。

从上述分析来看，如果没有与空间的差异性，物质就没有可观测性，也就没有任何物质存在性的证据。正是物质的差异性这一根本属性，导致了物质的可观测性这一基本属性，为物质的存在提供了证据。

### 3.5.2 物质的差异性与运动度量

我们继续沿着"将物质的根本属性理解为差异性"这一思路进行进一步分析。物质的根本属性是差异性，但这种差异性本身并不能被定量描述，其可观测性也是如此。要想真正观察到这种差异性，我们需要深入研究那些具体属性。

当我们深入探究这些具体属性时，就会发现它们的不同之处，归根结底是通过空间尺度的测量差异或者时间测量的差异来体现的。更深层次地来说，这种差异必须体现为物质运动度量的差异，在空间中表现为位移（包括位移量和位移方向）的变化，在时间中表现为运动（速率大小）的变化。只有这些量的差异才能导致可观测的差异，否则，如果差异不可观测，那么它就会被否认。

在微观运动的研究中，我们看到的量子数的各种不同，最终也都是通过时空中的运动度量差异来表现的。任何粒子的量子属性差异最终都归结为运动度量的差异，都需要通过运动的表征来体现。这意味着 61 种基本粒子本质上并不存在绝对的与众不同，而只是在更大的时空尺度上表现出更为基本的差异。这就像我们对味觉的判断，酸、甜、苦、辣本质上是物质在运动中相互作用后的一种综合效应，而非微观世界中真的存在一个与众不同的酸、甜、苦、辣的粒子，让我们可以通过除运动度量以外的手段观测到。

这个认识对我们而言是一场极具突破性的认知革命。我们从逻辑上得出的这一结论，在超弦理论中已经有所体现，即这些量子化属性被认为是由弦的长度、形状（拓扑结构）、振动状态（如频率）的不同所造成的。这样一来，物质的本质最终可以由一根弦的振动来解释，意味着我们在更小尺度上对物质本性的理解又实现了统一。毫无疑问，这种深刻的见解使我们在追求统一的道路上迈出了一大步。

至此，通过分析物质属性，我们引入了"运动表征"这一概念，它正是我们在之前分析时间的本质时所讨论的内容。如此，我们来到了一个三元论的起点：物质与空间是不同的，是与空间相对立的差异，而这种差异最终体现为物质运动的表征，即时间的变化。空间、物质、运动（时间）这三者紧密相连，相互依赖。

然而，我想强调的是，这仍然不够完美，也远未完全阐明物质的本质。基于空间、物质、运动（时间）的三元论并没有完全解释我们的物质世界。

### 3.5.3  一元论的提出

接下来，我更愿意引用《老子》中的一句话来展开讨论，这句话就是前文提到的"道生一，一生二，二生三，三生万物"。我认为，老子的这句话为物质的本原及物质的运动提供了一个在逻辑上非常优雅的解释。虽然我们无法确定他的观点是否带有科幻色彩，还是仅仅追求逻辑上的优美（我个人倾向于后者），但它在逻辑上确实显示出一种美感。

首先，老子提出了"道"这一概念。这个难以明确描述的"道"，至少已经不再是上帝那样的存在，而更像是斯宾诺莎所说的神，即自然本身。我们暂时不讨论这个最初因，而是对应分析万物生成的过程。

第一句清晰地告诉我们，对物质世界的本原最终可以归结为一元论，而非二元论，这一点至关重要。第二句表明，二元世界应当是从一元演变而来的。第三句中，从二到三的过程是自然而然的结果：一方面，由于二元的对立，必然出现一个代表二者统一的"第三者"，这个第三者既不同于一，也不同于二，而是包含二者。这与黑格尔的辩证逻辑有着类似的表述，我认为这并非巧合，在黑格尔的实体论中，其逻辑表现得更加清晰严密。另一方面，这个"三"也可以理解为从一到二的变化过程，如果一是空间，二是与空间的差异（即物质），那么三便是产生空间差异的变化运动。当"三"出现时，我们在物质世界中研究的空间、物质、运动变化（时间）这三大要素已经齐全。在这三大要素的基础上，万物便自然而然地演化出来。

当然，这样的分析或许有些牵强，但我想借此表达的是，从最基本的逻辑自洽的要求来看，物质的本原不应该由外部引入的更多元素组成。具体来说，粒子的各种属性不是物质的起点，甚至物质的本原也不应独立于空间之外。这些具有多种属性的粒子在更广泛的范畴内应该进一步统一。而且，从逻辑上的合理性来分析，这种统一必须趋向于绝对的统一，最终归结为那个"一"。换句话说，物质也需要与空间关联起来看待，甚至是统一起来。只有这样，我们对物质的本原的认识才可能实现新的突破。这种统一需要更基本的一元论来支撑，而不是停留在对立统一的二元论，或者包括空间、物质、运动的三元论。

### 3.5.4 再看差异 / 物质的本性

基于这样的认识，我们再次审视"差异"的本质。

我们已经得出结论，即物质的本性是差异。然而，仔细思考这一表述，似乎还不够透彻。

一方面，"物质即差异"这一说法实际上是为物质重新命名，将其定义为与空间的差异。尽管这种观点深化了我们对物质本性的理解，但它也可能导致一个误解，那就是将物质视为与空间完全不同，甚至相对立和割裂的存在。这可能使我们再次陷入二元论的思维模式，无法取得进展。此外，我们仍需要解释大爆炸奇点的由来，我们还没有找到物质的真正本原。

另一方面，物质属性的差异转化为差异之间的差异，或成为差异的运动表征。这些具体属性并不能因此实现统一，物质运动的原动力仍然缺乏合理解释，四种基本相互作用力也不能因此而更好地统一。这些逻辑上的不足依然存在。

因此，将物质视为与空间对立的差异，并没有从根本上很好地解释现有的物理理论和物理现象。

为了真正理解物质的本质，探索物质的本原，同时构建一套逻辑上更加合理的理论，在不违背现有物理理论的基础上，我们必须进一步探索新的路径。实际上，在之前的分析中，这个新路径已经初现端倪，现在我们将正式提出它。

这个新路径就是联系空间与物质，将它们统一起来考虑。只有这样，我们对空间、物质、运动的理解才能更深刻，物质的本原才能在逻辑上得到更合理的解释，那些看不见的场的存在性也将变得更加合理。

事实上，我们在前文中已经多次表达了一个观点，即物质与时空有着非常紧密的联系。我们知道，作为时空理论的广义相对论实际上已经告诉我们，物质的存在会导致时空的弯曲，原本无差异的空间会因物质的存在而产生差异，在物质的影响下表现出不同位置的空间差异性。这一观点告诉我们，物质与时空，尤其是物质与空间之间存在着不可分割的关系。

但是，由于引力相互作用非常微弱，物质与时空的相关性并没有得到足够的重视，特别是在微观粒子相互作用中，这一关系并未被充分强调和广泛应用，仍旧以四维平直闵式时空为时空背景。

另一方面，无论是在研究其他类型的相互作用，还是在研究引力相互作用时，我们仍然保留了一些传统观念，比如场的概念：在引力中引入了引力场，而在微观物理理论中对场进行了量子化改造，形成了量子场。尽管量子场已被量子化，但它仍被视为独立于时空的存在。这导致我们需要四种不同层次的存在来描述物质世界：空间、物质、场和时间。虽然深入研究后，场被认为是物质的一种存在形式，时间也被进一步理解为物质运动的表征，但我们仍未跳出二元论的框架。物质与空间之间的这种微妙关系仍然未受到足够重视。

近年来，弦理论不断颠覆着人们的认知，重塑了物质和时空的本质，甚至为了统一四种相互作用，将空间维度扩展至十维，确实取得了理论上的巨大成功。然而，它面临着实验上无法观测验证的挑战。似乎一场巨大的革命近在眼前，但又逐渐归于沉寂。那个认知上的闪光点总是短暂出现，又迅速消失。圈量子理论尝试将时空量子化，也未能进一步拉近空间与物质之间的关系。

我们的认知总是无法彻底放弃旧观念，无法放弃数百年来建立起来的物理学体系，也无法放弃自德谟克利特以来创立的这套科学二元论根基。我认为这是物理理论难以突破的根本原因之一。

然而时至今日，种种迹象表明，要寻找新的出路，就必须突破二元论，将物质与时空统一起来看待，这样才能清晰地表达物质的本质。前文对老子、黑格尔以及众多哲学理论、物理学理论的分析，也正是希望从中得到启发，形成对于物质和时空的统一认识理论体系。

既然要统一物质与空间的本性，又要放弃二元论而转向一元论，那我们只剩下一条路可走，那就是承认物质与空间同宗同源。这就要求我们要么将空间视为物质，要么将物质视为空间的一部分。这在逻辑上并不会造成困扰，因此本书选择将空间作为本原，将物质本身视为空间的一部分来进行分析。这就是我想提出的全新出路。

但前文不是已经说过，空间的定义就是无差异吗？现在将物质看作空间的差异，这不是自相矛盾吗？

确实如此。

但我在前文也提到过，我们对时空的认识是循序渐进、不断进化的。随着理论分析的逐步深入，我们不得不抛弃旧的、难以自洽的认识，建立全新的认识体系。

因此，当之前对空间的定义限制了其外延性，无法将差异放进空间这个"篮子"时，我们必须放弃对原有空间的认识或定义，并拓展空间的内涵，重新定义空间。否则，"物质／差异就是空间的一部分"这一结论将变成一个自相矛盾的笑话。

同时，只有当我们放弃原有对空间的认识，拓展空间的定义之后，才能将物质理解为空间的一部分，真正回归到一元论，才能在逻辑上构建一套优美的理论。这就是接下来我将正式提出的空间变换理论。

# 3.6 物质（三）

## 3.6.1 空间变换理论

怀着"物质或差异就是空间的一部分"这一信念，我首先将引入空间变换的概念，重新定义空间与物质。在这里，空间被视为可变换、可弯曲的，而非处处相同、毫无差别的。相应地，物质可以被视为空间变换的结果。

具体来说，如果空间不经历变换，它仍是我们熟知的空间。然而，一旦空间（尤其是局部空间）发生变换，那么变换过的空间部分就会与未变换的部分形成差异。这种差异便是空间变换前后的差别，即物质与未变换空间之间的差别。这种差异的出现标志着物质的生成，因此物质可以自然地理解为空间变换的产物。这种物质与空间的差异性便是物质的根本属性，逻辑上自然而然地推导出前文所述的"物质的本性就是差异性"，非常完美地解释了物质的本原，同时也阐明了物质与空间对立统一的关系。正是这种空间变换使得空间转化成了物质，空间的变换同样产生了差异。差异源自空间变换，物质的本质即是变换后的空间。

至于时间，前文已经明确指出时间的本质是运动的表征，主要是指物质的运动。在此，我们可以进一步将时间拓展到空间的变换概念中，将局部空间的变换视作一种局部空间的运动。这样，时间也可以被视为空间变换的表征。但这个表征空间变换的时间与我们通常提到的用于表征物质运动的时间略有不同；它是伴随空间变换而产生的时间，有了这个时间，才会有物质的形成。而我们平常讨论的时间是伴随着物质运动的，因此两者存在区别，且后者对我们来说更具现实意义。

我们可以看到，在重新定义空间并引入空间变换之后，不仅形成了对空间的全新理解，同时也推导出了物质与时间的概念。从单纯的一元空间出发，自然而然地出现了第二元的物质，伴随它们的还有第三元的空间变换（过程）。如此，从一元论过渡到二元论，再发展到三元论，逻辑上显得十分自然。回顾老子所说的"一生二，二生三"，我们发现这一论断在逻辑上具有非常优雅的自洽性。在宏观层面，尤其是广义相对论中，空间与物质的紧密联系似乎获得了新的解释。从微观角度来看，物质粒子也可以被视为空间局部变换的结果。若用量子力学的术语来表达，物质粒子完全可以看作是一个算子作用于局部时空后的效果（当然，这种变换往往具有很高的对称性，这将在后文中详细分析）。

总的来说，宇宙中繁多的内容物，完全可以理解为空间变换的产物，这些产物以粒子的形态在运动中构成了我们广阔无垠的宇宙万物。我们对空间、物质和时间的认知，在逻辑上变得更加深刻、简洁且有序。

结合以上分析，我们来总结一下目前形成的对时空与物质的认识。

首先，在这样的理论框架下，空间不再是空无一物、毫无差别的，而是可以发生变换和弯曲的。其次，物质是空间变换的结果，其本质仍然是空间，只是经历了变换的空间，就像椅子本质上仍是木头，但它已经是经过加工的木头。进一步地，从物质的根本属性来看，变换后的空间与未变换的空间之间存在的差异，正是物质的根本属性，也是物质可观测性的根源。从逻辑上讲，只有存在差异才是可观测的；没有差异，就没有可观测性。因此，物质的本性就是差异，差异即是可观测性的根源。从微观视角看，微观物质粒子本质上是局部空间变换的产物，也可以理解为从空间的平衡状态变换到非平衡态或激发态，这与量子力学中的态的概念相对应。我们还可以进一步将不同的粒子属性对应到不同的空间变换形式。从宏观视角看，宏观物质可以被视为微观粒子的聚集（这种聚集的原因将在后文进一步分析）。时间作为物质运动或空间变换的表征，随着物质的出现而产生，而真正有意义的时间仍是表征物质运动的。这就是我对空间、物质和时间的全新理解。

对于这一全新的认识，为了便于后文引用，我们暂时称之为"空间变换理论"，也可以称作"差异理论"。

当然，这套理论远未完善，存在许多悬而未决的问题：为什么会有一个最初始的空间？这个最初始的空间，作为"道生一"的那个"一"，代表着什么？它的最初因"道"究竟具有何种内涵，我们又该如何理解？为什么最初始的空间会发生变换？变换的动因是什么？为什么微观基本粒子会有多种不同的量子属性？它们为何会聚集成宏观物质？这背后的动因又是什么？用老子的话来说，"三生万物"是如何发生的？所有这些问题都需要我们提供一个合理的解释。

接下来，我们将对空间变换理论进行更深入的分析，试图为这些问题提供逻辑上合理的可能答案。

## 3.6.2 最初因与变换因

我们集中探讨了物质的本原和本性问题，但对于空间变换的动因，我们尚未提供合理的解释，也未对最初始空间的因进行阐释。因此，接下来我们将尝试讨论这两个原因，即老子所说的"道"——这一让最初始空间存在的最初因，以及物质生成（即空间变换）的原因（不妨称之为变换因）。

一直以来，最初因以及物质的生成都是极为棘手的问题。许多物理学家、哲学家，甚至神学家都试图提供令人信服的解释，但却又常因各种观测现象而被否定，至今没有形成一套完美的理论。

对于这个最初因，如前文所述，老子将其归结为"道"，并提出"道生一，一生二，二生三，三生万物"。我们已经根据空间变换理论解释了"一生二，二生三"，现在继续借鉴"道生一"的思想来探讨最初始空间产生的原因：最初因。

《老子》不仅提出了"道生一"，还提出了"道法自然"。斯宾诺莎也有类似的理论，同样将最初因归于自然（神即自然）。东西方哲学在这一点上似乎达成了某种共识。但是，这个"自然"到底指什么？"道生一"中的"道"，其内涵又是什么？我们暂时还没有一个合理的解释。

至于物质生成的原因，前文也从物理学角度分析了当前广泛接受的大爆炸理论。从那个无限小、无限致密的大爆炸奇点开始，随着奇点的爆炸，物质四散飞溅，同时时空伴随产生。从那一刻起，宇宙便展现出其独特性。

然而，这个理论对于很多问题的回答并不明确，逻辑上也不甚合理，比如奇点从何而来，大爆炸的诱因是什么，奇点为何恰在那一刻爆炸，宇宙中的物质分布为何如此均匀。即使大爆炸理论通过诸如"宇宙暴涨"等理论进行了修正，但暴涨理论的动力学机制仍不完备，显得牵强附会，这些问题本质上仍未得到完美解释。究其原因，大爆炸理论也是基于空间物质二元论构建的，因此物质的本原问题仍未得到彻底回答。

但是，现在我们有了一套一元论——空间变换理论来解释物质的本原。基于这样一套理论，让我们从新的角度来对这两个问题给出新的回答。因此，接下来我将依据空间变换理论，探寻可能的始因，尝试赋予"道"一个更为合理的内涵，并对物质的生成，即空间变换的原因提出一个新的解释。

基于空间变换理论的一个新设想是这样的：原初的宇宙（甚至当时还不应称为宇宙）应是一种无差异的状态，我们可以称之为原初态宇宙。我更愿意将这个原初态宇宙描述为原初空间，因为它无差异、无变换、无运动，所以不会有物质，也不会有时间。这个无差异的原初空间在本质上就是空无一物的"无"，也可以看作是一种平衡态。

如前文所述，"一生二，二生三"分别代表了原初空间产生空间变换（即物质）和空间变换的过程。由此推断，"道生一"的"道"应该是产生这个无差异的"一"——原初空间的原因。但原初空间本身是无差异的，所以这个原因，如果理解为"道"的话，我们只能说，"道"是无差异的因。那么，"道"究竟是什么？为什么"道"能够产生无差异的原初空间呢？

让我们从逻辑上进行分析。

正如之前所说，原初空间是一种无差异的状态，是一种平衡态，或者直接称之为"无"。而"道"是这种无差异的平衡态的因。换句话说，在"道"的作用下，原初空间趋向于无差异，趋向于平衡态，因此"道"自然就是一种维持平衡的因。既然这种平衡态本身就是无差异的，或可以理解为原初空间本身就是"无"，那么就没有必要有一个因去产生"无"，或者说产生一个无差异的平衡态。也就是说，原初空间是自然的状态，它的本因不存在。既然"道"是不存在的，那也可以理解为它是自然而然的，即"道法自然"。但如果原初空间曾经存在差异，那么"道"的作用就是消除这些差异，达到无差异的平衡态。正如《老子》中所言："天之道，其犹张弓欤？高者抑之，下者举之；有余者损之，不足者补之。天之道，损有余而补不足。"正是这样的"道"，成为原初空间这个无差异的平衡态的因，保证了一元的原初空间的存在。以上这两种解释，无论是哪一种，都有逻辑上的合理性与美感。但实际上，这些都并非实验可以验证的事实。总的来说，原初空间源于"道"，更多的是一种逻辑上的认识，而实体的"道"已不复存在。

我们之前提到，原初空间由于其无差异的性质，可以自然地被视为"无"。同样，我们可以引用《老子》中的一句话来阐释原初空间与物质的关系："天下万物生于有，有生于无。"在这里，"无"对应于原初空间，"有"对应于原初空间的空间变换，而万物则对应于不同的物质，即变换后的空间。

通过这样的解释，我们借助《老子》的思想分析了原初空间的最初因："道"。这种"道"是自然的、维持平衡的、损有余而补不足的。目前我只是提出了这个"道"的概念，在后文中，我将继续对其进行讨论和分析。尽管"道"是一个基于认识的概念，它的深奥不仅体现在原初空间的最初因上，还体现在万物运行的规律中、生命和人类社会发展的进程中，正所谓"大道泛兮，其可左右"。

至此，我们已经解释了"道生一"的含义。接下来，我将继续探讨"一生二，二生三"的因，即物质生成的因，我们称之为变换因。

我们推测，尽管原初空间是一种无差异的平衡态，但它并非绝对无差异，而是随时都在经历随机性空间变换，使原初空间处于一个具有统计涨落的随机微跳变态，或称为动态平衡态。这种变换的自由度应该只有一个，即它是一种一维变换（如一维振动），其变换尺度极小、跳变速度极快，甚至达到了普朗克量级。因此，这种变换只能导致原初空间中一个随机物质粒子——虚粒子的出现。这个随机的一维虚粒子体现了原初空间相对的无差异性，形成了动态平衡。然而，这种虚粒子本身随机产生，又迅速消失（在普朗克时间内），不足以产生稳定的空间变换，无法形成可观测的物质。

然而，在原初空间中，由于随机性空间跳变和空间的三维性质这两个因素的影响，存在一种潜在的趋势。虽然这个潜在趋势尚未显现，却已经孕育了物质产生的可能性。具体来说，随机性跳变可能会耦合产生新的空间变换类型。

新的空间变换产生的机制是这样的：随机性空间跳变在原初空间中频繁出现。此时，由于空间具有三维特性，自由度一致的随机性跳变耦合将加强或减弱（方向不同），自由度不一致的随机性跳变如果发生耦合，就会产生更加复杂的新变换类型（例如转动）。这些复杂的空间变换具有不可逆性和良好的对称性，是一种稳定的变换，类似于黑格尔所描述的可循环追溯的、独立存在的"自为的一"。在这种变换下，真正可观测的、稳定的物质粒子便产生了。这对应了前文所述，物质粒子是空间变换的产物，或者说物质本身就是一个稳定的空间变换。因此，物质粒子的产生并不是随机性微跳变这类空间变换而成（因为随机微跳变的极小的变换尺度和瞬时性不足以产生可观测的实粒子，而只能产生虚粒子），而是由简单的随机性空间跳变耦合而成的复杂空间变换所产生。

原初空间中的随机性微跳变耦合最终导致物质粒子出现，这一现象背后是随机性与空间三维性的共同作用。随机性和空间三维性的相互作用导致了确定性现象的出现，即最初一代物质粒子的产生。这就是基于空间变换理论对物质生成变换因的一种新的解释。我们可以看到，这种原因不涉及神的创造，也不需要奇点的大爆炸，完全是由随机性效应在空间的不同维度下耦合造成的，是一种"无中生有"（从原初空间产生物质粒子）的理论。它既无须解释奇点的由来，也无须解释大爆炸的诱因，因此在逻辑上显得合理。我们暂且称这个变换因为"随机因"。

进一步地，那么随机性变换又从何而来呢？

在这里，我提出一种可能的猜想：随机因或许源自宇宙的开放性。在热力学中，一个开放系统在一定条件下会经历减熵的过程，这一理论由普利高津系统地阐述，并创立了耗散结构理论。耗散结构理论对生命形成和生物进化产生了深远影响，我们将在后文中对其进行深入分析。根据上文的讨论，宇宙的开放性似乎是不可避免的。具体而言，我们的宇宙要么是"无"，即无差异的原初空间，要么含有由原初空间变换产生的物质。这意味着，宇宙并不是一个半径超过 400 亿光年的孤立系统；实际上，宇宙不仅没有边界，而且是无限的。一个无限的宇宙自然是一个开放的宇宙。这样的开放性，再加上前文提到的空间三维性条件，从整个宇宙系统的角度分析，可能会导致不平衡，或产生不同方向的随机性跳变，为生成复杂且稳定的空间变换提供了条件。

当然，回过头来看，这样一套理论模型仍然是一种假设，我无法提供任何有力的实验证据，甚至暂不能给出可验证的预测。但即便如此，它在逻辑上仍展现出一种美感，从逻辑的角度来看，这是极有可能的情况。

综合以上分析，我们可以这样理解最初因和变换因：原初空间的存在没有特定的因，或者说它的存在是自然而然的，符合自然之道，也即"道法自然"。至于物质粒子产生的原因——也就是复杂空间变换的变换因，经过上述分析，本书更倾向于将其归结为随机因。这种随机因，得益于空间的三维性和宇宙的开放性，最终成为可能。

## 3.7  物质（四）

在探讨了原初空间的最初因和物质粒子生成的变换因之后，我们将继续深入分析，基于空间变换理论进一步解释"三生万物"。即针对"为什么微观基本粒子具有许多不同的量子属性？"这一问题，给出空间变换理论的解释。

宏观物质的具体属性，如质量、电荷等，在微观粒子层面也得以体现。因此，我们将重点从微观粒子的量子属性出发，来探究物质具体属性差异的成因。

根据空间变换理论，物质粒子是复杂空间变换的产物，因此粒子的量子属性差异应当是在粒子生成时便存在的，它们反映了复杂空间变换之间的差异性。然而，要分析不同量子属性对应的复杂空间变换差异是一项极具挑战的任务。这一方面是由于变换尺度极小，极大地限制了实验观测能力，无法通过结构观察来进行分析；另一方面，空间变换要求我们不仅对空间和物质（粒子）有深刻的理解，还需要具备坚实的数学物理基础以理解变换本身。例如，空间如何进行分类？量子属性包括哪些，并且在现有理论中是如何描述的？变换有哪些形式？这些问题都需要精确定义和数学推理才能解答，它们要求较强的逻辑性。因此，我更倾向于将这部分逻辑严密的内容留待后续分析，而在此我只做弱逻辑上的基本分析。

首先，我们来看空间。前文已分析过对空间维度的认识，即空间是三维的。这本质上可以看作是在对空间进行分类。然而，这种分类被掩盖在"空间是三维的"这一表述之下，导致人们忽略了空间可以是一维、二维和三维的。本质上，"空间是三维的"是指空间的最大维度为三，而非空间只能是三维的。需要明确的是：空间不能是零维的。虽然在逻辑上可以假设存在零维，例如欧几里得几何中的点，但在物质世界和物理学范畴内，零维意味着无差异，即未发生变换的空间本身，而不是欧几里得几何中的点，更不是物理实体（如点粒子）。这也是我们不断强调的，物质世界逻辑上无法接受零维点粒子作为实体的原因。粒子的本质不是零维的点粒子，而是有尺度的，即使这个尺度小到普朗克尺度或更小，也不能认为它是无尺度的。

由于空间可以是一维、二维或三维的，局部空间变换也可以是一维、二维或三维空间的变换。因此，即便空间变换的形式仅有一种，三个维度下叠加相同的空间变换形式也能产生三种不同的空间变换类型，在空间变换所形成的粒子也至少有三种。这意味着一维局部空间经过复杂变换能生成一维粒子，二维局部空间能生成二维粒子，而三维局部空间能生成三维粒子。如果这三种粒子均被称为物质粒子，那么它们的属性自然大相径庭。

然而，情况并不这么简单。如果读者具备一定的数学或物理基础，就会知道变换形式（运动形式）不止一种。在质点动力学中，常见的变换或运动包括平移、转动、反射、振动等基本形式。此外，在相对论中引入了伪转动，在量子场论中引入了反演等变换。

此外，复杂空间变换原则上还可以进一步细分为二重变换、三重变换，甚至更高级别的多重变换。每一种变换类型中，每一层次的变换强度也可能不同，这些差异同样会影响粒子的属性。这些不同的属性正对应于我们通常所说的能量、电荷、质量等物理量。

如果这些不同的复杂变换作用于不同维度、不同尺度的局部空间上，那么粒子的种类将大大增加，相应的量子属性也将展现出更多的差异，进而对应于各种量子数的不同取值。更进一步，如果一个局部空间先后经历多种复杂变换，那么产生的新粒子将具有多重属性，甚至可能叠加出新的属性。

由此可以推测，单纯的能量属性至少与空间的两种变换形式相对应，即平移和转动/振动变换，而质量属性则可能源自更高维度的稳定复杂空间变换（如转动/振动、脉动）。至于电荷，由于它首先具备质量属性，其空间变换的维度与质量属性相同，并且在质量属性对应的空间变换基础上增加了一个新的自由度，导致了正负电荷的出现。

具体到物质属性对应的物理量，我们可以认为质量/能量的大小代表了局部空间受变换作用的尺度或强度，而电荷代表了局部空间变换中特定的自由度差异，不同的自由度导致粒子电荷的不同。但电荷只有正和负两种，因此对应的空间变换自由度也只有两个。而色荷有三种，这意味着它的自由度不能简单地视为线性矢量方向，比如上下、左右、前后，而是一种更复杂、内涵更丰富的运动自由度。自旋和宇称同样体现了这种运动的对称性。

进一步结合弦理论，在不考虑极短的变换时间尺度时，我们可以推断能量表现为开弦、质量表现为闭膜、电荷表现为开膜等。

另一方面，由于这些属性各异的粒子本身就是空间变换的产物，尽管它们可能具有较高的对称性，但由于耦合成粒子的空间变换的非对称性——即复杂空间变换的每个分量不一定遵循某种规律——因此一个粒子在生成时不一定是绝对静止的。空间变换的非对称性分量可能会通过粒子的运动表现出来，并且空间中不同的粒子必然具有不同的运动形式。

此外，前文提到对空间维度的理解时，我们指出空间维度对应着运动变换的自由度。因此，我们需要综合地考虑空间维度、运动变换的自由度以及物质之间的关联性。

事实上，在我们所提出的空间变换理论中，我的初衷是希望打破空间与物质间的二元对立，将它们统一为同一种存在。也就是说，空间即是空间，而物质也同样是空间。

基于这样的观点，我们似乎逐渐接近了一个逻辑上必然的结论：既然物质是空间的变换，那么它也可以等同于更高维度的空间。

如何解释这一论断呢？

首先，如前文所述，空间维度本质上是对运动自由度的表征。据此推论，二维空间（面）应是一维空间（线）的运动变换；三维空间则是二维空间的运动变换。因此，三维空间的运动变换自然形成了四维空间，或者是我们所说的由空间变换产生的物质。所以，那些由三维空间变换生成的物质，也可以看作是四维空间的一部分。同样地，由二维复杂空间变换生成的物质，本质上也可以被视为三维空间，或是二维物质。但由于变换形式的不同，它们的表现形式也不尽相同。简单的低维空间变换（例如平移）产生了无差异的高维空间；不同尺度上的二维空间经过一些简单变换可以生成三维空间，而其他复杂变换则生成了二维物质。但本质上，这一切都可视为空间运动变换的结果。因此，我们可以认为空间维度与空间变换的自由度是等价的，进一步地，这种空间变换自由度与物质运动的自由度也是等价的。

当我们从这个视角理解了空间维度和物质之间的对应关系后，空间维度之谜就不再那么神秘了。实际上，空间的维度取决于运动变换的自由度，而由于变换形式多样化，自然会引入更多的自由度，从而使空间能具有更高的维度。这也就是为什么在弦理论中需要十维空间的原因——虽然本质上仍然是运动自由度的问题，但十维空间允许粒子在普朗克尺度上高速运动时可能重新回归到三维。然而，我们必须认识到空间的维度与空间变换和物质运动紧密相关。如果不是这样，空间的维度完全可以被认为是无限维的，而不必局限于三维。

关于物质属性和空间维度的理解，我们就暂时分析至此。在后续的讨论中，我们将结合物理现象进行更多基于弱逻辑的分析。

最后，让我们再次思考原初空间因随机因而产生的原初宇宙的演化过程。

随机因是空间变换和物质生成的原因。作为微观尺度上物质生成的动因，从概率的角度来看，在无限的宇宙原初空间中，它应当是均匀发生的，而非局限于某个特定位置。即使在时间维度上可能存在先后顺序，这种顺序也不太可能对宇宙的均匀性造成显著影响。因此，在整个原初空间中，物质粒子应当呈现出均匀分布的状态。这时，这个充满物质粒子的原初空间就可以正式被称为宇宙了。这些多种多样的物质粒子在宇宙中均匀分布，并以随机的运动模式活动着，它们的运动方向和速率各不相同。然而，由于尚未形成任何宏观的物质实体，我们只能将这个宇宙称为原初宇宙。

另一方面，原初空间在本质上是一种无差异的平衡状态。局部空间的变换产生了最原始的物质粒子，或者说物质粒子的产生使得随机性的突变得以汇聚和结合，这导致了原初空间平衡状态的破坏。根据守恒律，当平衡状态被打破，无差异的原初空间出现了差异，物质随之产生，这意味着原初空间中的某些量减少了，甚至消失了，同时形成了一个新的平衡状态，以保持守恒律的适用性。至于为什么守恒律必须适用，这将在后文中进行详细分析。在此，我只能强调：守恒律对我们认识世界具有极其重要的价值。

为此，我们需要从熵运动的角度来进行分析。虽然我们这里借用了"熵"这个量，但其内涵更为广泛，并不仅限于物质层面的熵。

首先，原初空间的变换引发了物质粒子的产生。随着这一过程的不断进行，空间中的随机性变换逐渐变得稀薄和微弱，导致周边的空间逐步变得更加光滑。同时，物质粒子的生成可以看作是以消耗原初空间的熵为代价的过程，是一个原初空间熵减的过程。这些熵减最终导致了物质的形成。这恰好与我们前面分析的观点相吻合：宇宙的开放性会导致熵减。

随着这个过程的深入发展，微弱的随机性跳变将不足以再耦合形成新的物质粒子，因此物质粒子的生成将会停止。在宇宙中形成的物质正好补偿了减少的熵，从而形成了一个新的平衡态——一个在更大尺度、更高层次上的平衡态。然而，与原初空间状态相比，这个平衡态明显地经历了一个熵减过程。物质产生与熵减之间的这种对应关系也保证了守恒律的适用性，我们可以称之为"熵守恒"。

熵从空间到物质的这种转移本质上仍然是空间变换的结果。从宏观角度看，这不仅是"从无到有"的突破，而且代表了物质世界首次从无序到有序的根本转变。这样的转变最终创造了一个无限的、包含物质（确定的、稳定的不同种类的粒子）的各向同性的宇宙。当然，在这个过程中，空间的三维性是一个必要条件。

经过这样的变换产生的原初宇宙会形成一个新的平衡态，其中粒子不再生成，而已经形成的粒子则均匀分布，并在原初宇宙中随机运动。这种充满粒子的均匀状态类似于大爆炸理论中暴涨之后的宇宙，故可称为"原初宇宙"。当然，如果考虑时间先后顺序的话，这个原初宇宙可能并不是完全均匀的，而是存在一些更显著的差异。

在熵的转化历史上，原初宇宙的形成可被视为第一次熵跃减。当然，熵的减少对应着能量的内蕴，宇宙中随机的能量或随机性空间跳变被内蕴于物质粒子中。

从原初空间到原初宇宙，物质自此而产生。接下来，从粒子到分子，从分子到生命，从生命到天体，从混沌无序到井然有序，在不同尺度、不同层次上，伴随着熵的转移和能量的内蕴，我们的物质世界像一幅恢宏的画卷逐步展开，最终形成了我们无垠而壮美的宇宙以及形态各异的宇宙万物。

## 3.8　本章小结

在本章中，我们首先对时空进行了考察。

在探讨时间时，我们提出了一个观点：时间是物质运动的表征，是对物质运动量及快慢的表征。

对于空间，鉴于其单一的性质，即与物质的差异性或可测量性相关，我们认为空间肯定不是物质，而是与物质相对立的。这种对立是矛盾的统一体。没有物质，我们就无法确定空间的存在。因此，空间与物质是相互依赖的，而不是独立于物质存在的。此外，空间在宏观层面是三维的，所以对空间及物质尺度的测量也有三个维度。

当然，这样的理解在我们提出空间变换理论后有所修正。我们将物质视为空间经过复杂变换的产物，从而真正统一了空间与物质的关系。空间与物质之间的对立仅是性质上的差异表现。

完成对时空的考察分析后，我们继续研究物质的基本属性，并从宏观和微观两个角度对物质进行分类。这种分类本质上是对物质这一抽象物理客体的属性进行分类，通过这种分类，我们认识到物质的本性是差异，是可观测性的前提。如果没有与空间的这种差异，我们就无法通过观测来证明物质的存在。可以说，没有差异就没有物质。因此，我们认为与空间的差异性是物质的根本属性。

然而，物质的差异性本质上还是一个抽象属性。经过分析，我们发现物质的差异性必须通过对具体属性的测量来获得，而对具体属性的测量归根结底变成了对运动的度量。物质的具体属性只能通过时空中的运动度量差异来体现。

随着分析的深入，我们发现基于空间、物质、运动（时间）三者建立起来的物质世界在逻辑上并不完全自洽。我们仍然需要回答许多问题才能清晰地阐述这三者的关系，这是不完美的。因此，我借用老子的话，提出了一元论，将物质视为空间的一部分，实现了物质与空间的统一。但这种统一不是简单的概念扩展，而是把物质视为一种空间变换的产物；物质本质上是一个稳定的、复杂的变换空间。而物质的差异性则是空间变换前后的差异。换个视角，引用量子力学中态的概念，我们当然也可以将物质看作是空间的激发态。

对于空间，我们也获得了新的理解：空间并不是空无一物、处处相同的，而是可以发生变换和弯曲的。我把这一理论称为"空间变换理论"。

在提出空间变换理论后，我进一步探讨了原初空间存在的"最初因"以及物质生成的原因——"随机因"。我认为空间是一种无差异的平衡状态，其本质是"无"。而"最初因"是一种不言而喻的"道"，一种自然存在的方式，它是维持平衡的"道"，是"损有余而补不足"的"道"。

而物质的生成或空间的变换，则可以视为是由"随机因"引起的。这个"随机因"借鉴了量子力学中的概率性解释和耗散结构理论，实现了从原初空间产生物质的无中生有的过程。但其背后，是以空间的三维性和宇宙的开放性为前提的。

最后，我根据空间变换理论，进一步探讨了物质粒子的量子属性来源以及物质属性与空间维度、空间变换形式的对应关系。我提出，物质粒子的量子属性差异本质上是由形成物质粒子的空间变换的维度或形式不同所造成的。而物质本身作为空间的变换，似乎可以理解为更高维度的空间。同时，我还对物质粒子生成的时空尺度范围提供了一种可能的解释。

至此，我们对空间、物质和时间进行了全面的考察，并提出了"空间变换理论"，形成了一套完整的关于空间、物质和时间的理论。基于这套理论，我们构建了原初宇宙的景象：一个无限的空间中均匀分布着不同种类、不同运动速度的物质粒子。

当然，正如前文提到的，以上的分析更多的是基于弱逻辑或个人物理直觉的分析，由于无法验证，它更接近于自然哲学的范畴。但不可否认，这套理论在逻辑上具有合理性，且具有美感。

在下一章中，我将基于这套从无到有、由"随机因"驱动的物质生成理论，深入探讨物质间的相互作用。从原初宇宙景象出发，我将逐一分析物理学中的许多现象，从局部到整体、从微观到宏观，最终解释宇宙中众多的物质粒子是如何运动的，如何聚集形成不同形态的物质实体，以及如何演化成我们今天所看到的壮丽的宇宙景象的。

# 4

## 一种新的认识（二）：相互作用与物质运动

物质粒子在原初空间中均匀产生，标志着原初空间不再仅仅是原初空间，而应被重新定义为原初宇宙。在这个原初宇宙中，不同种类的原初物质粒子均匀分布，且具有不同的运动速度。

在我们可见的物质世界中，从微观的原子到宏观的天体系统，都展现出了特定的结构，而不是简单的粒子形态。在微观层面，原子表现为有序的运动体系；而在物质层面，原子和分子倾向于规律性的排列与组合，显示出显著的秩序性。在宇宙尺度上，物质粒子也不是均匀分布的，而是聚集成各种形态的天体系统，构成了我们所观测到的宇宙，例如我们所在的太阳系、银河系。这种在宏观和微观层面上物质之间规律性的运动或聚集是由什么机制决定的呢？

此外，我们在日常生活中观察到的各种物体呈现出不同的形状，并在运动中遵循牛顿、麦克斯韦等人提出的运动定律，这背后的原因是什么呢？

在各种尺度上，物质的运动和构成表现出巨大的差异，这背后是否有更深层次的统一规律在起作用？物质的运动遵循什么样的规律？物质运动产生的众多现象如何能够被更加合理地解释？

物理学家们对于物质运动进行了深入的理论分析，并形成了多个成熟的物理模型。目前，物理理论将物质的运动归结为四种相互作用（又称四种作用力）的结果：引力相互作用、电磁相互作用、弱相互作用、强相互作用，并且这四种相互作用都有相应的成熟物理模型来描述。当前，物理学家们正面临一个突破性的挑战，即尝试将这四种相互作用统一到一个物理模型中，这便是所谓的统一理论或万有理论。

**四种相互作用对比表**

| 序号 | 相互作用 | 相互作用的基础 | 与距离的关系 | 相互作用强度 | 相互作用的力程 | 传递相互作用的玻色子 |
|------|----------|----------------|--------------|--------------|----------------|----------------------|
| 1 | 引力相互作用 | 质量 | $1/r^2$ | $10^{-39}$ | 无限大 | 引力子 |
| 2 | 弱相互作用 | 弱荷 | $1/r^{m_w,\ z^r}$ | $10^{-13}$ | $\sim 10^{-17} \sim 10^{-16}$ m | $W^{\pm}$、$Z^0$ |
| 3 | 电磁相互作用 | 电荷 | $1/r^2$ | $10^{-2}$ | 无限大 | 光子 |
| 4 | 强相互作用 | 色荷 / 强荷 | $\sim r$ | 1 | $10^{-15}$ m | 胶子（8 种） |

然而，时至今日，尚没有任何理论能够真正地将四种相互作用统一起来，或是彻底解释它们之间的差异和本质。

接下来，我们将依托空间变换理论，尝试阐释相互作用的根本原因以及运动差异性的起因，并对运动中的各种现象给出解释，从而构建一套关于物质运动的新理论。

# 4.1　基本规律

在正式考察物质运动之前，我们需要结合之前的分析，重新审视物理学中非常基础的三个规律：守恒律、非对易性和因果律。这些基本规律在物质生成时便开始起作用了，但之前我们并未明确地提出并加以分析。现在，当我们开始讨论物质的运动时，就不能再对这些基本规律视而不见了。我们必须正视它们，并利用它们来深入理解物质的运动。可以说，这三条规律是物质生成和运动过程中牢不可破的法则。只有遵循这些基本规律，始终考虑它们的存在，我们才能对物质的运动有深刻的理解。

首先，让我们来探讨守恒律。

从牛顿力学到电学、热力学（第一定律），再到广义相对论和量子力学，许多领域都遵循着某些守恒律，例如质量守恒、电荷守恒、能量守恒、动量守恒、角动量守恒、宇称守恒等。每一种守恒律的背后，都对应着一种对称性变换。对称性变换（或称为对称性运动）必然导致相应的物理量守恒：时间平移对称性对应能量守恒、空间平移对称性对应动量守恒、空间旋转对称性对应角动量守恒。这种对称性与守恒律之间的对应关系由诺特定理所解释。

基于空间变换理论来看待守恒律，我们可以将守恒律理解为度量上差异的不变性。这种差异既可以对应于物质的基本属性，也可以对应于物质的具体属性。物质是空间变换的一种表现，其基本属性代表了物质的可观测性或与空间的差异性，而物质的各种具体属性差异则反映了空间变换的维度和形式（从而形成不同的变换种类）。因此，在空间变换理论中，守恒律更本质的解释是不同维度、不同形式的空间变换在运动过程中的不变性或对称性。

进一步来说，如果物质的具体属性或量子属性本质上都是不同种类的空间变换造成的，那么当空间变换可以相互转化时，两种属性之间就可能建立联系，使得在一个属性中的守恒律可能在两个甚至更多属性之间构成更大的守恒关系。实际上，这一推论的例证之一就是质能守恒律及 CPT 定理。

那么，守恒律作为时空变换的一部分如何成为可能呢？

物质粒子在本质上是复杂且稳定的空间变换的集合。当物质粒子形成时，大量的随机性空间变换被吸收，导致这些随机性变换在空间中大量减少，只剩下极微弱的部分。因此，空间和物质粒子达到了一个相对稳定的平衡状态。

在这个平衡状态下，物质粒子是复杂、稳定并且包含了一定量的空间变换。在一个几乎光滑的空间中运动时，物质粒子的属性差异及其属性量差无法通过这个几乎完全光滑的空间来增加或减少，也就是说，光滑空间中微弱的随机性跳变几乎无法改变物质粒子稳定的空间变换。物质粒子之间的属性变化和属性量差变化只能由其他物质粒子的作用引起。粒子间的相互作用使得属性差或属性量差在它们之间流转，因而在物质运动中守恒律自然成立。

但是弱相互作用由于其作用强度非常小，作用范围和对象也很有限，因此更容易出现量子属性不守恒的情况。深究其原因，弱相互作用中量子属性的不守恒可归因于随机性效应。这种随机性很可能是由于粒子能量高导致的相互作用场的非对称性，从而产生运动的随机性。但这并不代表绝对守恒律被打破，而是不可测度前提下的随机性。

从目前的理解来看，基于对称性的守恒律是可以拓展的。可以说，一套物理理论都是构建在对称性之上的，等效原理的对称性最终催生了广义相对论，而规范对称性导致了规范场论的产生。

从宏观角度来看，微观守恒律必然导致宏观物质属性或属性量差的守恒。但为什么会是质量／能量、动量、电荷这些物质属性遵循守恒律呢？

根据空间变换理论来解释，物质的质量／能量、动量、电荷等具体属性本质上是由空间变换形式的差异造成的。因此，这些属性并不是绝对独立的，而是不同形式的空间变换。

具体来说，让我们先探讨质量这一属性。质量属性对应着物质的一种稳定而复杂的空间变换。如果这种变换具有封闭性或独立性，即质量属性对应的变换可以附加上其他的平移、反射等外部对称性变换而不破坏质量属性对应的变换（内部对称性变换），那么质量属性就会保持不变，并且在宏观层面会累加。这时它变成了具有质量属性的物体。当宏观物体叠加一个平移变换时，就表现为相应质量物体的平移。

前文我们也分析了物质属性之间的相关性，例如通过爱因斯坦的质能方程，质量和能量可以相互转换。基于质量／能量，我们可以得到动量或动能，而动量和动能正是质量属性（对应变换）与平移变换的叠加结果。电荷属性则建立在质量属性之上，没有质量的物质也不会表现出电荷，可以说电荷是在质量属性对应的空间变换上增加了额外的变换自由度，或者说电荷属性是质量变换的不同形式。

这样看来，动量、能量（包括动能）这些属性在宏观层面上都是基于质量属性的，因此它们可以在宏观中产生量的叠加，自然保持并产生属性的量的概念。同样，电荷也具有这种属性（变换）叠加的特性，并在宏观中得以体现。

换个角度来看，不同的属性对应着不同形式的相互作用。如前所述，物质间的基本相互作用分为四种，这四种相互作用的力程、强度和表现尺度都有显著差异。在宏观层面，由于质量和电荷分别对应的引力和电磁相互作用的力程是无限大的，所以作为这两种相互作用基础的质量和电荷没有理由不继续存在。若非如此，引力和电磁相互作用也将不复存在。正是由于弱荷和色荷在宏观层面的消失，弱相互作用和强相互作用也随之消失。严格来说，由于微观层面的变换形式众多，物质属性也更加多样，进而产生了多种相互作用。而在宏观层面，可叠加的变换形式减少，相应的物质属性也减少，只剩下两种相互作用。那些在微观层面不具备叠加性的物质属性被物质内部结构所掩盖，因此相互抵消了，只有像质量和电荷这样具备叠加性的物质属性得以在宏观层面对应保留下来。

总的来说，宏观层面的物质属性之所以能够保持不变，根本在于这些属性对应的空间变换形式具有封闭性或独立性，是一种内部对称性变换，这种特性使得这些属性能够叠加，并最终导致质量、电荷等物质属性在宏观中得以保留并遵循守恒律。

接下来，我们来讨论与守恒律相对应的另一个重要规律，即非对易性。

**如果说守恒律对应着物质运动变换的对称性，那么非对易性便对应着物质运动变换的差异性或非对称性，也可称为对称性破缺。**

无论是在宏观物理理论还是微观物理理论中，非对易性都受到高度重视并被广泛应用。它甚至可以被扩展到空间变换理论中，以考察导致物质产生的空间变换的非对易性。在广义相对论中，黎曼张量场揭示了导数算符的非对易性，这种导数算符的非对易性反映了空间的差异性。在平直空间中，由于各处无差异，黎曼张量为零；而在弯曲空间中，黎曼张量则不为零。在量子力学中，我们同样提到过量子力学的四条假设，其中量子化条件正是表示量子力学中一些对应的物理量之间的非对易性。

这种在物理学中应用的非对易性揭示了一种更深层次的内涵——运动或变换的差异性。在之前建立的空间变换理论中，我们通过空间变换的差异性来解释物质的产生。可以说，当时所指的空间变换的差异性实际上就是空间变换的非对易性，尽管我们当时并未明确使用"非对易性"这一术语。这主要是因为空间变换理论的数学基础尚未建立，同时为了强调空间变换导致差异的本质，我们强调了差异性。但现在，在研究物质运动时，非对易性作为一个关键的基础设定被广泛使用，因此我们自然而然地采用了"非对易性"这一概念，并将其内涵扩展到空间变换理论中。这样，我们对非对易性的理解将更加深入，我们可以完全理解为空间变换的非对易性（对应着空间变换的维度和形式不同）导致了物质的产生。在物质产生之后，当我们考察物质的运动时，我们知道非对易性同样发挥了重要作用。例如，在粒子运动或相互作用过程中导致新粒子的产生，在物体运动过程中导致场的产生。

另一方面，非对易性也与运动的不可逆性紧密相关：差异导致运动，而运动又产生新的差异。在这个过程中，由于运动空间的差异性，产生了运动的非对易性和持续性，进而导致了能量的单向性和运动的规律性。因此，如果守恒律对应着物质世界的对称性，那么非对易性本质上对应的就是物质世界的非对称性或差异性。如果守恒律意味着物理量在运动变换中的不变性（即属性不变、属性量差不变），那么非对易性则表示物理量在运动变换中的变化性。这两者都是物质运动变换的本质规律，它们表现在不同的背景、不同的尺度以及不同的运动形式和过程中。

进一步地，从更一般的视角来看，非对易性正是所有差异性的本质所在，它体现了我们多姿多彩的世界万物的本因。正是因为有了差异性，有了运动变换的非对易性，才出现了新的物质存在形式，才塑造了我们今天所看到的绚丽多彩的宇宙万物。另一方面，守恒律确保了一个平衡状态的存在，这是在道的作用下必然的结果。

总的来说，相互作用与守恒律、非对易性两者都密切相关。同时，这种相关性受到因果律的制约，遵循因果律而发挥作用，形成了一套从不同角度描述的完整逻辑体系。因此，让我们继续探讨因果律。

自人类文明诞生起，人们从未怀疑过因果律。无论是机械论还是目的论，人们都认为万事皆有因果关系。正如斯宾诺莎认为的那样，一切事物都受着一种绝对的逻辑必然性支配，在精神领域中没有所谓自由，在物质界也没有什么偶然。许多人热衷于探寻事物之间的因果关系，这几乎成了一个再平常不过的常识，并且正因此，人类取得了巨大的进步。

但是量子力学的出现彻底改变了这种观点。量子力学表明，因果决定性并非必然，这对当时的物理学界乃至整个人类认知都产生了巨大冲击。狄拉克认为，爱因斯坦的因果律只适用于宏观物体，而在微观层面，由于观测一个对象必然导致对该对象的干扰，这种极限干扰破坏了因果律。爱因斯坦本人则坚持"上帝不掷骰子"，直至去世都不承认量子力学的完备性。

在我看来，因果律和随机性之间并非水火不容，而是可以在一定程度上实现相容。

一方面，我认为量子力学所揭示的随机性，并不是打破了因果决定论，而是表明由于随机性的存在，我们无法预知宇宙万物的具体演化过程。然而，一旦物理事件发生，我们仍然能够找到其必然发生的原因，这正是量子力学的根基所在。换句话说，尽管量子力学揭示了随机性的存在，它仍然是一套基于因果决定论的理论，并且拥有准确的实验预测作为其理论支撑。

如果我们用这种理解来分析因果律与随机性之间的矛盾，就会发现它们实际上并不尖锐。事实上，在不否认因果决定论的前提下，我们同样可以承认随机性的存在。在我看来，随机性只是否定了万物演化或运动过程中的可预测性，但并未否定其因果决定性（即总有原因存在）。这其中最大的不同是引入了"人"这一观测主体。

换言之，量子力学中的测不准关系或表现出的随机性更多地反映了一个观测问题。如前所述，观测是物理学的一个基本原则，必须被保持。然而，我们也提到过，随着研究对象向宏观和微观两个尺度的不断扩展，我们的实验观测手段受到了限制，往往观测跟不上理论的步伐。因此，我们应该对观测持更加开放的态度。当前无法观测到的现象并不等于可以完全否定某个理论，特别是在研究宇宙的方法和微观的普朗克尺度下，我们应该对一些前沿理论保持更大的耐心、给予更多的时间和宽容。例如，在弦理论中，对于量子力学中的测不准原理在普朗克尺度下可能得到完全相反的结果，更大的能量并不一定意味着更小的尺度或更难的测量。如果量子力学并非终极理论，那么随机性就存在被解释的可能，比如物理学家们提出的隐变量理论。

我们可以认为这种随机性背后存在着更深层次的因果决定性，它遵循因果律。只是由于相互作用下的观测手段限制，我们无法观测到准确的结果。从随机性产生的根源来分析，这种随机性是在承认实验观测重要性的前提下，为了避免逻辑矛盾而做出的必然选择，它是量子力学基本假设的必然结果。特别是在微观世界中，为了保持点粒子理论的完整性，我们必须允许点粒子在一定尺度上存在振动。

当然，从另一个角度来看，在当前的物理理论框架内，承认随机性并不会对理论造成太大的影响。在之前提到的空间变换理论中，我同样引入了随机性空间变换作为物质因（即随机因），因为即使在更微观的尺度上找到了精确的图景来解释，对于当前尺度（约 $10^{-15}$ m）来说，其表现出的随机性也不会受到显著影响，量子理论体系也不会崩塌。更具体地讲，尽管量子力学研究的是受观测影响的具有随机性的微观粒子运动，但量子力学的理论体系一旦基于其公设建立起来后是完备且优美的。这是一套运用统计数学工具建立起来的、严格符合因果律的理论体系。在"纪念量子力学诞生一百周年"的文章中，对量子力学理论计算与实验观测之间惊人的一致性给予了高度认可，认为量子力学是物理学历史上经过实验验证最精确、最成功的理论之一。因此，尽管量子理论采用了随机性解释，这套理论毫无疑问仍是因果决定论的产物。这种因果决定论体现在相互作用中的守恒律和非对易性上，构成了一种更为基本的因果律——这种因果律导致了斯特恩-盖拉赫实验中出现两条分裂的谱线，而非三条。

最后，让我们再次总结一下物理学中相互作用、物质运动、守恒律、非对易性、因果律这些概念之间的内在联系。

我们的物质世界由随机因而产生，具体来说，是由于随机的空间跳变相互耦合造成了物质粒子的产生。这个过程中需要一个前提条件，那就是随机的空间变换与相互作用的非对易性，这可能是由于空间的开放性和三维性导致的。但是物质的产生并非无中生有，而是以消耗空间中的随机性变换为代价，这种此消彼长的深层次内涵就是要遵循守恒律。

但这只是以上这些概念在空间变换理论中的一种可能性的关系。要真正梳理这些概念在物质世界中的作用，并将它们在物质产生后的运动中所发挥的作用搞清楚，我们需要新的认识。

当物质粒子产生后，其运动同样表现出随机性，运动方向和速率各异，这正是运动非对易性的体现。在这个过程中，粒子之间由于运动的非对易性而发生相互作用，这种相互作用在粒子之间传递着运动相关的物理量（如能量、动量等）。在任何相互作用下、任何尺度的物质运动中，这些物理量都不会凭空产生或消失，这就是守恒律的本质。这也表明没有凭空产生的运动，物质运动状态不会毫无根据地发生变化，这就是因果律的本质。我们不相信这个世界上有鬼，也不相信有神，我们相信事出必有因。

再换一种说法，物质从产生的那一刻起，在全宇宙或者局部空间中的运动及物质本身所内蕴的空间变换总量是不会凭空消失的，这就是守恒律。这些相关的物理量在物质的相互作用下的运动中传递，物理量传递的方向由非对易性决定（如果没有非对易性，就不会有传递），其传递的形式严格遵守着守恒律下的非对易性条件，在当前的物质世界，这个总要求同样适用，表现出来即是四种相互作用下的运动理论。

进一步地，我们想统一四种相互作用，得到物质世界运动的一套万有理论，那么这个关于守恒律、非对易性的因果律必须遵守。

总结来说，宇宙中一定范围的物质运动差异，我们可以通过非对易性来解释。非对易性导致某个物理量不守恒，甚至新的物理量出现，但这种非对易性一定是局部的。因此，在更大的范围，我们还是会看到新的对称性运动，新的对称性运动必然对应着某个物理量的守恒。根据我们"无中生有"的空间变换理论，在更大的宇宙尺度上，很多守恒律将是必然的。更进一步，在全宇宙尺度上空间变换将归零（包括空间变换的强度与方向），这意味着物质将归零，所有的物理量都是零。这会造成全宇宙空间内的最大对称性和绝对守恒，但由于宇宙的开放性，这在现实层面将变得不可能，这意味着热寂的不可能。

同时，在守恒律和非对易性的共同作用下，因果律成为必然的结果。守恒律告诉我们，没有任何差异会凭空产生。因此，某处差异的产生或加强，必然导致另一处差异的消失或减弱。而这种运动的非对易性正是差异产生、加强、消失、减弱的根源。结合二者，我们自然得出差异的产生、加强与差异的消失、减弱之间存在必然联系，这就是因果律的本质内涵。这三者互为依托，形成了一个颠扑不破的整体理论。守恒律是绝对的，非对易性／差异性也是绝对的，这两个绝对的要求下，因果律必然是绝对的。可以说，正是这些绝对的基本规律（尤其是因果律）保证了我们的现实世界与逻辑推理的一致性。

最后，结合对非对易性、守恒律和因果律的理解，我们在此正式提出"性"与"道"这样一对概念。现在，让我们对"性"与"道"这一对概念进行一些说明。

在本书中，"性"代表着物质世界以及物质世界中各种物质实体，甚至生命个体之所以存在的因，是物质形成与运动的本性。从因果论的角度来看，这是物质世界形成的随机因，是空间变换的差异性、非对易性的体现。它也是物质粒子生成以后，物质世界差异性和物质运动非对易性的体现。任何一个物质实体，其所在的环境和其自身的状态与众不同，这自然造成这个物质实体与周围空间及其他物质实体之间的差异性，这种差异性最终导致这个物质实体个性化的运动形式和特征。

当生命出现以后，生命被看作是有目的地维持着个体，甚至种群的差异性，从而维持着个体与种群的生存。没有差异性就没有物质存在；存在的基础就是差异。这条原则在生命中仍旧适用。任何一个生命个体或种群，我们认为其存在的证据就是其与其他个体或种群的差异性。这种差异性不仅是物质的本性，也是生命的本性，在从物质发展到生命、再发展到人类的过程中始终存在一个本性，这个本性就是差异性。没有差异性，无法彰显其存在。因此，本书中的"性"即本性之意，是一种差异性的体现，也是差异性驱动下不同层次的物质、生命存在的根本原因。

而"道"又代表着什么呢？

在古代中国，《易经》中说"一阴一阳之谓道，继之者善也，成之者性也"。老子进一步明确了道的内涵："有物混成，先天地生，寂兮寥兮，独立而不改，周行而不殆，可以为天地母。吾不知其名，字之曰道，强为之名曰大。"

实际上，前文我们已经结合老子以及斯宾诺莎的一些理论提出了道的内涵。正所谓"道法自然"，道也是一种自然而然的规律。具体来讲，道是一种维持平衡的道，是一种自然而然的道，是一种"损有余而补不足"的道，是中道，是正道，更是天道。在道的作用下，物质世界处处体现着平衡，这种平衡保持着存在的持续性：电子绕着原子核稳定运动，地球绕着太阳转动，生物界的各种生物之间同样由于道的作用形成稳定的生物链，在不同层次维持着平衡。不论是在物质世界，还是在生命世界，或是在人类社会，如果本性让一个物质实体得以显示其独特性与其独立性，那么道则是让其延续存在性的根本原因。没有道维持其平衡态，这个物质实体就会在变化中丧失自己的独特性，从而消亡或变化成另一个实体。这就是性与道的辩证关系，这个辩证关系将贯穿全书。

## 4.2　相互作用（一）：电磁相互作用

前文已对粒子的属性和原初宇宙中粒子的运动形式进行了分析。由于空间变换的维度（不同维度的变换）和变换形式不同（如平移、转动、反射、反演等不同形式，或几种变换的耦合形式），表现出空间变换种类的不同，进而使粒子的具体属性表现出差异。同时，由于空间变换的随机性和复杂性，粒子产生后不可能处于绝对静止状态，而是呈现随机运动。再加上微弱的随机性变换对粒子的影响，最终在原初宇宙中的粒子会处在一种随机的运动状态中。在这样的原初宇宙里，物质粒子之间不会孤立存在，而是会发生各种各样的相互作用。

这些相互作用既受到相互作用的粒子本身的量子属性影响，如质量/能量、电荷、自旋、宇称、色荷等，同时也会受到空间的影响。其中包括粒子运动造成的相互碰撞，以及粒子造成的空间弯曲，导致的粒子之间的非接触相互作用，最终导致粒子之间不同的相互作用与运动形式。

当前已知的相互作用包括四种：强相互作用、弱相互作用、电磁相互作用和引力相互作用。这四种相互作用在作用距离、作用强度和作用方式上有着极大的差异。

尽管四种相互作用之间存在巨大差异，关于这些相互作用的理论却有一些共同特征或统一规则。例如，相互作用至少发生在两个对象之间，且最终都表现为作用对象在空间中的运动/变换。与相互作用对应的，总有一个基础性属性，或称为基础物理量。引力的基础量是质量，电磁力的基础量是电荷（至今未发现独立的磁荷或磁单极子），弱相互作用的基础量是弱荷，强相互作用的基础量是强荷/色荷。再比如，相互作用总是通过一种或多种规范玻色子来传递。除引力外，其他三种相互作用对应的规范玻色子已经发现，分别为光子、$W^{\pm}$ 粒子、$Z^0$ 粒子、胶子。由此人们推论，传递引力相互作用的粒子——引力子应当是存在的。

在诸多物理学家的努力下，建立起了 SU（3）× SU（2）× U（1）规范场论，即基本粒子的标准模型，实现了对强、弱、电三种相互作用的统一描述。1974 年，乔吉和格拉肖更进一步，提出了首个大统一理论（GUT）模型 SU（5）模型，试图以一种更优美的方式统一这三种相互作用。

与此同时，弦理论的建立与发展，试图通过一套全新的数学物理理论，描述物质粒子的形态，统一电、弱、强、引力四种相互作用。在弦理论的框架下，粒子通过极小尺度（$10^{-35}$ m）的弦来表示，通过弦的拓扑结构、振动形式与强度（如频率、振幅等）的不同，将物质的所有属性表达出来，这意味着对物质世界的认识几乎回归到了真正的二元论的层面。

当前，随着物理学的发展，尤其是电、弱、强三种相互作用已经基本统一的情况下，物理学家们寻求统一理论的信念愈加强烈。

基于前文考察过的这些理论，我将从空间变换理论出发，对四种相互作用给出新的解释，并尽可能对当前的理论给出自洽的解释。

物质粒子的基础性属性主要是由于粒子的空间变换的维度与形式不同所造成的。在弦理论中，这种粒子属性的不同被看作是弦的拓扑结构、振动形式、振动强度不同所造成的，从本质上来说，是类似的描述。尤其是当我们将弦、膜视为空间变换前后的差异，而非独立于空间的实体时。

在这样的差异影响下，粒子属性之间无法随意发生转换，本质上是空间变换之间无法随意转换，而是必须形成基于对应属性的转换体系。

进一步地，这种空间变换维度与形式的不同，不仅造成粒子属性的不同，还会造成差异化的四种相互作用，进而导致相互作用的差异进一步分化。

另一方面，空间变换产生物质，对应着第一次熵跃减。随着熵量的转移，形成了更大尺度、更高层次上的新平衡态。同时伴随着物质中内蕴能量的增加，空间的能量减少，最终造成物质与空间之间产生了熵量差或能量差，使得空间变得更加光滑。这种熵量差或能量差意味着物质对空间仍有巨大影响，甚至可能扰动空间，导致粒子附近空间发生弯曲、变形。物质与空间的关系并不因物质的产生而彼此独立，从而走向二元论，而是仍然彼此交接、互相影响。在前文的分析中，无论是相对论、量子力学还是超弦理论，都最终不得不承认物质与空间的相关性，其根源便在此。

从趋势上来说，这种影响体现为空间变换越激烈（粒子质量/能量越大），熵量差或能量差越大，粒子对空间的影响越大。同时，这种过于激烈的空间变换与周边空间的差异性进一步增大。从道的趋势来看，巨大的差异势必向无差异的方向发展，例如造成高能粒子极不稳定，可能发生解体或衰变，或由于差异的巨大而导致彼此产生趋向于减少差异的运动。

最后，相互作用的适用尺度以及强度的巨大差异，从空间变换的角度来看，可以对应到空间变换的相互影响及物质在空间中的运动形式、运动尺度的差异。趋势性空间变换之间或与原初空间的随机性变换耦合，会发生相互作用。少数情况下，空间变换之间的相互影响会产生新粒子，这本质上仍可看作是多种空间变换的耦合，从而产生新的复杂空间变换。但是，这种变换由于变换形式的改变，需要巨大的能量和新的变换形式的参与。更多的情况下，粒子之间不改变属性只改变属差的空间变换，即一些简单的变换形式在粒子之间传递。

对于广义相对论与其他三种相互作用之间的差异，很难用空间变换理论来解释，而是需要考虑基础性原理，如守恒律、非对易性以及物质产生后对空间的影响等因素，在更高的层次上给予解释。

**基于这样一些基本认识，我们从电磁相互作用开始具体分析。**

麦克斯韦最早对电磁波的存在进行了预言，并且断言光就是电磁波，这个预言后来被赫兹所证实。迈克尔逊和莫雷在1887年的实验证实了光速不变，这一发现后来在爱因斯坦的相对论中被采纳，光速不变成为一条基本假设。然而，在空间变换理论下，仅仅将其作为假设显然是不够的。

在量子电动力学（QED）框架下，首先将光量子视为一组量子谐振子的集合，这可以被空间变换理论很好地兼容。

从空间变换理论的角度来看，不论是光子还是电子/正电子，它们首先都是空间变换的结果，这意味着这些粒子的本性实际上是空间变换。

我们先来分析电子。当约尔当和维格纳提出电子的产生也可以看作对应场的激发态时，实际上揭示了电子与空间的紧密联系。电子作为电子场的激发态，完全可以理解为空间变换的结果。从空间变换理论的角度来考虑，可以推测电子可能被视为自然地包含一个转动变换。这个转动变换的自由度可以解释电子自旋的问题，同时也解释了电子的波动性问题。此外，电子的质量可以从电子对应的空间变换维度去理解，比如可以推测电子的空间变换维度是三维的。进一步地，电子的电荷属性可以通过对应的三维空间变换的镜像性来解释，即电荷属性对应着三维变换中一个可镜像分量（可对应狄拉克的能级解释）。对于不同电荷属性的两个粒子之间形成的相互吸引的相互作用，则可以理解为由于它们的变换分量的镜像性所致，本质上是同种空间变换的耦合。反之，同种空间变换的非镜像变换分量则无法耦合。

我们再来分析光子。光子作为一个矢量粒子（对应着一个矢量场），从空间变换理论来说自然应当包含一个矢向运动。从光子的发射机制来看，电子场是旋量场，甚至还应当包含一个脉动变换分量，电磁波的发射为切向发射。从空间变换理论来看，电子所包含的转动变换分量和脉动变换分量（对应着频率）影响光子的发射，因此发射时刻的方向永远是电子转动变换和脉动变换分量的切向。这样的切向发射直接造成光子的切向分量的变化，而这种切向分量的变化即对应着电磁波的波动性。

从光子的发射源来看，光子主要由电磁场的变化所导致。具体来说，光子作为能量子，不论是电子被真空中电磁场的量子涨落激发所致的自发射，还是电子能级跃迁，光子均来自电子，是电子在电磁场中的运动所发射的。根据能量守恒，我们自然会得到电子发射多少能量，就得到多少能量的光子。换种说话，有多少空间变换分离出来，就会形成多少空间变换量对应的光子。由于电子的粒子性及电磁场的局域性，一个波源粒子永远不可能无限发射，因此被发射的光子表现为粒子性是必然的。

这样我们就有了光的波粒二象性的合理解释。同时我们也得到了光子变换形式应当包含光速方向上的平移运动，也应当包含一个转动的空间变换和一个脉动的空间变换，但是转动的维度是一个很微妙的问题。由此造成的转动变换不可理解为我们通常认为的点粒子的旋转或圆环的旋转，转动变换应当被理解为一种更为稳定的复杂的转动变换（或许称为一种振动变换更为恰当），且应当是与脉动变换深度耦合的，在此暂不深入讨论。

除了光子的波粒二象性，我们再来看看光子量子属性的问题。相比于电子，光子没有质量属性而只有能量属性，这一点我认为是光子作为空间变换，其变换维度所造成的，能量属性对应的是更低维度的空间变换。此外，光子的自旋为 1，个人认为这也是由于其变换维度更低以及其空间变换的拓扑结构的非三维性所造成的。光子不再受电磁场的作用。

**此外，我们再来分析一下光速不变的问题。**

光子同时作为波，其速度自然与传递波的介质的性质相关，在空间变换理论下这个介质就是我们所处的空间。原初空间与物质粒子达到平衡态以后，原初空间的性质已经基本确定了。这种情况下，光子的传递介质就是当前稳定的平直空间，也就是说光子的速度依赖于空间，而空间稳定不变，所以光速不变。

从守恒律的角度来看，一个光子，由于是一种定量的空间变换，或称为一段差异，这段差异在无差异的真空中无法受到外部差异的影响而改变，所以一定是守恒的，从而导致能量不变。

总的来说，光子是一种空间变换，空间与空间变换是必然关联的，光与真空之间存在着绝对的相关性。这保证了光可以在真空中传播，还导致光速不变是由空间（真空）本身的特性决定的。我们从麦克斯韦方程组得到的光速与真空磁导率、真空介电常数相关，实际上也暗含着这种光速与空间的相关性。因此，光速不变并不奇怪。

但是回过头来看，按照这样的理论推理下去，我们很难保证与空间相关的光速在任何时候都是不变的。由于光（电磁波）与空间的相关性，光的运动受到空间的影响。从遥远星系传来的光，在星系中传播过程中，如果不考虑空间弯曲性，光作为空间变换没有理由发生任何变化。但是考虑到星系的运动以及所造成的空间弯曲，则光的传播频率、速度的变化并非那么简单。空间的弯曲会让光的传播发生变化，这种变化不仅表现在传播速率及传播方向上，也可表现在传播的频率上。因此，对于光的认识，从空间变换理论来看，我更愿意称之为电子的空间之痕（"痕"体现的是差异而非实体）。事实上，广义相对论下的弯曲空间，光速从来就不是恒定的。随着空间的弯曲，空间中有了差异，内蕴了能量。在这样的空间中，光不仅可能会改变速度，也可能会改变能量（频率）。

**最后，我们再来看看电子与光子二者的转换关系。**

从实验观测的现象来看，电子可以发射光子，光子在满足一定条件下也可以转化为电子。例如，当能量大于 1.02MeV 的光子靠近原子核时，在库仑场的作用下，光子会转变为正负电子对，这就是电子对效应。从空间变换理论及守恒律（能量守恒、动量守恒）的视角来看，这种光子向正负电子对转变的过程，可以理解为原子核（本身也是一类空间变换）引起的周围空间弯曲，打破了光子这个由平移、转动及脉动所形成的稳定变换形式。这种变换对称性的破缺导致变换的重构，形成了电子与正电子。而电子与正电子因其对同种空间变换的镜像变换分量导致空间差异，能够耦合形成光子。

除此之外，量子电动力学（QED）中引入了一种被费曼称为"小花招"的重整化数学手段，并得到了很好的应用。那么我们怎么来解释这种方法的合理性呢？

如前所述，随着重整化作为量子场论的一种重要方法被广泛使用，人们对重整化的物理含义有了更深入的理解。重整化不再仅是消除计算中的发散项的技巧，而是物理相互作用随所研究现象的标度变化的体现。它不仅可以给出耦合常数的渐近行为，而且结合算符乘积展开对于一些深度非弹性散射过程的计算十分方便和重要。然而，它真的是必需的吗，还是仅仅是费曼眼中的一种"小花招"？

在我看来，重整化的本质源于粒子的点量子化和波函数的几率解释所造成的困境。因为是点量子，再加上海森堡不确定性原理的影响，所以相互作用必然呈现概率性，从而出现无限可能性，这才会用到重整化。但假如我们按照空间变换理论来理解粒子，不将粒子视为点粒子，而是看作具有内部结构的某种空间变换，我认为重整化就不必要了。如果粒子被视为稳定的、复杂的空间变换，或者依照弦理论将其看作振动的弦，那么我们就没有必要引入无限多的项，也就无须使用重整化程序。空间变换理论本质上是将粒子视为具有高度对称性的稳定而复杂的空间变换，而不是像乌托子球那样的点粒子。

总的来说，如果我们采用空间变换理论的思想，在更小尺度下对粒子进行结构化分析，我们将能对 QED 理论框架下的许多现象得到逻辑上更为合理的解释。因此，尽管以上分析在逻辑上可能并不完全严密，但空间变换理论有可能完全解释电磁理论。

# 4.3　相互作用（二）：弱相互作用和强相互作用

除此之外，在微观尺度上，主要对物质运动变化起作用的相互作用是强相互作用和弱相互作用。

**我们首先来分析弱相互作用。**

弱相互作用与微观尺度上的其他两种相互作用相比，作用强度较小，作用力程较短。正因为此，弱相互作用表现出一种不确定性。最初，杨振宁等人认为传递弱相互作用的规范玻色子也应当是零质量的，但是后来随着研究的深入，发现弱相互作用的规范玻色子的质量并不为零。这与规范场论的思想明显相违背，因此才有了希格斯机制的引入。希格斯机制解决了弱相互作用规范玻色子有质量的问题，其预言的希格斯玻色子已于 2012 年 7 月被发现，从而证明了希格斯场的存在。弱相互作用中的规范玻色子的质量问题得到了最终的解释：希格斯场赋予了规范玻色子以质量。

现在我们看到，希格斯场造成了规范玻色子的自发对称性破缺，生成了有质量的 $W^{\pm}$ 和 $Z^0$ 玻色子，甚至赋予了其他一些费米子（如夸克）质量。广泛的认识是希格斯场是质量的来源。

那么，在空间变换理论框架下，这种希格斯机制怎么理解呢？弱相互作用的其他特征又如何理解呢？

在空间变换理论中，非对易性造成了物质的出现，本质上是多种空间变换的耦合产生了复杂的空间变换（即物质）。正因为此，我们说物质的本性就是差异性，物质的本原是空间变换，这种差异性背后就是空间变换的非对易性，我们当然也可称之为空间变换的对称性破缺。

既然不论何种粒子（玻色子或费米子），都是空间变换的产物，那么将希格斯机制理解为空间变换的一种转换机制，也是很自然的。这样一来，希格斯场可以理解为一个空间变换转换机，可以将无质量属性的一种空间变换转换为有质量属性的空间变换。这样的解释也是很容易理解的。在这样的理解下，希格斯粒子自然成为一种可以赋予其他粒子质量的空间变换。

我们前文提到，库仑场赋予了光子动量，产生了正负电子对。现在我们又看到希格斯场赋予弱相互作用规范玻色子以质量，产生了 $W^{\pm}$ 和 $Z^0$ 玻色子。两种场都有质量转换的作用。因此，我们可以认为库仑场和希格斯场都包含同一种变换，通过这种变换的转移可以实现从无质量到有质量的转换。当然，换一个角度，这两种场对应的源粒子可以让其周边空间发生弯曲，从而让规范玻色子通过这个弯曲的空间时，实现了空间变换的转换。

弱相互作用的另一个明显特征是相互作用强度过于微弱，容易产生随机性效应，且 $W^{\pm}$ 和 $Z^0$ 玻色子极易发生衰变。这又怎么理解呢？

在空间变换理论中，我们认为物质的形成是随机的，即物质形成时是由随机性空间变换的耦合造成的，而希格斯场可以被视为一种超强的空间变换转换机。当弱相互作用规范粒子通过希格斯场时，希格斯粒子的超强空间变换使其获得了质量。然而，这种质量并非凭空产生的，而是希格斯场最初赋予无质量规范玻色子的，这同样遵守着能量守恒律。

如此一来，由于在传递相互作用时绝大部分能量被内蕴化了，外显的相互作用强度就显得非常微弱，这会造成两方面的影响。一方面，这会导致 $W^{\pm}$ 和 $Z^0$ 玻色子所传递的相互作用量急剧减少，进而导致被作用对象之间的相互作用被削弱。另一方面，空间变换（不等同于粒子的空间运动）越激烈、越复杂，粒子的质量就越大，粒子包含的空间变换的稳定性就越差。同时，这种过于激烈的空间变换与当前空间的差异性进一步加大，从道的趋势来看，必然导致这种高能粒子极不稳定，会发生解体（衰变），转变为与空间差异更小的小质量粒子。对于大质量的 $W^{\pm}$ 和 $Z^0$ 玻色子来说，在微观空间内的行为是极不稳定的，易于发生衰变，这正是其内在的原因。

从对以上两种相互作用的分析来看，空间变换既可以是相互转换的（当然前提是符合守恒律），同时又要遵循道的要求，符合道的演化规律。也就是说，在差异巨大的情况下，会趋于减小差异的方向，如高能粒子有着明显的解体趋势。这就好比一座极高的山，在重力作用下逐步地坍塌，最终会抹平这种差异。这也正如热力学第二定律所述，孤立系统总是自发地向着热力学平衡方向（即熵增的方向）演化。

**接下来，我们再来分析强相互作用。**

前文对强相互作用的分析中，我们重点考察了禁闭和渐近自由特征。量子色动力学（QCD）认为：在低能情况下，当两个夸克被分开时，夸克之间的力并不降低。这主要是因为当你试图分开两个夸克时，胶子场中的能量足够产生一个新的夸克对，因此夸克会以强子的方式束缚在一起。但在高能情况下，渐进自由使得强相互作用耦合常数变小，夸克之间易于分开。

对于以上现象，从空间变换理论来分析，同样是可以合理解释的。在低能情况下，强子对应着一种复杂的空间变换，这种空间变换不仅是简单的空间变换的叠加，而是复杂空间变换之间再次耦合形成一个稳定的空间变换形式。一方面，此时该空间变换形式相比于空间而言，就像一座小火山之于平原，这种差异性（表现为强子的能量和质量）在没有外在空间变换的影响下，并不足以造成自发衰变，从而形成禁闭现象。另一方面，由于强子对应的空间变换的稳定性，夸克等基本粒子被禁闭在火山口内，很难翻越，表现为强相互作用，造成夸克难以被分开，形成了一个禁闭的平衡态。

这样的情况下，要打散这类空间变换，使得这类空间变换解体，要么让一个更强的空间变换（量子场）对其作用，寻求足以改变其变换形式的另一种空间变换，就像希格斯场的作用那样。要么向这个粒子传递能量，比如在粒子加速器中将其加速至极高的动能，通过这种高能的传递，强子与当前空间的差异性进一步拉大，造成这种高能粒子极不稳定，产生解体（衰变），变成与空间差异更小的小质量粒子，分解成不同的、新的空间变换形式，如夸克、胶子等。这也是渐近自由的本质。对于这两种途径，从本质上再一次证明了运动、能量与空间变换的等价性或正相关性。

无论是哪种方式，这本质上与弱相互作用中 $W^{\pm}$ 和 $Z^0$ 玻色子的衰变是同样的机制，即高能意味着粒子对应的空间变换与其周边的空间之间存在极大的差异，就像一个墨西哥草帽的帽顶与帽檐，在道的趋势作用下，高能粒子的衰变是必然的，而到底衰变成什么粒子，这同样可以用对称性自发破缺机制来解释，但本质上还可以理解为空间变换的非对易性。反过来，如果要得到这样的高能粒子，从守恒律的角度来看，也必须从其他空间变换中获得更多能量。当然，两种相互作用表现的不同，如易衰变性和强耦合性的差异，则应归因于对应粒子包含的特定空间变换形式的不同。

此外，对于胶子以及夸克的种类问题，作为基本粒子，我们也可以类比于前文的光子与电子来进行分析。胶子作为电荷为0、自旋为1的玻色子，其本身很难看作是简单的三维粒子，甚至不应当被视为二维粒子。这样一来，其变换自由度就会增加，这样不同的变换自由度如果进行叠加，那么多重叠加就可能产生8种类型的胶子。同时，夸克作为具有质量和电荷属性的粒子，其变换维度应当高于胶子，在这样的情况下，夸克的不同空间变换形式进行叠加时，应当具有更为复杂的叠加形式，这样才能保证夸克表现出的复杂量子属性。

如此一来，强相互作用也可以被纳入空间变换理论中来解释。

通过对以上三种已经被统一的相互作用的分析来看，空间变换理论结合守恒律与非对易性可以很好地解释三种相互作用中出现的现象。当然也完全可以对应到粒子物理学的标准模型，借用对应的规范场论。需要进一步深化的，是希尔伯特空间的归一化矢量。三种相互作用一方面是不同维度、不同类型的复杂空间变换之间的相互作用，另一方面是物质与空间之间的相互作用。通过这样一套空间变换理论，可以实现三种相互作用的自然统一，而对于极高能量情况下，三种相互作用的耦合强度会得到统一，如果考虑运动、能量与空间变换的等价性，就应当是自然且必然的结果。

最后，不论是轻子还是夸克，均表现出分代的特点，而夸克与轻子都具有三代，对于这一分代的现象，我们更倾向其与时空（背景）特性相关。

## 4.4　相互作用（三）：引力相互作用

在讨论了当前已经基本得到统一的三种相互作用之后，我们再来分析最难被统一进一套理论模型的引力相互作用。

对于引力相互作用，自牛顿提出万有引力定律以来，实际上就显示出引力的与众不同。随着物理学走向微观，不论是万有引力定律，还是广义相对论，都越来越显得格格不入，甚至于与现代物理学彻底分道扬镳。

在这样的情况下，引力与其他三种相互作用极难相容，统一理论因此而不得不另辟蹊径，寻找新的出路。同样，在基于空间变换理论的物理框架下，引力也必须被重新审视，区别对待。

首先，从研究对象来说，引力相互作用不仅仅是停留在粒子层面，而是上升到巨量的粒子集合体。相互作用对象的不同，直接导致相互作用场的不同，进而导致相互作用表现方式的巨大差异。与电磁相互作用相比，这主要表现在两种相互作用对应的方程组上，麦氏方程组作为线性方程组易于求解，而爱因斯坦方程组却是高度非线性方程组，从而带来了诸多困难。

因此，引力相互作用，很难再用基本的空间变换理论来分析，而是应当被扩展到更大的尺度，更高的层次来理解。但是另一方面，守恒律与引力作用下运动的非对易性、因果律这些基本准则，同样是适用的。进一步地，在这些基本准则的指引下，引力研究的尺度与层次扩展了，引力即使不能被看作一套空间变换理论，但仍然可以被看作是一套与时空密切相关的物理理论，这也正是爱因斯坦将广义相对论当作时空理论的合理之处。尤其是将引力与光结合起来构建物理模型，实际上是将引力与时间结合起来，从而让引力理论成为一套货真价实的时空理论。广义相对论作为引力相互作用的理论，毫无疑问是一套完美的理论。而广义相对论真正面临的问题，还是与微观物理理论（量子力学、量子场论）的相容性问题。而这种相容性的问题，至今没有一座合理的桥梁将二者贯通。

但是在物理学家们不断努力下，弦理论成为最有可能成功的候选者。弦理论对于广义相对论的诠释，主要表现在对黑洞以及宇宙形成等问题的解释上，而在我看来，这绝不是偶然的，而是有深刻内涵的。

弦理论框架下，空间可以发生不同形式的破裂。斯特罗明戈、莫里森、格林等人证明了空间破裂锥形变换的可能性，并且不会产生灾难性的后果。锥形变换使得黑洞与基本粒子之间建立了直接的联系：黑洞与基本粒子可被认为是弦物质的不同相，空间破裂的锥形变换让黑洞相变为基本粒子。在此基础上，他们的研究给出了一个黑洞必然转化为无质量粒子的弦理论解释，从而将黑洞纳入弦理论的框架。进一步地，斯特罗明戈和瓦法采用（通过弦来）构造黑洞的方法对黑洞熵的起源给出了逻辑上令人信服的解释。

关于宇宙的起源，弦理论明确否定了一个无限小、无限热的大爆炸奇点的存在。在弦理论框架下的大爆炸奇点是一个普朗克尺度大小的空间维度蜷缩起来的宇宙小元胞。这个小元胞并非宇宙的原初状态，而仅仅是大爆炸的起点。对于大爆炸以后的图景，包括暴涨阶段，仍然是需要的。

对于宇宙的原初状态，弦理论同样给出了自己的推断：即宇宙并非始于大爆炸奇点，而是始于无限延展的空间，这个空间有着随机跳变的明显特征。这样的一种表述实际上正是我在前文提出的空间变换理论。似乎空间变换理论与弦理论越来越亲密了，这无疑是激动人心的。

回过头来，我们再基于空间变换理论来看待宇宙中的这些现象与相关的理论。

前文中，我们提出了物质粒子的本质是空间变换，从这个理论一直走下去，我们将得到我们身边的一切物质集合体，包括地球、太阳以及其他诸多星体。这些物体都可以看作是空间变换的集合体，但是其特别之处就在于巨量空间变换（即粒子）组成的星体遵循着爱因斯坦的引力理论，其相互作用强度是如此的微弱，以至于难以与其他三种相互作用统一。因此我们首先要解决微弱的引力相互作用机制。

在广义相对论中，引力的微弱被归因于引力波不含偶极辐射，仅含有四极辐射，而四极辐射在量级上小于偶极辐射，从而造成引力强度弱于电磁力强度。

在空间变换理论中，我们将更愿意提供一种新的解释，为此我们需要正式引入两个概念，即内蕴量与外显量，当然在一定程度上，我们也可称其为内蕴变换和外显变换。

我们还是从粒子谈起。

如前文对弱相互作用中分析的那样，如果 A 粒子是一种复杂稳定的空间变换，B 粒子是包含了 A 变换的更为复杂的空间变换，而 C 粒子甚至包含了 B 粒子的空间变换的更高层次的、复杂的空间变换。如此下去，一些极为复杂的多重空间变换所耦合形成的粒子由于其包含了太多的空间变换，其变换强度会更加激烈，且变得不稳定，与空间差异变大，最终发生衰变，如易衰变的 $W^{\pm}$ 粒子和 $Z^0$ 粒子。

但是，巨量粒子的结合还有另一途径，那就是在低能情况下，粒子之间很难通过强相互作用（这种独特的空间变换耦合机制）耦合成一体的复杂空间变换，也几乎不会由于弱相互作用而发生衰变。即当大量的 A、B、C 粒子由于彼此之间的差异在电磁相互作用（这种较弱的空间变换耦合机制）下彼此结合时，并不一定形成一个微小尺度的大粒子，而是形成原子、分子以及各种耦合结构清晰的、可观测的物体，自然这样的机制要归功于电磁场及电磁相互作用这种较弱的空间变换耦合机制。

不论是原子、分子，还是一个宏观的物体，这类空间变换耦合体都是以电磁相互作用为基础结合起来的，在化学中我们称之为基于化学键的结合机制。这样的物质可看作内蕴了巨量的空间变换，当然也内蕴着能量，这些内蕴变换由于各分支变换的自由度差异彼此之间产生抵消，最终物体外显的空间变换大量减少。进一步地，这会造成物体本身，作为一个个体来讲，对其周围的空间影响大幅降低，使得与其周围空间之间的差异并不是很大，或者说二者关系并没有那么紧张。这种对其周边空间的微弱影响表现为物体之间非常微弱的引力相互作用。

换个角度来看，前文我们基于空间维度与运动自由度的等价性为基础，对质量属性作了与空间维度的等价分析，质量属性是三维空间的变换（当然这里的三维空间可等价为二维空间的变换，而非简单的无差异的三维空间），当然也等价于四维空间。进一步分析，一个有质量的、趋势性运动的物体可以理解为一个更高维度的空间变换集合体，这个集合体相比于粒子，同样表现出个体运动的自由度。根据前文对空间维度的分析，作为物质集合体的物体，如果包含了物体的平移、旋转等趋势性运动，这个趋势性运动自然可以看作一个运动自由度，那么物体可看作是高维（四维）的空间，物体的运动可以说是更高维度（五维）的空间。引力相互作用也可理解为这种不同维空间之间的差异以及高维空间变换与低维空间的差异，即外显的空间差异（三维与四维的差异）及物体的趋势性运动（或四维空间的趋势性运动）。但是由于激烈的空间变换并未外显，这二者的量（主要是内蕴量造成外显的空间差异）在如此巨大的空间尺度下非常微弱，因此造成引力相互作用这种物体与物体之间的空间变换耦合机制非常微弱。

总的来说，我们可以认为空间变换以特定的耦合机制所形成的宏观物体，将变换对空间的影响内蕴了，将差异内蕴了。在这样的规则下，便出现了引力相互作用的特定关系。

在广义相对论中，这二者共同组成了引力之源，那个能动张量。

事实上，从狭义相对论、电动力学，再到引力相互作用，总是有一个（0，2）型能动张量作为源，如果对这个张量做分解，所分解出的量恰好对应了内蕴量与外显量。进一步地，这个内蕴量在空间变换理论中，相关于空间变换密度（能量密度），内蕴量与其周边空间的差异则对应着外显的空间差异，外显量对应着物体的趋势性运动（或四维空间的趋势性运动），这两个量与引力之间的关系通过这种差异以及空间距离关联起来。

以上这个理论基本可以解释宇宙中大量引力相互作用及天体运动行为，但是作为一种特殊的天体，黑洞延伸出很多新的物理现象，空间变换理论又如何对这些现象作出解释呢？

首先，由于物质（空间变换）对其周围未变换空间的影响，造成空间的趋势性弯曲，表现为引力。这造成空间变换集合体被更大的空间变换集合体（形成的空间弯曲）所影响，造成小的集合体向着空间弯曲方向运动（当然这种相互吸引的运动本质上是等价的），进一步导致空间变换集合体的趋势性运动越聚越大，最终导致物体的趋势性的运动绝对占优，最终基于电磁相互作用的空间变换耦合机制遭到破坏，空间变换发生了趋势性重构，形成黑洞。黑洞再次成为单一形式（或许包含多种变换分量）的稳定的、复杂的空间变换，对应着极低熵状态。因此，对于基于电磁相互作用耦合形成的物体，要形成黑洞需要趋势性运动达到某个阈值才有可能发生，这个极限大概是3倍太阳质量。如果质量小于1.44倍，即钱德拉塞卡极限，则只会形成白矮星，而在1.44倍到约3倍太阳质量之间，则会形成中子星。

关于这种形式的变化过程，我们日常所见就有类似的例子，这就是磁化现象。一块非磁性铁，经过磁化可以变成磁铁，这个过程是从随机性变换到趋势性变换的一种例子，也是随机性变换可以成为趋势性变换的最好证明。一颗恒星同样在条件具备时，完全可以从杂乱的空间变换集合体转换为趋势性变换的空间变换耦合体（白矮星、中子星、黑洞）。从变换的内蕴到外显，即使总量不变，其组合形式已经完全被趋势化了，造成一类最大的外显的空间变换：黑洞，或称为巨粒子。因此，可以认为黑洞的形成本质上是空间变换的重组所形成的巨粒子：至少包含旋转与平移两种类型的典型空间变换。从弦理论来说，这就是锥形变换，而从空间变换理论来说，这就是从随机性变换到趋势性变换。这样一来，黑洞也可纳入空间变换理论，可以被理解为一个巨型的复杂空间变换，也可以理解为一个巨粒子。如此一来，空间变换理论很好地包容了弦理论与广义相对论，同时也解释了弦理论何以能够研究黑洞的深刻内涵。

不论是星体之间的引力，还是黑洞之间的引力，都是空间变换在不同尺度、不同层次上的不同表现形式。之所以表现为引力，根据空间变换理论，我们仍可以近似归因于物体对应的空间变换形式的不同（具体归因于一个空间变换分量的不同）。

总的来说，在四种相互作用下，我们的原初宇宙呈现出物质的聚集现象，相比于杂乱无章的原初宇宙，形成当前内容了各种天体的宇宙。同时，其熵明显地减少了。因此，我们可认为这是熵的历史上的第二次大事件，可称为第二次熵跃减。接下来，我们将通过讨论宇宙的演化过程，来看看这第二次熵跃减是怎么发生的。

## 4.5　宇宙的演化

在我们可见的宇宙尺度上，物质粒子并非均匀分布，而是聚集成各种形态的天体系统，比如我们生活的地日系统、银河系，表现出极大的秩序。换言之，我们当前的宇宙可不是由均匀分布于全空间的粒子组成的原初宇宙；随机性解释了物质粒子的产生，但是并没有解释大量物质粒子是如何发展为当今秩序井然的宇宙形态的。我们仍然需要一种驱动力，让这些粒子从微观尺度的随机分布到宏观尺度的趋势性聚集。

同时，在宇观尺度上，宇宙中的物质（天体）的分布呈现极大均匀性，在大爆炸模型中，暴涨理论对这个现象给出了相对合理的解释。但是暴涨的原因何在？动力何在？这个暴涨理论真的是合理的吗？

除此之外，当前广受认可的大爆炸理论认为，大爆炸发生至今已经有约138亿年的时间，形成了半径超过400亿光年的空间尺度。如果否定大爆炸理论，这又如何解释呢？

对于大爆炸后宇宙的演化，人们通常会用一个形象的比喻来阐述：宇宙在大爆炸后，就像吹胀一个气球，宇宙各处均匀膨胀，宇宙中的物质，小到原子，大到星体、星系，都像气球上的斑点，随着宇宙的膨胀而彼此远离。尤其是1998年对Ia型超新星爆发的观测进一步证明了宇宙正在加速膨胀。在这种认识下，我们必须想象宇观尺度上更高维度的时空。然而这只能说是我们的一厢情愿，并没有任何可信的证据表明百亿光年后会回到起点。那么，宇宙的演化根据空间变换理论是否有新的、更合理的解释？大爆炸理论的三大基石观测——红移现象、微波背景辐射和宇宙中轻元素的丰度的计算——是否能够在新的理论框架中给出新的解释？

原初空间本身就是"无"，这样自然推出原初空间不应当有确定的尺度，因此我更愿将原初空间看作无边的。这样一来，加上我们前面的结论：随机性变换应当在原初空间中任何一处都有可能发生，我们就会推出无限的宇宙，或者我认为至少三维尺度上，宇宙应当是无限的。因此，空间变换理论原则上造成的空间均匀性容不下宇宙的年龄和空间尺度（当然，如果我们的宇宙是多宇宙系统，那就得另当别论）。

那么，对于大爆炸理论中给出的宇宙尺度如何解释呢？新近提出的暗物质以及导致宇宙加速膨胀的暗能量又是什么？空间变换理论是否也可以对暗物质、暗能量所造成的物理现象给出新的解释呢？

接下来，我将基于空间变换理论，尝试给出一种新的可能的解释。

首先，在空间变换理论中，我们可以很容易地解释物质为何是均匀分布的。随机性造成的物质粒子产生是在原初空间全域发生的，也就是说，物质粒子产生之后，不同属性的物质粒子在原初宇宙中均匀分布，并且随机性地运动着，运动方向和运动速率都各不相同。这样的原初宇宙一方面保证了宇宙中的物质在宇观尺度上表现出极大的物质分布均匀性，而不需要一个暴胀过程的参与。另一方面，这自然造成原初宇宙中局部区域（粒子运动）的差异，或称为物质粒子运动的非对易性，这种非对易性基于不同的相互作用而聚集成团，为形成当前宇宙中团状物质创造了可能。

其次，粒子的产生需要消耗随机性空间变换量（熵量），但是空间变换的消耗导致在空间中的空间变换越来越少，其中一部分微弱的空间变换（低能电磁波）很难参与物质的相互作用，无法在后续的演化中扮演重要角色，因此被保留下来，形成了微波背景辐射。当然，对于微波背景辐射的来源还可有另外的解释，比如粒子在相互作用过程中聚集成团，这个团状物质所辐射出来的低能电磁波无法参与物质的相互作用，在空间中被保留下来。

再来看关于宇宙的年龄与尺度问题，如果基于空间变换理论，我们将得到一个无限的宇宙，而对于宇宙约138亿光年的时间尺度，半径超过400亿光年的空间尺度，是否有矛盾呢？我们如何给出合理的解释呢？

根据当前的宇宙学，物理学家们对宇宙空间尺度的估算超过400亿光年，在这样的尺度外我们只是尚未观测到，因此我们不能否认400亿光年外便是空无一物，只是我们的观测视界限制罢了。另一方面，根据广义相对论的理解，由于物质的存在，造成时空的弯曲，最终导致宇宙呈现出一种有限无边的状态。因此，我们对于宇宙的寿命与尺度，要么在宇观尺度上引入新的空间维度，想象一个有限无边的宇宙，然后将宇宙寿命与宇宙空间尺度放进这个有限无边的宇宙中来理解；要么承认宇宙的无限性。在空间变换理论下，我们只能选择后者。

而最难以理解的是宇宙加速膨胀的问题。

如果要得到一个加速膨胀的宇宙，在大爆炸理论框架下，必须引入新的物质（内容物）让现有物质之间产生彼此远离的动力。当前主流的做法，是通过引入暗能量来解释宇宙的加速膨胀问题。暗能量作为大爆炸理论下的配套产物，可以产生负压强，让宇宙加速膨胀。

但是这种暗能量的特性（均匀分布且起着排斥作用）在三维空间同样是难以理解的，因此还得同样引入一个空间维度，才能更为合理地解释。即将暗能量看作第四维空间中的物质，或者干脆看作第四维空间，才会有可能合理化暗能量的存在。

对于空间维度，前文已经做过详细的分析。我们认为维度对应的只是运动的自由度，在这样的认识下，宏观上想象一个多余的维度将是异常困难的，也是逻辑上不能自洽的，这会与当前的物理学产生极大的冲突。因为有质量的宏观物体其运动自由度受引力影响，而引力则由质量引起，如果我们硬是对宏观物体施加一个斥力，来抵消引力，那么这种相互作用不得不成为第五种相互作用，物理学将因此而受到颠覆。

由于物质的本原是无中生有空间变换，这意味着如果考虑量化的方向性，最终空间变换的总量应当为零，在任何时候这个全宇宙空间变换的总量都应当为零，是个绝对的守恒量。空间变换的差异或者物质与空间的差异以及由此而导致的物质单向运动仅仅在局部表现出来，这就意味着宇宙中的物质，不论是星体还是星系，其运动虽然是必然的、绝对的，但是在一个三维的无限的平直空间中，没有理由产生出一个膨胀的宇宙，也自然不会造成所有星系之间彼此加速远离的现象。

这在当前宇宙学与空间变换理论之间，无疑是一个尖锐的矛盾。

这样的境况下，我们可以选择宇宙加速膨胀的观测是错误的，而事实上宇宙正是在引力作用下减速膨胀，或者至少是在均匀膨胀。

我们知道，宇宙的膨胀是基于光速不变的假设的。但如果光从遥远的星系穿越而来，数千万，甚至数亿光年、数十亿光年后才到达地球，在这个过程中，如果光速受到空间特性的改变（表现为真空电容率和真空磁导率的变化），或者是受到引力作用而改变，那么宇宙膨胀就会像我们观察水中的鱼一样，产生一种距离上的错觉，误以为宇宙在膨胀。

当然，还可能有一种更为合理的选择，那就是寻找一套新的理论，使得空间变换理论与当前基于广义相对论的宇宙学以及当前的观测现象相容，这套理论就是多宇宙理论。

作为宇宙的形成与演化的另外一种可能性，多宇宙理论可以被视为空间变换理论下的原初宇宙向当前宇宙演化的新理论。同时，如果我们可以解释原初宇宙是如何通过空间变换理论走到大爆炸奇点的，那么就可以实现空间变换理论对大爆炸理论的包容。

从逻辑自洽性的要求来看，从一个均匀的、无限的、充满物质粒子的原初宇宙走到大爆炸奇点，相比于直接解释当前的宇宙显然要合理且容易得多。

首先，原初宇宙中，粒子在相互作用下，逐步形成更大尺度、更高层次的空间变换耦合体（强相互作用、电磁相互作用）。进一步地，在引力相互作用（也可看作一种空间变换）下，一些天体（高熵空间变换耦合体）发生了空间变换的趋势性重构，此即宇宙学中预言的大坍缩，形成了新的趋势性空间变换耦合体，即黑洞。当然，如果是更大质量的黑洞，我们就可以自然地将其视为宇宙对应的大爆炸奇点。

当大爆炸奇点出现以后，大爆炸理论就可以被用上了。

在此基础上，我们再来讨论多宇宙理论的必要性，并解释宇宙加速膨胀现象。

根据前文对原初宇宙的描述，宇宙是无限且无边的。在这样的条件下，一个大爆炸模型所导致的约 138 亿年的宇宙只能是无限宇宙空间中普普通通的一个宇宙，而这样的宇宙应该在无限的宇宙空间中不计其数。当原初宇宙中的粒子最终聚集耦合成一个大爆炸奇点时，体现为史无前例的、最为激烈的空间变换，大爆炸奇点与周边的空间形成了史无前例的、最大的差异。根据道的趋势，这个差异势必无法保持，巨大的差异势必向着无差异的方向发展。于是就像弱相互作用及强相互作用中发生的那样，奇点将会发生解体，而这个解体就是奇点的大爆炸。进一步地，如果这样的多宇宙模型成立，那么宇宙在大爆炸以后的演化，尤其是 60 亿年前开始的加速膨胀就会有合理的解释。

这看起来就像一座最高的山，在引力作用下逐步坍塌一样。大爆炸以后的物质在道的作用下逐步向熵增的方向运动，最终形成最大熵、最平宇宙，甚至再次回到原初宇宙，乃至原初空间。但是这种逐步坍塌的物质越到山脚下速度越快，对应着当前宇宙的加速膨胀现象，这与其说是暗能量的作用，不如说是道的作用（或者说热力学第二定律下的自然演化），道在将差异逐步抹平，而宇宙的加速膨胀这种趋势性运动，正是物质从差异的山顶向差异的山脚的趋势性运动。道才是大爆炸真正的原因，也是宇宙加速膨胀的根源。

但是这个大爆炸奇点并不要求将宇宙空间中所有物质都囊括进来，才能发生大爆炸；而是像钱德拉塞卡极限以上会产生中子星一样，同样存在一个大爆炸极限或大爆炸阈值。达到极限以后就自然会发生大爆炸。在这样的条件下，大爆炸奇点必然成为全宇宙空间中的一个普通的大爆炸奇点，而我们从逻辑上无法否认、排除更多的甚至不计其数的大爆炸奇点。

因此，如果大爆炸理论真的成立，那么在空间变换理论框架下，我们就自然会得到多宇宙系统。在无限的全宇宙集中，每个宇宙系统都会经历由均匀分布到大爆炸奇点，再由大爆炸至均匀分布的全过程，形成脉动形式的动态多宇宙系统。宇宙全空间中将会发生无限次的大爆炸与大坍缩（或大挤压），循环演化着的。我们所处的当前宇宙只是宇宙演化中的一次脉动（大爆炸）而已。

对于这样的动态多宇宙理论，需要补充说明的一点是关于宇宙封闭性的问题。

普利高津的研究告诉我们，一个孤立的封闭系统是无法形成高度有序的耗散结构的。因此，如果大爆炸奇点被视为一个极限的低熵的有序系统，那么这个系统必然会从宇宙空间中获得更多的能量，而这种额外的能量很有可能来自其他的宇宙。大爆炸后的演化又要求宇宙加速膨胀，最终形成平衡系统。

结合这两点，我们不难推断：在全宇宙的演化过程中，每一个大爆炸奇点的物质来源都有可能是其他多个宇宙所贡献的，而每一个宇宙系统最终在加速膨胀中会与邻近宇宙相遇，向邻近宇宙贡献能量（或物质）。这表现为邻近的子宇宙系统可以不断从外界引入负熵。这样一种动态平衡的多宇宙系统，彼此之间贡献着能量与物质，形成非封闭的子宇宙系统，不至于在道的作用下，使得整个全宇宙系统走向无尽的热寂。

最后，在这样的理论框架下，奇点需要一个大爆炸条件，或称为大爆炸极限。只要奇点质量超过这个极限，必然发生大爆炸，而质量在黑洞量级上绝不会发生大爆炸。

通过这样一套动态多宇宙理论，我们基本上可以把当前的宇宙学标准模型包容其中，也可以对诸多的宇宙观测现象给出一套相对合理的解释。最终，在相互作用下，宇宙中到处弥散的随机性粒子由于其随机性运动之因，开始碰撞、聚集、演化，最终结合成各种粒子集合体，甚至各种天体。这一过程，类比于原初宇宙中粒子形成的过程，我们可以称作第二次熵跃减。通过第二次熵跃减，能量再次被内蕴于不同的物质集合体之中。

总而言之，在空间变换理论基础上，无论哪种宇宙演化模型，也无论引入什么未知的物质，唯一不可能被打破的就是因果律，就是守恒律。

# 4.6  对更多物理现象的分析

## 4.6.1  两种类型的物质与时空的关系

当我们基于空间变换理论，建立起了对相互作用的新认识理论以后，我们回过头来再分析一些物理现象如何被更为合理地解释。

根据我们对电磁相互作用的分析，光速不变是有基础的。在光速不变基础上，如果我们将光速作为观测的手段，洛伦兹变换就是恰当的，钟慢效应与尺缩效应也就不难理解了。

但是由此演化出的双生子佯谬却让人值得深思。在狭义相对论范畴内，虽然双生子佯谬可以容易地解释，但却是基于一些数学模型的。这就显得有些微妙，数学模型的解释是完美的，但是背后是否有更为深刻的物理学本质呢？

为此，我们来基于空间变换理论，并结合守恒律给出另一种解释。

首先，在双生子佯谬中，我们尽量简单化，将这对孪生子放在平直时空中或惯性系中。在此基础上，那个不外出或不变换运动状态的人，其能量始终保持不变。而另一外出还要回来的人，则要经过加速、减速至零（相对速度）、再加速、再减速至零的过程。这个过程中，其平均动能相对值永远大于零，或者其总是大于那个不变换运动状态的人。这相当于外出的人本身所蕴含的能量或空间变换更多。

将这个人简化至一个原子系统。这意味着原子同样附加了一个空间变换，我们可以简化为一个直线的匀加速平移变换，由于要克服匀加速过程中的变化，一个匀加速平移变换会让这个原子的振动更慢，这体现为时钟变慢、新陈代谢变慢，进一步体现为外出的人更年轻，即寿命更长。

另一方面，一个有质量的粒子在弯曲时空中的运动现象正是万有引力作用下的运动现象，即有质量的粒子会受到引力的作用而运动，或者按照广义相对论的说法，如果一个质点只受到引力的作用，则这个质点被称为自由质点，自由质点的世界线必然是测地线。这一过程中，粒子的速度越快，而其振动由于引力场的作用而变慢，表现为寿命更长。

从以上现象，我们可以概括猜想，对于一个有质量的物质粒子在平直时空中，加速运动时，速度越快，动能越大，振动越慢，对应人的新陈代谢越慢。而在引力场中，同样在引力作用下加速运动时，速度越快，动能越大，振动越慢，对应人的新陈代谢越慢。

这一概括性猜想与等效原理具有一致性，即加速运动参考系与引力场可以看作是等效的。事实上，这一概括性猜想还暗含着另一层一致性，即运动自由度与维度的一致性，这进一步印证了前文我们对"维度"这一概念的理解。

我们再来分析光的多普勒效应以及红移现象。

对于与观者相对运动的光源，二者的速率与方向之差会影响观者接收光时候的光频率，即观者会看到光的频率的变化，这就是光的多普勒效应。在狭义相对论的范畴内，光的多普勒效应同样可以简单地归因于光速不变（是一个固定值）与光的波动性两个因素。具体来说，是由于观者与光源的相对运动，使得观者接收一个光波波长的时间发生了变化所致。

但是引力红移与宇宙红移现象却没有这么简单。

引力红移与宇宙红移从本质上来说，是由于光传播的背景时空发生了变化（即背景时空不是平直的），造成光在其间传播时，对应的频率发生了变化，当然对应的能量也相应发生了变化。具体来说，由于质量造成时空的弯曲时，光从曲率大的地方向曲率小的地方传播就会产生红移现象，这就是引力红移。由于宇宙的膨胀，宇宙空间变得更加平直所造成的光传播时候的红移，我们称为宇宙学红移。

以上现象告诉我们：不论是引力学红移，还是宇宙学红移，对于辐射或光子，空间越弯曲，波长越短，频率越高，能量越高，而空间越平直，波长越长，频率越低，能量越低。光作为一种波，在平直空间中存在色散现象。

对这一现象进行基于空间变换理论的分析：空间差异或空间变换产生物质，背景空间越弯曲，或者说背景空间差异性越大，空间变换的差异性就越大，物质所蕴含的能量越大，空间变换的剧烈程度越大。反之亦然。

## 4.6.2　量子化以及测不准原理本质的解释

我们再来看看量子力学中的一些现象。

首先，我们需要解决的是量子化这个量子力学的基础。

在量子力学中，量子化条件作为一种假设，保证了量子化的基础。这其中涉及非对易性，这个非对易性是容易解释的，但是为什么是一个普朗克常数相关的值，这就像光速在真空中为什么是 $3 \times 10^5\,\mathrm{km/s}$ 一样，是难以解释的。

我们先来分析非对易性，而将普朗克常数留待以后探讨。

如前文所述，对于每一个粒子来说，不能被看作是一个乌托子球这样的点粒子。根据空间变换理论，每一个粒子都应被看作是一种复杂类型的空间变换，光子如此，电子亦然。粒子的产生则归因于宇宙开放性和空间三维性，粒子属性的不同则归因于空间变换的维度或形式不同，但从根本上来说，这种空间三维性以及空间变换形式的不同都为非对易性创造了可能，从而产生了不同类型的粒子。

进一步地，在这样的认识下，我们可以认为的粒子不仅是一个复杂的空间变换，而且还与空间之间有着极为密切的关系，这种关系甚至是边界不清的，或者说是从空间到粒子是渐变过渡的。

这样一来，量子力学的第一条基本假设也就不难理解了。我们将一个量子系统用一个希尔伯特空间的矢量来表示，这是非常恰当的，这是由希尔伯特空间的矢量的定义与性质决定的，也是由粒子的根本属性决定的。当然，在这种情况下，粒子称作是一个场的激发态，也是非常恰当的。而态叠加原理本质上是量子系统由于粒子的结构未被考虑所造成的测量不确定性，所以只能被看作是一个多态系统，即一种叠加态。

在这样的认识下，测不准关系也是自然的。因为粒子根本就不是点粒子，这个测不准原理本质上就是各种变换之间的相互作用没考虑粒子结构而造成的。这就好比两个单色平面波相向而行，我们知道根据波的叠加原理会出现最大波峰波谷，但是如果我们不考虑两束平面波本身的时间特性，则我们无法知道何时出现叠加的波峰。

至于可观测量原理以及不同的运动方程，更多的是基于实证的考量，我们不再赘述。总之，测量是以粒子相互作用为基础，测量以后的态坍缩也是自然的。

接下来，我们来分析对量子力学完备性质疑而产生的 EPR 佯谬以及由此引出的量子纠缠效应。

如前文所述，爱因斯坦至死都不承认量子力学的完备性。而爱因斯坦对量子力学最猛烈的攻击来自 EPR 佯谬。

爱因斯坦认为量子论的随机性来自其不完备性，或者说这种随机性只是一套基于概率性假设的理论，即基于我们前文所提及的四个量子力学的假设。而在这个不确定性的背后应当还有未确定的或者未被发现的严格的因果关系。为此，爱因斯坦、波多尔斯基、罗森提出了一个思想实验以证明量子力学的不完备性，这就是 EPR 佯谬。EPR 佯谬认为两个相干态的粒子系统在分离以后，每个粒子的状态应当是在分离时确定的，否则会产生一个不可调和的矛盾。

举例来说，设想有一个量子系统由两个自旋态相反的相干态粒子 A、B 构成，每个粒子的自旋要么向上，要么向下，但两个粒子的总自旋为零，这意味他们总是处于自旋相反的状态。

现在将粒子 A 和 B 分别配置于相距遥远的两个地方，例如 A 在地球上，B 在月球上。按照量子力学的说法，每个粒子的自旋方向是不确定的，在任何方向上测量会有一半概率向上，一半概率向下。换言之，这个量子系统中的每个粒子在分开以后都处于叠加态。

进一步地，地球上粒子 A 未测量时，月球上粒子 B 有一半概率向上，一半概率向下；而地球上 A 一旦被测量，并发现自旋向下，那月球上的 B 瞬间以百分之百概率处于自旋向上的状态。月球上 B 的状态似乎是瞬时被地球上 A 的测量所控制，这种控制行为以超光速方式发生，这就是从量子力学原理推演出来的必然结果。

爱因斯坦因此基于光速不变且恒定的假设反驳了这种现象的不可能，而量子学派的人则基于量子力学的假设反驳爱因斯坦的错误。尤其是在考虑物理学的实证性要求之上，量子学派显得优势明显。后来的实验也多次证实量子学派的正确性，甚至在非相干态状况下，实验同样证实了量子学派的态叠加说法，这进一步引出了非相干态之间存在纠缠态。

在我看来，这两家说法都有其道理，但是各自的物理学基础是不同的，没必要非要争个谁对谁错。基于前文的四个量子力学的假设，以及物理学关于实证性的基本要求，量子力学可以认为是完备的。但是这不会打破光速不变原理，也不会将爱因斯坦的认识一棍子打死。爱因斯坦的认识，即所谓的隐变量理论也不能因此而被判死刑。

更具体地来说，如果前文提到的空间变换理论是正确的，那么我们完全可以基于前文的基本认识来解释爱因斯坦的认识，同时还可以很好地解释量子力学背后的必然性。

粒子是一个复杂的空间变换，基于此，无论是量子相干态还是量子纠缠态，每一个与态相关的粒子属性，都可以视为复杂的空间变换的某一变换分量。这样一来，即使是纠缠态，也可以被视为相干态。进一步地，爱因斯坦的隐变量理论就说得通了。在量子力学中，由于粒子属性的量子化，实验观测所用的粒子和被观测粒子之间的相互作用也是不同空间变换之间的相互作用，而考虑到物理学的实证性要求，只有通过相互作用，才能够获得粒子的某个属性或可观测量的值，所以以量子力学的不确定态或叠加态解释也是无懈可击的。

但是当我们走进更为微观的世界，如果我们还一味强调实验观测的不可或缺，而抛弃理性，不给逻辑推理以更大的宽容度，至少在短期内会将某些理论逼上绝路，让物理学的实证性条件成为物理学发展的桎梏。有时候我们需要暂时抛开实证性，勇敢地去探索未知，去假设新的模型，给新理论一些宽容与耐心，才有可能了解那些让我们叹为观止的真相。物理学从来不是打嘴仗的地方，也从来不是实现自我满足的领域，物理学的目标只有一个，那就是探究真理，探寻真相。

### 4.6.3　卡西米尔效应与真空不空

接下来，我们再来考察一个神奇的现象：卡西米尔效应。

对于空间变换理论最大的支持应该是来自卡西米尔效应，它也是启发我产生空间变换理论的重要现象之一。卡西米尔效应告诉我们，真空中两片不带电的金属板在一定的间距内会出现彼此吸引的现象。这个现象的经典解释来自量子场论，量子场论告诉我们真空场具有量子随机涨落，而两块金属板的存在改变了量子真空，这种改变使得金属板被一个力拉向彼此，进而量子场论得出真空不空的结论。

从空间变换理论的角度来看，这种真空量子场的量子涨落正是那一类最简单的空间变换，是没有耦合成复杂空间变换（即物质粒子）的那些随机性空间跳变。之所以这些随机性空间跳变会让两块金属板具有吸引力，是因为两块金属板距离足够近，会产生一个势阱，导致两块板之间的空间不足以产生那些振幅较大的随机性空间跳变。在同等条件下，两个金属板之外却可以产生那些振幅较大的随机性空间跳变，加之外部粒子的数量优势造成的向内压力，如此一来，金属板外部的随机性空间跳变数量多于板间空间，进而产生由外而内的压力，表现为吸引力。

量子场论通过卡西米尔效应告诉我们真空不空，而在我看来，不仅如此，我们可以更进一步，认为物质就是复杂的空间变换。

### 4.6.4　空间变换理论与弦理论

最后，我们回过头来看看现在人们寄予厚望的万有理论，即弦理论与空间变换理论之间的联系。

首先，两套理论都要求放弃点粒子的概念，同时放弃了点粒子的诸多属性。弦理论对物质的解释基本上走到了简单二元论的范畴内，即只剩一根根的弦与空间两种基元。本书所提出的空间变换理论则更进一步将物质与空间完全统一起来看待，彻底回归了一元论。不论是弦还是膜，空间变换理论都可以将这些对象看作是一种空间变换，看作差异，从而将弦理论包容其中。因此二者并不会有不可调和的矛盾。

其次，对于空间维度的认识，两套理论有着不同的认识，但在认识统一的基础上两者同样没有矛盾。弦理论认为的十维空间，只是表示了物质变换 / 运动的自由度，而非传统认识下空间真的有十个方向。另一方面，弦理论的这种表述（空间有十个维度）反倒给我们了一种启示：空间和物质必然是相关的，而非必须要割裂开来认识。这主要是基于弦的运动或变换自由度而言的。在空间变换理论框架下，这种具有十个运动自由度的弦，完全可以理解为不同维度、不同形式的空间变换叠加出的复杂空间变换的特性，即由于前文所说的空间变换维度与形式的差异，最终造成十个运动自由度的出现。

在我看来，空间变换理论与弦理论最本质的区别还在于空间与物质的关系问题。弦理论一边不停地在空间上做文章，然后另一边又将物质与空间分离开，作为二元论来看待问题。而空间变换理论从逻辑上抹平了空间与物质之间的界限。因此，如果弦理论能够将空间与物质统一起来看待，考虑相互作用的尺度、维度，再考虑相互作用的层次，从空间变换角度上来讨论三种相互作用与引力之间的差异，那么弦理论与空间变换理论将越走越近。

## 4.7 本章小结

在本章中，我们首先分析了守恒律、非对易性和因果律。守恒律在空间变换理论中更为本质的解释是：不同维度、不同形式的空间变换在运动过程中的不变性，或称为对称性。每一个变换都不可能平白无故地产生或消失。由于空间变换可以转化，那么在两种属性之间就可以建立起联系，在两个甚至更多个属性之间形成更大的守恒律。只有质量和电荷等具有叠加性的物质属性在宏观中对应保留下来，在宏观中才遵循守恒律。非对易性则揭示了一种更为深刻的内涵，这就是运动 / 变换的差异性。不论是广义相对论中时空弯曲所导致的运动，还是量子力学中量子化条件所产生的量子化现象，其背后都是非对易性或差异性使然。物质世界之所以产生，之所以呈现出如此丰富多彩的形态，也是非对易性使然。没有非对易性，就不会产生我们的物质世界。因果律则是解释守恒律和非对易性造成运动 / 变换现象所遵循的必然规律。正是有了守恒律和非对易性，因果律才成为可能；也正是遵循因果律，我们才揭示了守恒律和非对易性。

在分析了守恒律、非对易性和因果律以后，我们运用空间变换理论分析了电磁相互作用、弱相互作用、强相互作用和引力相互作用。关于电磁相互作用，我们用空间变换理论分别猜测了电子包含的空间变换形式，解释了电子的质量属性和波动性，解释了光的波粒二象性和光速不变的原因。如果我们分别将电子和光子看作空间变换，这些属性将可以被很好地解释。关于弱相互作用，我们解释了希格斯机制、弱相互作用作用力之所以微弱的原因。其中，希格斯机制可以被理解为空间变换的一种转换机制，而希格斯粒子则是可以赋予其他粒子质量的空间变换。弱相互作用之所以微弱，是由于其传递相互作用时绝大部分能量被内蕴了，外显的相互作用强度就很微弱了。对于强相互作用中的禁闭效应，我们提出了强子空间变换的强耦合性导致夸克被禁闭在类似于火山口内的一个空间变换中，所以我们很难看到独立的夸克。对于引力相互作用，我们重点讨论了其如此微弱的原因，提出空间变换的内蕴导致引力的微弱；而对于黑洞这样的强引力体，是由于空间变换发生了趋势性重构所导致的。

最后，我们运用空间变换理论分析了宇宙的演化以及宏观中的一些现象。在探讨宇宙的演化时，我们提出了多种可能的宇宙演化模型，但其基础都应当是建立在"无中生有"的空间变换理论之上。在宏观层面，我们重点分析了多普勒效应、引力红移以及宇宙红移，我们认为红移现象可以被视为空间平直化，即空间曲率减小的一种表现。在微观层面，我们集中探讨了量子力学以及微观世界中的一些现象，比如 EPR 佯谬和量子纠缠。通过应用空间变换理论来分析 EPR 佯谬和量子纠缠，我们认为这并不能证明隐变量理论就肯定是错误的。而卡西米尔效应则是对"真空不空"以及空间变换理论的最佳支持。

至此，我们构建了一整套空间变换理论，并从逻辑上阐释了时空与物质的本质和起源，解释了四种基本相互作用以及许多物理现象。

在大爆炸理论的框架下，粒子物理学家们认为相互作用是随着大爆炸过程中温度的降低而逐步分离出来的。要统一四种相互作用，必须追溯到宇宙大爆炸最初极短的时刻才有可能。

但是，通过本章的分析我们可以看到，无论是强相互作用、弱相互作用、电磁相互作用还是引力相互作用，只要我们考虑到空间变换的类型等差异，如变换的自由度、强度和形式，那么这些相互作用都可以在空间变换理论中找到一套自洽的解释。这样一来，四种相互作用在空间变换理论的基础上便有了统一的可能。

进一步来说，从力的本原来看，力一定对应着荷，而荷的本质是空间变换。荷的差异反映了空间变换的差异，因此力的存在根源是差异——物质之间、物质与未变换空间之间的差异。这种差异导致了物质之间以及物质与空间之间的相互作用，其自由度、强度和作用距离则由物质与空间的属性共同决定。所有这些不同类型的相互作用最终都通过被作用对象的运动表现出来。正如前文所述，差异性是物质的本质属性，也是力的根本来源。

总而言之，尽管四种相互作用在表现形式和考察对象的属性上存在差异（包括相互作用的对象及规范玻色子等方面），但如果我们能够超越传统的点粒子观念，摒弃物质与空间的二元对立看法，将所有尺度的粒子视为复杂且特殊的空间变换，那么这些不同的空间变换完全有可能在不同层次上实现耦合。这种耦合能导致内蕴量的不同以及相互作用对象周围空间的变化，从而进一步表现出相互作用的距离和强度上的差异。

结合上一章与本章的分析，个人认为，空间变换理论在逻辑上可以合理地解释空间、物质、时间的本质，也能合理地解释四种相互作用，并且能很好地兼容弦理论的一些思想。因此，即使空间变换理论目前只是一种设想，哪怕仅仅是一种基于弱逻辑的分析，它在逻辑上的合理性以及对一些现象的解释能力，仍然给我们带来了理解万物本原与运动的一线希望。

更为重要的是，从逻辑的角度来看，空间变换理论是如此优美而引人入胜。

让我们换个角度来理解这套理论，领会其逻辑上的优美之处。

自上一章起，我们分析了空间与物质的关系，其中最核心的观点就是统一了空间与物质的概念，将物质视为空间的变换，由此推导出物质的存在，使得物质表现出与空间的差异性。更为关键的是，真正让空间转变为物质的，是空间变换中的差异性、非对易性的体现，即空间的随机性跳变和空间的三维特性。空间的随机跳变显示了空间本身的差异性，而空间的三维特性为这些随机跳变提供了不同自由度，进而导致了跳变的耦合以及物质的产生。

基于这样的理解，我们用"性"这个概念来概括物质产生的原因，这个"性"的内涵如本章第一节所定义的那样，包括差异性和运动的非对易性。正是有了这些差异性和非对易性，我们才能观察到物质存在和独特性。因此，我们可以进一步将"性"的概念推广，用以表征物质的存在性和独特性，即物质的可观测性以及深入到粒子层面的量子属性。

从另一个角度来看，任何物质粒子乃至物体之所以能够持续地表现出其存在性，是因为其属性的持久性。深究其原因，则是因为它处于一个平衡态。这一平衡态之所以得以保持，是因为导致其存在性的那个差异性消失了。那么，这种差异性为何会消失呢？我认为，是因为这种差异性朝着无差异的状态运动，才导致自身消失。

这种差异性向无差异状态转变的趋势，不正是我们在前一章中提出的"道"吗？确实如此。正如我们在前一章分析的那样，正是"道"促使差异性消失，并由此形成一个平衡态，展示了这个平衡态的持续存在性。

如果"性"让一个物质实体得以彰显其独特性，那么"道"则是让其延续存在的根本原因。没有"道"维持其平衡态，这个物质实体就会在变化中丧失自己的存在性，从而走向消亡。性与道是万物辩证统一的两个方面，二者相互依存、统一为整体，体现于万物之中。这正是这套空间变换理论的优美之处。我们在后文中将会进一步看到，性与道之间的这种辩证关系贯穿于万物演化的始终，无论是在生命的演进中，还是在人类社会的发展进程中。

然而，严格来说，空间变换理论仍然只是一个假设性的理论，因为我们还缺乏可靠和可验证的预测。此外，我们虽然基本解释了光速不变的原因，但还没有解释为何真空中的光速会是特定的 30 万 km/s，而不是其他数值。我们阐释了量子化条件，却未能解释普朗克常数为何是特定的固定值。我们提出空间变换的不同种类对应着不同的物质属性，但具体对应关系还停留在推测阶段。因此，这套理论目前更多是基于物理直觉和弱逻辑的产物；所以，空间变换理论仍有很长的路要走，需要更坚实的理论基础和更有力证据的支持。

但这并非完全没有线索或方向。其中一些信念将引导我们更接近真相，比如我们的世界是不断变化的，而且必须变化。没有变化，就没有存在 ——一切都是不存在的。再比如宇宙中物质的总量可能为零，或者宇宙中根本就没有物质，存在的只是差异。这些差异如果考虑方向性，最终只能归结为无差异。又比如物质的运动方向归根结底是能量的积累和释放两个方向，而这又与空间变换的转换相对应。另外，对各种物理学常数的数值及其相互关系的理解显得尤为关键。我们可以从探索这些常数的物理和数学内涵入手，从整体上研究我们的物质世界。

| 5 |

生

命

物质世界的演化没有结束，在地球上，我们还看到了如此绚烂多彩的生命世界。因此，我们的认识之路也并不能就此打住。我们仍旧要循着物质世界演化的足迹，去探究生命起源与进化的奇迹。

对物质的认识，我们可以通过物理客体之间的相互作用和运动来研究，通过一些优美的数学公式来表达。然而，生命却远不止于此；生命的属性也绝非仅仅通过质量、能量、电荷的相互作用和运动所能概括的。生命显然与无机物理客体有着根本的不同。生命不仅遵循物质运动的所有规律，而且遵循着与物质运动规律明显不同的新的自然法则。这些明显的不同已经不能用基于动力学的数学公式来完整表达，我们需要一种全新的视角来认识生命，以及全新的理论来解释生命个体的发育与群体的进化。

事实上，人们对于生命的研究已经形成了很多的认识。这些认识包括：生命以负熵为生，生命是信息的集合体，生命是能量的流动；也有的人说生命是以繁殖为目的的有机体。一些科学定义认为生命是由核酸和蛋白质等物质组成的分子系统，它具有不断繁殖后代以及对外界产生反应的能力。诗意地说，生命只是大自然的湖面上激起的一丝涟漪。各种表达各抒己见，每一个都看似合理，却又感觉缺少了某些要素，至今仍然众说纷纭，没有定论。

究其原因，绝大部分的研究并不彻底地基于底层的自然演化规律，而是从更高层的理论来解释更底层的现象，造成难以自圆其说。

那么生命到底是什么？或者说，生命的本性是什么？生命有哪些基本的特征？生命为什么会在地球上出现？地球上的生命又是如何进化至今的？其进化的驱动力到底是什么？其他适宜环境的星球上究竟有没有生命？

在本章中，我将在分析前人研究成果的基础上，从物质相互作用与运动理论开始，用演化的观点考察生命的本性，并逐步分析生命的起源与进化历程，探寻其中蕴含的基本规律。

事实上，并不是没有人对生命的形成进行更为底层的理论性研究。图灵在 1952 年便开始研究从无序如何走向有序，并发表了《形态发生的化学基础》来描述并解释一些有序的图案，对自组织现象从数学上给予了解释。曼德勃罗创立的分形理论将有序的延续置于反馈之上，这同样给人们对生命的研究提供了极大的启发。最后，作为集大成者，普利高津创立的耗散结构理论对生命的形成给出了更为合理的科学解释。

当我们站在这些先驱者的肩膀上，站在相互作用与物质运动的基础之上，当我们对这些理论进行系统的认识以后，用演化的眼光来看待生命，探寻生命的奥秘时，我们或许会有更为透彻的理解。

## 5.1　生命的自我表达与自我延续

前文我们分析了物质的基本属性，并进一步考察了宇宙形成与演化的过程。不论是基于空间变换理论还是基于大爆炸理论，当前宇宙的形成都是物质运动变换的结果。换言之，我们的宇宙一定是物质的；宇宙中的物质彼此之间一定是可以发生相互作用的。从逻辑上来讲，我们的太阳系，我们所赖以生存的地球，当然也都是物质运动变换而成的不同形态，都具有物质的基本属性，且无法脱离物质的基本属性。

在这样一套物质生成与宇宙演化的理论体系中，生命的出现与进化势必也成了物质运动演化的产物。物质是空间变换的结果，宇宙是物质运动的结果，地球是宇宙演化的中的产物，生命同样也是。

在这样的认识下，自然就不会出现一个独立于物质之外的上帝创造生命，也不会像阿那克萨戈拉说的那样，是奴斯让万物有了生命，更不会有一个独立的灵魂附着在生命体上。我们可以承认意识的存在，我们可以坚信精神的价值，然而生命首先也必须是物质的集合体。解释生命的基础理论一定是物理学以及化学等以物质为基础的学科。

现代生物学及生物化学的研究结果也充分支持了这个论断。一方面，从当前的科学研究来看，所有的生命中包含的物质最终都可以分解成碳、氢、氧、氮、磷等总计不超过30种必须元素。这些元素相互作用，聚集成不同种类的物质分子，这些物质分子最终组成独立而完整的生命体。另一方面，在地球上的每一种生命体中，人们从未找到地球上没有的物质，更没有找到灵魂或意识一类的独立实体。生命的物质基础已经广为接受。

由于物质具有可观测性，那作为物质集合体的生命必然具有可观测性。这句话是想明确一个事实，那就是与生命体相关的所有物质都应当是可直接或间接被观测的，这再一次否定了空想的没有物质基础的生命。

生命的可观测性本质上正是生命基本特征之一。在此我们换一种说法，那就是生命具有表达能力。一方面，生命作为物质集合体表达着生命的物质属性，即可观测性；另一方面，生命通过不同的物质形式实现自身特征的表达。从最小的病毒到各种大型动物，无不如此。具体来讲，生命本身的物质基础是建立在近30种物质原子基础之上的，这就说明生命一定是有质量的，生命的表达必须通过这近30种原子的组合所形成的物质来实现。因此，这种表达能力一方面是对物质基本属性的延续，另一方面，也是其生命独特性的表达。

这就像前文我们所说的物质粒子一样，除了抽象出来的可观测性，物质粒子自身还有其他独特的具体属性使其成为一种独一无二的物质粒子种类。每一种生命的独特性也在于其具体特征的不同。

当然，这种具体特征是通过新的物质种类来表达的，主要是通过组成生命体的不同种类蛋白质及其不同的组合方式来实现的。不同种类、不同数量的原子，通过化学反应结合生成多种新的蛋白质种类；甚至同种类、同数量的原子也会生成不同空间构型的不同蛋白质种类。这些不同的蛋白质及其组合方式让每一个生命体具有了与其他非有机体截然不同的特征，也让每一种生命直观地与其他生命区分开来，从而表达了其独特性或存在性。

进一步而言，生命体的表达能力不仅体现在生命形态的表达上，更体现在生命的自组织能力上。

生命体的自组织能力让生命体可以主动地、有组织地从外界获取所需物质，并将其在生命体内分解，实现对物质的利用，从而支撑起生命的运转和形态表达。

更具体地说，这种自组织能力不仅体现在生命体获取物质的主动性上，同时也体现在生命体对物质的代谢的协同性上。

一块石头，白天日出时，在太阳的暴晒下可能温度升高了；晚上日落后，温度下降，外部环境与个体的温度几乎是同步变化的，是完全被动的物质或能量交换，但其物质结构没有发生变化。而生命体，为了表达个体特征，为了维持所必需的新陈代谢能力，必须具有自组织特性。通过自组织实现表达与新陈代谢，维持生命的生理机能。

生命的生长发育是遗传基因指导下的物质结构的形成与重组过程，也是能量的利用过程。生命体必须从开放的环境中获取物质与能量，利用这些物质与能量，并向外部释放物质与能量，从而形成一个动态的系统，以满足生长发育的要求。生命体的这种与外部环境进行物质及能量交换的过程即为新陈代谢。当然，即使是一个成熟的生命体，同样需要从外部环境获得物质以及能量，来维持自身物质结构的稳定与生命体内部的系统运转。

生命体的这种新陈代谢能力，从微生物到植物、动物，具有极为广泛的普遍性。即使如病毒这样简单的生命，在其生命周期中都会自主地组织其各种代谢功能，比如蛋白质的合成、遗传基因的复制等。这些动作都需要生命体自行组织起来，才能实现。作为高等生物，比如各种哺乳动物，则有着更加复杂的新陈代谢协同性。动物体内的各种器官功能各异，但又相互协同工作，实现了物质的摄入、分解、同化、重组、利用、排泄以及能量的流转，从而形成一套完整的新陈代谢能力。

总的来说，作为生命体，其本质就是物质的集合体，是由最基本的原子构成的，但又绝不仅仅是一团物质集合体，而是具有独特的自我表达能力，没有这一特征的生命是不存在的。在此基础上，由于物质的组织形式的不同，生命具有了与无机物质不同的特征，从而成为独特的生命。

在自我表达能力的背后，更为重要的是遗传基因。当前的科学研究将生命体如此精巧的自我表达归因于遗传基因，是基因控制下的生命体的自我表达，是基因控制下的生命体的生长发育与机体功能维持。作为生命个体，除了自我表达能力，生命体显然与其他形式的物体还存在着明显的不同，而这其中最重要的是生命的遗传能力或自我延续的特征。

换言之，生命的遗传能力，或称为基于基因的自我复制能力，是区别于非生命的另一重要特征。如果说，生命的自我表达能力实现了生命体生命周期内存在性（短时存在性）的证明，那么生命体的遗传能力或自我复制能力则让生命体的特征理论上得以无限延续。

在无生命的物质中，比如一颗钻石，或者一粒沙子，其个体的短时存在性与个体的长时延续性是不可分的，是统一于个体中的。其质量属性发生变化，则这一物体变为另一物体；其组成成分、构型发生变化，则这一物质种类变为另一物质种类。这种组成成分、构型的变化很明显是一元的、没有层次的，即受到物理规律或化学规律的影响，其稳定性直接与外部环境相关，无法在外部环境作用下自我保持或自我适应。换言之，外部环境的影响（物理作用或化学作用）让一个物体变为另一个物体，并且物体自身没有任何自我修复能力。

然而作为生命，个体短时存在性与持久延续性则通过两套系统来实现。第一套系统就是通过基因实现的自我表达能力；第二套系统就是遗传基础上的生命的繁殖。

生命通过遗传机制实现生命的持久延续性，即通过生命的繁殖实现生物种群的延续。所以，接下来我们将深入生命的基因层面，探讨由基因导致的另一个特征：生命的繁殖。

具体来说，这种遗传机制的关键仍旧是基因。基因不仅是生命体的设计图，还作为生命体所有特征的信息载体和传递媒介，保存了生命体乃至生物种群所有的个性化特征信息。基因不仅指导着生命体的生长发育，包括各类蛋白质的合成和新陈代谢活动，还通过繁殖将遗传基因传递给子代。

一方面，基于基因的遗传机制使得遗传信息和生命的其他基本特征在所有生命体中得以传承。具体来说，生命体的遗传信息和生命的其他基本特征传递是通过基因的复制和基因的表达来实现的。一个生命体将其特征传递给子代的过程中，首先将遗传基因进行复制，复制后的遗传基因在脱离母体以后形成独立的子体，子体通过遗传基因的转录实现了子体遗传信息的再次传递，从而一代一代地延续着母代的特征。从系统的角度来看，这一过程中遗传基因本身作为信息载体，存储着遗传信息，同时又作为信息的传递者，将信息传给子代。作为子代，遗传信息自然源于母代。这就形成了一个输入为母代遗传基因、输出为复制后的基因的信息系统。

另一方面，在遗传信息传递的同时，子代通过生长的过程将遗传信息表达出来，从而表现为生命体自我表达特征。这部分表达特征主要是通过遗传信息的转录及蛋白质的翻译合成而实现的。当然，这一过程的本原仍旧在基因，而这一过程的实现则需要生命体摄入更多的能量和物质，这自然就变成了一个蕴能的过程。

当然，从逻辑上来讲，如果基因没有这样的复制与表达能力，那么遗传信息自然也就不会传递，生命体也自然就无从谈起。换言之，没有遗传与表达基因的物质集合体虽然广泛存在于自然界，但已经不能被称作生命体了。

当前的研究表明，遗传基因主要由脱氧核糖核酸（DNA）和核糖核酸（RNA）构成。DNA 作为遗传信息的载体，其双螺旋结构一定程度上保证了遗传信息的稳定传递，而遗传信息的转录及蛋白质的翻译合成则交由 RNA 来处理。这样的分工不仅保证了遗传信息的稳定传递，还保证了生命体中蛋白质合成的顺利进行，从而保证了生命体最重要的两套系统（即自我表达和生命繁殖）的顺利运转。

再向微观方向深入，遗传基因并非复杂而多变的，组成遗传基因的碱基对实际上仅仅由五种物质组成，它们以特定的规则被氢键连接起来形成碱基对。从本质上来说，这完全是化学相互作用下的物质合成。

另一方面，遗传基因被封装在一个极小的物质集合体内（如染色体等），而非具有与生命体同一尺度上的结构。这种巧妙的构造，保证了即使在生命体受到重大的外部影响时（如生命体完整性遭到破坏时），生命体仍然可以最大程度保持基因的完整性，从而将基因通过繁殖完整地传递给子代，保持了生命特征的延续和生物种群的延续。

当然，在以物质为基础的生命世界里，生命特征的界限有时候并不是绝对的。生命体首先是物质集合体，生命可以拥有物质的基本属性，但生命个体的基本特征在不同的进化阶段都会有差异化的表现形式。例如，朊病毒并没有靠核酸来遗传，而类病毒也不用蛋白质来表达自己。因此，生命体的基本特征是确定的，但其表现形式却不是绝对的。

至此我们分析了生命的基本特征，不论是为了维持生命体个体特征的自我表达，还是生命的繁殖能力，最终都指向一个对象，那就是基因。基因的遗传保证了生命的繁殖和种群的延续，基因指导下的生命的表达更具体、更统一。那么，基因到底为何方神圣？基因为什么会呈现出这样的特征？基因的这种能力背后是否有更深层次的原因？基因是如何在生命个体与种群等不同层次上发挥作用的？接下来，我们将做更详细的分析。

# 5.2　生命的起源：基因背后的故事

《自私的基因》一书中，道金斯认为生命体完全是自私的基因为了生存而建造的一台机器，生命体的自私本性是基因所决定的。自私的基因操纵着人的意识和行为，从而达到自身生存与延续的目的。

但是，当我们深入基因这团物质，它真的会有这个明确而自私的目的吗？基因能有这样一个明确而自私的目的吗？

我们在上文说到，基因的本质是核糖核酸（RNA）和脱氧核糖核酸（DNA），再具体一点说，基因主要由五种碱基、核苷酸等构成，这都是生物化学中写进教科书的知识。这些物质分子本质上是通过 C、H、O、N、P 等元素的原子构成的，这些原子通过化学键结合起来形成不同的基因分子。

这样看来，基因也好，生命体也好，都是无法脱离物质的，是物质原子的集合体。因此，我们绝不能忽视生命的物质基础，而片面地解释生命形成与进化的动因。当然，在这样一种物质基础的支撑下，关于自私的基因的目的论实难让人信服。

但是我也不认为通过简单的机械论可以对生命进行完美的诠释。

在一个线性运动系统中，对于非生命物体的运动，我们发展出一套动力学理论来解释物理对象的运动规律。然而，到了生命这种开放的非线性系统，生物的形成有着明显的非线性，我们对于生命的所有这些分析，显然不能再停留在线性的机械论中。三体的运动都无法通过线性理论得到准确的解答，更何况生命这种巨量物质原子组成的个体呢？因此，我们需要的是更加具有包容性的理论。

我们知道，原子间的结合都是基于化学反应的，是通过化学键实现的。具体来讲，原子呈现的电中性并没有让原子稳固到不与任何其他原子发生反应，原子核外电子的活跃性让绝大多数原子之间较为容易地发生相互作用，在这种称作化学键的电磁相互作用下，原子之间结合成具有新化学性质的物质，这是化学的物理学基础，也是生命所需物质能够顺利产生的物质基础。

化学反应很明显的一个特征是伴随着能量的吸收或释放。这种能量不论是以电磁波的形式交换，还是原子运动的形式表现，最终都会影响化学反应的方向，进而影响物质的微观结构。

但是关注于生命，我们发现其体内发生着的化学反应却总体上是向着消耗外部能量的方向发展，或者说是向着蕴能的方向发展的；没有能量的输入，生命最终会走向终结。换句话说，生命体的发育是一个趋向于蕴能、熵减的过程。薛定谔很早就提出了生命体的这种以负熵为生的本性，并将其归因于"统计热力学"的物理基础。用薛定谔的话来说，动力学的有序来自有序的机械论，而统计力学是有序来自无序趋势论。

这给我们一个启发就是：生命是为了蕴能而生的，或生命以负熵为生。但是这个表达依然是不准确的，"为了"二字将生命归因于目的论，而从物质层面来理解生命，关于目的论的表述是很难让人信服的。

物质就是物质，物质之间只有相互作用，在相互作用下，物质只会运动，运动只有快慢、方向等区别。作为物质个体，只有一个运动方向，而作为物质的集合体，基于统计热力学，我更愿意这样表述：生命的形成趋向于蕴能、熵减的方向。

那么这种生命形成的趋势性背后的因又何在呢？在没有目的论的情况下，又如何解释这种蕴能或熵减趋势性的必然性呢？

热力学第二定律告诉我们，孤立系统总是会自发地向着热力学平衡方向（即熵增的方向）演化，但是地球上任何一个局部区域，都不可能是一个孤立系统，都有着能量的交换。而整个地球事实上也不是一个孤立系统，太阳传递给了地球巨大的能量，让地球成了一个有能量输入的巨大开放系统。

在这样一个开放的非线性复杂系统中，我们自然不能仅仅使用物理学或化学的理论来解释所有现象。于是，在图灵、曼德勃罗对于有序性研究的基础上，普利高津更进一步，以热力学为基础，对于这样的系统给出了更为深刻的研究。

根据普利高津的耗散结构理论，一个远离平衡态的非线性开放系统，将会有条件维持自身的局部平衡，且保持自身与外部的差异。而生命体恰好满足了这样的条件，成了一个耗散结构，自然地趋向蕴能、熵减的方向。

具体到对生命起源的研究来看，这与我们观察发现的生命体发育的化学过程是一致的。从生命诞生的海底热泉口来看，由于能量充足，且物质环境中有了组成遗传基因的物质组分，热泉口环境自然地创造了组成基因的有机大分子，进而保持了其个体稳定的结构。

进一步地，由于基因这种特定的结构，既可以指导物质的重新组合，实现基因的表达，又可以自我复制，繁殖新的个体，从而让基因指导下的生命体能够表现出自我表达与繁殖的特征。

另一方面，通过这种蕴能的化学反应，生命同样既保持了自身平衡态与个体的差异性，又与其所在的环境形成了一种平衡态。这本质上同样是一个趋于平衡态下的蕴能、熵减的过程。

因此，生命的本质是特定的物质向着蕴能、熵减方向的运动必然结果，而向着蕴能、熵减方向的运动是一个有能量输入的非线性开放系统必然的发展方向。从更为根本的角度来分析，是复杂的物质趋势性热运动的必然结果。因此，可以说地球上生命的诞生具有不可逆转的必然性。

让我们从更为宏观的视角理解这一现象。

从逻辑上讲，物质世界达到能量平衡态可以通过两种途径实现。第一种是能量未被内蕴，即达到了运动的平衡态，这正是热力学第二定律所揭示的趋势。第二种途径涉及特定的物质集合体，它们能够内蕴部分能量，使得这个集合体作为一个具有稳定内循环（即处于平衡态）的个体，与外部环境形成一种新的能量平衡态。

在之前的讨论中，我们基于空间变换理论以及性与道的两种趋势，探讨了从随机性空间跳变到复杂空间变换的过程，分析了非生命物质从粒子到天体的演化过程。

这些过程实际上也遵循了上述的第二种途径。在道的作用下，物质的结合与重构，展现了各种物质的属性与不同物体的特性。生命体，作为第二种途径的一个典型例子，正是在趋向平衡态的趋势下，远离平衡态的非线性开放系统演化的结果，并进一步展现了生命的特有属性。

从另一方面来看，地球上的各种物体都蕴含着巨大的能量，从能量到质量，从粒子到物体，无一例外。深入探究其根源，我们发现这种内蕴动力的本质在于差异性。物质的差异化属性及其运动的多样性共同促成了新的物质集合体的产生和能量的内蕴，从而在物质与空间之间、物体之间再次形成了一种相对平衡的状态。这种平衡态既能保持物质个体的差异性，又能维持更大物质系统的相对平衡和稳定；既保持了物体的独特性，又保持了物体间运动的平衡态。这正是性与道辩证统一的体现。

其中，最关键的平衡点就是物质在不同层次上对于空间变换或是对能量内蕴的影响。在这个内蕴过程中，最初的物质粒子的随机运动在相互作用下变得有序，原本散乱的能量被捕获并转化为有序的能量流，而粒子则在更大的尺度上组成稳定的物质集合体。这实现了第二次熵减跃或第二次能量内蕴。

生命的这种能力最终达到与外界环境的平衡，从熵变和能量内蕴的角度考虑，我们完全可以认为，生命的出现与进化是继原初宇宙粒子形成和宇宙中物质集合体出现之后的第三次大的熵减跃，也是能量进一步内蕴的过程，可以称之为第三次能量内蕴。因此，我们不妨将这样的理论称为生命蕴能论。

多年来，有些人认为生命仅仅是索取和自私，这种看法显然是错误的。因为自私仅是生命本性的一种表现，是生命体延续特征的一种展现，而非驱动生命进化的根本原因。这就像一场马拉松比赛，最终的排名是由每位跑者的条件决定的，而不是由他们的目的或第一名的荣誉决定的。

同样，在近40亿年的生命进化历程中，真正影响生命形成以及进化方向、形式和速度的，不是生命有一个明确的目的或方向，也不是基因的自私性，而是地球这个特定的热力学演化环境。

但是，耗散结构并非仅以生命形式存在。即便我们有了这样的理论基础，显然还不足以催生生命。一个远离平衡态的热力学系统还需要一些其他条件才能孕育出生命。这就涉及生命的另一基础——特定的物质环境基础，或者说组成生命的特定物质形式。如果生命确实起源于海底热泉口，那么这个环境不仅提供了远离平衡态的热力学条件，为形成耗散结构创造了条件，还应当具有丰富的特定物质形式，从而为生命的形成提供基本的物质条件。

基于我们的生命蕴能论，当我们重新审视生命所展现的基本特征时，会发现许多现象并不那么神奇。换句话说，基因不再只是蕴含物质的基本属性，而是成了承载生命信息的载体，这使得生命变得独特而神奇。当太阳向地球输送巨量能量时，作为一个开放的、复杂的非线性系统，地球自然而然地孕育出生命。

进一步地，根据蕴能理论，孕育生命的条件其实并不苛刻。毫无疑问，除了地球以外，宇宙中其他许多行星上也可能存在着生命，我们的地球绝非唯一可能存在生命的星球，生命也绝非神的创造。

总的来说，作为生命体最基本的两大特征，信息的表达和遗传实现了生命体从个体生命周期的延续到种群特征的延续，极大地降低了外部环境对生命的影响。表达不仅让生命体成为一个独特的个体，同时也让生命体在其生命周期内稳定持久地保持其个体特征。而作为生命更为基础的遗传特征，则让生物种群保持稳定、持久的种群特征延续。

这似乎在告诉我们，生命都趋向于一种自我维持的方向。然而，生命的进化告诉我们事实并没有这么简单。在漫长的生命演进史中，生命的进化和新物种的出现是显而易见的。如果生命体仅仅是自我维持，那么进化显然不会发生。因此，接下来，我们将深入探索生命进化现象的背后，寻找生命进化的原因。

# 5.3　生命的进化：基因突变

在上一节中，我们探讨了生命起源的问题，更准确地说，是基因形成的环境因素和动力学原因。我们认为，遗传机制是通过基因实现的，它负责将生命体的某些特征逐代传递并保持下来，从而延续了生命的本性。从根本上讲，遗传机制源于特定的热力学环境和物质环境。而基因则是在特定外部热力学条件下，由趋向于蕴能、熵减的演化过程中形成的一种特殊但高效的物质结构。

　　然而，面对如此多样化的生物世界时，我们的疑惑并未完全消解。我们不禁要问，生命是如何从最初的单一基因进化成如此复杂、多样的生物种群的呢？

　　生物作为一个开放系统，在环境的影响下发生的变异使得生命的进化成为可能。正是这些变异推动了生命从简单到复杂，物种从单一到多样，最终形成了这个丰富多彩的生命世界。

　　因此，接下来，我们将分析变异机制如何导致生命进化的现象。

　　现代生物学对变异的本质已经有了相当深入的了解。基本上，所有生命个体的变异都是由基因突变引起的，无论是单个碱基对的点突变，还是多个碱基对组成的 DNA 片段的缺失、重复或插入，通常都是基因——这个设计图或信息载体首先发生了突变，随后才引起了生命个体形态的变异。所以，变异的本质归根结底是基因的突变。

　　至于突变的原因，目前来看，无论是外界的各种辐射（如 X 射线、紫外线），还是各种化学物质（如重金属元素、亚硝酸盐、黄曲霉素）以及各种微生物（如病毒），甚至是生命体自身产生的各种化学物质，它们引发突变的机制并没有本质的区别。突变总是受到基因所处环境的影响。此外，有性繁殖通过遗传基因的杂交显著增加了变异的可能性，从而加速了生命的进化。

　　正如前文所述，变异的原因是生命体内外的环境因素。只有在内外部环境因素（如辐射、化学物质、微生物等）的作用下，变异才会发生。

　　然而，我们不能因此将“变异创造更多利于蕴能的物质结构”视作有目的或有方向的行为，而应更多地理解为这是一种自然过程的结果。

　　关于突变的方向性，实际上并不明显，特别是对于单次变异事件来说，它具有随机性。这当然是可以理解的，考虑到内外部环境因素的不确定性，这些因素与生命体的遗传基因相互作用时也带有不确定性，从而引发了变异的随机性。这种随机性导致的变异可能有利于生命体更好地适应环境、有利于生存，也可能使生命体更难适应环境，甚至引发疾病，造成生存困难。因此，许多变异发生后，那些不利的变异可能在生命体表达过程中破坏其结构，导致生物的环境适应性和生存能力下降，最终导致死亡，即自然淘汰的结果。从统计学角度看，不利的基因突变会显著减少遗传繁衍的可能性，表现为不适应环境的生物种群数量减少，甚至灭绝。而有利的变异则让生命体拥有更稳定的蕴能结构，使其更加适应所处环境，与环境和谐共存。这样的基因会在数代遗传后逐渐固化，呈现出变异趋向于"有利"的方向，进一步维持长久生存，乃至种群的扩张与稳定。

因此，自然选择、适者生存的法则，在更深层次上可以理解为环境决定论——不同的环境随时随地引发大量随机性的变异，其中一些变异因适应当时当地的环境而被自然选择留存，形成适者生存的局面，甚至可能被误认为是有方向的变异。然而，本质上这只是自然条件下的自然筛选结果。

此外，在生命进化中，基因突变是相当频繁的现象，但并非所有突变都是明显有害或有利的。大多数突变既不会导致生命体面临绝种的威胁，也不会带来足以适应任何恶劣环境的改善。变异后的生命体仍然具有蕴能的能力，并能够适应其所处环境。因此，这类变异导致了自然界中大量新物种的出现，同时新物种的生存能力并未受到威胁，保证种群得以延续，展现出生物多样性。例如，一个孩子相比其父母会有大约两百处的变异，但这些变异大多是无害的，也很难说是有益的。这会导致子代的身体特征与父母有所不同，但这些差异不足以产生新物种。只有在进化过程中，当变异被逐代积累和遗传下来时，我们才能观察到明显的变异，最终导致众多物种的产生。

综合以上分析，我们可以认为多样的物质环境引发了遗传基因的突变，进而导致了多样化、适应环境的生物种群的形成，这正是因果决定论的典型表现，也是达尔文提出的自然选择、适者生存理念的真正内涵。自然选择的本质正是基于基因突变的生命反馈机制的体现，而适者生存的本质则是生命体在趋向蕴能、熵减的过程中，与其生存环境形成的一种平衡状态。

对于这样一种内外部环境因素反馈至生命体的遗传基因，促使生命体更适应环境，拥有更强生存能力的进化机制，我们在此称之为第一反馈机制。换句话说，正是这套第一反馈机制保证了生命的进化。

至于将量子跃迁视为基因突变的根源，这仅仅揭示了突变的微观机制，而非其根本原因。

最终，由于基因具有可遗传、可突变的特性，生命走上了进化之路，并在近 40 亿年的进化历程中获得了强大的生存能力，且能够蕴含越来越多的能量。

在达尔文的进化论框架下，人们的研究更倾向于认为地球上所有的物种都源自同一个祖先，这个祖先通过逐代变异逐步进化出数百万种物种。

然而，当我们从生命蕴能论的视角审视时，这种机制完全可以被视为一种自然的结果，即特定的物质集合体在特定条件下的自然演化的必然结果。从单细胞藻类到地球上众多的哺乳动物，在遗传与变异机制的作用下，生命个体一代又一代地进化，自然地优胜劣汰，适者生存，保留了那些能蕴存更多能量的物质结构和种群。这样，就实现了生命体从单细胞藻类到各种复杂生命体的进化，实现了生命进化与蕴能、熵减趋势的必然统一。

总的来说，生命进化的方向是朝向蕴能、熵减的方向前进的，在这个大方向不变的前提下，生命体的内外部环境与其自身相互作用，形成了一套自然选择的反馈机制，最终呈现为生物体的适者生存的进化现象。

如果说遗传可以保持更多利于蕴能的物质结构，那么变异则能够创造更多利于蕴能的物质结构。变异连接了生命体这个反馈系统的反馈源（即生命体的内外部环境）和反馈系统的信息载体（即遗传基因），从而使得生命这个系统构成了一个反馈系统。

总而言之，生命是一个既展现特性，又顺应平衡之道的矛盾体。一方面，我们看到生命在漫长的进化过程中保持了许多始终如一的特征或能力；另一方面，得益于变异与自然选择的作用，新的物种、亚种、变种不断涌现，使生命世界变得如此多姿多彩。

## 5.4 生物种群和生物界

当我们对生命的起源和演化构建了一套自洽的解释之后，自然而然地，我们的目光便转向生物的种群以及整个生物界。这使我们能够以更为宏观的视角全面审视我们的世界。

在生物界这一层次上观察生命特征，我们发现整个生物界不仅是一个具有自组织能力的生命体，也是一个开放的自组织系统。

将生物界视作一个自组织的生命体，这个生命体的生长发育反映在生物界各种生物种群的总蕴能逐渐增加，这符合整体的蕴能、熵减的大趋势。

若将生物界看作一个自组织系统，其自组织能力则主要体现在多样的生命体和生物种群形成了有机的功能组合。有的生物通过光合作用把无机物转化为有机物，有的生物则以这些有机物为食，从而在不同生物之间形成了复杂的物质能量传递链条——食物链。生物界中不同种类的生物种群通过各自的食物链构成了一个多样化的物质能量利用方式的自组织系统。通过这个庞大的生物体系，实现了生物界作为系统的自组织功能，并在生物界中完成了物质与能量的代谢循环，保持了地球生态系统的平衡与稳定。基于遗传与变异机制的进化，确保了生物界中各种生物种群对不同环境的适应性，进一步维护了生物多样性，增强了各种生物种群的蕴能能力，使生物界成为一个具有进化能力的自组织生命体。

更具体地说，作为一个系统，生物界同样拥有输入与输出，甚至具备反馈机制。

生物界的输入包括物质的输入和能量的输入。物质来源于我们依赖的地壳乃至大气环境，而能量主要来自太阳。与无机环境相比，生物界将这些能量与物质内化为自身所用，并实现了持久状态的自我维持。例如，植物通过光合作用实现能量的内蕴，动物则通过摄取植物或其他生物来实现自身的蕴能。此外，动物死后成为植物的养分，促进植物的生长。

纵观生命进化的历史长河，虽然局部地看，有些生物会灭绝，但同时也会有新生物诞生。生物界在其有机的自组织机制下实现了动态平衡，保持了生物种群的多样性。在生命进化与适者生存的规律之下，生物种群不断发展壮大，直至人类的出现。

另一方面，随着生物种群的不断壮大，自然界的能量被持续地蕴藏于生命体之中，有助于实现地球环境的稳定性。稳定的地球环境为生物种群的自然发展提供了更优越的条件，从而形成了一个积极的反馈循环，促进了生物的进化。

在系统内部，我们观察到生物之间既保持差异性，又形成了相互依赖、相互制约的食物链。在食物链的不同层级上，通过界、门、纲、目、科、属、种这样的人为分类，我们可以看到不同生物之间构成了一个各司其职、协同合作的生态体系，维持着种群的相对平衡。从数学研究的视角来分析，生物界这一物质集合是一个具有复杂结构的集合体，具体而言，可称作有机集合体或自组织系统。"有机"或"自组织"的含义在于这种协同机制，而非简单的原子组合与排列。它描述了如何从一堆毫无规律的物质中自组织成一个有机体。

当然，当前地球环境的状态，包括适宜的气候条件、浓厚的大气层、丰富的水资源，都意味着生命不必处于恶劣的生存环境中。尽管近几十年来，温室气体排放引发的温室效应，以及太阳对地球能量输入的不断增加，使得地表自然环境越来越不利于生物生存，但这样的环境变化尚未对生物界造成不可逆转的伤害。人类对于环境问题和气候变化的关注仍然不足。

生物界不仅是一个系统，也是一个开放的系统。生物界始终与其周边的无机环境进行着能量与物质的交换，并且得益于阳光提供的能量，形成了一个巨大的耗散结构，展现出勃勃生机。如果地球上接收的阳光量骤减，那么生物界这个开放系统可能面临巨大的灾难，正如冰河时期的出现以及猛犸象的灭绝所展示的那样。

最终，在趋向蕴能、熵减的大趋势下，生命从个体发育到种群进化，再到整个生物界的发展，形成了一个更高层级、更广范围的螺旋式自组织系统。这个系统并没有像生命体或生命进化过程中那样显示出明显的目的性。然而，从生物界的自组织能力来看，即使本质上不具备目的性，我们常常不自觉地赋予生命以目的性。

总而言之，作为一个自组织系统，生物界与地球上的无机环境之间的差异是显而易见的。正是这种差异赋予了生物界作为独立开放系统的能力。这个系统，相较于单一生命体，无疑拥有更强的适应力。除非地球环境发生颠覆性的改变，否则生命将如往常一样蓬勃发展。

最后，我们扩展视野，将生命的进化纳入整个物质的形成和宇宙的演化中来考察，以此来补充关于物质形成与演化层次的问题，并探索生命在 140 亿年宇宙历史中所处的阶段。

正如前文所述，每次新物质形式的出现似乎都标志着能量的再次内蕴。从最初的空间变化引发物质粒子生成开始，能量经历了第一次内蕴，导致了首次的熵减跃迁，从而实现了从绝对平衡态向新的平衡态的转变。在物质粒子生成之后，这些随机运动的物质粒子通过差异引起的相互作用形成了稳定的集合体，完成了第二次能量内蕴或第二次熵减跃迁。生命的诞生与进化可以被视作第三次能量内蕴，也是宇宙演化历程中的第三次熵减跃迁。这就是生命出现与进化在整个约 138 亿年的物质形成及宇宙历史中的位置。

在这一进程中，最初的随机运动最终演变为趋势性运动。越是大规模的趋势性运动，对小规模的随机运动的依赖性就越小（这为更大的趋势性运动的自由度提供了条件），生物界作为一个系统，其趋向蕴能、熵减的运动同样如此。

至于生物界内部的众多随机事件，例如无端的杀戮，或是无机环境的短期剧变导致的物种灭绝等，这些都会在一定程度上影响生物界的稳定性。然而，只要地球环境是一个开放的系统，有稳定的能量输入，生物界的终极趋势或方向，依然坚定地指向蕴能、熵减的方向。

物质在不同层次上表现出的这种趋势性运动，总是由小趋势和大趋势叠加而成的，无论是空间的变化还是物质的运动都是如此，就像点演变成环，环演变成圆管或者胎状管环一样。这就是进化的本质。

回望整个生物界的发展过程，其中贯穿着的是"性"与"道"的作用及其存在与演化。

生命诞生后，生命的基本特征代表了生命与非生命的不同，这是生命赖以生存的"性"。随着生命的进化，也伴随着生存环境的差异，生命形式展现出多样性，这种多样性正是每一种生命存在的根本特性。从"生命"这一总称到每一个生物种群，再到每一个生命个体，没有这个"性"，生命便无从谈起。

另一方面，生物界作为一个系统，在界、门、纲、目、科、属、种的不同层次都体现了平衡之"道"。在生物界这个庞大系统中，每个生命体都在为维持其个体、群体乃至整个生物界的平衡贡献着自己的一份力量。这种贡献是环境决定论下的必然结果，也是一个有限开放系统发展的必然趋势。只有这样，生物种群内部和整个生物界才能保持当前的平衡状态。任何单一物种的无节制增长都将是一场巨大的灾难，这正是生命之"道"——平衡之道。

在后续章节中，我们将继续深入分析，并且会看到：这条"道"，不论是在生物界还是人类社会中，都始终发挥着它的作用，彰显它的存在，并融入万事万物之中。顺应这条"道"，则"性"同样会得到彰显与延续；背离这条"道"，任性而为，则如同断根取叶，舍本逐末，终将导致共同的灭亡。

当然，这种"道"的体现，归根结底是一种反馈机制的调节。通过反馈机制的调节，实现不同层次系统的平衡，体现出平衡之"道"。而作为生命，由于拥有基因这一信息载体，形成了基于信息因果论的更为复杂的反馈机制，展现出更加复杂的平衡之道。

## 5.5  本章小结

至此，我们已经对生命进行了较为全面的认识。我们从分析生命的基本特征入手，探索了这些特征背后的原因，并逐步拓宽视野，从宏观的生物界和物质世界角度来分析生物界的自组织能力及作为一个系统的典型特性。

米勒的实验向我们揭示了构成生命的氨基酸分子可以通过简单的氨气、甲烷等几种物质分子之间的化学反应得到。太空中发现的有机分子也证实了生命所需的原材料并非地球独有。越来越多的证据表明，地球生命可能起源于海底热泉口。无论生命源于何处，其构成材料并不十分罕见，因此我们不应将生命的出现视作异常稀有的现象，更不应归结为神迹。毫无疑问，生命有着坚实的物质基础，是物质的集合体。

然而，生命并非普通物质集合体，而是一个具有显著自组织能力的物质集合体。正是这种自组织能力让生命展现出与非生命的差异性和存在性。不止如此，遗传机制确保了适应环境的机能得以保留。如果自我表达能力证明了生命体在其生命周期内存在性（短时存在性）的话，那么遗传能力或基因的自我复制能力则理论上允许生命体特征无限延续，进而实现了物种的连续性。环境作用下的变异成为生命进化的反馈源，创造了更多可能性，而这些可能性在自然选择机制下通过遗传得以代代相传，使得生命在近40亿年的进化历程中变得越发复杂精细。

我们认为，生命的进化既不是简单的机械过程，也不是某种意志主导的目的论。虽然在生命层面可以看作是目的性的，我们甚至可以在人类世界中大谈目的性，但从本质上看，生命的进化仍然是物质相互作用的自然结果，只不过增加了一套基于遗传信息载体的反馈机制而已。

我们说生命的起源与进化趋向于蕴能、熵减的方向，这是基于生命蕴能论的必然结果，也是特定的物质集合体作为耗散结构发展的必然趋势。

基于以上认识，我们可以断言，只要物质环境适宜，生命的出现就是一种必然现象。无论是从直接的化学反应还是从更深层次的物理相互作用机制来看，地球生命的出现不再是偶然事件，同样，外星生命的可能性也不再是一个未解之谜。

这种思维范式的转变源于我们研究对象的不同之处。当大量原子组成的非线性系统成为一个混沌系统，在动力学无法提供精确解答的情况下，我们必须寻找其中的内在共性。而最终，正是在这些共性中我们找到了答案。

当然，无论是偏向熵减还是蕴能，这些趋势都没有空间方向性。它们就像时间之箭，只有一个绝对的前进方向，那就是将影响平衡的能量固化，形成新的平衡状态。这不是简单的因果论，而是信息因果论。

基于这样的理解，让我们来回答生命为何会进化成现在这样，而非其他形态的问题。

许多人同样会将这个问题归结为人择原理。然而，通过我们的探索，从空间变换理论到对运动与相互作用的解释，再到进化理论，我们发现人择原理并非必需。一切都可以得到自然的解释。

因此，我的回答是：一方面，我们可以认为存在多种可能性，这些选择本质上是均等的；另一方面，在因果决定论的前提下，正是因为地球特有的环境，才出现了具有自我复制和自我表达特性的生命，这是一个自然的结果。虽然这种结果是与众不同的，可能被视为奇迹，但当我们拉长时间跨度，审视近 40 亿年的进化史，这并不等同于目的论，甚至不需要人择原理。其本质仍然是因果决定论，只不过是以信息因果论的形式呈现。即在特定的环境下，生命的出现及其进化历程是必然的。至于"信息"这一概念，实际上也是我们赋予的，背后真正的推动力仍然是物质集合体的趋势性运动。

从更宏观的视角来看，即考虑到生物种群的进化，其进化过程同样是自然选择、适者生存的体现。这一进化同样遵循能量内蕴与熵减的原则。若进一步扩大到整个生物界，那么作为一个开放的非线性系统，整个生物界可以被视为一个巨大的生命体，朝着蕴能、熵减的方向不断进化。

进一步分析，当我们把生命的进化纳入整个物质的形成、宇宙的演化这一大背景中考虑时，生命的出现与进化可以被视作宇宙演化中的第三次熵跃减，也是第三次能量内蕴的过程。通过这样的能量内蕴，不仅维持了生物圈乃至地球系统的平衡状态，也使得我们的物质世界变得丰富多样、千变万化。

生命的出现是一种必然性，同样，生命进化至人类现在这样的形态也是必然的结果。这一现象根源于地球特定的热力学环境和物质环境，即在那个特定时期的环境中，为了形成一种平衡状态，必然会朝着蕴能的方向演变。在这个过程中，像基因这样的有机分子结构因其稳定性而成为主导，进而形成了我们所知的生命形式。这样的生物体更有利于能量的内蕴与存储，从而演变成了现在我们看到的生物界。

基于上述分析，我们可以清楚地看到，物理学、化学和生物学之间并不存在矛盾，它们只是反映了物质在不同数量级、不同尺度、不同层次上的运动或组织形式，或者是能量内蕴的不同方式。当我们将物质集合体视作一个物理实体时，它遵循着物理学定律。当这个物质集合体是一个远离平衡态的非线性开放系统时，一旦具备了某些热力学和物质条件，根据耗散结构理论，就会形成一个复杂且有序的个体，进而孕育出生命。在生命体的尺度上，则遵循"自然选择、适者生存"的生物进化法则。因此，可以说生命是物质的一种更高级别形式。即使在展现生物学特性的同时，在更微观的尺度上，生命体依旧遵循着物理学和化学的规律。

尽管蕴能和熵减是生命进化的必然趋势，但这一过程并非无止境或无限制。实际上，蕴能促使生命体进行进化和发育，体现了生命本质的一面，但同时也会受到内外环境的限制。由于环境提供的能量是有限的，生命进化最终将按照热力学第二定律达到一种新的、合乎"道"的平衡状态。生命的孕育和进化过程仍然是由差异引起的趋向平衡的运动，以及运动后新的差异性出现并形成新的平衡状态的过程。

具体而言，从个体生命的角度来看，每个生命体通过基因控制的蛋白质合成来展现其存在性和独特性，这是"性"的表现。同时作为一个蕴能的实体，在生命体内部各个系统的相互协作下维持着内部的平衡，蕴能同时也确保了生命体的持续存在性，这又是"道"的作用。

从整个生物界的视角来看，生物界内部通过多样化的生命体构成动态的食物链，以保持生物界的动态平衡，这保证了生物界整体的蕴能趋势，这是"道"的体现。作为整体，生物界与无机世界截然不同，展现出自身的存在性和独特性，表现出"性"的一面。

至今，太阳不断向地球输送能量，使得生命沿着蕴能、熵减的方向持续发展，最终形成了人类这一灵长类之巅。即便从农业文明开始算起，人类文明的历史也仅有一万年。按照卡尔达舍夫提出的文明等级划分，我们还未能到达 I 型文明，很可能在宇宙文明中仅处于初级阶段。我们完全无须骄傲忘本，我们只是生命发展过程中的一个初级阶段。

当然，即便处于这样一个初级阶段，作为人类的我们已经成为地球上的支配者和食物链中的最强者，创造了巨大的物质和精神财富。接下来，我们将把目光转向人类自身，探索人类的特别之处究竟何在。

**6**

人与意识

当我们对生命形成了基本的认识后，我们将进一步聚焦于对人类自身的认识，审视"人"这一地球上最高级的生物，并探索生命进化到人类的奥秘。

相较于生命长达40亿年的漫长进化史，人类仅在短短数百万年前出现。自百万年前在非洲大陆诞生，至十万年前走出非洲，再到一万年前开始定居发展农业，五千年前孕育出文化，两千年前建立帝制，四百年前进入工业时代，以及一百年前的现代科学体系的建立，人类已经脱离了自然的生命状态，创造了无数奇迹。人类对地球的改造已经极大地改变了地球的面貌。

那么，我们人类真的成了拥有绝对意志的存在吗？我们真的了解我们自己吗？人类能否真正摆脱自然规律的限制，肆意创造属于人类的理想世界？

要回答这些问题，我们需要从人的本性谈起。

实际上，自从古希腊时期以来，人们对于"人"的研究一直遵循着一套至今仍在使用的基本研究方法。那就是寻求人与其他生物的差异，更具体地说，是人与其他动物之间的区别。通过这种差异性的分析，我们寻找人的独到之处，探究人的本性。

我们从空间到物质，从物质到生命，也一直在遵循这样的研究方法。前文分析了这套研究方法逻辑上的坚实基础：没有差异就无法谈及研究对象的存在性。因此，接下来我们将继续采用这种方法深入分析人性。

## 6.1 人性：前人的认识

在正式开始分析之前，为了让分析拥有全局的视野并聚焦于关键问题，我们有必要回顾一下历代哲学家对于人的认识，尤其是关于人的本性的洞见。

在古希腊早期，哲学家们对于人的理解尚处于一种直觉式探索阶段。当时，人与神、人与动物之间并没有划出清晰的界限或对立面。赫拉克利特提出了"无定形的逻各斯"概念，它象征着规律和不可抗拒的命运；万物都遵循着逻各斯的法则运转，人类也不例外，因逻各斯而存在。斯多葛学派在赫拉克利特的理论基础上进一步扩展了这一思想，他们将逻各斯等同于神———一种无定形的神圣实体，亦称为"世界理性"。他们认为，宇宙万物都在"世界理性"的统治下运行，人类作为宇宙的一部分自然也包含在内。因此，人应当顺应"世界理性"，与自然和谐共存，这与中国古代道家的思想颇为相似。至于人的精神，斯多葛学派同样认为它源自人体这个物质集合体，并不认同有独立于物质存在的第二元素———精神。

人类对自我的真正觉知始于苏格拉底。他提出了"认识你自己"的命题，将哲学的焦点从宇宙天地拉回到了人间，关注人类自身的了解。基于普罗泰戈拉"人是万物的尺度"的观点，苏格拉底进一步提出"具有思考力的人是万物的尺度"，这不仅巩固了人类的核心地位，还将人的思考能力置于至高无上的地位。在苏格拉底看来，正是思想和德性知识构成了人的本质，使人区别于快乐的猪。因此，他自称为思想的助产士，这也就解释了他对教育的看法：教育不是简单的知识灌输，而是激发内在的求知欲望。

相较于苏格拉底将人的独特性归结于德性（知识、思考力），柏拉图走得更远，他将灵魂和肉体分开对待。在柏拉图看来，人与非人的区别就在于灵魂。灵魂控制着肉体，而居于灵魂核心的是理性。这种独立于肉体的灵魂观念引领人类走向了精神和肉体的二元论，其影响深远。在随后的两千年里，人们似乎总是不自觉地将人分为肉体和灵魂两部分，以此来解释人类的独特之处。

亚里士多德继承了柏拉图关于灵魂和肉体的区分，但他进一步发展出了自己的灵魂学说。他运用自己的形式与质料理论，把肉体视作质料，灵魂则是形式，两者合一构成了"人"的整体。灵魂不能脱离肉体独立存在。如此，亚里士多德的灵魂说再次将灵魂与肉体结合起来。在探讨人的独特性时，亚里士多德同样认为理性是灵魂中最高级的部分，是人类特有的本质属性。除此之外，他还强调了人的社会性，认为人是政治生物，是城邦的一部分。

另一方面，德谟克利特等人更倾向于认同人的自然属性，他们认为寻求快乐和避免痛苦构成了人的本性。

从古希腊三杰对于人性的理解来看，有两个显著特点：一是对理性的崇尚，认为理性是人之所以独特的本质；二是将包含理性的灵魂或思想视为与肉体相对应的独立实体，无论是否脱离肉体，至少区别于肉体的存在。这些观念对后世哲学家产生了深远的影响，自此，人类研究常常将物质的肉体与非物质的灵魂或精神分开，乃至对立起来看待。直到今天，我们仍然不自觉地使用这种二元论来理解人类。

进入中世纪，基督教哲学继续以二分法审视人性，通过神性界定人性，而将源自尘世的自然欲望看作是卑微的。在这种观点指导下，教会极力排斥和压制人的自然本性，推崇人的灵性，形成了一种神性论的人性观。

文艺复兴时期之后，人们重新关注人性的探讨。

经验主义哲学家霍布斯继承并发展了古希腊哲学家德谟克利特等人提出的自然人性论。在他的著作《利维坦》中，他分析了人的自利本能，认为人天生具有保持自我生存和恐惧失去自我的倾向，因此人的本性是自私的、得陇望蜀的。这种人的天性无关善恶，而是自然状态的一部分，因而他认为人本质上不具备社会性，从而反驳了亚里士多德关于人是政治动物的观点。

霍布斯进一步指出，正是由于人的自利倾向和对失去生命的恐惧，国家才得以形成。具体而言，当人们的欲望驱使他们追求美好事物时，共同的欲望会导致争夺甚至斗争。同时，人们对失去自我（生命）的恐惧也告诉他们应避免战争。因此，在理性的引导下，人们相互之间订立契约，放弃部分自然权利，将其交付给一个人或者一个由多人组成的议会，进而形成了国家。所以，一个好的国家是能够抑制人的自然本性的国家。

在区分人与动物的差异方面，霍布斯又将包括语言和推理在内的理性能力视为人类特有的后天习得能力。这样，在霍布斯看来，人的天性并不完全等同于人与动物的差异性。换言之，霍布斯将人的自然本性置于比理性更重要的位置，并将其定义为人性。

但在我看来，正是那一部分构成人之所以为人且极为珍贵的独特性，才能被称作人的本性，才显得高尚。这部分绝非单纯的自然属性或生命属性。关于这一观点，我们将在后文中进行详细阐述。

作为经验主义哲学家的约翰·洛克，并未完全接受霍布斯对人性的解释，而是对霍布斯的理论进行了修正。洛克扩展了自然状态下人类权利的范畴，包括生命权、自由权和财产权，认为这些权利是每个人平等拥有的。对于作为人类财产一部分的自我保存权或生命权，洛克也认为这是天经地义、与生俱来的权利。与霍布斯不同的是，洛克坚信这种自我保存的权利不会导致战争，相反，它会引导人类走向和平与繁荣的生活。进一步地，洛克认为，由于这些权利容易受到侵犯，人们会通过契约的形式将立法权和执行权部分转让给国家，从而形成政治权力。

至于理性，根据洛克的"白板说"，他同样认为它是后天习得的，而非先天的理念，这一点他与霍布斯持相同看法，但与古希腊的主流观点截然不同。这种基于经验获得知识的观念影响了休谟，甚至对康德都产生了深远的影响。

此外，卢梭对人性的看法同样值得注意。他认为人的本性天生向善，只是受社会影响而表现出恶的一面。

从古希腊对人的认识，到霍布斯、洛克、休谟、卢梭，我们可以看到一个明显的转变：将自然人性置于理性之上，并以此为基础发展出人权观念。为了保障人权，需要借助后天习得的理性来共同构建一个强大的社会组织——国家。这就形成了一套相对科学的从人性到政治的演化理论体系，奠定了现代政治理论的基础。

然而，唯理论哲学家仍然坚持理性是人的天赋理念，坚持理性的独立地位。

如前文所述，笛卡儿提出了物质实体和精神实体的二元论。他认为物质实体的根本属性是广延性，而精神实体的根本属性是思想，进而开创了实体二元论。在对人性的理解上，笛卡儿重新回归到理性人性论，主张理性思维才是人的本性。莱布尼茨则赋予物质以神性，将每个物体视为精神实体，人类也不例外。

斯宾诺莎则根据同一实体下的属性二元论来分析人的理性，并将人的自然本性与理性统一起来看待，认为两者共存于人这一实体中。他承认自然本性的普遍性：包括人类在内的所有个体都具有保持自我生存的自然本性，并非仅限于人类。同时，他也认可自利的正当性。但是，斯宾诺莎也认为，只有当理性控制情感、指导生活时，人才能真正获得自由，达到自由与自我保护、自利的自然属性的和谐统一。

在经验主义与理性主义的辩证中，康德以调和者的身份登上哲学舞台，尤其是在对人性的认识上，他在评估理性主义与经验主义的论点后，构建了一套更具包容性的人性观。这些观点借鉴了斯宾诺莎关于人性的见解，深入剖析了性善论与性恶论，进而构筑了更为全面的人性理论。

康德认为，人性介于兽性与神性之间，或者说，人既有向善的潜能，也有向恶的倾向。人性既包含感性的一面，亦有理性的一面。相对于兽性，人的理性显得更为优越；相对于神性，人的感性则显示出局限性。因此，人是有限的理性存在者，是善与恶的融合体。在此基础上，康德构筑了一套内在一致的至善理论，协调了人的理性追求（德性）与感性追求（幸福），因为至善即是依照德性行事并获得幸福的统一。如此，康德强调，正是理性的方面构成了人的真正本性。

继康德之后，黑格尔从辩证法的角度出发，提出了人性本恶的观点，并认可了恶对社会发展的推动力量。而恩格斯则认为，劳动是人类从动物状态中脱颖而出的根本动力，也是人与动物之间的根本区别所在，这显然是一个典型的社会学立场，并为马克思的理论体系提供了重要支撑。

另一方面，在人们将人性分析局限于自然属性与理性之间的辩论时，身为医生的唯物主义哲学家拉梅特里借鉴了笛卡儿"动物是机器"的思想，进而提出了"人是机器"的观点，视人为物质机械运动的体现。

在拉梅特里看来，人体宛如一架能够自我启动的机器，仿佛一个永恒运动的模型，依靠体温和食物来获取动力。他认为人类是从动物逐渐演变而来的，在尚未掌握文字和语言技能之前，人与动物并无显著区别，因此从"动物即机器"推导出"人类即机器"似乎也是自然而然的结论。然而，他也指出，人类是一台极其复杂的机器，人的性格和行为受到生活环境（如气候、食物）、遗传因素、文化习俗以及语言表达方式的影响，且人的内心活动必然与身体紧密相连。

基于这样的认识，拉梅特里进一步认为经验是激发理性之光的火把，正是经验让理性散发出迷人的光辉，二者本质上是统一的。

此外，自亚里士多德强调人的社会性以来，虽然这一特性未被深入研究，但到了马克思，社会性被提升为人类的本质特征，他提出了著名的论断："人是一切社会关系的总和。"由此，人的社会性获得了更丰富的含义，并得到了广泛认可。

最后，让我们转向东方，探究我们的祖先是如何理解人的本性的。

在中国古代，对人性的认识主要包括了孟子的性善论、荀子的性恶论以及告子的性无善无恶论。

孟子在论证人性本善时，主要指的是人的独特性质，而非人与其他动物共有的一般特性。正如他所强调的，"人之所以异于禽兽者几希"，他进一步阐述，"无恻隐之心，非人也；无羞恶之心，非人也；无辞让之心，非人也；无是非之心，非人也"。如此将善良视为人的特殊性，自然可以得出人的本性是善的结论。

与孟子不同，荀子认为"生之所以然者谓之性"，将人的天性定义为与生俱来的自然属性或动物本能，从而得出"人之性恶，其善者伪也"的观点。由此可见，两位思想家在人性问题上的理解存在明显差异，导致他们得出了不同的结论，这在理论探讨中是很常见的。

告子的看法则与洛克的"白板说"相似，即人性既非善也非恶。然而，他又认同"食色性也"，认为天生的欲求即为人性，在这一点上，他与荀子的观点相一致，而与孟子的看法相悖。

当然，在古代中国，对人性的探讨多局限于人的行为和思维的考察，并未将人性置于更广泛的理性与动物性之间进行多层次比较，因此未能形成更为系统化的理论体系。

总体而言，从古希腊哲学家到经验主义的霍布斯，再到理性主义的笛卡儿、斯宾诺莎，以至于集大成的康德和唯物论者拉梅特里，我们看到了对人性全面而深刻的认识。回望中国古代圣贤对人性的诠释，我们可以看到，对于人性的理解亦呈现出丰富多样的视角和层次。这些观点无论是在哲学还是道德伦理领域，都为理解人类自身提供了深厚的理论基础和实践证据。然而，由于研究者的局限性和出发点的差异，这些理论往往存在较大分歧，且无法结合人类进化的大历史背景进行全面考察，因此具有一定的片面性。

在我看来，人性显然不能简单地归结为性善或性恶的论断。无论是从伦理学、神学、哲学还是人类学的角度出发，都不足以全面把握人的本性。我们需要不仅了解人本身，还要探究人与外部世界的关系，研究人类的进化史，将人类置于更广阔的环境和更长远的历史脉络之中，基于科学的理解，方能揭示出人类发展的自然趋势和人性的真实面貌。

# 6.2 人的本性

在上一节中，关于人的本性，有观点认为它体现为自私自利的兽性，有人认为它显现为高贵的神性，也有观点认为人的本质在于天赋的理性，还有观点强调人的社会性。从道德角度审视，一些人主张人性本善，一些人认为人性本恶，而另外一些人视人性为中立的"白板"。面对这些不同的看法，哪一个更为合理呢？

首先我们需要为人性的讨论提供一个明确的定义。如果不这样做，对人性的理解将永远陷入混乱。

那么，我认为更合理的人性定义是什么呢？根据前文关于"性"的讨论，我们对人性的定义应当是自然而然的延续。

具体来讲，我们在之前的讨论中一再强调，"性"指代的是物质世界及其万物存在的原因。再进一步细化，它是某个客观实体（无论是具体的还是抽象的）存在的原因，是该实体与其他同类实体的根本区别，是其独有的特殊性。

保持并延续我们对于"性"的这种理解，给人性一个更精确的定义，那就是将人性界定为"使人之所以为人"的那些特质，即人与其他动物之间的差异。如果人缺乏这部分差异性，人就会回归到动物的层次，回到生命的原始状态，人也就无法成为独特的存在。

有了这样的定义，我们在探讨人性时才能有更清晰的认识，避免陷入无止境的辩论。

直观上来看，人类具有社会性，创造了复杂的社会结构；人类创造了复杂的语言和文字系统；人类拥有想象力，创造了宗教、艺术，并在社会发展过程中形成了包括道德在内的文化。这样的区别还有很多很多，都是人类与动物明显的不同之处。那么，这些独特性是否全部可以视为人与动物之间的根本区别呢？

首先，在我看来，尽管人类确实具有动物性，但这不应被视作人的本性，即便它可以被认为是人的一种基础特性。我们在此不妨称之为人的第一性。

依据我们之前的讨论以及当前生物学的研究，我们不得不接受这样一个结论：人类首先是由物质构成的实体，其次才是一种生命形式，更具体地说，属于动物。

作为物质的集合体，人类必然具备物质的可观测性。再进一步，作为生命体，我们可以得出人类自然继承了所有生命的基本特性，例如自我表达和遗传延续的能力。事实上，我们在人类身上可以观察到这些生命的基本特征，而通常与这些特征相关联的饮食和繁殖行为正是这些特性的具体体现。

此外，对于霍布斯等人提到的人类具有自我保存和自利倾向的本性，实际上也是在饮食和繁殖本能推动下更为具体的表现。归根结底，作为一个有生命的存在，这些特征都是从基于第一反馈机制的生命特性——自我表达和自我延续继承而来的。也就是说，既然人类是生命体，就必然会表现出自我表达和自我延续的特征，这些特征必然会导致寻求食物和进行交配的行为。饮食的本质就是获取维持生命所需的外部物质，这难道不是人们所说的自利行为的体现吗？基于两性交配的繁殖行为也必然导致对异性的需求。因此，无论是对食物的需求还是对异性的需求，都是人类作为生命体的基本特性，而这些行为之所以被认为是自利的欲望，主要是因为在人类文化和道德观念形成之后，这些无约束的特性会侵犯他人，因而被贴上了自私自利的标签。

由此推论，人生来具有的生命基本特性，即动物性或所谓的自利兽性，实际上是生命本质的延伸，而非人类独有的人性。因此，在我们的定义体系下，自私自利的兽性显然不能被称为人性。

另一方面，在道德规范尚未形成的阶段，这种基本的动物性并不涉及善恶，我们不会、也不应该评价一只食人的老虎为恶。换句话说，人类在最原始的状态下就已经具有动物性，那时人类社会尚未形成道德观念，因此讨论人性本善或本恶是没有意义的。

进一步来说，既然人是生命体，是从较低级的动物进化而来，那么人就不可能是由神赋予意志所创造的，因而人也不具备神性。从更根本的角度来讲，作为物质集合体的人，不可能拥有一个不可观测、从未被观测到的非物质灵魂。相反，神的概念反而是人所创造出来的。

那么，人的社会性可能是人的本性吗？

我们知道，所谓的社会性是相对于人们建立的社会组织而言的，它是在社会组织的影响下个体行为的表现。本质上看，这仍然是外部环境决定的，是环境因素影响下生物的自然行为倾向。在猴群和狼群中，同样可以观察到个体的社会性行为。另外，从社会性的内涵来看，它涵盖了诸多社会行为和活动，如文化和道德影响下的婚恋、家庭生活、教育、工作和政治生活等。因此，社会性是一个抽象概念，它更多地概括了人类行为的多样性，不符合生物进化的因果逻辑，也无法准确描述社会性的由来，所以社会性也不能清晰地界定人与其他动物的差异。

最后，对于"人是机器"的观点，是否属于唯物的、科学的立场呢？

即使拉梅特里认为人是可以自我激活的机器，这样的说法仍倾向于将人简化。机器本质上是线性运作的系统，但人的自组织能力、身体自组织的非线性以及复杂的反馈机制与机器有着根本的区别。此外，机器的人造特性与人的自然进化属性明显不同。更为重要的是，下文我们将看到，人所特有的第二反馈机制是机器所不具备的。因此，将人视为机器显然是片面的。

接下来，若从传统哲学的范畴考虑，似乎还有一种可能性：构成人之所以为人的本质是人具有理性。

通常所说的理性，指的是人的分析、综合、推理、判断等高级思维能力。从这个角度看，理性似乎是最接近人性的特质，因为其他动物显然不具备这些能力。但如果依照唯理论者的观点，认为理性是先天的理念，那么这种理性就是站不住脚的。先天理念意味着它必须是肉体之外独立存在的某种东西。然而，我们已多次强调，人是物质的集合体、生命体、动物。作为物质实体、生命和动物的人，怎么可能在肉体之外存在一个独立的实体呢？这个所谓的先天理念是物质的吗？如果是物质的，那它必然遵循物质演化的规律，就不能是一个独立的实体。如果不是物质，那它是什么？又怎么能在以物质为基础构成的人体之外独立存在呢？这在逻辑上显然是极其荒谬的。

因此，即使我们承认理性是人类与动物的根本区别，理性也应当是人本身的一部分，是从人这个物质实体中抽象出来的概念，而非先天就有的理念。

实际上，我认为理性应该属于意识的范畴，是意识的一种特征。在我们尚未探讨意识之前，使用理性这一概念来描述人类与动物的区别还为时过早，或者可以说是过于抽象。逻辑上，我们需要首先搞清楚什么是意识，然后才能讨论理性。所以，在目前我们还未曾探讨意识本质的情况下，我更倾向于探寻隐藏在理性背后的原因，在人类作为生命体、动物的范畴内寻找人类与其他动物的根本差异，寻求人性的真正内涵。

生命是一种更高级别的物质形式，是一个开放的自组织物质系统。生命与非生命的最显著区别在于生命的自我表达和自我延续的特性，但归根结底，生命是以基因为信息载体的反馈系统。

具体而言，作为一个开放的自组织物质和信息系统，生命主要通过直接吸收、摄食、呼吸、光照等形式实现物质和能量的输入。通过生命个体的自我组织过程，实现了个体特性的表达，体现了其作为生命体的本性。同时，作为一个具有反馈机制的自组织系统，生命通过基于基因的遗传和变异机制，将适应环境的特征信息逐代储存于基因中，形成不断更新的基因库，并通过基因转录及蛋白质合成在生命个体中表达这些特征。这使得生命形成了一套独特的反馈机制，实现了逐代的遗传和进化。

作为人类，无论是从个体还是整个群体来看，我们首先是一种生命形式。由于人属于生命体，并且人类构成了一个生物种群，因此我们可以被视作一个开放的自组织物质系统，拥有基于基因遗传与变异的反馈机制。

然而，当我们进行更深入的分析时，我们会发现人类这一开放的自组织系统不仅仅是通过基因来传递信息、通过变异来调整个体特征以适应外部环境。除了继承生命的基本特性和具备生命固有的反馈机制外，人类形成了更为复杂、精细的新型反馈机制。

让我们观察一些高级动物，例如猩猩、猴子和狼。与草履虫或各种藻类相比，它们获取信息的渠道明显更加广泛，其作为生命体的反馈机制也更为复杂。具体来说，如果将这些动物视为一个开放系统，它们接收信息的路径已不仅限于基因。哺乳动物通过视觉对父母行为的观察和模仿已成为它们适应环境和实现生存的关键方式。而猴子群体表现出的组织性和等级制度似乎揭示了人类社会行为组织性和等级制度的自然起源。在这些等级制度背后，显然并非仅由遗传因素决定。它们通过感官器官（如眼睛和耳朵）接收外部信息，如动作、表情和声音，大脑储存并处理这些输入信息，进而展示出有组织的行为（例如服从性和依赖性）。

对于人类个体而言，即使是最早的人类，也能获得比其他动物更丰富的信息反馈源。自从认知革命以来，智人发展出一套更为复杂、稳定的外部信息反馈载体：语言。基于智人大脑结构的丰富想象力进一步完善了语言系统。作为信息载体的发达语言系统，让智人之间建立了共同的认知基础和协作能力。这种协作能力不像狼群那样仅建立在家庭单位上，而是有着更广泛的社会群体基础。这导致原本在身体条件上并不占优势的智人获得了更强大的生存能力。

当然，语言系统并非人类独有；狼群、猴群甚至蜜蜂都有自己的交流方式。但就复杂性而言，以声音为基础的人类语言系统无与伦比，人们尝试让人类的近亲黑猩猩学习人类的语言，但从未成功。利用语言系统和更强的记忆能力，人类通过口头传统分享故事和经验，这让人类的反馈机制效率更高，从而加速了人类的进化。

除了语言系统之外，文字系统的诞生，作为人类发展史上最为重要的信息反馈载体，是其他生物群体中绝无仅有的。文字的出现极大地突破了人与人之间信息传递的时空约束。人们不必再仅通过听觉和视觉来获取信息的反馈，也不必依赖自身（基因、大脑）来储存信息。人们能够跨越地域、穿越时代获取知识。无论是苏美尔人的楔形文字、古埃及的象形文字，还是古代中国的甲骨文，这些都成了全新的信息载体。这些由人类创造的信息载体独树一帜，经过数千年的演变，它们已成为极为复杂的信息传递工具，进一步加速了人类进化的步伐。

几乎与文字出现的时代相重叠，人类也学会了绘画。虽然其影响力不及文字那般巨大，但同样为人类的进步贡献了新的信息记录方式。随着人类社会的发展，近一个世纪以来我们发明了更多的信息形式，如照片、视频等。

作为信息反馈源，各种非人体信息载体打破了信息只能通过生物体内部传递的限制，使得信息得以跨越时间和空间轻松传递给更多的人。毫无疑问，在如此多样化的信息输入面前，这样一套基于物质相互作用、在物质中承载信息的复杂反馈机制，显然比仅靠基因遗传和变异、依靠行为模仿和大脑存储的反馈机制更为独立且高效。这种极具优势的独立高效的反馈机制极大提升了人类的生存能力，使人类变得越来越与众不同。

回顾这一切，我们发现，人类的独特性归根结底在于拥有一套包含更多反馈信息、更为强大的反馈机制。正是这一套特殊的反馈机制——以语言、文字等作为信息载体将人与其他动物、其他生命区别开来。

因此，我们可以认为，从表象上看，人与动物的最大差异在于人类所获得的反馈信息的复杂化和途径的多样化。而从人类发展的角度看，这种差异体现为一套以语言、文字等信息作为载体的特殊反馈机制。正是这套基于语言、文字等信息的更复杂、更高效的反馈机制，塑造了与众不同的人类。

# 6.3　第二反馈机制

通过之前的分析，我们已经意识到，人类与动物最根本的区别在于拥有一套以语言、文字等作为信息载体的独特反馈机制。但这套机制究竟是如何运作的呢？这要求我们进一步分析这一反馈系统，并探索其根本原理。

首先，我们需要明确，这套反馈机制并非无中生有，而是建立在物质相互作用之上的真实的信息传递与反馈过程。

从信息的源头来看，无论是个体还是群体作为信息的主体，所有反馈信息都是物质性的。我们所接收的语言、文字、图像、视频等，最终都通过物质媒介传递——声音、电磁波等形式通过我们的感官传达给我们的大脑。在这一过程中，物质在不断地交换，不存在任何神秘的天赋观念或神性。

从接收信息的反馈主体来看，这种反馈机制之所以可能，关键在于人的生理构造。显而易见，即使是从小与人一同成长的狗，也不会说话或阅读书籍。即便是与我们有着共同祖先的黑猩猩，在人类的培养下也无法达到人类的语言表达和文字理解能力。这清楚地表明，是人类特有的生理结构构成了这套反馈机制的基础。没有这种独特的生理结构，这样的反馈机制也就无法形成。而人的身体结构，自然也是由物质构成的。因此，从接收信息的主体角度来看，信息的接收同样是物质间的相互作用。

综上所述，无论是从信息载体还是接收信息的主体来看，信息的传递和反馈归根结底都是基于物质的信息相互作用，这个反馈机制是有着坚实的物质基础的。

然而，另一方面，即便有着这样的物质基础，我们人类的基因以及基因决定的生理结构却与其他生物不同，正是这些独特的基因和生理结构使得人类的反馈机制与其他生命体截然不同。

因此，为了深入理解，我们需要进一步具体分析人类生理结构与其他动物的差异性。

从我们运用语言和文字的能力来看，可以发现这得益于我们的眼睛、耳朵以及发音的喉部的特殊构造。然而，真正赋予我们强大语言和文字认知能力的，是我们大脑的结构——特别是额叶、颞平面和胼胝体的差异，其中最关键的是人类的大脑皮层，又称新皮层。

因此，我们需要借助脑科学的研究成果来探究人脑是如何工作的，以及如何产生意识。

目前，人类对大脑的研究已相当深入，我们已经知晓信息是如何通过神经元传递的。首先，与我们的感官相关的各种神经元细胞（例如眼睛内的视觉细胞）将环境刺激转化成电信号或神经递质，通过轴突和树突传递到丘脑。然后，丘脑将这些信息综合处理，并将大部分信号传递到大脑皮层的联络区。在那里，联络神经元针对不同的环境刺激输入建立相应的脑神经回路，在大脑皮层中加工这些信息。最终，通过运动神经元将信号输出到身体的特定运动器官，驱动它们活动，以完成相应信息的表达——包括语言表达、表情和肢体动作等。这就是我们与外界进行信息交流的主要方式，也是反馈机制在我们体内运作的方式。

此外，当我们需要存储信息时，通常会将信息传递至海马体；而面对强烈刺激，需要快速反应时，刺激信号往往直接从丘脑传至杏仁核，由杏仁核产生情绪反应（如恐惧或兴奋），并做出迅速的身体反应（例如逃跑或心跳加速）。

无论是哪种信号传递路径，或是哪种脑功能理论，日益深入的脑科学研究都指向一个事实：在信号传递过程中，基础是物质性的神经元之间的相互作用。我们所能观察到的是喉部发出的声音、面部展现的表情和身体做出的动作，而非超出物质之外的事物。这也进一步证实了反馈机制的物质基础。正因如此，我们看到神经元之间的相互作用，导致了趋势性的电信号和神经递质的传递，将外部刺激源与神经元信号的选择性传递联系起来，与特定的脑神经回路联系起来，并与特定的身体器官运动联系起来，从而形成我们特定的意识，并表现出特定的行为模式、表情和语言表达。

进一步来说，不仅是大脑，我们其他独特的生理结构在追溯其独特性时，也会发现它们是由我们特有的基因决定的。换句话说，反馈机制的物质基础具体而言是我们身体的各种生理结构，但从根本上讲，还是指向了我们的基因。许多独特的基因变异塑造了我们身体的特殊构造，进而影响了我们对语言和文字的运用能力。例如，FOXP2基因与人类的语言能力之间的关联。进一步的研究显示，FOXP2基因的形成时间与人类语言出现的时间高度吻合，这揭示了人类认知革命的根本原因仍然是以人的生理结构变化为基础的。

通过以上分析，我们的理解又进了一步。尽管特殊的基因和生理结构，以及我们所看到的各种形式的文字和听到的各种形式的声音都是物质的，但真正将我们与其他动物区分开来的，是我们人类的基因以及由基因决定的独特生理结构。其中最关键的是我们的大脑。正是这些独特的基因和生理结构构成了物质基础，赋予了人类强大的反馈机制，使我们与其他动物有了明显的区别。

如果基于基因遗传与变异的反馈机制是区分生命和非生命的关键点，那么以人类独特的基因和主要由基因决定的大脑为核心的独特生理结构为物质基础，形成的复杂语言、文字等作为信息载体的反馈机制，则让人类与其他生命体产生了本质上的差异。

经过这样的分析，我们终于找到了隐藏在理性背后的那个区分人类与其他动物的最大差异。简而言之：一套更为强大的反馈机制，它以人类独特的基因所决定的独特生理结构为物质基础，以复杂多样的物质信息（主要是语言和文字）为反馈信息。

我们在之前的讨论中把基于基因遗传与变异的生命体反馈机制称为第一反馈机制。现在，为了强调人类这种反馈机制的特殊性，并区分两种反馈机制的不同，我们将以复杂的语言、文字等为信息载体的人类反馈机制称为第二反馈机制。正是因为拥有了第二反馈机制，人类才得以走上了一条"绕过基因的快速道路"（引用自由瓦尔·赫拉利），使人类与动物彻底区别开来，成为地球上独一无二的生物种群。

除了对反馈系统的运作机制进行剖析外，我们还需对其范围和层次进行探讨。

作为个体生命，我们需要物质和能量的输入以维持生存；作为一个生物种群，通过繁殖来延续特性，扩大规模，从而趋向于蕴能增加、熵减少的方向。而作为动物的人类，能够主动获取更多的物质与能量，不论这些资源是来自植物、其他动物还是其他生命形式，我们都在无形中剥夺了其他生命利用这些能量的权利，并参与到生物生存竞争、生物种群竞争的食物链中。拥有强大的第二反馈机制，我们自然地比其他生命体显得更为强大。

在这种情况下，我们能够站在食物链的顶端，为了每个个体的生存和族群的发展而对其他生命甚至其他人类群体造成影响。实际上，当智人掌握了语言之后，正是这样做的。这时的人类，尽管拥有了更强大的反馈机制，但行动仍然受到生存本能的驱使，生存需求仍然占据主导地位。

但这并非蕴能大趋势下的合理现象。人们为了生存而侵略其他人类群体，或侵犯其他生命，仅仅是将其他生命蕴含的能量转移到自身或本群体中，用现代理论来说，这是存量博弈，是零和游戏。一旦这种存量减少或消失，人类的生存与发展同样会受到限制。这样的信息最终会反馈到人类的认识中。当人们意识到侵犯其他生命或侵略其他人类群体同样会损害自身利益时，人们开始寻找更合理的解决方案。随着时间的推移，人们逐渐减少了对抗和侵略，合作变得更为普遍，出现了更大的合作群体。同时，人们对待其他生命的态度也在逐步改变，产生了共存的理念，而非一味地排斥和捕杀。这些基于第二反馈机制的认识实际上是近几千年甚至几百年才出现的，这将在后面的章节中详细分析。但在第二反馈机制的作用下，人类认识和行为的改变是显而易见的。

当前，我们不难看出，人类发展的方向与生命发展的蕴能增加、熵减少的大趋势是一致的。然而，在这一大趋势之下，我们也发现第二反馈机制不仅作用于单个生命体，而且其作用范围和层次都在不断拓展和提升。具体而言，人类的第二反馈机制从维持个体的生存与繁衍，延伸至家庭的持续与发展，进而到更大的社群如氏族与部落的生存与延续，直至城邦和国家的出现，其影响范围日益扩大。

在反馈机制的层次上，个体不仅追求生存与延续，还寻求生活的舒适与富足，以消除对未来不确定性的恐惧和对生存的长期焦虑。作为社群中的一员，人们既渴望个性独立，也期望与他人和谐相处。进一步地，基于这种独立与共存的关系，个人的价值往往通过群体的生存和发展来体现，有时甚至需要为了群体利益牺牲个人利益，于是出现了舍生取义和杀身成仁的行为。这些行为和认识是第二反馈机制最高层次的表现，我们将在后文中深入分析。

最后，我们探讨这种反馈机制与"性"和"道"的关系。无论是第一反馈机制还是第二反馈机制，它们的最终结果都是在不断变化的环境中形成的一种平衡态，这种平衡态本身就反映了"道"的本质。由于环境的变化，新的平衡态不可能与原有的完全相同，因此两者之间的差异体现了"性"的特征。所以，"道"和"性"始终蕴含在各个层次的物质集合体的演化中，人类也不例外。

作为个体，作为物质存在的人，我们需要食物和空气来维持生理活动。如果缺乏这些，我们会迅速走向死亡——一个不可逆的熵增过程。个体的平衡不仅是身体上的平衡，也包括精神上的平衡。这两种平衡是相辅相成、不可或缺的，只有这样，才能保证我们的生存状态更加持久。而生存状态的持久性正是保持我们作为个体独特性的唯一途径，这又是"性"的体现。如果我们的生存状态不能持续，即失去了生命，那么我们也将失去我们的个体独特性。

作为由人组成的群体组织，无论是小至一个家庭，还是大至一个国家，乃至全人类，其内部都保持着一种平衡态。当这种平衡被破坏时，可能导致家庭分裂、国家崩溃，甚至人类的毁灭。而家庭的延续、国家的繁荣和人类的进步则展现了"性"的特质。

总的来说，"性"与"道"这两种趋势不仅存在于个体之中，也蕴含在家庭、企业、国家乃至整个人类中。为了保持各自的存在，人们通过反馈机制催生新的平衡态，这正体现了"道"的特性。同时，新的平衡态作为一个整体，自然展现出其存在性和多样性，即所谓的"性"的特征。这就是在反馈机制作用下，"性"与"道"必然内含于我们每个人以及每个组织中的确定性。据此，我们可以得出两句总结性的话：一句是"因为差异，所以产生趋于平衡态的运动"，简称"因性而道"；另一句是"因为平衡，所以存在"，即"因道而性"。万物正是在这种辩证的因果关系中进化出生命，并自然地进化出人类。

在漫长的生命进化史中，趋向"性"与趋向"道"的两种趋势从最原始的生命开始，从第一反馈机制发展到第二反馈机制，再到复杂化的第二反馈机制，无论从反馈信息载体的多样性和独立性来看，还是从反馈运转机制的高效性来看，都在不断演化发展，这是一个动态的过程，且发展速度呈指数增长规律。随着反馈机制的发展，每一个生命体、生物种群、个人乃至人类社会都体现了"性"与"道"的特征。

时至今日，随着这个反馈机制的发展，人们的认知能力得到了极大的提升，人类的思想进步与社会的发展相互交融，相得益彰，呈现出一片繁荣景象。

然而，需要指出的是，从动物到人类，这种发展并没有明显的突变痕迹，而是一个渐进的演化过程。当250万年前人类初现时，尚未拥有如此强大的认知能力，也未形成如此复杂的反馈机制。但当7万年前智人走出东非时，他们已拥有无与伦比的生存能力。

此外，当我们将人类置于生物界中考虑时，不应忘记人类的发展仍旧无法脱离那个永恒不变的规律，即生命进化的方向与蕴能增加、熵减少的趋势一致。具体而言，我们的社会发展至今，无论是个体对生存的追求，还是种群的壮大，作为一个开放的非线性系统，仍然遵循生命蕴能增加、熵减少的自然趋势。人类的发展以及人类种群的扩张恰恰证明了生命进化的方向，也就是蕴能增加、熵减少的自然规律。

进一步来说，既然人类的发展是沿着生命蕴能增加、熵减少的自然趋势进行的，那么我们便可以自信地说，人类无非是生命进化到高级阶段的自然产物，或者说，人类是生命进化过程中由自然环境这一筛选机制所筛选出的必然结果。而进化的途径，则是形成更为高效和先进的反馈机制。这再次印证了人的本性并不是神赋予的神性，也不是先天存在的天赋观念——理性，而是生命进化的自然成果。

那么，在人类发展进步的过程中，理性究竟从何而来？为何古代先哲们如此推崇理性，并将其视为人与动物的根本区别？这需要结合第二反馈机制以及人类的意识活动来深入讨论。

# 6.4 意识

在对第二反馈机制有了深入了解之后，我们再进一步探讨人类的意识活动，或者称之为心理活动。通过这样的分析，我们将对人的理解更加全面、更加理性。

在本书中，无论是基于物质相互作用的动力学因果论，还是基于信息传递的信息因果论，我们都强调了因果性的重要性。也就是说，所有事物和现象背后都有一个原因，而且这个原因逻辑上最终必须归结到一个本原。因此，我们从原初空间谈起，经过物质世界、生命再到人类，始终坚持一条原则：所有这些客观对象或物质实体都是自然演化的不同表现形式。因而，我们坚信存在着一套基于物质相互作用的因果论。

因此，无论是对于生命和人类本性的分析，还是关于反馈机制的讨论，我们的重点在于基于实际物质的相互作用，或从信息的相互作用角度去探讨，尚未涉及对人类意识、精神或思想的深入研究。

但是行文至此，若我们继续这样深入分析，便会陷入难以简洁阐释诸多现象，尤其是人类社会现象的困境。不难发现，无论是个体还是人类社会本身，即便依旧遵循那些基础规律，我们显然已经走得更远。在人的意识层面和人类社会之中，所遵循的规律远不止于此。在这种情况下，若仍试图仅用物理学、化学、生物学来解决所有问题，显然是困难的；我们需要大胆引入更多新概念。同时，我们也看到，随着生物进化和人类发展，越来越多的新概念被创造出来，其中许多已脱离具体物质实体，变得越发抽象。信息因果论的相互作用机制，也与动力学的物质因果论渐行渐远。

在认知逐渐深化的过程中，我们探讨了生命，进而讨论了人类的独特性，但至今这仍不足以让我们完全了解人类。实际上，我们对人类特殊性的讨论一直停留在生理结构和创造的信息载体上。然而，很明显，从个体角度来看，人的特殊性以大脑结构为核心，更精确地说是以意识活动或心理活动为核心。从由人组成的群体来看，人的特殊性则体现在社会性上，人与人之间的社会关系成为影响个体和各类组织的关键因素。因此，在本章接下来的部分及下一章，我们将正式进入人类的世界，讨论意识这一概念以及各种意识活动与心理特征，并进一步探讨社会及各种社会组织形式和运行机制。

我们先来讨论人的意识活动与心理特征。

事实上，自柏拉图时代起，人们对于超越肉体的意识、灵魂、精神以及理性等概念的认识，就已提升至相当高层次，甚至需创造出一套二元论来解释。而在现实中，即使科技高度发达，许多人甚至哲学家仍不自觉地在二元论框架内思考意识、精神、思想或灵魂这些概念。我们不得不认可，意识确实过于特殊、神奇，以至于我们必须正视这些超越实体的概念，并在一元论范畴内提供合理的解释和清晰的定位。

虽然关于超越我们肉体的意识有许多分类，以及精神、思想等相似的概念，但在这里，我们并不想纠结于这些词汇的细微差别。相反，我们打算基于心理学研究对意识进行更为系统的考察。

首先，关于意识的定义，我们更倾向于从广义角度理解它，将其视为心理现象的总称，或是人脑对物质世界的反映。根据前一节的讨论，我们可以将意识活动与大脑神经元信息的传递和加工过程联系起来，也可称作脑神经回路。在心理学中，这对应于我们的心理活动，并以此为基础来探讨人的意识。

从上一节的分析来看，正如基因是第一反馈机制的信息载体，我们的大脑是第二反馈机制中的关键信息载体，同时也是最关键的信息处理单元。在第二反馈机制中，由于所有信息源都汇聚至大脑，大脑便作为处理主体，通过各种脑神经回路实现信息的接收、处理、存储和行为驱动。进一步研究表明，大脑的不同区域与我们的感知、语言和行为密切相关。因此，若仅从大脑运作机制来看，我们显然无法观察到独立存在的意识。自然而然地，关于意识的本质，我们不能简单地用二元论中的非物质一元来解释。我们的意识必然是基于物质的。

进一步来说，正是这些脑神经回路构成了意识的物质基础，或更直接地说，我们在大脑中产生的各种脑神经回路就被称作意识。不同的脑神经回路反映了不同的意识活动，而复杂的大脑结构则体现了各种不同的心理特征。实际上，即使从逻辑角度考虑，意识起源于物质也是一个不可避免的结论，我们完全无须引入新的实体来解释意识。

其次，无论是具体的还是抽象的，意识的来源都是客观现实。客观现象以及以文字、语言等形式的外部反馈信息源塑造了我们最基本的意识。而文字、语言等载体使得我们的意识更加丰富，并展现出极其复杂的结构。

在意识领域内，人们为了表达不同来源、层次和范围的意识特殊性，建立了许多抽象概念，并将意识划分为不同类型。心理学作为专门研究意识活动和心理特征的学科，形成了对人的意识系统化的理解。

从心理学视角看，意识活动或心理活动过程分为三种基本形式：第一种是认知过程，也称认识过程；第二种是情绪和情感过程；第三种是意志过程。这三者构成我们常说的知、情、意三个阶段，又称为心理活动的三个基本阶段。在后文中，我们将看到这三个阶段恰好对应人的大脑在第二反馈机制中的意识活动的序列化表现：认识过程是我们产生情绪和情感过程的基础；面对情绪和情感过程，我们又会形成不同的意志过程。意志力作为我们稳定的意识反应，指导我们的认识过程和行为动作，表现为人的意识的主观能动性。

此外，认知、情绪与情感、意志不仅是心理活动的过程，作为名词，它们也代表着特定的心理表现。

人的认知作为一个名词，特指内化于意识中的认识成果，是人类意识对客观世界的反映，涵盖感觉、知觉、记忆、想象、思维和语言等方面。关于认知，我们将在下一节中进行深入分析。

除了认知，情绪以及情感同样可以被视为一种心理表现或体验，即人类对客观对象的情绪或情感反应，包括喜（满意、喜悦、快乐）、怒（生气、发怒、愤怒）、哀（难过、伤心、悲痛）、惧（担心、害怕、恐惧）、厌（反感、厌恶、憎恨）等基本情绪。随着心理学研究的深入，安全感、归属感、获得感、自尊感（或自尊水平）、自我效能感、成就感、价值感等也被识别为更具体且有价值的积极情绪和情感体验。

如果说认知是意识对客观事物的直接反映，那么情绪与情感则明显包含了喜好和厌恶的区分。从心理学的视角来看，人的情绪与情感直接源于需求。换句话说，情绪与情感的直接基础是需求是否得到满足，这反映出不同的情绪与情感体验。然而，从根本上讲，这些都源自个体的认知，这一点我们后文还将详细探讨。此外，这里提到的需求概念，作为人的一种个性心理倾向，也将在后文中进行深入分析。

最后，除了认知、情绪与情感之外，意志作为一种心理表现，指的是人在意志过程中表现出的品质，如自觉地确定目标，并为实现这些目标而有意识地指导和调节自己的行为。意志品质包括自觉性、自制力、果断性、自信、坚忍等要素。

除了心理活动及状态外，按照心理学的分类，个性也是心理学研究的重要领域。个性心理反映了个体更为稳定的心理表现。

个性心理主要包括个性倾向性和个性心理特征两个部分。

个性倾向性，有时也称为心理动力，是推动个体进行行为活动的心理动力系统。它主要包括需求、目的、兴趣、态度、理想、信仰、价值观、动机等心理成分。这些个性心理倾向从不同角度或层次描述了人在心理上的相对稳定倾向性特征。

个性心理特征则是个体身上经常表现出来的本质的、稳定的心理特点，主要包括能力、气质和性格。广义上来说，能力是指个人经验（所获得的知识、技能）深化后的心理特征的总称，是完成某项活动所必须具备的心理条件特征。而技能（通常定义）作为通过练习获得的一套动作方式和系统，有时与心理学的概念不相关。因此，我们这里的能力更侧重于个人认知深化后的心理特征。气质通常指个人先天或与生俱来的心理活动特征，包括性情、秉性或脾气等。经典分类将气质分为胆汁质、多血质、黏液质和抑郁质。性格是人对现实的态度及其行为方式所表现出的个性心理特征。与气质强调生物性或先天性相比，性格主要是后天塑造的，属于社会化的心理特征。

总的来说，无论是人的心理活动过程、短期心理表现（在情绪与情感范畴内，又称心理状态或体验），还是稳定的个性心理特征，我们所形成意识的各个层次都有其形成过程。严格逻辑推理表明，这个过程源于人体外部的刺激，如家庭、学校、社会环境等，或者是身体（尤其是大脑）的自组织活动（当然这种自组织活动也是第二反馈机制的自然过程），或者是这两者的共同作用。最终，这些意识活动都在物质层面表现为脑神经回路或神经网络的建立过程，甚至扩展到我们身体的生理活动过程。至于我们如何用语言表达思想、如何组织身体动作，完全是对应的神经网络将电信号或神经递质传递到身体不同部位的过程。

除了上述内容，尽管意识建立在物质相互作用的基础之上，从另一个角度来看，意识却是抽象的，难以通过我们的感官——眼、耳、鼻、舌、身来直接感知。我们只能利用感官与大脑共同去感知意识的存在，这也正是意识与客观物体最根本的差异。

也正因为此，意识中的各种概念显得尤为难以理解和表达。例如，我们可以很容易地通过观察来辨别球体和方体的差异，同样，通过视觉和听觉，我们能够完全识别一件衣服或一首歌。但是对于意识层面的概念，达成共识则不那么容易。比如在认识范畴内，回忆与想象之间的界限究竟在哪里？思想的真正内涵是什么？又如在感受方面，恐惧与惊慌、悲伤与哀愁、担心与忧虑、开心与喜悦之间的细微差别，往往让人难以明确区分。人的情绪与情感的精细表达，即使是文学家或心理学家也不可能轻易做到精确描述。对于更加抽象的意识概念，如学说与理论、修养与素质、伦理学与道德学等，理解起来更是扑朔迷离。至于意识的表达，诸如"情感表现激烈、思想表达清晰、观念符合实际"等表述则更难以准确描绘。这些难题可能导致我们对意识的认识变得模糊不清，甚至可能使人怀疑心理学是否属于科学理论。然而，只要我们平心静气地仔细分析，无论是意识活动还是心理特征，都是可以被更准确地理解的。

因此，我们可以得出这样的结论：没有反馈机制的是非生命物体，基于遗传基因的第一反馈机制区分了生命和非生命，使生命拥有了第一反馈机制。进而，基于人脑以及人类形成的独特语言、文字作为反馈信息载体的第二反馈机制，将人类与其他生命区别开来。所以，区别于生命的是人所独有的第二反馈机制，这才是人的本性所在。更具体地说，正是因为第二反馈机制，人类展现出了理性，这种理性才被视为人的本性，即人性。也就是说，只有将理性视为第二反馈机制在人类身上的体现，它才有资格成为人的固有本性。

当然，既然我们拥有了意识、认识、情绪、情感和意志这些更为抽象、高级的概念，在一定程度上，我们可以超越物质相互作用和基础的反馈机制概念，构建起一个以概念为基础、文字为载体、以抽象的意识对象或心理现象为研究对象的理论体系，这正是心理学的精髓所在。

# 6.5 认识

事实上，意识是相对于物质存在的一个概念。在人们的实践活动中，"认识"作为一种意识活动或其成果，在心理活动中占据基础性的位置。因此，我们将在本节中进一步探讨认识的概念。

结合上一节的分析，作为动词的"认识"包括感觉、知觉、记忆、想象、思维等认识活动，而作为名词的"认识"，主要指人们通过这些活动或在实践活动中获得的成果。

从认识的成果来看，客观事物刺激我们的感觉器官，在我们大脑中形成的神经回路或认知，我们称之为"感觉"。感觉是意识的最基本形式，代表了大脑对事物单一属性的认知。知觉则是对事物整体属性的认知，是在感觉的基础上，大脑经过整合和解释形成的认识。记忆是存储在大脑中的意识，通过编码并保存下来的认知。想象则是在不直接通过感觉器官的情况下，通过提取和加工记忆形成的认知。无论是记忆还是想象，其物质基础都是更为健全的神经细胞和树突连接。由于反复的刺激，我们的树突变得更加强壮，从而更容易进行记忆和想象。思维则是基于直观感觉、知觉、记忆和想象，大脑对意识进行有组织的加工过程，是人们高级形式的认知活动。概念就是经过思维加工后形成的一种认知结果。

与情绪、情感等其他心理现象相比，认识首先与需求无关，它拥有客观性，是对客观对象的直接或系统化、全面的反映。这意味着认识通常对应于物质或信息层面的对象，而非价值层面。那些被公认为有价值的认识通常被称为"知识"，而那些符合规律、能够经得起实践检验的知识则被称作"真理"。

在对认识的研究中，康德调和了经验主义者和理性主义者的观点，吸取双方的合理之处，形成了一套系统的认识论。

康德首先对物自体进行了分析，认为尽管物自体可以被感知，从而我们能够认定其存在，但他否定了物自体的可认识性。这样，他巧妙地避开了与休谟怀疑论（即客观世界不可认识的观点）的直接冲突。

康德提出，真正可以被认识的是我们主观构建的现象界。他认为，我们的所有认知都是关于现象界中的经验对象的。对于客观性或因果性的理解，在康德哲学中，主要是指经验对象如何与我们先天的观念相符合的问题。基于此，康德一方面承认所有知识都源自经验，但同时他也坚持并非所有知识都来自经验。

康德将认识分为三类：感性认识、知性认识和理性认识。感性认识使我们获得数学知识；知性认识让我们得到自然科学知识；而理性认识则通向形而上学的知识。

感性认识是人类最基础的认知能力，是一种被动的接受能力，包括感觉、知觉印象等，同时也包含先天的直观形式，即时间和空间。数学之所以可能，正是因为有这些先天直观形式作为基础。这些形式可以普遍应用于经验内容，形成现象界中的经验对象，赋予它们先验的观念性和经验的实在性，保障了经验对象与先验观念之间的符合性，即客观普遍性（或因果性）。因此，经验对象是客观存在的，真实的，这也就为数学和自然科学奠定了坚实的基础。

在感性认识的基础上，我们获得了感性知识（包括作为先验感性知识的数学），但要获得真正的自然科学知识，则需要借助于人的知性能力。知性不仅是先验的自我意识，具有主观能动性，而且能够自发产生概念并进行思维。此外，知性还需要对感性经验对象进行综合思维，以获得超越纯粹形式逻辑层面的知性知识。

知性对经验对象的思维主要表现为通过运用范畴来实现对经验对象的综合统一。范畴之所以能够作用于经验对象，是因为人的自我意识拥有能动的统觉能力。正是这种能力的作用下，我们的知性将范畴应用于经验对象，进而获得关于经验对象的知性知识，这也是自然科学知识之所以成为可能的根本原因。

进一步地，在知性认识的基础上，康德提出了理性的概念。理性代表了超越现象界的纯粹理性能力；正是因为人类拥有这种有限却理性的能力，我们才能把握自我本质（即自由本体）。换句话说，正是因为人类拥有理性，我们才拥有自由——这种自由使我们不至于沦为低等动物，这才是人类的本质所在，也是人与动物的根本差异。正因为此，人们能够选择道德法则作为行为的指南。因此，这种理性也被称为实践理性。借助于这一理念，康德构建了一套道德形而上学，探讨了道德实现的可能性，并进一步论证了灵魂不朽和上帝的存在。

对于康德的认识论体系，我认为其成就无疑是卓越的。通过语言学和逻辑分析，康德形成了一个总体上逻辑层次分明、因果联系紧密的认识论体系。

然而，另一方面，为了调和独断论与怀疑论之间的矛盾，尤其是为了回应休谟的怀疑论，康德不得不提出了现象界的概念。在当时科学认识的局限性下，这也是一种无奈的选择。至于道德和信仰的问题，则被归结为人的理性及其对自由的诉求，这似乎并不恰当。这样的解释意味着康德并未完全摆脱二元论的难题，而是保留了对理性源头的先验假设。

实际上，对于人类的认识机制，我们可以将其全部归因于同一根源，并将其纳入物质相互作用以及基于此的第二反馈机制中。更准确地说，这个机制应当是基于信息因果论的第二反馈机制。自在之物以及那些由自在之物（作为信息载体）所承载的客观但抽象的信息（如文字、语言）经过我们的感觉器官的体验并反馈到我们的大脑，最终由大脑产生认识。在我们接收这些外部信息的同时，大脑的神经元之间建立起新的脑神经回路，这便是新认识形成的主要过程。此外，在没有外部刺激的情况下，我们的大脑也能自发地进行想象和思考，从而产生新的认识。

从更高层次来理解认识的机制，我们可以看到，认识的过程是有经验可循的。

除了通过感觉和知觉获得直观的认识，我们对客观对象的系统化认识始于概念的定义以及概念体系的构建。

概念是在认识事物过程中抽象出来的基本单元，它是认识体系的基础，好比建筑大厦的砖石。康德将概念的抽象归功于人的主观能动性。然而，在我看来，概念的形成是意识与相应对象之间，通过一种反馈机制必然趋于完善的过程。

我们通过定义来明确一个概念，这建立了我们认识的基础。传统的定义方式源自古希腊哲学家亚里士多德的真实定义法，即通过属和种差来界定一个概念。真实定义首先确定概念所属的更广泛类别，然后识别它与这个类别中其他概念的差异，最终结合二者进行描述。属描绘了共性，而种差则描绘了个性和区别，确保了定义的逻辑准确性。除了真实定义，人们也常用词语定义法，将具有某些属性的对象归为一个概念，并用特定词语表示。

在定义概念的基础上，若想全面理解概念及其指代的对象，或构建一个由众多概念组成的系统，就需要引入范畴。我们利用范畴来全面认识一个客观对象，并进一步建立系统化的认识理论。

我认为，范畴是人类依据理性认识能力抽象出的一套系统化认识方法。这些范畴之所以可能，是因为人类意识的主观能动性，也就是康德所说的统觉能力。但归根结底，这种能力源自人类的第二反馈机制。

在明确概念和运用范畴的过程中，我们可以采用归纳总结、演绎推理、分析综合、抽象概括等多种研究方法，对特定领域进行深入研究。这使我们能够对该领域形成系统的认识，并进而发展出一套完整的学科理论。这正是我们今天所见的各专业化学科理论的形成过程。

例如，当我们以整个物质世界为研究对象时，形成了物理学或哲学中的本体论；以生命为研究对象时，我们发展出生物学；以人类社会为研究对象时，形成了人类学、社会学、政治学和经济学；以人的意识活动为研究对象时，我们发展出心理学；而当我们对客观世界进行抽象，并研究概念的结构与关系时，便形成了逻辑学和数学。

回头来看，从概念的界定到范畴的构建，再到系统化理论的形成，这些均是我们认识过程的成果。作为认识主体的人，由于各自的身心条件和经历的环境差异，加上认识的抽象本质，导致人与人之间的认识存在差异。这种差异可能进一步引发个体甚至人类群体之间的意识冲突，从而产生行为上的对立，甚至爆发战争。实际上，由认知或意识形态差异引发的战争，往往比因利益冲突引发的战争更难以平息。

幸运的是，我们拥有第二反馈机制和理性认识能力。在理性的指引下，人们形成了集体的认识，也称为共识，彰显了人性中积极的一面。这背后的原因一方面是我们的认识需要与客观事实及其规律相符合；另一方面，也要顺应生命体趋向能量积累、熵减的趋势，以及自我表达和延续的基本特性。因此，在第二反馈机制的作用下，人们展现出了理性。或许更准确地说，正是通过这种机制，人们将对"符合客观现实、生命趋势和自我延续特征"的认识能力定义为理性认识能力。这样一来，康德所采取的悬置知识以给信仰留出空间的做法似乎不再那么必要了。

当人们基于理性建立群体性认知时，就能在众多事务上达成默契，包括饮食、婚俗、协作、教育、礼仪、审美和科学等领域。我们将这些群体性认知统称为文化。

文化反过来极大地塑造个体乃至群体或组织的认识与行为。第二反馈机制不仅是文化的根源，还使我们自然而然地受到文化的影响，特别是道德观念的影响。教育成为文化传播的关键途径。正因为此，人们的行为很多时候并非表现出自私自利的动物性，而是展现出理性、仁爱、善良、平等，甚至愿意为了正义舍生忘死，这些都是理性光芒的体现。

综上所述，我们认为第二反馈机制是理性的源泉，而理性认识正是该机制作用的直接产物。因此，我们自然可以得出，理性是人类独有的天性，可称之为人性。然而，理性显然不是先天固有的概念，而是源自人类不同于其他动物的第二反馈机制。

需要进一步阐述的是，人类拥有理性的潜力，并不意味着每个人在任何情况下都能表现出完全的理性。理性的根基在于第二反馈机制，而这一机制在个体的生活环境中可能并不总是能够有效运作。当这种机制受阻时，人的理性潜能可能无法被充分挖掘，从而导致有限的理性水平。我们大多数人的决策、选择或归因都是基于这种有限理性的，这也就是为什么会出现认知偏差和行为失当。正因如此，经济学中引入了"有限理性人"的概念。

总的来说，随着人类社会的发展，理性展现出其强大的影响力，使人们对客观对象和各种现象的认识逐渐趋同，从而推动人类的发展和进步。在接下来的章节中，我们将探讨人类社会是如何在理性认识的引领下逐步发展至今的。

# 6.6 认识之上

在上一节中，我们重点分析了认识或认知。我们认为，认识作为意识的一部分，源自大脑神经回路的活动，这些活动从根本上是由外部环境对感官的刺激引发的，并在大脑中加工形成。

当我们形成了一套认知体系后，外部环境的刺激信息再次传入我们的大脑时，大脑会对这些信息进行特定的处理，产生新的心理反应，并可能激发身体的各种行为反应。这就是身心相互作用的机制。

接下来，我们将深入分析这一机制。

首先，个人在成长过程中会受到外部环境的影响，吸收各种信息并形成多样的认知，进而构建出一套完整的认知体系。这套体系不仅包含普世知识和个体经验，也涵盖对物质世界、生命世界、人类世界乃至自我的认识；不仅涉及物质和信息层面的认识，也包括价值层面的认识。所有这些元素共同塑造了个人的整体认知体系，并通过世界观、人生观、价值观等形式显现出来，同时也体现在心理体验和个性心理特征之中。

特别值得一提的是价值观。尽管在心理学领域内，价值观被视为个性倾向性的一种，但我认为，价值观实际上是连接认知与个性倾向性的桥梁。它既可以视为稳定的习惯性认知，也可以看作个性倾向性的一部分。我个人倾向于将价值观视为一种稳定的价值认知——其他个性心理倾向的基础。我们的价值观将指引我们识别哪些事物具有价值。而态度，作为一种相对稳定的心理倾向，同样在个性倾向性体系中占据基础地位。

此外，价值观是一个深受个体经历影响的概念。具体来讲，由于受到的环境影响，包括家庭、学校、工作和社交环境不同，我们每个人形成的认知也不尽相同。因此，作为认知组成部分的价值观自然也会有所差异，显现出明显的主观依赖性，同时也体现了价值观的多样性。这意味着当人成为价值评判的主体时，对于不同的人来说，事物是否有价值这一标准自然会有所不同。在个体与集体的价值标准之间，以及态度方面，也会存在差异。

基于这样的理解，每个人的认知差异，尤其是价值观的差异，会导致个人的心理体验、心理倾向、个性特征和心理活动上的不同。换句话说，认知是所有心理体验、心理倾向、个性特征和心理活动的基础。绝大多数的心理体验、意志品质、个性倾向性和个性心理特征都是建立于认知基础之上的。关于这一结论，我们将在接下来的内容中进行更详细的分析。

首先，认知会引发人的心理倾向的差异。

如前文所述，个性倾向性包括需求、目标、兴趣、态度、理想、信仰、动机等心理要素。而认知的差异，特别是价值观的不同，首先会影响个人的态度、需求、目标、兴趣、理想和信仰等方面。

态度作为一种心理倾向，同样扮演着基础的角色。不同的人因认知不同，直接表现为态度的差异，而态度又进一步影响个人的需求、目标和动机等其他心理倾向。

需求作为一种基本的心理倾向，它具有明显的方向性，这也是我们称之为心理倾向的原因。但需求的独特之处在于其复杂性，它不仅包括基于认知的心理需求，还涵盖了基于人的本能的生理需求。无论是生理还是心理需求，最终都会转化为动机，驱动个体的思维、语言和行为。考虑到需求在心理倾向中的核心位置，我们将在下一节对其进行深入的分析。除了需求之外，目标也是人们广泛讨论的一个概念，并且形成了目的论来解释人类乃至动物的行为，甚至解释万物的运作。然而，事实上，目标应该简单地被视为一种类似于需求的心理倾向，并没有广泛的意义。目标仅能驱动人的思维、语言和行为，最多扩展到驱动一些高级生命体的行为，而不能被过度泛化。

相比于需求和目的，兴趣、理想或志向以及信仰则显得更加社会化，同样是推动人们行为活动的动力源泉。与态度和需求相比，这些心理倾向虽不具基础性，却更具可塑性。同时，兴趣、理想或志向以及信仰往往源自需求。例如，一个人对音乐的兴趣可能源于其音乐审美需求的激发；而一个人追求造福人民的理想可能来自其自我实现需求的具体化。因此，这些心理倾向不仅是更高层次的，而且对语言和行为活动的影响也更为直接。

从以上分析可见，不管这些心理倾向来源于何处，它们都有可能驱动人的思维、语言和行为。通过深入分析各种心理倾向，我们发现它们之间存在内在联系且呈层次结构分布。比如，态度和需求具有基础性，可以视为第一层；兴趣、目的、理想和信仰等可视为第二层；而动机则可被看作第三层。

我们的分析表明，认知，尤其是价值认知或价值观，决定了心理倾向，而这些心理倾向又会推动思维、语言和行为。因此，在探讨人们的行为背后，我们总会自然而然地联想到需求、目的等心理倾向。

基于这样的理解，让我们继续分析。当一个人有了动机并产生语言、行为活动时，自然会产生两种明显不同的结果。如果通过语言和行为满足了需求或目的等心理倾向，那么个体的心理体验就会变得正面且积极，如感受到快乐、兴奋，甚至体验到获得感、成就感、升华感、意义感等。反之，如果需求、目的等未得到满足，通常会产生消极的心理体验，如失落、沮丧、烦恼、忧虑、担心等。这就是情绪和情感体验的来源。

当然，每个人无疑都会经历积极或消极的情绪和情感体验，但这样的情感体验能持续多久，以及会对个体的身心造成多大的影响，却是因人而异。这主要取决于个体的情感力和意志力（或意志品质）。

具体而言，如果一个人具备良好的情感力，即使遇到负面情绪，也能迅速克服内心的消极情绪，并通过新的行为活动实现目标或满足需求。如果一个人具有良好的意志力，他就能展现出自控、果断、坚忍等品质，克服外部困难，保持积极的行动，不断追求期望的结果。这一过程体现在个体的情绪与情感过程以及意志过程中。然而，如果一个人缺乏良好的情感力和意志力，他可能会频繁表现出负面情绪和薄弱的意志品质，难以实现需求的满足或达成目标，表现为缺乏自信、畏缩不前，被视为生活中的弱者。

不难看出，情感力与意志力对人的重要性。至于如何培养良好的情感力与意志力，我们将在后文中进行讨论。但至少从目前分析来看，情感力与意志力与人的认知之间存在密切关系。如果一个人对于事物的认知、情绪运作原理、心理倾向未满足的客观性以及意志过程的重要性有着深刻理解，那么他很可能培养出良好的情感力或意志力。

通过情绪与情感过程以及意志过程，个体能够重新获得行动的驱动力，并开始思考、奋斗和追求目标。

在认知、心理倾向、心理体验、情绪与情感过程、意志过程的相互作用中，伴随着人的思维、语言和行为，也伴随着情感和意志的表现，显示出这些过程在心理和行为活动中的普遍性。基于对这些过程的理解，我们提出了一套解释心理与行为关系的理论，它以心理学为基础，同时是对心理行为运作机制的简化认识模型，我们不妨称之为"心理行为关系模型"。

在日常生活中，如果个体长期遵循此模型进行身心交互活动，即心理活动与语言、行为的互动，稳定的心理特征如能力和性格就会逐渐显现并固定下来，形成个性特征的一部分。个性特征又会在个体的身心交互活动中起到决定性作用。

当我们从生理学和脑科学的角度审视时，认知过程对应于大脑皮层神经元的活动，称为脑科学中所说的理性脑。情绪很多时候源于杏仁核，对应着情绪脑。杏仁核接收外界刺激，伴随着神经递质（如多巴胺、血清素、内啡肽等）和激素（如肾上腺素、皮质醇）的释放，影响整个身体的生理活动和行为。这告诉我们，情绪在调节身体（包括大脑）的生理活动、指导行为方式，特别是在快速应激反应中起着关键作用，甚至影响身心健康。

如前文所述，人的理性使人区别于其他思维简单的动物。脑科学同样支持这一观点：人的理性脑，即大脑皮层作为理性认识的核心，对应着人的认知与思维，并能控制情绪脑。

总结来说，人的认知特别是价值认知决定了心理倾向，这些倾向驱动着人的思维、语言和行为。如果行为满足或不满足需求、目的等心理倾向，则会产生不同的心理体验。面对不同心理体验，具备良好情感力的个体能调节消极情绪和情感体验，实现自我情绪管理；而具有坚定意志力的个体则能有效驱动其认知与行为，持续思考和努力实现目标。在这一过程中反复进行，最终会表现出个性特征，如能力和性格。这就是我们提出的"心理行为关系模型"。

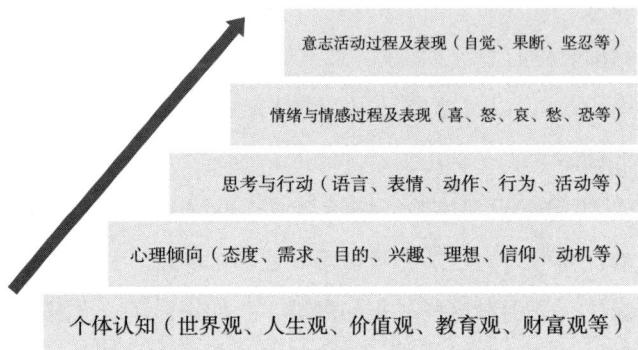

意志活动过程及表现（自觉、果断、坚忍等）

情绪与情感过程及表现（喜、怒、哀、愁、恐等）

思考与行动（语言、表情、动作、行为、活动等）

心理倾向（态度、需求、目的、兴趣、理想、信仰、动机等）

个体认知（世界观、人生观、价值观、教育观、财富观等）

心理行为关系模型驱动逻辑示意图

在日常生活中，我们几乎都在追求幸福。幸福作为一种积极的情感体验，与人的个性心理倾向尤其是需求有着直接的联系。因此，接下来我们将基于"心理行为关系模型"，重点讨论人的需求与幸福之间的联系。

# 6.7 需求与幸福

时至今日，对人的重视与关怀、对世俗的幸福生活的追求已成为人们生活的主旋律。换言之，人们的生活目的或追求几乎都趋向于幸福的生活，正如休谟所言："人类刻苦勤勉的终点就是获得幸福。"自启蒙运动以来，人们越来越接受这样一个观点，并将追求幸福视为人生的理所应当。因此，我们有必要来重点讨论一下关于幸福的话题。

从心理学的角度来看，幸福是一种积极的情感体验。幸福与其他积极情绪和情感一样，作为人的积极心理体验，被人们所追求、所向往。而对于幸福的来源，根据上一节"心理行为关系模型"的讨论，幸福同样如其他积极情绪和情感一样，是建立在我们的心理倾向，尤其是需求得到满足的基础之上的。

然而，幸福绝不仅仅是一种简单的积极情感体验，它不同于我们常说的快乐，而是有着更为深刻的内涵。这个深刻的内涵在哈佛大学沙哈尔博士那里，被理解为幸福既要包含当下的快乐感，又要有未来的意义感。

正因如此，我们想要了解幸福，就需要先来深入分析人的需求，并进一步分析从需求到幸福的路径，探讨"当下的快乐感与未来的意义感"的内涵。

从心理学的范畴来看，人的需求被看作是人的一种个性心理倾向。这显然是一个更为恰当的认定，因为倾向是可以不带目的性的一个词，类似于趋势，其原因可以认为是心理的一种非平衡状态。这样一来，我们可以将需求理解为在我们内外部环境影响下大脑产生的心理特征，也就是说需求是基于因果论的意识的一部分。更具体地说，需求可以源于我们的生命本性，也可以来自我们的认知。

马斯洛需求层次理论将人的需求从低至高分为五个层次。这些需求又被称为需要，包括生理需要、安全需要、爱与归属的需要（又称社交需要）、尊重的需要、自我实现的需要。生理需要是维持生命体征以及生命延续的需求，如食物、空气、睡眠、排泄、性的需要等。安全需要指的是人们需要的稳定、安全的身心保障，免除恐惧和威胁的焦虑，如金钱、健康、身体安全等。归属和爱的需要是指一个人对与其他人建立感情联系的需要以及寻求个体归属的需要，如对家人的依赖、结交朋友、追求爱情等。尊重的需要指的是自尊与获得他人尊重的需要，是自我社会价值认可与成就的认可。最后是自我实现的需要，即将自己的能力或潜力发挥出来，实现自己理想与抱负，从而获得成就感、价值感、意义感的需要。

**对于不同层次的需求，其产生机制以及内在联系又是怎样的呢？**

人首先是生命体，而生命体具有自我表达与延续的本性，由此驱动产生了基本需求。具体来说，生命体的自我表达与自我延续的本性维持着生命生存的基本需求，更具体地表现为生理需求。食物、空气、水和睡眠维持了个体正常的生理活动，实现了作为生命体的自我表达；性需求则保证了生命的自我延续。

然而，当生命进化到人类，生理需求并不能完全确保生命的维持。换言之，生命的维持需要持续的生理需求，而作为一个社会人、经济人为了获得持续的生理需求则需要金钱的保障。另一方面，生命体在受到外部环境以及其他生命体的威胁时，可能会失去生存能力，因而在面对外部威胁或不确定的外部环境时，自然会产生一种自我保全的需求，即安全需求。概括起来就是第二层次的安全需求。

可以说，这两种需求在人类乃至大多数生物身上都能找到。甚至像草履虫这样的单细胞生命体，也表现出了趋利避害的特性，这同样是安全需求的一种表现。但在人类社会中，这两种需求已经有了明显的不同。基于这两个层次的需求，人们所形成的社会组织中出现了经济活动，人们为了保护生命权，让渡一部分权力给政府，进而出现了政治活动。

然而，随着生命的进化，个体发展出来的更高层次的需求却不是大多数生命体都有的。当生命体发展出大脑时，基于意识的需求便发展出来了，爱与归属的需求便是其中之一。从爱与归属的需求开始，需求更多地成了人的心理体验。

本质上，爱与归属的需求是安全需求的发展。人如何才能远离恐惧、远离痛苦？一方面是由外部物质环境所提供的，另一方面也是由个体对生命持续的确定感所导致的。在人类社会中，这表现为对人际环境的一种确定性的心理需求的满足。自生命在母体内孕育起，胎儿便有了被母体包裹的温暖，并习惯了这样的环境。当胎儿出生后，对包裹性的习惯被延续下来，形成了对拥抱的需求。随着婴儿的成长，这种拥抱的习惯转变为对长久陪伴的亲人的依恋。在孩子成长的过程中，家庭作为最稳定的人际环境进一步给予孩子对生命延续的确定感，这就是安全感、归属感以及被爱的幸福感的来源。被爱与归属正是人们对于家庭这一最初环境的确定性的信念的起始。当然，这样的发展过程并不是每个家庭都一样。很多家庭由于家庭成员的缺失、家庭氛围的不和谐都会影响孩子被爱与归属需求的养成，甚至造成这些需求的缺失。进一步地，当人们步入社会，这种需求成为一种习惯，从家庭转移到了社会，人们对家庭成员的爱与归属的需求会逐步转变为对朋友、对爱人的需求，形成对友情、爱情的需求，这也是为什么这一层次的需求时常被称作社交需求的原因。

被尊重的需求是在爱与归属需求基础上进一步发展的结果，同样是人对生活环境确定性的一种渴望。这一层次的需求主要通过社交活动得到满足。

具体来说，给予爱和尊重是被爱和被尊重的前提，这是基于第二反馈机制及其上的理性，在人的意识中形成的一种需求。然而，给予爱和尊重之所以成为人的持续需求，是因为在给予的过程中，个体同样能够体验到积极的情绪与情感——自尊感、自我价值的升华感及价值感。从脑科学的研究来看，这种机制的基础在于镜像神经元的作用。当我们向他人表达爱与尊重时，对方因满足了相应的需求而表现出快乐、感激等积极情绪。由于镜像神经元的效应，我们也能共鸣这些积极情绪，进而让自己处于积极的情绪状态中，这称为共情。同时，在他人的感激中，我们也满足了自己对尊重的需求。

进一步而言，自我实现的需求则更多地体现为个体对自身价值与意义的探索。自出生起，人的意识便不断活跃，随着社会经验的积累，意识活动变得更加丰富。这时，简单的生理和安全需求已无法持续满足，意识层面会出现更高层次的需求，如被爱与归属、被尊重等，而这些需求归根结底仍是对外部人、事、物、信息等各种对象的需求，依赖于外在环境。但作为一个开放的、动态平衡的系统，人不能仅靠外部输入来维持这种平衡。这意味着如果只追求外部输入，个体将可能在社会中变得无价值，甚至被社会生活所排斥。

然而，我们知道社会性是人的本质特征之一。人们总是渴望融入社会生活，更确切地说，希望从社会中获得爱、归属感和尊重。在这样的需求驱动下，人们通过理性认识到只有融入社会、实现自我价值的创造，才能充分满足其他需求。在这个过程中，人们逐渐获得成就感、价值感、意义感及升华感，这些积极的情感体验会转化为习惯性认知，并激励个体去实现自我价值，追求成就感、价值感、意义感和升华感，从而使得自我实现的需求成为可能。

在深入分析这些需求时，我们不难发现，除了基本的生理和安全需求之外，更多表现为以认知为基础的心理需求。基本需求通过物质资源，包括金钱来满足，而心理需求则需通过更复杂的人际互动、事务处理和信息交流来满足。进一步地，我们还看到，更高层次的需求不仅包括对物质、人际、事务和信息的接受性需求，还包括爱他人、尊重他人、自我实现的输出性需求。这种输出性需求的满足主要由我们自己的行为产生，或者说由我们自身创造出来。这意味着，从外在的物质化需求到外在的信息化需求，再到内在的心理需求，随着人的需求层次的提升，个体对外部环境的依赖性逐渐减少。

这给我们一个启示：越是高层次的需求满足，越不依赖于外在的人、事、物和信息，因而更容易自我满足。但另一方面，对于个人来说，越是高层次的需求，越不容易发展出来。低层次需求是每个人共有的，因为每个人都是生命体，在生命本性的驱动下，这些需求自然会在每个人心中生根发芽。然而，高层次需求并不一定在每个人身上都得到体现，它们源自我们的第二反馈机制、理性思考、镜像神经元活动以及习惯性认知。如果我们的第二反馈机制没有得到充分且持续的训练与完善，那么我们很难发展出更高层次的需求，也难以体验到满足这些需求时的积极情感体验。

基于这样的理解，让我们再回头看哈佛大学教授本沙哈尔提出的幸福的两个要素，我们似乎找到了通往幸福的途径。一方面，从"当下的快乐感"这个要素来看，低层次需求的满足确实可以带来快乐，但由于其外部依赖性，这种快乐变得不稳定、不持久。而高层次需求的满足由于对外部环境依赖性较小，使我们更容易获得满足，而且是更持久的满足。例如，一顿美食带来的快乐不仅依赖于外部食物，而且持续时间短暂。相比之下，通过努力练习钢琴并能熟练演奏带来的成就感则是持久的。若在此基础上，通过精湛的表演给观众带去快乐，我们也能感受到价值感和意义感。

另一方面，我们还应当考虑"未来的意义感"这一要素。在我看来，所谓的未来意义感，依然需要反映到我们当前的行为和心理体验中，让我们感受到行为过程中的确定感，进而让我们从当下到未来的满足感中获得充实的未来意义感。归根结底，这同样应当是我们各层次需求满足所带来的结果。例如，当我们拥有良好的家庭和社会关系时，爱与归属的需求得到满足；当我们有一份值得终身投入并且沉浸其中的事业时，我们往往会体会到自我实现需求的满足。这些需求的满足为我们的人生带来极大的确定感，并由此产生未来的意义感。

因此，在我看来，幸福更多地体现为一种稳定的、复杂的、持续的积极情感体验。关键在于多层次需求的满足，特别是高层次需求的持续满足，而越是更高层次的需求满足，就越会带来更加持久而深刻的幸福感。

当然，从根本上来说，无论是哪个层次的需求，都指向了两种基本趋势。第一种是个体对差异性或独特性的追求，这反映了对"性"的需求。在这种趋势的影响下，人们追求更好的生存和发展，渴望展现自己的个性，追求美丽、新鲜感和与众不同。第二种趋势是个体对系统平衡的追求，即对"道"的需求。在这种趋势的驱动下，人们寻求确定性和和谐状态，希望彼此和睦相处，追求平等与正义。进一步来说，对"性"的需求有助于我们个体系统的平衡，为我们带来即时的快乐；而对"道"的需求则服务于我们所属的更广泛社会系统的平衡和稳定，为我们提供未来的意义。

我们从各层次需求的满足中追求持续的、多层次的积极情感体验，包括安全感、自尊感、成就感、价值感、意义感和升华感等，从而获得幸福。基于这样的分析，我们认为幸福感不仅包含快乐，还涵盖了各种高层次需求满足后的积极情感体验，如安全感、自尊感、成就感、价值感、意义感和升华感，以及对未来确定性的感觉。这就像由多种香料混合而成的美味佳肴，是一种复合的积极情感体验。

总而言之，我们的幸福感源自我们的需求。由于需求背后的驱动原因不同，我们产生了不同层次的需求。在各种需求层次的推动下，我们产生动机，采取行动去寻找能够满足自身需求的人、事、物和信息等各种对象，甚至转向内在，探索自己的内心世界，寻求自给自足的需求满足。如果在这个过程中我们的多层次需求得到持续满足，那么我们就会感受到持续的幸福感。

# 6.8　本章小结

在本章中，我们首先回顾了历史上的先哲们对人性的理解，并在本书的理论框架内对他们的观点进行了明确的回应：我们不能像理性主义者那样，把人性简化为天赋观念；不能像孟子和卢梭那样，将善良视为人的固有本性；也不能像霍布斯那般，将人性中的动物性看作是本质特征。我们认为，唯有人的理性才可能成为人类的本质特征。

为了探究这一特殊性，我们深入分析了人类的独有特性，并最终发现，人的独特性在于拥有一套独特的反馈机制，这套机制以语言、文字、大脑等作为信息载体，我们称之为第二反馈机制。深挖其背后的原因，我们发现这一机制建立在人类基因决定的独特生理结构之上，尤其是大脑的物质基础之上。正是由于这种独特的基因，人类拥有了与众不同的大脑，进而创造了复杂的语言和文字，形成了强大的反馈机制，进化出了独特的理性，使人类成了独一无二的存在。

在对人性的探讨之后，我们进一步分析了人的意识，包括意识的构成与层次，并特别关注了认识、理性等概念。这使我们明确了这些抽象概念的具体含义，并进一步探讨了人的心理过程、心理体验、心理特征以及行为活动之间的相互关系和变化过程，从而提出了心理行为关系模型。

心理行为关系模型揭示了人的认知，尤其是价值认知如何决定一个人的态度、需求、目的、兴趣、理想和动机等心理倾向。而这些心理倾向又驱动着个体的行为。如果行为的结果满足了这些心理倾向，个体就会展现出积极的情绪和情感体验；反之，则会导致消极的情绪和情感体验。面对消极情绪时，具备良好情感力的人能够调节自身的情绪，实现自我情绪管理与改善。而具有坚强意志力的人能够有效地推动自己的认知和行动，不断思考和努力，以实现个人目标或满足需求。而在这一过程的反复进行中，会表现出一个人的个性特征，如能力、性格。而这些能力、性格又会影响一个人的情绪与情感表现，进而影响一个人的行为，形成一种心理和行为的互动过程。

在此基础上，我们又着重分析了需求与幸福的关系。需求被理解为一种心理倾向，而幸福则是积极的情感体验，它们之间的关系可以通过心理行为关系模型来理解。鉴于需求的复杂性和幸福感的重要性，我们深入探讨了需求的层次结构及其成因，并提出了真正的、持久的幸福源于我们多层次需求的持续满足。更高层次的需求满足似乎为我们提供了一条更容易接近幸福的途径。

基于以上的认识，我们可以断言：人不是机械装置，更非自私基因的傀儡，也无须借助灵魂这一形而上学的概念来指引我们的行动。尽管在日常生活中，我们可能高谈阔论目的论，但从更深层的本质上分析，基础仍然是因果决定论。当一个人的行为看似有目的时，实际上这些所谓的"目的"仅仅是他与外界环境相互作用的结果。确切来说，我们的言行受到神经系统的控制，这个系统通过信息传递来指导我们的举止。这种互动甚至不涉及量子效应，也不局限于原子层面的交互作用，而是大量原子的统计运动趋势产生的结果，形成了一套基于信息的因果关系决定系统。

至于我们的神经系统，一方面是由遗传基因决定的，另一方面则受外部环境影响。这两方面的因素共同塑造了每个人独特的神经结构，包括大脑中的脑神经回路。

　　进一步深入分析外部环境因素，将涉及后文所讨论的各种政治、经济要素，以及文化与传统习俗等。这些外部条件极大地影响了我们的神经回路，进而塑造了我们的认知结构，使我们在面对不同现象和事件时做出特定的反应。

　　我认为，除了直接的因果关系外，习惯或习性是解释人们日常认知和行为的另一个关键因素。研究表明，习惯主导着我们 80% 以上的行为。习惯在本质上是意识与行为的一种惯性。正如物理学中物体保持其状态的惯性一样，人的意识与行为中的惯性体现为习惯性反应。究其根源，习惯也是环境长期作用的结果，如家庭、学校、社会等环境的影响，使得某些神经回路变得更加健壮，一旦受到刺激便会自然地传递信息并控制行为，从而形成习惯。然而，从另一角度观察，一旦习惯形成，即便没有环境的持续作用，改变它也将是困难的。

　　综上所述，我们可以认为生物进化、人类发展、生命个体以及人的行为背后，既不是严格的机械论，也不是目的论，它们本质上仍是基于物质相互作用的信息因果决定论，是第二反馈机制的表现。

　　然而，按照这种逻辑，我们在否定目的论的同时提出因果论，似乎又陷入了关于自由意志的新困境。历史上，人们往往因难以调和因果决定论与自由意志论而陷入悲观的宿命论；为了维护自由意志，不得不突破因果决定论的限制，这造成了理论上的两难困境。有时，甚至需要借助于独立的灵魂或先天观念来证明人的自由意志。那么，因果决定论与自由意志论究竟哪个正确？二者是否真的不可调和？人究竟是否拥有自由意志？

　　在探讨自由意志时，康德认为自由是指人类有能力选择不受生物本能的支配，这种能力源自理性。正因为人具备理性，所以拥有自由意志，能够超越动物性，成为真正的"人"。

　　另一种观点认为量子力学中的不确定性原理（或随机性）破坏了因果必然性，从而产生了自由意志。如果将当前的量子理论视为宇宙万物运作的根本准则，的确，我们得知量子理论否认了绝对的决定论。然而，正如保罗·戴维斯在《上帝与新物理学》中分析的那样，如果非决定论的量子理论是自由意志的根源，最终这只能导致我们的精神错乱，而不是真正意义上的自由。具体来讲，量子力学中的不确定性与我们的意识之间存在巨大的鸿沟：我们的意识是基于物质集合体的趋势性运动，属于信息因果论的范畴，而量子的随机性则指的是微观粒子运动的不确定性。在这种情况下，即便我们大脑中的一个原子发生了量子随机性衰变，它也不太可能对大脑神经元的趋势性电信号产生影响；如果这种衰变确实影响了神经元的电脉冲传递，那么最终导致的是我们的意识变得不可控，而不是产生自由意志的想法。

实际上，为了探讨我们是否拥有自由意志，首先需要明确自由的内涵。如果我们将自由理解为意识、语言和行为不受因果决定论的约束，那么我们很难说拥有自由意志。从人的主体性角度来看，作为一个带有反馈机制的开放、非线性复杂系统，我们的意识即便不完全受外部环境影响，也必然是内外部环境与大脑信息相互作用的结果，遵循信息因果论。而我们大脑的形成又遵循环境塑造个体的因果论。因此，所谓的自由意志似乎无从谈起。

然而，如果我们把自由视为意识活动及在其指导下的行为不受外部环境限制的能力，或者当我们的思想和行为不必考虑外部环境的限制时，比如达到财务自由的状态，我们就实现了一种自由。显然，外部环境对我们思想和行为的影响或限制并非都是不可避免的。具体而言，正是理性让这种定义下的自由成为可能：我们越理性，受外部环境的影响就越小，可谓"越理性，越自由"。

事实上，我们通常所说的自由，就像幸福一样，指的是更高层次的心理体验。当我们感受到自由时，意味着我们的意识活动和言行不会引起内心的约束性负面情绪。即使我们的思考、言语或行动受到外部环境的限制，也不会导致负面情绪的产生，我们便感受到了自由的心理状态。对于这样定义的自由，显然是可能实现的。

无论是不受外部环境限制，还是即使受到影响限制也不会产生内心的约束性负面情绪，这都是可能的自由形式。那么，如何将这类定义的自由转化为我们实际感受到的自由呢？

正如康德所认为的，理性是获得自由的关键驱动力。由于第二反馈机制的存在，人类具有了理性。一旦人们拥有了理性，就意味着具备了认识世界的能力，这种能力必然让我们认识到物质层面的因果决定论，以及人类社会和个体意识中的信息因果论。这样，我们就能拥有不受外部环境限制的想法，说那些不被外部环境否认的话、做那些不被外部环境所限制的事，从而感受到自由。当然，当我们的理性言行仍受到外部非理性因素的限制时，我们也可以通过理性地处理这些情况，避免产生内心的约束性负面情绪，以保持自由的体验。因此，自由并不与因果决定论冲突；相反，自由之所以可能，正是因为基于因果论。是因果论开启了我们的理性，进而让我们能够感受到自由。

事实上，经过这样的分析，可以明显看出，对我们来说，理性比自由更为重要。通过人类独有的第二反馈机制，理性最终将使我们认识到宇宙万物的运行规律，领悟到平衡的天道，并顺应这些规律或天道生活，从而体验到幸福、快乐、宁静、自由等诸多积极的情感。在因果决定论所铺设的人生道路上，理性赋予我们思考的能力和选择的权利，让我们能够理性地思考，并选择如何理性地塑造自己的生活，进而获得幸福与自由。

那么，人是如何借助第二反馈机制，通过理性来认识到"道"的重要性呢？"道"又是如何深入每个人的意识之中，从而帮助我们获得幸福与自由的呢？为了回答这个问题，我们需要从人类社会这个庞大的集体组织谈起，从社会道德的角度入手。

因此，接下来，我们将把焦点转向人类社会，基于对人类社会的分析，重点探讨道德问题，并通过剖析人类社会的历史与现状，去探寻通往幸福与自由的道路。

**7**

社会与人

经过前一章的分析，我们已经构建了关于人及其意识的系统理解。在这套理解框架中，基于信息因果论的第二反馈机制，以及由此衍生的理性，使人类超越了单纯的生命存在，成为独特的存在。

作为一个生命体，人首先受到第一反馈机制的限制，展现出自然属性，即动物性，体现出生存本能和生理需求。然而，人类不仅仅表现出动物性。在第二反馈机制的作用下，人类展现了理性，这种理性赋予我们从心理到行为的一整套复杂活动模式，并催生了我们多层次的需求及对幸福的追求。

另一方面，我们不可否认人类显著的社会属性。人类拥有极其丰富的社会行为和社会生活，如婚姻、家庭、教育、职业、政治经济生活等。为了共同的目标，人们会组建大型社会组织，进行协作，同时在文化包括道德的影响下和平共处。总的来说，虽然我们上一章中探讨并提出了理性才是人之所以为人的本性，但是我们同时又是社会化的动物，社会性成了人类最大的表现特征，极大地影响着我们的日常行为与生活。

那么，在第二反馈机制之下，更确切地说，在理性的引导下，人类社会是如何组织和发展起来的？在人类社会的发展过程中，政治、经济和文化是如何演变而来的？它们在人类社会的组织和发展中扮演着什么角色？作为日常生活和行为准则的道德规范是如何形成的？为何道德在社会生活中扮演如此重要的角色？换言之，社会本身及人的社会属性是如何在第二反馈机制下进化的？而在人类社会这一范畴内，对于个人来说真正的价值又是什么？什么样的生活才是真正有价值的，才是人们所追求的幸福生活？

接下来，我们将围绕这些问题展开讨论，深入探讨人类社会、社会发展、道德，以及人的价值与追求。

# 7.1　对社会的认识

在本节中，我们首先对由人构成的人类社会及其生活的各个方面、不同的社会群体进行简要介绍。

如果我们从系统的视角审视我们的社会，看待不同的社会群体，例如民族，或者一个国家（虽然严格来讲，国家不仅仅是一个社会群体），我们可以将社会视为一个具有自组织能力的有机体系。这意味着我们所居住的世界不仅是开放的、带有反馈机制的，而且还具备自组织的能力。

在之前的讨论中，我们将生命视为以遗传基因为信息载体的第一反馈机制下的有机系统。而作为生命进化的最高产物，人类则被视为以独特的生理结构，尤其是大脑的特殊生理结构为基础，以外在记忆（如语言、文字等）和内在记忆（大脑记忆）为信息载体，以第二反馈机制为核心特征的有机系统。

现在，面对整个人类社会，我们同样可以将其视作一个开放的、带反馈的、具有自组织能力的有机生命体，就像人类一样，同时具有第一反馈机制和第二反馈机制，这个生命体同样体现着第一性与第二性。

然而，另一方面，人类社会是一个极其复杂的有机体系，其构成要素本身，就像人一样，是同时拥有第一反馈机制和第二反馈机制的有机生命体。从最小的个体和家庭到企业、社团、政府机构，再到民族、国家，这些都是人类社会中不同层次的组成要素。如此复杂的构成无疑会影响我们对人类社会的理解。因此，我们需要通过科学且系统的研究，从不同层次去考量影响人类社会的各种要素，才有可能真正理解人类社会。

事实上，通过不懈的努力，人们已经对人类社会形成了体系化的认识，发展出了人类学、社会学、民族学、政治经济学等系统性理论。

在此，我并不打算深入探讨人类学或社会学这些复杂的理论体系，而是希望通过将民族、国家等社会群体类比生命个体，寻求一种更为简明的方法来理解人类社会，了解国家与民族这些典型的社会组织系统。具体而言，我们将在这里把一个民族、一个国家，甚至整个人类社会作为一个独立的有机体系进行研究。

民族，作为以共享文化为根基的社会群体，很自然地将文化视作其核心标识（当然，这不是唯一的视角；在西方，民族更多是基于血缘来界定的）。而国家则有所不同，它主要是从地理和政治的角度来定义的一个概念。国家的持续存在意味着它具有主权独立性和独特性。

具体来说，一个国家的主权独立性应当体现在其核心要素上，即从地理角度拥有独立的领土，从政治角度具有独立的国家治理和外交能力。这意味着一个独立国家可以自行决定其领土的使用方式，即专属管辖权。这也意味着其政府机构在国内能独立管理国家，自主发展政治、经济、文化等社会各个方面，保障国民权利，提升国民生活水平。在国际上能不受其他国家影响独立行动。对作为国家管理机构的政府而言，维护国家的独立和特色就意味着对内要妥善管理内政，对外要与其他国家保持良好关系，确保其作为一个系统和个体的内外平衡。

更具体地说，无论是一个国家还是一个拥有共同文化基础的民族，作为一个独立的有机体，其核心任务是解决自身的生存和发展问题。进一步来说，无论是国家还是民族，类比于个人，其生存和发展的能力主要体现在对物质世界、生命世界和社会发展的认识与改造能力上。正如个人的认知决定了个人的能力，一个国家或民族内部的群体性认知是决定其生存和发展的关键因素。在我看来，这种群体性认知就是国家或民族在发展和文明进程中产生的文化。

对于民族来说，文化是其核心特征。在民族内部，文化不仅是群体性认知，不仅是影响每个个体的外部环境，更是民族作为一个具有自组织能力的独特有机体的"基因"。民族具有文化同质性的特点。因此，一个民族的延续意味着保持其核心文化的独特性和独立性。而一个民族的发展与繁荣表现为群体规模的扩大、物质和精神生活的丰富以及文化影响力的扩散。

除了上述讨论，对于一个国家而言，我们还可以探讨国家文化这一概念。然而，由于国家主要是基于地理属性和政治属性所定义的实体，国家文化往往与民族文化存在交集和差异。一个国家可能包含多个民族群体，国家文化因此可能融合了众多民族文化元素；而一个民族也可能分布于多个国家中，其文化可能成为这些国家的文化根基。

除了文化，从国家的角度来分析，经济、政治、科技、教育等都是影响社会群体生存与发展的重要因素。

首先，自人类社会步入农业时代以来，经过近万年的演变，已发展成为以人为中心的人文主义社会。因此，绝大多数国家都以满足人类需求为根本。无论是物质还是精神需求，都需要坚实的基础，并给予充分的满足。而经济活动——涉及人们生产、流通、分配和消费所有物质和精神财富的总和——正是这个基础。通过经济活动，人们不仅获得生活所需，满足了物质需求，还创造了丰富的文化产品，在一定程度上满足了精神需求，实现了自身价值，为他人创造了价值，并创造了巨大的社会财富，推动社会发展。在当今世界，经济已成为一个国家综合国力的象征，是国家发展中的首要重点。经济不仅影响着国民的生存和生活需求的满足程度，更是国家生存和发展的首要保障。

其次，在经济活动的基础上，政治是国家作为一个有机体进行自组织活动的集中体现。政府机构作为政治实体，也是国家这一有机体的"大脑"。通过国家治理这一自组织活动，政府不仅能够推动经济和社会的发展，还能促进文化进步、保障人权、实现自主外交，使国家管理更加高效，并推动国家的整体发展。同时，通过友好的外交政策，政府还能在国际层面实现协同发展。因此，作为国家治理机构的政府，为了维护国家的独立性和独特性，推动国家的进步和发展，以及维护全球作为一个有机体的生存与发展，应当妥善管理内政，对外与其他国家保持良好关系。

另外，科技虽然属于文化的一部分，但因为它建立在理性和客观的认识论基础上，所以极大地增强了人们认识和改造世界的能力，进而推动了社会经济的发展。具体而言，无论科学是源自人类对真理探索的好奇心，还是作为直接需求的产物，或是人们在认识世界和社会实践过程中形成的知识成果，最终转化为技术，它都成了社会发展的最大动力和经济发展的首要生产力。科技让人类从零和博弈变成了正和博弈，使得人类社会和经济的发展从线性增长模式跃升为指数增长模式，为社会带来了巨大的物质和精神财富。

最后，教育对于一个国家来说不仅是传递文化的重要手段，更是提升国民、社会组织乃至整个国家第二反馈机制的关键途径。一个国家或民族的教育体系质量直接影响国家文化的繁荣和国家命运的兴衰，是国家生存与发展的基础，正所谓"百年大计，教育为本"。

总体来看，对于一个国家而言，文化、经济和政治是国家发展的关键影响因素，它们共同作用推动国家向前发展。经济是政治和文化得以形成的基础，为政治和文化提供基本保障，正如"经济基础决定上层建筑"所言。而政治则是经济的集中表现，一方面受经济制约，另一方面政府又与市场这只"看不见的手"相互协作，反作用于经济。在这三要素中，文化无疑是核心。文化不仅是民族的基因，也可以看作是国家的认知。这个有机体的认知代表着国家意识形态和科学技术的水平。依据我们对认知的理解——认知驱动行为，或者说认知水平决定行为能力——那么文化不仅代表国家及国民的思想进步水平，也代表国家的科技发展水平，并通过人这一主体，深刻影响着政府的国家和社会治理能力以及经济发展。政治对文化的影响则主要体现在政府对文化的干预上。具体而言，政府通过对国家自我认识的提升，以及通过教育、法律或媒体传播来实现对文化的引导性或强制性干预。

在我看来，虽然经济是国家发展的基础，但鉴于当前的国际形势和社会发展阶段，文化显得尤为关键。经济是国家的血肉，政治是骨架，而文化则是灵魂（这里指的是思想或意识）。社会的每一次重大变革，都始于认知的转变。因此，教育作为改变群体性认知的关键途径，显得尤为重要。

基于这样的理解，要促进国家经济的发展，提高国家与社会治理的效率，就必须建立在广泛而先进的国家文化基础之上，把科学技术水平、经济发展和国家治理的指导思想、国民道德发展与创新意识发展这些关键的文化要素作为重要的发展指标。

最后，让我们来探讨社会群体与个体人之间的关系。实际上，我们每个人都生活在特定的社会环境中，时刻受其影响。其中最关键的并非物质环境，而是基于社会关系的社会文化环境。在此基础上，我们每个人都形成了独特的认知，表现出个体的社会性，体现在我们的协作性和组织性上，成就了社会人的特质。

因此，尽管我们可以追溯到人的本性是基于第二反馈机制的理性，但社会这个庞大的反馈源对个人的影响是不可忽视的。社会对人的影响在文化层面尤为显著，包括科技和各种社会意识形态（如传统习俗、道德规范等）。此外，政治、经济发展水平和法律等方面的因素也对我们产生影响。

而个人对社会的积极影响则主要通过创造和实现个人价值来实现。这种价值的实现既体现在物质财富的创造上，也体现在精神财富和思想价值的创造上。我们大多数人实现社会价值是由自我基本需求（如生存需求、安全需求、爱与尊重的需求等）所驱动的，但实际上，个人与社会价值的统一才是个人对社会的最佳影响状态。也就是说，自我价值的实现与社会价值的实现本质上应当是一致的。这种一致性既表现在个人行为创造了社会价值，也意味着个人追求实现社会价值的动机应基于马斯洛所描述的自我实现需求。如此，个人的价值实现便成为社会价值实现的过程，个人需求的满足与社会需求的满足实现了和谐统一。

当然，不论是哪种需求驱动，我们在满足自我需求的同时，多数情况下也在无意中创造着社会价值，推动着社会的进步。而那些伟人则多数是以创造社会价值为理想，将实现自身价值与实现社会价值统一起来。伟人之伟大，正在于他们创造了巨大的社会价值。进一步来说，伟人能够创造巨大的社会价值，更多是通过其思想和认知的革新实现的。大多数伟人首先是思想家，然后才是政治家、教育家、科学家、经济学家、军事家等。他们能洞察更广泛的需求，提出新的思想或认知，创造出精妙的方法，并借此创造巨大的物质和精神财富。

最后，无论是经济基础、政治体制还是文化传统，这些概念的背后都指向了人的不同层次需求。所有这些社会层面的概念都建立在人的需求之上，并通过第二反馈机制在社会生活中得以体现。因此，不论是源自个体还是社会群体，需求都是经济发展、政治体制发展和文化发展的基础。

进一步地，需求并非人类所独有，而是生命体广泛具有的特性。生命的表达与延续是生命的基本特征，同时也是基本需求，在人类社会中这表现为生存与发展。

然而，在人类社会中，个体的需求并不总是带来幸福，而往往可能引发冲突。由于人的本能，我们同样具有自我表达与自我延续的天性，也就是前文提及的生存与繁衍的基本需求。因此，人们自然地对能更好保障自己生存的事物产生需求。一件衣服你想要，他也想要；一亩地你想种粮食，他也想种。共同的需求很多时候带来的是争夺，甚至引发战争。所以，在社会这样的群体组织中，仅仅有需求是远远不够的。在需求之上，我们希望获得幸福，还需要基于第二反馈机制的理性，以及由此演化出来的文化和更具体的道德规范。

在接下来的篇章中，我们将对道德进行深入的考察与研究。在此之前，有必要回顾一下人类社会发展的历程，这将有助于我们对社会有更深刻的理解，也有助于我们探究道德的本质。

# 7.2　社会的发展（一）

在理解了第二反馈机制及其对人的意识、认知和理性的影响之后，再结合对社会有机体如人类、民族、国家的基本认识，以及对文化、政治、经济等社会概念的理解，我们将能够更全面地认识人类社会。对于社会发展的不同形态以及社会进程中出现的各种现象，我们也将能够提供更为合理的解释。

接下来，让我们运用这些概念，回望人类社会的发展历程。

数百万年前，我们的远古祖先——猿人，出现在非洲大陆上。他们最大的特点是能够制作以石器为主的简单工具，并建立起基于血缘关系的原始群落，通过狩猎和采集获取生活资料，并在社群内进行平均分配。家庭、家族、氏族观念在当时至关重要，它们成为资源分配的基础。

然而，人类真正的快速发展是在最近的 2 万年内发生的，这主要体现在语言的使用上。大约 7 万年前，智人的语言系统进一步完善，认知能力显著提升，协作能力也得到了增强。尽管此时的生活方式仍需不断迁徙，但认知能力的提高使智人站在了食物链的顶端，他们的生存能力大大增强，开始走出东非，四处迁移。

当时的智人虽然拥有了语言这一重要的信息传递工具，但这仅仅增强了他们的生存能力，比如在合作狩猎和经验分享方面。在他们的意识里，生存和繁殖仍是唯一的驱动力，第二反馈机制尚未完全建立。人们仅从血缘或亲族关系来建立联系，而对非亲族成员则抱有敌意，因此在迁移过程中会进行烧杀掠夺。

当人们在采集过程中发现某些植物可以通过种植获得稳定产出时，他们找到了新的食物来源。人们开始种植小麦和豌豆，同时也意识到活体动物可以保存和繁殖更长时间，于是开始驯化山羊。这些变化为人们带来了更稳定的食物供应，甚至产生了食物剩余。经过长期的发展，种植和驯化最终形成了农业，人类进入了农业时代。后人将这种食物获取方式的巨大转变称为农业革命。

农业革命虽然源自人们认知的变化，但它反过来极大地影响了人们的认知与生活方式。农业的发展带来了更多剩余粮食，与采集和狩猎时代饥饱不定相比，余粮帮助人们度过了艰难的季节，从而更好地确保了生存。此外，农业生产的长周期劳作要求人们定居下来。固定的居所以及粮食的剩余加快了人类的繁衍速度，使人口在短短一万年间从百万年的百万基数暴增至 1.7 亿，人类种群迅速扩大。

然而，农业革命带来的不仅是食物的富足，也产生了新的问题。比如，定居生活减少了人们的运动量，导致体质减弱、疾病增多。再如，当有了可长期保存的余粮，便催生了私有财产的观念，进而导致了贫富差距和掠夺者的出现。

新的问题和老的命题共同作用，催生了新的社会变革。农业革命引发的人类社会巨变才刚刚拉开序幕。人类的历史进程、社会组织形式以及生活方式都将迎来翻天覆地的改变，文明的篇章也随之徐徐展开。其中，最显著的变化莫过于人们对土地价值的重新发现。

在狩猎时代，猎物提供的是短暂的饱餐，一旦消耗完就需要再次狩猎。而土地则不同，它是不动产。失去了土地需要开荒，但种植作物无法像狩猎那样即时提供食物，因此土地的价值远超猎物，它不再仅是直接的生活资料，而是成了人们生存的重要生产资料。

土地价值的发现成为社会变革的关键因素。由于土地的高价值，对土地的需求导致了私有化的产生。随着私有土地的增多，无主地减少，需要新土地的人们不得不长途迁徙寻找无主之地，或占领他人的土地，否则将面临生存威胁。在这样的背景下，迁移使得智人的活动范围遍布全球。而在迁移过程中，地理环境的不同导致了生活方式和物资的变化，靠山吃山、靠水吃水，为基于交换的经济活动创造了条件。

此外，随着群体间的争夺土地，冲突时有发生。甚至在部落内部，基于生存和私利的社会关系，在族群扩张导致土地资源紧张时，也可能引发冲突乃至战争。同时，农业生产的提高加速了繁衍速度，以血缘为基础的家族制群落逐渐壮大，形成氏族，进而通过婚姻联合成部落。在更大的社会群体内，各种矛盾也相应产生。因此，这样的社会群体需要更高效的组织结构，如选举首领来维持秩序，征集壮丁保护私有财产。这样，政治和军事的雏形开始显现。

随着时间的推移，人们在生活实践中意识到提高效率需要有机的组织，社会分工自然形成。部落中出现了首领、官员参与治理，维护稳定和权利；手工艺者凭借技艺生产日用品；商人将物资交易给更需要的人，创造价值满足需求；教育工作者传授技能和知识，提升工作效率和生存能力。这些职业的出现，就像人体器官功能的分化，是基于第二反馈机制的社会发展的自然结果，而不仅仅是为了生存、生活、和平或进步的目的性产物。

最终，社会分工和新职业的出现使人们开始关注更多的非生存事物。领袖考虑如何维护整体利益和正义；壮者成为保护土地和族群的战士；手工艺人思考制造更多生活必需品；商人关注人们的所需。这导致了不同行业内部的大反馈机制分化为更具体的机制，群体认知也随之分化，形成了复杂的社会反馈系统，催生了等级制度。

总的来说，对土地价值的新认知让私有化成为现实。这一过程中，我们可以看出，由于第二反馈机制的作用，某些生产和生活中的观念被传承并扩散，形成了群体性认知，即文化。文化为社会发展提供了稳定的推动力。以生产与交换为核心的经济活动也随之自然地出现了，以治理为核心的政治和以保护财产、抵御侵略为核心的军事也应运而生，高效传承技能的教育亦随之发展。人类由原始时代跨入农业文明的新时代。

# 7.3　社会的发展（二）

在农业时代，随着人类族群的扩大和社会的发展，第二反馈机制进一步丰富了人们的思想观念。人们开始认识到，除了血缘关系之外，彼此之间还存在着共同的特征和需求。这促使人们在更广泛的范围内相互接纳，形成了更加复杂的社会结构，并建立起具有共同认知的庞大社会组织：城邦和国家。于是，历史上一些辉煌的文明相继出现，如苏美尔人、埃及人、印欧人、希腊人等各自开启了自己的文明时代。我们的祖先在社会治理、文化、政治、经济等方面取得了巨大进步，人类社会正式进入了文明时代。

历史研究表明，最早的文明之一便是以苏美尔人及其创造的楔形文字为代表的苏美尔文明，它标志着人类五千年文明史的开端。

文字的出现，可以视为第二反馈机制完善过程中的关键里程碑。文字让人类突破了面对面交流的限制，实现了信息与价值的跨时空传播，大大加速了发展进程。

继两河流域的苏美尔人发明楔形文字之后，闪米特人发展的古巴比伦-亚述文明创造了又一个繁盛时期，孕育出了世界上第一部成文法典《汉穆拉比法典》以及最古老的教育机构。《汉穆拉比法典》借助文字将文化成就固化并传承，成为人类思想进步的重要里程碑。

古埃及、古印度和中国作为文明的摇篮，同样诞生了依托文字的文化精品，例如古埃及的各类教谕和箴言，古印度的《吠陀》《罗摩衍那》《摩诃婆罗多》，以及中国的《易经》等。

历史的车轮滚滚向前，人类迈入了辉煌的轴心时代。这个时代孕育了非凡的文化、政治和经济成就，并持续进化，最终铸就了东西方各具特色的文明。

让我们来探索西方文明的发展脉络。

在西方，人类思想和文化的发展沿两条主要路径前进。一方面，以理性和民主为中心的古希腊文化为西方文化和政治奠定了基础。作为一个地理环境复杂的城邦联合体，古希腊的经济基础和政治制度（即奴隶制）让公民享有了闲暇时间，这成为他们研究自然、追求真理的先决条件。同时，复杂多变的地形（山地与海洋）和便捷的交通造就了他们漂泊不定、频繁迁移的生活方式，这不仅拓宽了他们的知识视野，还激发了对未知领域的好奇心，形成了一种独特的海洋文化。在这种背景下，古希腊人在探求世界起源的过程中培育出了理性和勇于探索的文化特质。

古希腊的城邦生活，由于各城邦分散且需要共同抵御外敌，它们不得不平等地联合起来，这种合作促进了民主这一文化特征的形成。因此，理性和民主成为古希腊文化的核心，并且也成为其政治的基本标志。受限于经济与科技水平，古希腊人无法完全解释他们所观察到的自然现象，于是转向神秘主义，将之归因于神祇，为后来宗教思想的接纳播下了种子。

在摩西出埃及以后的数千多年里，不管是沦为巴比伦之囚，还是被罗马人烧毁圣殿，最终亡国，犹太人及其创立的犹太教都始终绵延不绝。而到了公元一世纪，耶稣创立了基督教。基督教创立后，在保罗等信徒的努力下传播开来，并在三百年后从精神上征服了罗马帝国，被定为国教。

这两种思想的融合，是由罗马人完成的。罗马人不仅是一个尚武的民族，同时也是一个开放、热爱学习的民族。他们不但推崇古希腊文明，模仿古希腊的生活方式，而且开放地接纳了基督教，并将其文化融入整个罗马帝国的精神生活中。

此外，以利益（土地）为驱动南侵的日耳曼人，在打败西罗马帝国后，开启了以分封制为基础的封建时代，将土地广泛分封给亲属和功臣。

到了中世纪晚期，随着欧洲经济的发展，人们对世俗生活的兴趣逐渐增加，开始对宗教神学产生厌倦，而教会的日益腐败，加上黑死病给人们思想带来的灾难性冲击，使人们的信仰开始崩溃。于是，人们开始向往古希腊、古罗马的人文精神和文化情怀，并最终引发了文艺复兴。文艺复兴让人们重新关注追求世俗幸福生活。理性、基于人权的民主以及对世俗生活的热忱再次成为人们生活的主题。

同时，马丁·路德对宗教的新理解迅速传播，宗教不再仅是教会控制下的存在，而是成为人们自主的信仰。由此，基督教孕育出了一个新的分支：新教。

与此同时，源自古希腊的理性之光在自然科学领域重放异彩。哥白尼、伽利略、牛顿等科学哲学巨匠们运用理性探索真理，取得了划时代的成就。科学思维因而在欧洲深根固本，苗壮成长。达尔文的进化论更是彻底颠覆了人们对生命起源的传统认知：人类并非神创，而是从灵长类动物演化而来。这样的发现巩固了基于理性的科学精神，加强了人们对掌握自身命运和世俗生活价值的信念，同时削弱了宗教的权威。十八世纪法国的启蒙运动进一步将理性深植人心，而浪漫主义运动则推动了以个人权利为核心的民主自由观念的广泛传播。

纵览西方政治的演变，亦经历了深刻变革。古希腊虽已诞生了民主政体，但那是一种直接民主制，仅限于特定人群（成年男性公民）。古罗马的共和制度经过恺撒、屋大维等人的改革演变为罗马帝国。随着基督教逐渐成为国教，罗马形成了一个政教合一的帝国。西罗马帝国于公元476年灭亡后，北方的日耳曼人引入了封建制度，为西欧长期的分裂与战争埋下伏笔。同时，教会力量深入社会各阶层，西方的民主失去了活力。

然而，文艺复兴以及新兴的资产阶级崛起唤醒了人们的自我意识，人们对旧有的政治制度产生了强烈的不满。霍布斯首先肯定了自利的合理性，并揭示了国家权力的本质——国家权力是人民授予的。洛克进一步否定了君权神授，将人的生命权、自由权乃至财产权纳入国家保护的范围。卢梭则更加坚定地宣扬"主权在民"的理念。

此外，随着历史的推进，西方的经济结构也经历了剧烈变革。

进入农业社会时期，生产资料的变化，尤其是土地成为劳动的主要对象，导致土地逐渐私有化，进而带动了生产工具和其他劳动资料的私有，以及生活资料的私有化。无疑，这种私有化促进了劳动生产力的提升。而生产力的增长进一步推动了生产资料所有权形式的变迁，引发了生产关系的改变，从而导致了社会生产方式和社会形态的全面转型。

从原始社会起，一个族群或部落所掌握的生产资料多寡便影响着其发展水平，并在群体间产生了强弱之分。为了生存与发展，为了争夺更多生产和生活资源，较强大的群体常常对弱小的群体展开掠夺。在部落冲突中，被征服者往往失去自由，沦为胜利者的奴隶，成为奴隶主的生产资料，从而逐渐形成了奴隶制。

在古希腊时代，人们的工作方式主要以家庭作为基本单位。到了古罗马时期，尤其是在罗马帝国盛期，奴隶制庄园经济得到发展，战俘变成了奴隶的主要来源。然而，即便在如罗马帝国这样强大的奴隶制国家中，极端的不平等仍然导致了社会组织形式的不稳定。这种不稳定的社会组织形式不断暴露出种种问题，并在漫长的历史演变过程中，最终激发了奴隶的反抗。著名的斯巴达克斯起义便是奴隶对抗奴隶主压迫的一个典型事件。

公元 476 年，随着日耳曼人灭掉西罗马帝国，西欧步入了封建时代。然而，这一时期的经济基础并未发生显著变化。土地作为关键的生产资料，逐渐集中于贵族手中。日耳曼人进一步确立了以庄园制为主导的农业经营模式，其中领主拥有庄园，而农奴则被迫在其领地上辛勤耕作。

在漫长的封建社会进程中，西方世界主要围绕族群矛盾推动着文化（即人们的认知）变革，并促进经济和政治的进步，最终在工业革命中经历了翻天覆地的变化。根据我们的分析框架，工业革命的发生也是建立在文化基础之上的产业革命，尤其是科学技术的发展是推动工业革命的关键因素。

工业革命极大地提升了人类的生产力水平，代表先进生产力的资产阶级走上历史舞台，深刻动摇了传统农业生产中农场主的地位，社会形态也逐渐向资本主义社会转型。

在资本主义社会中，资产阶级获得了土地所有权，他们借助资本原始积累，基于私有制再次成为新的权力阶层。通过资本运作驱使劳动者生产价值，并从中获取剩余价值。工业革命之后，日益细化的劳动分工和规模化生产极大提高了劳动效率。

此外，西方世界实施重商主义政策，特别是在 15~17 世纪由哥伦布、麦哲伦等人引领的地理大发现后，西方世界在工业革命之后开辟了广阔的市场和原材料供应基地，这进一步推动了西方资本主义经济的发展。

# 7.4 社会的发展（三）

在东方文明的发源地之一——中国，人民数千年来辛勤耕作、繁衍生息，同样缔造了辉煌的文化成就，并在此基础上建立了独特的政治体制，维系了国家长久以来的统一与繁荣。

区别于西方文化，中华文化拥有自己深厚的根基和生命力。这套文化体系以人为中心，以道德规范为生活和行为的准则。自古以来，中华文化就形成了关注和关怀人的优良传统。它不强调先天观念或绝对精神，而是专注于探究人的理想、日常行为规范，从而孕育出中华文化独特的价值体系和道德伦理观。如果将中华文化比作一颗层层包裹的洋葱，那么其最核心的部分可以归结为一个字——"人"。中华文化中的价值认知、理想信念和行为准则均以人为核心。

进一步来说，在中华文化中，对于人的价值、理想以及行为准则是通过"道"这一概念来合理化的。《易经》等上古文献已经自然蕴含了平衡之道的思想，"一阴一阳之谓道，继之者善也，成之者性也"，借由阴阳变化来解释万物运行的原理。在人际交往方面，《易经》尤为重视谦逊，如以"地山谦"象征大吉，正所谓"满招损，谦受益"。而在《老子》中，这种认识得到进一步深化，铸就了中华道德文化的源泉。

由此，中华文化的另一个核心道德——行为规范的道德和伦理化，便有了坚实的基础。紧邻"人"这一核心之外的层面，就是道德与伦理化的行为规范。

在这一层面中，孔子关于道德和伦理化行为规范的思想对中华文化产生了最为深远的影响。如前所述，在道德层面，孔子提出了以"仁"为核心的理念，他认为具有仁德之人才是真正的君子。而君子的特质正是与"道"相契合，"居上位而不骄，在下位而不忧"便是此意。因此，在中国传统文化中，道德合一有着深刻的含义：符合道即为有德，有德之人即为君子。再进一步，在行为规范层面，孔子倡导"礼"的概念。礼作为人的行为规范，是内心仁德的自然表现。只有理解并践行礼仪，才能形成"君君、臣臣、父父、子子"的行为规范，进而创造出"天下为公"的大同世界。

在中国传统文化中，天地被视为按照"易理"或"天道"自然形成的，这是不言而喻的。自然而然地，人们将关注点落在了"人"上，并以人为核心构建了中华文化的道德体系。围绕这一核心，仁德成为其重要组成部分，它与"易理""天道"一脉相承，自然衍生。仁德进一步具象化为"礼"，即行为规范。因此，知礼守礼被视为符合仁德，而符合仁德则意味着遵循天道，这便是君子，是圣贤的标志。

随着时间推移，尽管中国的传统文化受到了道教、佛教等思想的影响，但中华文化的灵魂始终未变。儒家主张入世为民，佛家提倡出世为民，而道家则提供了失意时的精神慰藉。正如南怀瑾所言：儒家如粮铺，日用而必需；佛家似杂货铺，应有尽有，既能渡己又能渡人；道家则像药铺，主治精神疾病，让人在艰难时刻找到内心的安慰。

在这样的文化基础上，儒家所描述的君子从政理念，逐渐形成了中国古代的士人阶层。士人不仅是中华文化的重要承载者和传承者，捍卫着以道、德、礼为核心的价值观，同时也投身政治，实践道德理想和抱负。他们在中国古代的政治生活中扮演了极为重要的角色：一方面，他们以修身、齐家、治国、平天下为己任，深入参与社会治理，为生民立命、为万世开太平；另一方面，他们站在道德制高点，对皇权形成制约。此外，他们还投身教育，继承并传播圣人之学，教化民众。士人将文化带入政治机构，实现了文化与政治的高度融合。独尊儒术的政策便是士人向统治阶层传播文化的标志性事件之一。同时，士人也把文化扩散至民间和各民族中，使文化与民族高度统一，促进了中华民族的广泛融合。从姜子牙治理齐国到文成公主嫁给松赞干布，中华文化的影响力日益扩大。宋朝对文人的极度重视也体现了文化与政治的深度融合。儒学的巨大影响力使得修身、齐家、治国、平天下成为士人们的终极追求，推动了整个中华民族稳步向前发展。而在民间社会，基于道德的礼制作为日常生活秩序的基础，深深植根于人们心中。

后来，程朱理学和陆王心学从不同的视角对儒家思想进行了阐述和发展。程朱理学主张由外及内，即通过探究万物的理，来建立纲常伦理。而陆王心学，尤其是王阳明的心学，则主张由内及外，认为天理本在心中，这就是他提出的"心即理"理念。他们将道德准则内化为人的良知，通过致良知实现人对于最高道德的追求，以及对于本心的探寻。但无论是程朱理学还是陆王心学，其最终目的都是入世，都是要实现横渠四句中的生命终极追求。他们的言行之准绳，也都指向道德。从这个角度来看，二者只是方法不同，目标却是一致的。

在政治方面，中国古代的政治同样是建立在中华文化这一坚实的基础上。自古以来，中国对于国家的概念就与西方不同，中国的国家自一开始就建立在文化的基础上。也就是说，在中国，民族以文化为核心特征，国家也以文化为核心特征，这就形成了民族、国家、文化三元一体的结构。不论中国的政治体制如何变化，中国的统一始终是历朝历代的共识。

当然，除了统一的共识，中国的政治也有其独特的形式。从政治体制上来说，秦汉时期已经基本结束了东周实行的分封制，开启了郡县制。这让中国在很早就脱离了"封土地，建诸侯"的传统封建时代，进入了所谓的封建帝制时代。

在封建帝制时代，皇帝虽然贵为一国之君，但是士族的崛起让中华文化主要是儒家文化一同传至朝堂，比如从孟子那里发展出来的民贵君轻的思想和荀子君舟民水的思想，都让士族阶层站在了道、德的制高点，名正言顺地以治国、平天下为己任，实现对君权的制衡。所以在上千年的时间里，古代中国的朝堂之上，相权对君权的限制始终存在，这也才会有太宗怀鹞这样的故事。

让士族得以实现这样的政治抱负的，则是自汉代以来的政治人才选拔机制。汉代建立的察举制让一部分人有了从政的途径，隋唐兴起的科举制则让更为广泛的平民有了参政的途径，宋朝则进一步取消了科举考试对于工、商从业人员的限制。延续一千多年的科举考试让大量知识分子参与到国家政治中，不仅促进了国家治理，还建立起了自上而下的全民族文化认同。

除此之外，自唐朝建立起来的以职能为基础的三省六部制成为古代中国政府机构的主要组织形式，这种以职能为基础的政府机构组织形式或官僚体系，让中国古代的统治权力进一步分散，形成政治权力互相牵制的局面。

在经济上，由于数千年来以农业为基础的经济模式，中国形成了一种受土地政策、税收政策、人口数量以及社会稳定状态所影响的经济体制。好的土地政策可以极大地激发农民的积极性，推动国家经济的繁荣。不管是秦汉时期的授田制，还是自北魏至唐前期都推行的均田制，都基本上让绝大多数人拥有了土地，从而保障了社会的稳定，促进了经济的发展。一旦土地通过买卖集中到少数人手里，形成了租佃形式，民怨就会出现，经济的发展和社会的稳定就会受到影响。税收政策则是影响土地所有权的关键，过重的税收经常让土地越来越集中于地主手中，造成社会的不稳定。此外，历朝历代以来，人口数量的增加自然也会推动经济总量的增加，所以很多开国皇帝都采取休养生息的政策来促进国民经济的恢复与增长，在历史上出现了文景之治、贞观之治、康乾盛世等。

总的来说，数千年来，在东方这片土地上，形成了一个以文化为基础的统一的、自带反馈机制的有机体。这个有机体在绝大多数时候由于内部矛盾自我进化着，直到西方世界的介入，这一平衡才真正被打破。

## 7.5　异同之处

当我们粗略分析了东西方文明的进程以后，回头来看，不难发现东西方文明进程中还是有很多的差异。

文化方面，西方世界一开始就以一种解释世界的姿态出现，而东方的中华文化则一开始便将关注点放在改造世界这一主题上。正因此，西方为了解释世界，必须有一套经得起考验的理论体系，因此西方的理性以及宗教得以发展。进一步地，在这样的认识基础上，西方对于自我认识就弱化了，后来经过宗教的压制，人们从理性中获得力量，在理性战胜宗教以后，科学以及政治学、经济学得以建立在更加坚实的理性基础上。在东方的中华文化，则更加关注人，更加在意社会和谐，从而建立起一套以人为核心、以道德伦理为社会规范的社会生活与社会治理体系，保障了整个社会的正常运转。

基于这样不同的文化根基，形成了不同的社会政治体系，乃至经济发展体制。

政治方面，在封建时代，东西方政治上的主要不同来自西方仍旧是以分封制为主，而东方的权力则更加集中，形成了封建帝制。分封制让权力更加分散，分散权力的封建制度会产生越来越多的权力中心，比如日耳曼民族入侵西罗马帝国以后，将土地分给战功卓著的军队统领，再比如很多皇帝死后将土地分给几个子代，这直接造成了西方世界的国家统一性被破坏，影响了西欧的历史发展进程。这在中国也曾出现过，比如东周的分封制造成中国春秋战国时期的分裂。

古代中国，虽然东周的分封制造成分裂，但是自秦始皇以后的郡县制以及书同文、车同轨、行同伦的规定，让权力更加集中，从而让中国成为一个从文化上统一的国家，让民族和国家逐步合二为一。这个过程中，真正影响国家的政治结构的并不完全是皇族或贵族（地主）阶级。汉代察举制以及隋唐发展起来的科举制让越来越多的人参与到国家治理中来，由此成长起来的士人阶层，以中华文化为思想核心，对上为统治者服务，对下也为民请命，打通了社会的上下层，极大地保障了社会结构的稳定与文化的融合统一。

在经济上，东西方的生产劳作方式也有着明显的不同。西方长期采用庄园式劳作方式，而东方则长期是以家庭为单位的生产劳作方式，土地成为人们赖以生存的必需生产资料。一旦庄园式劳作方式发育起来，平民便会无法忍受，就会推动所有制的变革。

此外，在西方，封建时代的贵族管理着国家的权力机构，但是宗教机构却极大地控制着人们的精神世界，就像耶稣说的那句"恺撒的归恺撒，上帝的归上帝"一样。这样一来，在意识形态层面与经济、政治生活层面同样有着不一致。

由于文化的不同造成的东西方战争形式也有明显的不同。西方的战争大多是族群之间的战争，不是你死就是我亡，虽然在战争中学会了包容，但族群之间的文化差异几乎无法抹平。正因此，西方虽然偶尔出现短暂的统一国家，但是都由于所信奉的文化不同而快速走向分裂。而古代中国的战争大多是民族内部的战争，是统治者和被统治者之间的战争，多是由于统治者失德，造成被统治者奋起反抗，是基于道德的战争。因此在中华文明中，统一是主基调，而分裂是短暂的。

进一步地，在古代中国，道德的发育自然就会非常完善，社会的稳定依赖以道德为核心的文化得以长久。

总的来说，人们生活方式的不同，政治、经济体制的不同。从根源上来说，我认为其最大的区别还是在于不同层次的认知的不同（既包括个体认知，也包括群体认知），而在民族层次，正是文化的不同。

最后，结合以上三节的分析，当我们回头来看这样一段人类的社会发展与思想进步史，虽然文化上大相径庭，但是也呈现出了一些鲜明的共同特征。

首先，我们的社会是持续发展的，思想是持续进步的。换言之，人类社会作为一个开放的、自组织的有机体，社会发展与思想进步的大趋势是具有必然性的。

一方面，基于当前的情况，我们的物质生活已经极大地丰富了，科技水平也经历了前所未有的发展。我们在能量利用方面的技术有了显著提升，人类群体也在迅速壮大。面对灾难时，我们的生存能力进一步增强。可以说，我们正生活在历史上最为富足的时期。

另一方面，当我们回望历史，我们看到了蛮族征服文明、王朝的复辟、野心家的短暂称霸以及经济的衰退。但时至今日，这些事件都像过眼云烟，无法抵挡历史规律的滚滚巨轮，也未能阻止人类社会持续发展的步伐。理性与科学取代了野蛮与愚昧，道德与进步深入人心，人们的基本权利得到了极大的保障，人与人之间的关系变得更加平等，社会也变得更加文明。

其次，人类社会的发展当然也表现为思想的进步。这种进步更具体地说是一种融合与包容。回顾人类思想发展的历史，受到地理环境、气候环境和生活水平等因素的影响，在人类发展初期，人们的思想存在明显差异。但随着社会从原始社会，到农业时代，再到工业时代，乃至信息时代的发展，不同族群的思想不断融合，从以自我为中心到以阶级为中心，再到形成具有广泛约束力的道德准则，最终建立在人人平等基础上的更加包容的社会及社会规则，使得人们之间的思想更加接近。

这种融合与包容还体现在思想的广泛性上，例如平等、公正、民主等理念得到广泛的认同与支持，带来了更为广泛和一致的群体性认知。反过来说，只有代表了更广泛群体利益的思想才能被广泛接受，并成为一种广泛传播的群体性认知，从而得到延续与发展。

最后，虽然人类思想的发展在根基上趋同，但在广泛的文化与道德准则之内，人们的生活却变得越来越多元化。

从最早的茹毛饮血，到现在的琳琅满目的商品，从古时候代代相传的故事，到现如今爆炸式的、碎片化的即时信息——毫无疑问，我们的物质与精神需求得到了极大的满足，并且呈现出持续的多元化发展趋势。

究其原因，社会的发展与思想的进步可以视为性与道的正和博弈。

一方面，作为生命个体的人，在生命本性的驱使下，总是追求自我的生存与延续、独立性与差异性，以及意义感或价值感。这种基础表现为人们对自我意识的推崇，包括对幸福生活的追求，对民主与自由的追求，以及对个性与自我的追求。人们从未停止过对幸福的追求。任何一种思想，若能得到广泛的认可与传播，必定是因为它涵盖了人们对幸福的向往。

进一步地，从人类族群或不同民族的角度来看，这种基础又体现为族群的发展与壮大。任何一个族群采取的目的性行为，都不希望看到本族群文化的独立性受到侵蚀，都坚信自己的文化是最优的。在此基础上，人们共同遵循并传承这些文化，服务于族群的发展。

另一方面，无论是个人需求的满足还是族群的发展，都受到"道"的规制。在这条发展道路上，受第二反馈机制的影响，人们借助理性来控制兽性，抑制过于膨胀的欲望，约束言行，从而推动思想的进步，形成了不同类型的道德法则、宗教戒律及最终的文化传统。这些文化传统又反过来促进族群的和谐发展。

因此，无论是个体的思想进步、族群的发展，还是全人类的整体发展，都可以视为性与道的相互作用与碰撞。

数千年来，无论是在奴隶制国家、封建帝制国家、资本主义国家，还是社会主义国家中，以生命本性为基础的"显生存与求发展"的力量与以道为基础的"趋平衡与共存荣"的力量始终相互作用，矛盾地统一在绝大多数人身上，也统一在更广泛的人类族群和生物种群上。

在人类社会中，这种相互对抗最终导致了社会形态的变革、经济体制的革新以及国家政治体制的更替。这些变革推动了思想文化的进步。当我们谈论共产主义国家的先进性时，我们通常指的是其思想代表了最广大人民群众的利益。在这样的国家中，人们享有全体人民的平等与富足，这极大地扩展了"道"的范围，满足了人们不同层次的需求。

在人类社会发展的历程中，我们可以将每一个具有共性的人类群体（包括国家、民族或全人类）视为一个开放的自组织系统。在这些系统中，必然存在输入的反馈源来促进系统自组织能力的提升。对于任何系统而言，这种自组织能力主要体现在系统内部各个要素（无论是个体的人还是更小的组织）之间的合理组合和有效运转。对要素或个体来说，这实现了生存与发展，即人们的生存得到了更好的保障，不确定性显著降低，人们对自己生活的掌控也越来越强。而对于更大的系统——人类社会而言，这实现了种群的壮大，以及作为一个生物种群蕴能、熵减的自然进化过程。

在这样的背景下，我们可以断言，一个社会组织，小到企业、社团，大到国家、民族，自由、民主、多元化的实现都必须建立在平等、公正、包容的基础之上，这是推动进步的关键。

一方面，稳固的文化根基是不可或缺的。这包括对平等、公正、包容等基本价值准则的广泛认同。平等确保了每个人在社会地位和政治权利上的平等地位；公正作为平等的进一步体现，促使社会崇尚公共利益；包容则让个人和组织展现出宽厚仁慈的态度。

另一方面，只有在更加平等、公正、包容的基础上，人与人之间、国与国之间、族群与族群之间、文明与文明之间才能真正实现自由、民主、多元化。这两种思想如同生命的基本特征与多样性一样，辩证地统一在一起。没有平等的自由、没有公正的民主、没有包容的多元化都是无源之水、无根之木。一旦确立了这些核心文化或基本价值准则，人们会自然而然地接纳更多元化的次文化和生活方式，如多样化的饮食、服饰。基因是生命的基本特征，文化则是民族的基本特征。突变保障了生物多样性，而核心文化之上的次文化及生活方式则展现了民族内部不同组织、个体的独特性，也是全人类社会中各民族存在的根本。若人类社会抛弃了这些核心文化或基本价值准则，冲突将不可避免。

# 7.6 道德（一）

我们已经探讨了文化的重要性。从民族和国家的角度来看，文化作为一种群体性认知，在微观层面上极大地影响着个体的认知。在宏观层面上，它更像是一个民族或国家的基因，赋予其自组织能力，促使其有效运转。没有共同的文化，民族难以形成凝聚力，国家可能面临内部矛盾甚至分裂解体的风险。

当我们将注意力转向文化的核心——道德时，我们发现它不仅是人们判断是非的标准，更是人们生活和行为的准则。道德是维持社会平衡运转的关键。因此，接下来我们将重点分析道德这一概念。

在轴心时代，东西方均出现了诸如苏格拉底、柏拉图、亚里士多德、释迦牟尼、孔子等这样的杰出思想家。他们不约而同地关注人们的世俗生活，寻求道德的本质和生命的真谛。

在西方，苏格拉底最早开启了对于道德的讨论。他认为，特定的行为本身并不能直接揭示一个人的善或恶，关键在于行为背后的善恶知识。他强调，作恶往往源于对善恶知识的无知，因此，获取正确的道德知识是实现善行的前提。苏格拉底提出了"知识即美德"的观点，这一观点虽具有开创性，但也引发了知识与道德本质差异的讨论。柏拉图则引入了"理念"这一概念，将道德纳入理念的范畴。他倾向于在理念的框架下探讨万事万物，而非单独研究道德。亚里士多德对伦理学进行了系统的研究，提出了基于德行的中道伦理学。他认为德性就是中间性，中庸是最高的善和极端的美，过度和不足都是恶。这一观点与孔子的中庸之道相似。亚里士多德还对幸福进行了定义，认为幸福就是灵魂符合德性。

同时代，中国涌现出了孔子、孟子等伟大的思想家。与当时西方哲学的广泛涉猎不同，中国哲学更专注于伦理道德。

孔子的伦理学以"仁"为核心，强调"己所不欲，勿施于人"和"君子成人之美，不成人之恶"的德行。这种德行背后，是对他人深沉的仁爱之心，是对人性自私一面的超越。孔子赞赏的君子，永远不会因私利而舍弃大义。

孔子将仁爱之心外化为"礼"，建立了一套行为规范，从而在精神和行为层面构建了完整的道德体系。孔子的思想使人们超越了自私自利，追求互利甚至利他的境界，推动了中华民族社会文明的进步。

孟子继承并发扬了孔子的仁义思想，提出"仁政""民贵君轻"等理念，进一步强化了统治者应以民为本的观念，其核心同样是利他的仁义之心。

与古希腊哲学侧重物质世界认识和理性思考不同，中国伦理学更关注日常生活的价值。儒家思想以"仁"和"礼"为核心，使中国文化在伦理学上站在道德高地。西方哲学探索"我是谁""我从哪里来"，而东方哲学则关注"我将去往何处""我该如何去"，这为东西方社会文化发展奠定了不同基调。在那个时代，中国伦理学更有利于社会稳定与发展。汉唐盛世及后世多次战乱后的统一，展现了中华民族深厚的凝聚力和民族精神。而西方哲学对真理的追求和理性思维，也为自然科学的兴起铺平了道路。

此外，来自古印度的乔达摩•悉达多看到人世间生、老、病、死各种苦恼，便出家悟道，创建佛教，教人寻求解脱之法。需要说明的是，佛教的思想，不论是"诸恶莫作，众善奉行"，还是"发阿耨多罗三藐三菩提"，令一切众生"入无余涅槃而灭度之"，都有着与儒家一样追求至善的情怀和"为生民立命"的气概。而在具体路径上，又与道家主张内修、追求"无为"的思想有着几分相似之处。因此，佛教在东方找到了沃土，逐渐落地生根、发展壮大。

总的来说，轴心时代的东西方思想家们，虽然彼此独立，但都为人类文明贡献了宝贵的智慧。他们的思想体系不仅影响了当时的统治阶层和普通民众，还随着时间的推移，不断被后人所继承、发扬和创新。当我们回顾这些思想时，不难发现它们之间存在着明显的传承与发展关系。

轴心时代之后，由于人们对世界的认识存在局限，思想进步在近两千年的历史中并未实现重大突破，而是呈现出各种思想相互借鉴、吸收、融合和进化的趋势。

在西方，古希腊哲学，尤其是柏拉图的思想，深刻影响了思想家们。他们逐渐寻求物质之外的至善至美世界，试图探索超越物质的精神领域。基督教的教义被认可，最终在君士坦丁的推动下成为罗马帝国的国教。随着天主教的发展，西方社会进入了漫长的中世纪。这一时期，对上帝的信仰成为精神生活的核心，教会利用其影响力压制人的自然欲望，弘扬灵性，从而控制了人们的精神生活。教会宣扬只有通过对上帝和耶稣的虔诚信仰和顺从才能获得救赎，灵魂才能升入天堂。这种禁欲主义极大地压抑了人们对幸福生活的追求。

在中国，随着历史的发展，儒家思想不断兼容并蓄，成为中国传统文化的主流。道学和佛学也得到了广泛传播。魏晋南北朝时期，佛教受到推崇；唐朝时，儒、释、道三种思想共生共荣。儒学凭借其强大的进化能力，成为更具生命力的思想。宋明两代，儒学在佛学、道学的影响下，形成了程朱理学和陆王心学两大学派。程朱理学吸收佛学、道学的思想，提出"天理"概念，主张"格物致知""存天理，灭人欲"，追求天人合一。陆王心学，尤其是王阳明的心学，更多地吸收了佛学观点，强调"心即理"，将道德准则内化为良知，通过致良知实现对理的追求。这与程朱理学的"格物致知"有明显区别。在行动上，"为善去恶"成为知行合一、致良知的自然表现。

在西方，经历了漫长的中世纪之后，文艺复兴再次唤醒了人们对美好生活的向往。由于教会对追求幸福生活的极大压制，文艺复兴后人们对世俗生活的兴趣变得更加强烈，而路德发起的宗教改革则进一步批判并剥夺了教会的权威。然而，文艺复兴显然不仅仅是对古希腊和古罗马文化的重构，而是随着生产力的发展，展现出了一种思想的进步。具体来说，文艺复兴之后，一方面，科学革命极大地动摇了以神为中心的天主教地位；另一方面，人们开始将关注点重新放在社会生活中，深入探讨人性，重塑人的价值，并追求幸福生活以及自由。正如前文所述，经过文艺复兴的思想解放，经验论者（如洛克）和唯理论者（如斯宾诺莎）都承认了人们自利的合理性，并认为自利的本性不必然导致恶果。理性的运用可以使自利行为在道德规范下变得合理，通过理性的调和，人们可以实现自利与道德的统一。休谟则进一步发展了道德学说，提出情感是道德的驱动力，道德的广泛性源于人类情感的共通性。正是这些普遍相通的情感，让人们能够相互理解，形成对道德的共识。

康德则从纯粹理性的角度建立了道德形而上学。他的伦理学建立在实践理性的基础上，认为人具有双重性：一方面可以认识现象世界，另一方面因有理性而能自由选择，不至于沦为低级生物。有了自由，人们才能够选择道德律作为行为准则，将主观意识上升为普遍法则。康德的道德法则当然也强调善，但由于人的非理性，道德实践并非总能达到善的结果。因此，他提出了灵魂不朽和上帝存在的假设。但无论如何，善的标准是确定而绝对的，道德的根基源自理性。

休谟与康德对道德本原的看法虽大相径庭，但并非不可调和。正如我们下文将要讨论的关于德福一致的话题，幸福作为一种复合的情感体验，是休谟所谓的情感基础。在人们追求幸福的一生中，道德几乎成为通往幸福的必经之路。因此，休谟的"道德源于情感"的论断是有其合理性的，但有了这一基础，若没有理性，没有第二反馈机制，道德同样无从谈起。

黑格尔更加重视道德的现实性。他认为，在理性的指导下，个体意志应当与普遍意志相符合。然而，现实往往并非如此，个体意志与普遍意志经常不一致，这种不一致性导致了"不法"行为的产生。在不法行为与普遍意志（即"法"）的冲突中，道德得以产生。如果说康德的道德观基于自由，认为善是无条件的，那么黑格尔的道德观则具有明显的现实性。黑格尔认为，个人意志应与普遍意志保持一致，个人可以追求幸福，但不应破坏他人的幸福。在个体利益与普遍利益冲突的过程中，最终实现个体意志与普遍意志的相互一致。因此，在理解道德义务时，他要求人们在"行法之所是"的同时，关怀自身及他人的福利。

继黑格尔之后的费尔巴哈，并未继承康德和黑格尔的道德理论，而是延续了洛克和斯宾诺莎的一些观点，再次肯定了人追求快乐、避免痛苦、自利自保的正当性。他认为，利己并不必然破坏他人利益，相反，它可能促使个人利益与社会利益达成一致，因此，道德应与个人幸福联系起来。

进化伦理学认为，人的道德源自生物进化的自然结果，追求个人的快乐和幸福是合理且正当的，应被视为基本的道德目的。道德进步被看作是生物本性适应自然环境和社会环境的历史过程。

随着存在主义思潮的兴起，道德似乎因人的存在而退居生活的边缘。人因自由而存在，社会道德却限制了人的自由，导致异化的无个性生活。存在主义者认为，真正的德性在于摆脱社会道德的束缚，通过自我塑造和自我成就，还原自由之"自我存在"，赋予生命以意义。

综观上述观点，道德起源问题呈现多样化。关于什么是真正的美德，也有着不同的理解：是习得的关于善恶的知识？是中庸之道？是仁人之心，良知，还是对神的虔诚信仰？或是对幸福生活和自由的追求？那么，道德究竟是什么？它如何成为可能？上述哪一种观点最具说服力？为何道德在人类社会中如此重要？

接下来，我们将在前人认识的基础上，从理性的角度探讨道德。

## 7.7　道德（二）

在本节中，我们将从更一般化的角度来探讨道德，即从万物演化的规律中审视道德，看看道德究竟如何成为可能。

在这里，我们从两个层次来分析道德这一概念：一个层次是"道"的概念，也就是我们前文一直提及的趋于平衡的"道"；另一个层次是"德"，即我们通常所理解的道德。

首先，我们来分析"道"这个概念。

在本书中，我们在前文已多次讨论过"道"的概念。虽然借用了老子的一些思想，但我们并不想把这个词神秘化。正如我们前面反复强调的，本书中的"道"是一种趋势，是趋向平衡态的趋势。

正如前文所述，大爆炸之初，"道"的作用便有了坚实的基础，具体来说，就是物质的可观测性。根据我们的分析，物质的本质是变换的空间，是差异性作用的结果，是无限的、开放的原初空间在局部发生演化的必然结果。因此，自宇宙形成开始，物质就具备了其基本属性——可观测性。而这个可观测性，归根结底，表现的是性的一面。因此，我们谈论物质世界的道，首先得承认物质的本性，那就是物质的可观测性。

在此基础上，任何一个在物理学上可简化为质点的物体，小到粒子，大到天体，其状态（属性）在不受外力作用下保持不变，自然就处于一种平衡状态。作为物质实体，没有这种平衡状态，自身属性便无法维持。例如，一个高能电子经过库仑场时状态失衡，发生湮灭效应后变成了两个光子；一个钴原子在弱相互作用下衰变，则产生了新的镍原子。因此，平衡态是物理对象得以持续存在的基础。

对于复杂的物理系统，从一个原子系统到一杯水，从一杯水到复杂的星系，无论是一个动力学系统，还是热力学系统，都体现了物质运动最终趋于平衡态的事实。

作为一个动力学系统，由于守恒律，一个物质系统的状态在没有外力作用下总是趋于平衡态。这种平衡态往往是确定性的、可预测的，比如我们的太阳系。而作为一个热力学系统，由于系统内部元素众多，表现出的平衡态则是趋势性运动的结果。

不论哪种系统，只有维持平衡态，一个系统才可能作为一个个体延续着自身的存在。换种说法，那就是彰显着自己"性"的那一面。也就是说，一个系统正是有了道的作用，维持了自身的平衡态，才导致了性的延续，"道"又变成了"性"的基础。比如，一块石头的出现是因为它的特有属性，是性的作用，而一块石头特性的延续则是由于其属性的稳定，这个稳定恰是因为道这一趋于平衡态的趋势，让石头处于一种原子之间相互作用的平衡态，从而展示出其相对稳定的特性或状态。

万物的演化，其驱动的本因是差异，是"性"，但是最终形成的平衡态却彰显着"道"的存在。当我们将这个平衡态的系统看作一个个体时，它就具有了新的差异性，成为新的存在，彰显"性"的一面。因此我们可以说，任何一个物质集合体都是性与道的结合体。在性的作用下实现了自我否定，实现了进化，而在道的作用下，保持了自我延续。这种辩证的演化进程，最终导致万物的形成。我们的物质世界，在这种性与道的相互转换中运动着、演化着。

当生命世界的概念被引入时，平衡态展现出了新的形式。我们将生命体中的"道"这种趋势称为蕴能、熵减的趋势。生命的本质正是这团特定的物质集合体——作为一个远离平衡态的热力学系统，作为耗散结构——向着蕴能、熵减方向运动的必然结果。通过蕴能、熵减这样的一个趋势性运动，生命体表现出与众不同的属性，延续着生命的表达和遗传的基本特征。从更深层次的原因来说，蕴能、熵减这样的一个趋势仍然需要形成平衡态。如果没有"道"这种趋向平衡态的趋势，生命并不会向着蕴能、熵减的方向运动，生命体内部的相对平衡也就无从谈起。失衡会导致新的存在的产生，生命的延续也因此变得不可能。

进一步地，生命作为一个开放的系统，其内部平衡是一种动态的平衡。这种动态平衡意味着系统外部输入是相对持续稳定的，当然造成的输出也是相对稳定的。

更进一步，动态的、稳定的输入意味着生命体的外部环境应当提供可维持生命体动态平衡的物质与能量。事实上，在当前的生物界中，无论是从局部还是整体来看，在不同的生态系统中已经形成了非常复杂的食物链关系，为各类生命体提供稳定的物质与能量输入，保持着生物界各种生命体及其种群的动态平衡，维持着它们的生存状态。当然，在更高的层次上，作为一个开放系统的生态系统，要维持其内部的稳定状态，同样需要其内部——也就是生态系统中的各种生命以及非生命环境——处于一种相对平衡的状态。这不仅包括种群数量的相对平衡，也同时体现着能量流转的相对平衡。

因此，在生物界中，我们可以看到从个体的生命到不同层次的生态系统，再到整个生物圈，其稳定性的维持同样是以其内部平衡态作为基础的。"道"在生物圈的不同层次的生态系统中都发挥着维持系统平衡的作用。

当然，就像物质世界的物理对象要以可观测性为基本特征一样，生命世界同样有一个共同的基本特征，那就是生命的本性。生命具有一套以基因为反馈信息载体的独特反馈机制（第一反馈机制），以及由此产生的自我表达与遗传的基本特征。

当生命演化到高级形式——人类出现以后，这种平衡态的维持又表现出新的形式。

为了符合大众的认知习惯，我将这个趋于平衡的趋势命名为"人道"，而将物质世界所提及的那个"道"称为"天道"，生命世界的那个"道"称为"生道"。但本质上，不论是"天道""生道"，还是"人道"，都是那个趋于平衡态的趋势，同样属于"道"的范畴。

根据前文的分析，人类之所以与众不同，是因为在动物的基础上，人类进化出了一套更为先进的反馈机制，即第二反馈机制。第二反馈机制的外部反馈源从单一的外部环境进化为以语言、文字、多媒体为载体的信息源；作为系统的反馈信息载体的人，也从单一的基因逐渐进化出大脑，而被编码成信息的文字、多媒体等也成为人们可获取信息的信息载体，大大拓宽了人们获取信息、存储信息、提取信息的渠道。

有了第二反馈机制，人们就拥有了理性。建立在第二反馈机制基础上的理性极大地促进了人类社会的发展与思想的进步。原始人类的行为仍旧是受第一性的驱使，就像霍布斯认为的那样，共同的欲望造成抢夺，陷入争斗。但随着人类社会的进化，人类特有的第二反馈机制及其作用下的理性的出现，让人们明白了以自我为中心的自利行为是冲突的根源，冲突最终并不能实现自利，而是会将个体置于更为不利的境地。于是，人们在理性的作用下形成了一套广泛认可的善恶标准作为自己行为的指导。当然，这套善恶标准最终体现在人们的意识中，是一套群体性认知体系，这便是道德。进一步地，由于道德准则的广泛性，使其最终成为客观的、不以个人意志为转移的一套社会准则。这样一来，人类社会也形成了相对平衡的状态，维系着人类社会的发展与思想的进步，表现为人们彼此之间相对受限的行为。

时至今日，无论人们基于道德的自律意识，还是公共权力对人的行为的限制，都是第二反馈机制作用的结果；究其根源，第二反馈机制的基础仍然是"道"。

因此，我们可以说，在"道"这个趋于平衡的趋势的推动下，我们有了第二反馈机制，进而有了理性。当我们有了理性以后，道德就成为可能。我们在理性作用下形成的广泛认同的一套善恶标准正是道德。进一步地，人民通过让渡部分权利给国家，并在国家层面形成明确的、强制的行为准则，便是法律。

道德在生物进化至人类以后，由于第二反馈机制，人类社会、族群内部自然地会形成一套善恶标准，这是不必引入第二元的。

当然，在历史上，人们对道德的认识也产生过分歧。从苏格拉底的"知识即德性"到亚里士多德的"中庸即美德"，从孔子的"仁、义、礼"到董仲舒的"五常"，从朱熹的"存天理"到王阳明的"致良知"，从康德的"先验道德律"到费尔巴哈的"幸福论"，从进化论伦理学的"追求快乐、幸福是道德目的"到存在主义伦理学的"否定社会道德，追求自由的内在道德"，人们总是根据自己的认知赋予"德"自认为正确的定义。

时至今日，人们对道德的认识已基本达成一致。越来越多的人意识到了科学体系下的社会生活规则，对人性的重视与关怀、对世俗幸福生活的追求成了人们生活的主旋律。

当下，我们惯常所认为的道德，已成为一种被广泛认可的群体性认知，一套被共同接受的善恶标准。这样的一套道德准则之所以能够受到广泛的认可，正是因为"道"

的驱使。因此，"德"就是顺应"道"。在中国，自古以来，人们都将"道"与"德"连起来用，称为"道德"。我认为是这样的因果联系隐藏在背后。

在"道"的驱使下所形成的道德准则中，哪些是善的，哪些是恶的，显然是易于判断的。那些利他的行为，维持社会和谐平衡的思想，一定是道德的；而那些自私自利的，损害他人利益的，损害社会公平公正的，就是不道德的行为。平等、友善、仁慈、诚信、自由、民主被人们所推崇，成为道德的重要组成部分。

总结来说，伴随着万物的演化、生命的进化以及人类社会的发展，从"道"到"德"，"趋于平衡的趋势"作为一条根本规律从未消失。在人类社会中，道德像一只无形的手，制约着人们的第一性或动物性欲望，规范着人们的行为，影响着人们的生活。

那么，在道德的约束下，人们的第一性或动物性欲望是否就被完全限制了呢？人们对自由的向往以及基于需求而追求的幸福生活是否就没指望了呢？恰恰相反，在接下来的分析中，我们将看到道德非但不是幸福的阻碍，反而是幸福的必备准则。

# 7.8 德福一致

上一章中，我们从需求出发，提出幸福是一种稳定的、复杂的、持续的积极情感体验，也就是说需求的满足是幸福的基础。进一步地，我们提出了幸福的持续性、稳定性应当来自我们丰富的、多层次的需求满足，而越是更高层次的需求满足，越是会带来更加持久而深切的幸福。

但是，另一方面，在本章中我们也看到，在我们的社会中有一种社会意识形态，有一种群体性认知，那便是社会道德准则，在此基础上又进一步发展出法律。社会道德与法律极大地制约着人的行为，让我们不能随心所欲地追求想要的一切，尤其是我们如今处于商业化的社会，诸多需求需要通过购买来满足。这样的情况下，毫无疑问，人的需求的满足自然变得困难起来。

那么，丰富的、多层次的需求无法轻易满足，是否意味着我们的幸福就遥不可及了呢？道德和法律对我们的约束是否意味着道德与法律站在了幸福的对立面呢？

接下来，就让我们更进一步，来重点探讨道德与幸福的内在关系，看看我们能否在道德的约束下真正通往幸福之路。

　　道德源于规律，也就是我们所说的道的趋势。在道的作用下，我们有了反馈机制，而在第二反馈机制的作用下，我们有了理性。一方面，理性让我们认识到我们作为生命的本性，我们作为生命，在蕴能、熵减的大趋势下，在第一反馈机制下，在第一性即生命本性的作用下，总是倾向于自我表达与自我延续，而这些特征形式上会表现出自利与自我保存的恶的一面，恶最终会造成冲突，进而影响我们的生存与生活。而另一方面，理性也告诉我们：选择善可以极大地减少冲突，从而实现自保与自利。于是我们选择了善。这样的一些认知广为人们所接受，道德准则便在人们的内心深处生根发芽、逐渐固化。此外，我们更多地会通过社会生活、社会环境，以及父母、老师、朋友等人的言行实现道德认知的完善。不论是通过直接的反馈机制，还是通过我们在社会生活中的模仿学习，道德准则都体现为一种外在的约束，即通过一套客观的、外部的反馈机制作用于人，并由外及内，实现对人的认知的影响，规范人的思想与行为。

　　通过对幸福的分析，我们发现幸福的基础是需求的满足。不同层次的需求并非源自同一个基础。低层次的需求，如生理需求和安全需求，源于人的第一反馈机制及其基础上的第一性；而高层次的需求则不然，它们更多地源于人的理性以及我们的共情能力、认知习惯等。事实上，理性作用以及共情能力最后也是反映在我们的认知上，而认知又是基于我们生活的外部环境，尤其是外部社会环境而产生的。由于我们生活的外部环境的不同，最终通过不同机制（第一反馈机制、第二反馈机制以及认知习惯等），形成不同的需求，进而根据需求的满足与否让幸福这种情感体验成为可能。因此，从需求的角度来看，幸福更多地源自个体的内生心理倾向，表现为内在的心理体验。幸福由内及外，驱动人的意识与目的化的行为。

　　道德与幸福，一个源自外在的行为约束，一个源自内在的情感体验。作为外在行为约束的道德告诉我们能做什么，不能做什么，或者说道德告诉我们做什么是对的，做什么是错的。作为内在情感体验的幸福指引我们需要做什么。理论上来讲，二者是可以有交集的，不冲突的。这自然就消除了二者不能一致的问题。这也就意味着，只要将自己的内在需求驱动的行为放进道德准则内，就可能实现德福一致。

　　进一步地，我们再从更为基础的方面来分析德福一致的合理性。

　　人们在理性的作用下，为了自我利益得以保障，共同选择了道德准则。而从本质上来讲，自利可以看作是人的自利性需求的统称。正如我们在对需求的分析中看到的那样，人的需求是从自利性需求开始的，从生理需求、安全需求，到被爱与获得归属的需求、被尊重的需求，这些需求本质上都是自利性需求。但作为社会性群体的一员，自利性需求的满足，越来越多地依赖于其他社会成员。被爱与获得归属的需求、被尊重的需求皆是如此。

理性告诉我们，长期来看，这些自利性需求的实现需要利他性行为的支持。当然，这些利他性行为正是道德准则的要求。在这样的情况下，遵守道德准则，表现出利他性行为，并可以反馈给他人，满足他人的自利性需求，进而赢得他人的爱与尊重，获得相应的归属感，满足个体的被爱与归属的需求以及被尊重的需求。

因此，可以在更大的范围内，从目的论的角度来说，对于道德准则的遵守，其目的同样是为了更为持久的幸福，其最终的结果也将走向幸福。这也是休谟的情感主义道德观的合理性所在。这样一来，我们发现，道德准则不仅不会与我们对幸福的追求产生冲突，反而是满足我们自利性需求的保障。

进一步来看，当我们在道德准则范围内处事，正是我们所行的善，或称利他性行为。这些利他性行为最终会满足他人的需求，从而让他人获得积极情绪与情感体验，而我们的利他性需求也会由于共情能力而自然得到满足，进而从利他行为中获得积极情绪与情感体验。因此，道德准则也是利他性需求的基础。

事实上，更高层次的需求是源于理性、共情能力以及认知习惯等多方面的影响，并表现为我们的认知，尤其是价值认知或价值观的改变，而价值观又决定了我们更高层次的需求。最终我们得出：如果我们的需求得到满足，就有可能获得幸福，而丰富的多层次的需求被满足的时候，就会获得幸福。

现在，我们又发现，理性基础上的道德准则不仅是自利性需求的保障，又是利他性需求的基础。正是道德准则促进了我们需求层次的丰富（当然主要是社会性方面的），让我们能够体验到各种高层次需求满足之后的积极情感体验，包括安全感、自尊感、成就感、意义感、价值感与升华感，进一步形成一种复合的积极情感体验，从而让我们迈向幸福之路。

这样来看，道德的产生，正是人们在追求更为广泛的幸福的过程中所产生的。

因此，从目的论的角度来说，道德的最终目的仍旧是人们为了得到更为广泛、持久的幸福而自主选择的一套行为准则。这也进一步佐证了休谟所说的"人类刻苦勤勉的终点就是获得幸福"。而这种更为广泛的幸福，其真正的内涵，正是道——是一种身心均趋于平衡的状态，甚至是一种社会群体之间的平衡状态。这样一来，道德与幸福之间不仅不会产生冲突，而且有着因果联系。所以我们可以说，作为一个具有社会性的人，只有在道德准则的指引下，才能真正得到幸福。

如果说没有道德的积极情绪与情感只是维持个体的人作为一个系统的平衡，那么道德基础上的由于多层次需求满足而产生的积极情绪与情感则真正地让人处于一种更大的平衡态中。在这个平衡态中，人成了系统中的个体，成了社会中的个体，从而让积极情绪与情感真正升华为幸福。

在这样的认识下，我们发现，幸福也得到了升华。幸福的本质不仅仅是需求得到满足的一种复合的积极情感体验，而是人处于持久平衡态的一种积极心理体验。这种平衡态既是人作为系统的平衡态，也是人作为社会群体系统中的个体时所处的一种平衡态。而道德正是形成这样一种平衡态的关键。

如此一来，德福一致的内涵也将更加深刻。道德不仅仅是幸福的条件，而且是道这种趋于平衡态趋势下所产生的人类社会的一种准则，其根基是道。而幸福则是人们处于内外双重平衡态中的一种积极的心理体验，其根基同样是道。道作为道德的基础，也作为幸福的基础，最终让德福一致成为必然的结果。

让我们再次从头梳理一遍从道至幸福的整个过程。如前一章所述，由于道的作用，生命世界在向人类社会进化中形成了第二反馈机制。在第二反馈机制作用下，人们表现出人的本性：理性。在理性的作用下，道德准则这种群体性认知作用于个体的人的认知，促进了个体人的认知的改变，尤其是价值观的改变，进一步促进了需求层次的丰富。而这种多层次的需求最终导致了不同的行为动机，然后在动机驱动下行动，人们的需求得以满足。从理性到道德准则，进一步发展到个体的认知（包括价值观），再到产生多层次的需求，最后到产生持久而稳定的积极情感体验：幸福。

换个角度来看，人自动物继承下来的第一性也是我们不可否认的一部分。在人的第一性的驱动下，人有了生理需求、安全需求等基本的需求，并在这些需求满足的时候产生了积极的心理体验。为了获得持久的积极的心理体验，即我们通常所说的幸福，人们基于自身生理结构自然地构建了第二反馈机制，并进一步获得了理性。一方面，理性以及认知习惯等帮助人们构筑更高层次的需求；另一方面，人们运用理性在社会生活中逐步创造出广泛的道德准则，用以制约那些有可能阻碍幸福的行为，从而保障人们的幸福。

总的来说，我们可以认为幸福是在满足个体的需求，让个体的人处于平衡态，而道德是在满足更为广泛的社会群体的需求，让社会群体作为个体时趋于平衡态，这便是道的作用。在更大的范围内来看，我认为性与道同样是辩证存在、相互共生的。

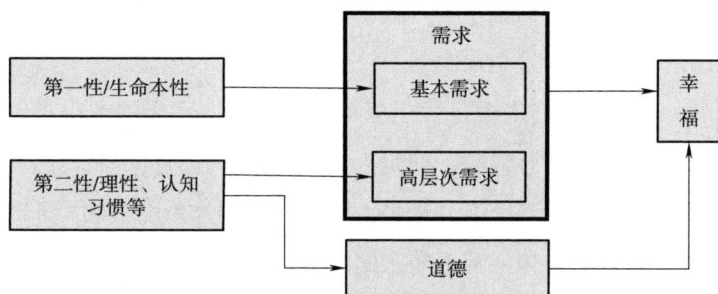

德福一致路径示意图

我们可以这样来理解这种辩证的共生关系，保持个体作为一个系统的动态平衡，本质上就是保持其作为个体的差异性，是性的彰显。而保持差异则是维持更大的系统平衡的重要一环，是道的趋势。这样一来，在不同层次上实现了性与道的辩证统一。这就是性与道的辩证统一关系，也是德福一致之所以可能的最根本原因。

# 7.9  现状与方向

当我们回顾了人类的历史，分析了道德，并讨论了德福一致的可能性之后，在本章的最后，再来看看我们所生活的现实世界，并且进一步讨论我们作为人，作为地球上最智慧的生命，到底生命的意义何在，而我们又应当怎样去面对我们的人生呢？

时至今日，人们都不约而同地接受了更为包容的思想。一方面，理性、民主、平等、公正、自由等观念被广泛认可，道德准则、法律制度等社会生活准则也深入人心，从而抑制了人们自私自利的一面。在这样的社会中，人类的暴力倾向越来越少，人们判断是非的标准趋于统一，人们的生活传统更加一致，人们的相处更加融洽，逐步形成了一套融合起来的多元化的世界文化。另一方面，随着科学技术的进步发展，人们远离了迷信和愚昧，也变得更加理性，人们深刻认识到了物质世界的运动规律，认识到了生命与人的本性，人们不再迷信神，也不再相信来世，人们越来越关注现世的世俗生活。

在现世的世俗生活中，科技的进步、经济的发展进一步带来社会发展，这让我们利用能量的水平得到了极大提升，物质生活得到了极大的丰富，让我们应对灾难的生存能力也进一步提升，我们所生活的时代比任何过去的时代都富足。

但从另一个侧面来看，即便人类社会取得了前所未有的成就，我们仍旧不能说我们的世界是德及天下、人尽所需的大同世界。我们的世界远非一个具有强大的自组织能力的有机体。

从文化来看，虽然饮食、服装等次文化更加国际化、多元化，但是核心文化却并没有完全融合、相互包容。如亨廷顿所言，世界上现存的文明在核心文化如价值认知、信仰、思维方式等方面依然有着较大的差异，再加上从个体的人到民族或国家的自利本性，各个国家、文明之间依然不时地发生着冲突。

在社会层面，现代化不仅带给我们丰富的物质与精神生活，而且还让很多人在各种思潮中感到迷茫。全球抑郁症患者有数亿人之巨。时至今日，世界上仍旧有数千万的难民流离失所，朝不保夕，寻求庇护。我们的世界依然有很多人经历着身心的苦难。

最后，再来看看我们的自然环境，我们会发现，自然界似乎也生病了。在这个物质充分富足的消费时代里，层出不穷的消费品堂而皇之地走进人们的生活，满足人们对感觉与意义的追求，并且在经济活动的掩护下显得正当合理。人们对自然的馈赠看作理所当然，而由于我们的过度消费造成的碳排放让生物进化的蕴能、熵减的趋势产生了不确定性。地球上的二氧化碳浓度自工业革命以来上升了 40%，全球平均气温上升了近 1 ℃，这意味着地球上大量的能量未被内蕴于生物体中，而是弥散于大气中。与人类文明刚开始相比，地球上树木减少了近 50%，时至今日，每年仍有上千万公顷森林遭到破坏。同时，我们正在经历的第六次物种大灭绝，全世界每天有 75 个物种灭绝，这个速度是正常物种灭绝速度的数百倍，当前 3.8 万个物种仍面临灭绝威胁。这都是由人类活动所致。在富足的表象下，掩藏着人们对"性"的无休止的追求。

但是，"天地不仁，以万物为刍狗"，我们并没有获得违背天道的特权。内藏于我们每个人意识深处的那个"性"从来没有离开过，我们却似乎把"道"给忘了。我们对自然的所作所为最终通过自然环境及生物种群的变化会反馈给我们，威胁着人类的生存，甚至威胁着地球环境的平衡。即使这种反馈机制运行缓慢，但如同达摩克利斯之剑，时时警告着我们，一旦突破零界点，自然界将会快速地恶化，以回应我们对它的破坏。

我们作为人，作为生物界的主宰者，作为地球上最智慧的生灵，面对这个冲突的世界，面对这个生态遭到破坏的世界，我们能做些什么？又该做些什么呢？

这还要从我们生命的意义说起。

当我们跳出人类社会，从自然演化与发展的规律来看，人类的出现虽然是必然的，但我们的生命却是无意义的。人的生命的无意义，正像西西弗斯那样将石头反复地推上山顶，又掉下来，显得徒劳。但是人类的可贵之处便在于我们有了第二反馈机制以后，便有了理性，有了自觉自省的意识，我们可以给自己的一生，给自己的言行，甚至给自己的族群的存续赋予意义，人生因此而变得有意义。人的可贵，同样像西西弗斯，西西弗斯的意义是人赋予的，而我们生命的意义也是如此。即使我们的命运如同俄狄浦斯的命运一样已经被完全地安排好，但是我们却要赋予无意义的生命以意义，像西西弗斯那样表现出执着的一面。当加缪、萨特等人告诉我们生活是多么无意义的时候，他们又告诉我们意义是我们赋予生活的，而不是自然或神祇赋予的。

这样一来，我们的生命从无意义变为有意义，我们的存在从无价值变为有价值。在此基础上，我们就要问：我们到底应当赋予自己生命何种意义，从而指明我们人生的方向呢？

在我看来，我们作为人，由于有了人的特殊性，并不应该像其他动物那样受第一性的控制，为满足自己本能的欲望，在这个商品经济社会跌入拜金主义与商品拜物教的陷阱，也不应该像无生命的石头那样受到物理相互作用而自然运动。在我看来，我们能赋予生命的最大意义在于探寻道、顺应道、坚守道。

在本书中，我们认为的道是平衡之道，是万物演化的根本规律。从万物生于无这个"道"开始，我们就认为道是存在延续之根本。每一个具体的事物因道而得以延续，从每个物体到每个生命，从每个生命到每个个体的人，皆因其处于一个平衡态中而延续。而在平衡态中的每一个事物也呈现出一种最佳的状态。

在这样的认识指导下，我们作为人，在人类社会就应当顺应人类社会的道：人道；在生命世界，就应当顺应生命世界的道：生道；在物质世界生存，就应当顺应物质世界的道：天道。换种说法，我们作为人，在人类社会中，就应当融入人类社会，促进人类社会的和谐发展，在自然界中就应当促进自然界的平衡与发展，而对于万物之真理的追求则是希望通过探寻天道而顺应天道。

具体到社会生活，顺应人道，正是要求我们去追求德福一致的生活。

正如前文所分析的那样，一方面，在德福一致的状态下，我们每个人作为一个个体能够更容易感受到幸福这样一个更高层次的情感体验，处于一种自我的平衡态中；另一方面，通过社会道德准则以及道德基础上发展出来的法律的约束可以抑制人的第一性，减少彼此之间的伤害，保障更多人的幸福，促使社会变得和谐而健全，从而让社会处于一种平衡态之中。如此一来，社会便成为一种顺应人道的社会。所以我们说，在人类社会世俗生活中，顺应人道，与我们追寻德福一致是统一的。

从历史上来看，在中国传统文化中，也充分地体现了这一点。从儒家的传统思想来看，修身、齐家、治国、平天下的人生追求是人们追求德福一致的最生动写照。修身齐家是求私德，而治国平天下则是在弘扬公德，无论私德还是公德，其立足在于人德。中国传统文化中对于"福"的理解虽然并不止于幸福，但是从福的内涵来说，无疑是与德相生相依的一种幸福的状态。《尚书·洪范》所记载的五福"寿、富、康宁、修好德、考终命"中也明确德之重要。所以说，在中华文化中德福兼备被人们推崇备至。

当然，另一方面，中华文化也明确地看到德先福后的关系，正所谓"福以德基"。"天道无亲，常与善人""人有善念，天必佑之，福禄随之""故为善者天报之以福，为恶者天与之以殃，其自然者也"。所以中华文化对仁德推崇备至就不难理解了。由此也形成了中华民族知识分子的核心气节，那就是修私德，扬公德，天下为公，公正为民，世界大同；那就是修齐治平；那就是穷则独善其身，达则兼济天下；那就是"长太息以掩涕兮，哀民生之多艰""亦余心之所善兮，虽九死其犹未悔"，那就是"为天地立心，为生民立命，为往圣继绝学，为万世开太平"，那就是"苟利国家生死以，岂因祸福避趋之"。中国人似乎总有一种由中华文化传下来的使命感和一种舍身求道、怀德而无畏的英雄气概。

简言之，中国数千年来的中华文化熔铸出的国人精神之追求，也正契合了德福共修这样一个精神境界，而更为可贵的是人们对于修私德、扬公德、天下为公、公正为民、世界大同的追求。

在西方，自古以来道德也有着诸多的内涵。如前文分析的那样，苏格拉底认为知识即美德。虽然他指的是道德知识，但实际上，这种道德追求是一种对于知识，更确切地说是对真理的追求。亚里士多德那句名言"吾爱吾师，吾更爱真理"则将这种对真理的追求说得更加炽烈。到了存在主义者那里，他们直接将道德（更确切地说是与社会道德对立的内在道德）对应于自由，形成了自由即道德的认识。裴多菲"生命诚可贵，爱情价更高，若为自由故，二者皆可抛"正是这一文化追求下的产物。查理·芒格也曾说过这样的话："走到人生的某一个阶段，我决定要成为富有之人。不是因为爱钱，而是为了追求那种独立自主的感觉——我喜欢能够自由地说出自己的想法，而不是受到他人意志的左右。"

总的来说，不论是世俗生活中的仁善之德，还是理性之上的真理与自由的追求，毫无疑问，都是动人的。在我看来，这二者都是我们每个人可以赋予自己人生的终极意义，也是我们人生能够探寻的终极方向，是值得我们一生去追寻的。哲学家康德曾经对此说过一句极为精辟的话，"有两种东西，我对它们的思考越是深沉和持久，它们在我心灵中唤起的赞叹和敬畏就会越来越历久弥新，一是我们头顶浩瀚灿烂的星空，一是我们心中崇高的道德法则"，这不正是人生对真理与道德的崇高追求的最好注解吗？这不正是探寻道、顺应道、坚守道的最好印证吗？

艾瑞克·弗洛姆在《健全的社会》中提及，一个健全的社会是符合人的需要的社会，是满足人的健康发展需求的社会。而在我看来，一个健全的社会，应当是可以保障人的基本需求的社会，又是可以满足人的自由而高尚的灵魂栖息的社会，亦即创造一个能够保障人们去探寻道、顺应道、坚守道的社会。在这样的社会，人们的基本物质生活得以绝对保障，人们不因生存和健康而担忧；同时，社会治理机构或政府应当为人民创造探寻道、顺应道、坚守道的基本条件，也应当允许人们追求丰富而多层次的需求的满足，或追求自我社会价值的实现，或追求自我的成长与发展，或追求自由的心灵、独立的思想，或追求德福之外的清福，或追求真理震撼心灵时忘我的酣畅淋漓。

面对更大的自然界，我们不应太放纵自己的第一性，而迷失了人的本性，我们应当如西西弗斯那样，给自身赋予生命更宏大的意义，坚定不移地探寻道、顺应道、坚守道，与第一性抗争。我们不能随意地剥夺其他生命的权利，更不能暴力地打破地表生物圈这样一个有能量输入的耗散结构，打破生命蕴能的大势。

这就是我们应当赋予生命的终极意义，这也是我们应当追寻的生命终极方向。当我们奉行这样的人生追求，维持自身的平衡，维持人类社会的平衡，维持生命世界的平衡，维持万物的平衡，我们才能自然地生存与发展，实现与世界万物的和谐相处。换一种说法，赋予生命以意义也是我们创建信仰的过程，只有建立起对"道"的信仰，赋予生命"探寻道、顺应道、坚守道"的意义，生命才会绽放美丽，才会臻于至真、至善、至美之境界。

# 7.10　本章小结

在本章中，我们首先结合前人的认识，对人类社会形成了一些概括性的认识，包括对文化、政治、经济的一些认识，建立起了关于人类社会以及国家、民族的一些基本认识框架。这其中，我们虽然认同经济基础这一说法，但是真正处于核心地位、起决定性因素的应该是文化，更确切地说是人们的群体认知。辩证地来说，正是文化极大地影响着政治、经济的发展脉络。此后，我又概括性地从文化、政治、经济的角度回顾了人类社会的大致发展脉络。通过回顾，我们不难发现，一个地区、一个族群的历史，包括其文化、政治、经济等各方面的历史，不仅与人的基本独特生理特征相关，也与该地区的地理、气候等自然条件相关。在这样的内外部环境相互作用的过程中，最终形成了独特族群的独特文化及上层体制。随着历史的发展，最终人类社会都在第二反馈机制的作用下形成了一些一致的基础性的共识，比如人人平等、与人为善等。

在文化的范畴内，道德是真正影响人们日常生活的重要因素，所以我们又回顾了先哲们对于道德这一概念的一些认识。在此基础上，我们从更加广泛的角度分析了道德形成的演变过程，解答了道德何以可能以及何以走向一致的问题。通过分析，我们认为道德的出现与走向一致是人类社会发展的必然结果。具体而言，在道这个趋于平衡的趋势的推动下，我们有了第二反馈机制，进而有了理性，而当我们有了理性以后，道德就成了可能。进一步地，结合前一章的分析，我们阐述了德福一致的合理性与必然性。

最后，我们回归到当前所生活的社会，分析了当前的社会现状。时至今日，一方面，不论是思想上还是物质上，社会都取得了极大的进步。另一方面，各种社会问题、生态环境问题同样与我们如影随形。

在当前形势下，本书向我们展示了一条前进的路径：赋予生命以深刻的意义，并探索生命的真正方向。具体而言，我们应该追求道、顺应道、坚守道，发挥理性的光辉，为原本看似无意义的人生注入意义，构建一种新的生活信念——无论是在世俗生活中寻求德福一致，还是在理性的基础上追求真理与自由，都让我们的生命变得伟大，充满真正的价值。

为实现这一人生意义，首先我们需要紧跟历史的脉搏，顺应社会发展的主流趋势。展望未来时，历史的经验告诉我们，历史的巨轮滚滚向前，代表了最强大的社会发展潮流。

从核心文化的角度看，人类社会将不可避免地走向统一：尊重人权、追求幸福、遵守道德规范、认同法治精神。在这个大同世界中，人与人之间的关系将变得越来越平等，人们的基本权利将获得前所未有的保障。

从次文化的角度看，社会将变得更加多元化。在这个信息和物流高度发达的时代，地球已经变成了一个地球村。族群间的差异及其多样性所产生的次文化差异，以及由此碰撞产生的新事物将日益增多。这些差异和新事物满足了人们对个性、存在感和意义感的基本需求，给人们带来更多的心理满足。在道德和法律允许的范围内，在不伤害他人的前提下，这种趋势是不可逆转的。

科技的进步将增强人类认识自然和利用自然的能力，使人类社会从零和博弈转变为正和博弈，从而建立起富足的金字塔。水、食物和住所不再是问题，能源、教育和信息通信技术也将以极低的成本成为我们富足生活的基础。我们最终将获得健康和自由。

进一步地，作为一个有机体的人类社会，基于自身的第二反馈机制，借助信息化的手段，将导致社会分工越来越精细化，社会组织也会越来越高效。

总而言之，随着文化的进步和科技的发展，我相信整个人类社会最终会在物质上实现富足。在物质富足的基础上，人与人之间、国与国之间在社会地位上终将更加平等、自主；人的思想将变得更加自由、独立和富有创造力；人的异化将逐步减少；生命的意义将得到最大程度的体现。

道不远人，道亦不近人。平衡的天道绝不会以人的意志为转移，也绝不会依附于任何人，甚至道根本不在意地球上是否有人类，是否有生命，是否有良好的生态系统。天地不仁，以万物为刍狗；仁人得道，以天地为主神。只有人类自己才能创造自己，只有人类自己才能慰藉自己。我们要做的，就是遵循大势，顺应大道，赋予我们的生命以意义，运用妙法，创造生命的价值。

在现实生活中，我们总是无法脱离肉体凡身。由于人的第一性，我们需要满足基本的生理需求，我们需要生存和生活。从更广泛的范围来说，我们还希望家庭幸福、企业发展、国家富强、人类种群得以繁衍生息。那么，在这些世俗生活的需求中，我们应该如何探寻道、顺应道、坚守道呢？

根据前面对人的意识或心理的分析，尤其是对心理行为关系模型的分析，一个人的心理包括了认知，其中最重要的是价值认知或价值观，以及思维方式。我们的行为皆源于我们的认知。此外，我们还有情感体验、意志表现、理想、人格和能力。

因此，对于"怎么做"这样一个具体的问题，我们首先要从改造我们的认知开始，特别是我们的价值认知。进一步地，我们需要培养思维力、情感力、意志力，并通过这些能力的培养塑造健全的人格。只有这样，我们的行为才会更加符合道的趋势，我们的行为也将"从心所欲不逾矩"。

接下来，我们将沿着这样的逻辑讨论一些更具体的方法，比如如何在世俗生活中树立良好的价值观与人生理想，如何在世俗生活中提升能力与学习成长，如何做事、如何沟通等。

**| 8 |**

内
修
能
力

在此前的探讨中，我们深入分析了物质世界、生命世界以及人类世界的形成和演化，构建了一套逐层递进的认知理论。我们认识到，尽管人类社会取得了显著的进步和发展，但我们的现实依然远非理想境界。我们的社会尚未达到道德普及、各取所需的和谐状态。

我们应当探索道、顺应道、坚守道。我们应该运用理性，为原本无意义的生命赋予深刻的意义，建立新的人生信仰。无论是追求世俗生活中德与福的统一，还是追寻超越理性的真理与自由，我们都应让生命显得伟大并绽放光彩。

具体而言，我们首要任务是改造我们的认知，特别是价值认知。接下来，我们需要培养思维力、情感力、意志力，通过这些能力的培育和完善，进一步塑造健全的人格。只有这样，我们的行为才能更好地符合道德规范，实现"从心所欲不逾矩"。

在本章中，我们将宏观而抽象的人生追求——追求世俗生活中的德福一致，或追求超理性的真理与自由——具体化为方法层面的探讨。

首先，我们从认知开始，尤其是价值认知。基于之前的分析，我们将明确人应树立的核心价值观。笛卡儿在《谈谈方法》中指出，行动缓慢的人只要始终沿着正道前进，就能比偏离正道飞奔的人走得更远。正确的价值观及其基础上的人生志向或理想，正是笛卡儿所说的正道，这是每个人都应首先明确的。没有正确的价值观，就不可能有正确的人生理想和志向。正如所言，"选择比勤奋更重要"，错误的选择自然无法引领我们到达理想的目的地。

有了正确价值观和人生志向的基础上，我们才能继续前进。

在前进的过程中，我们同样需要能力和方法。例如，骑自行车比步行快，开车又比骑车快，但我们必须会开车。这就是我们的能力和方法。其中最为核心的是我们的思维能力。因此，在讨论价值观与志向以后，我们将重点讨论我们的思维力。

在此前的分析中，我们强调了情感力与意志力作为行动驱动力的重要性。情感力不仅在决策过程中提供方向性的指导，也在人际沟通中提供了有效的支持。因此，继讨论思维力之后，我们将专注于探讨情感力与意志力。

通过这样系统而全面的分析，我坚信我们能够构建一套心理层面的能力系统，为个人成长提供切实的理论支持。

# 8.1  价值观与志向

在上一章中，我们回答了"作为人，何为正确"的问题，并得出结论：探索、顺应、坚守道乃正确之途。进一步地，我们提出了追求世俗生活中的德福一致，以及追求超越理性的真理和自由作为人生的至高目标。在尘世生活中，我们每个人追求幸福，但真正的幸福必须建立在道德之上，体现为德福一致，而非仅仅基于利己的快乐。缺乏道德基础的幸福，如同短暂绚烂的烟火，注定只是昙花一现。

基于这样的认识，我们需要建立正确的价值观，它是形成需求、目的等个性心理倾向的基础。只有根植于正确的价值观，我们才能培养出恰当的个性心理倾向。

那么，我们该如何树立正确的价值观呢？

为了回答这个问题，我们必须首先探讨如何形成价值观。

价值观在本质上是认知的一部分，我们称之为价值认知。因此，树立价值观本质上涉及改变我们的认知——具体而言，是改变我们的价值认知，使我们认同那些真正有价值的人、事、物和信息。

那么，我们如何改变认知呢？答案是通过学习。唯有不断学习，从外界获取新知，我们才有可能改变内在的认知结构。关于学习的过程，我们将在后文中进行更深入的探讨。目前，我们的焦点仍然是如何树立正确的价值观。

我们已经知道了改变认知的途径，那么，何种价值观才是正确的呢？

在日益多元化的社会中，人们的价值观差异愈发显著。然而，从根本上讲，能够满足需求的才是有价值的。

通过需求分析，我们发现通过改变认知，让我们的需求变得更丰富、更多层次，可以极大增强我们的幸福感。

更具体地说，这意味着我们需要认识到生理需求、安全需求等基本需求的局限性，并追求更高层次的需求，如爱与归属、尊重乃至自我实现的需求。这些高层次的需求不仅价值更大，而且能够引领我们走向德福一致的人生。

此外，这些高层次需求的基础往往是在道德作用下形成的认知。因此，树立正确的价值观必然需要以道德为基础。作为广泛认可的好与坏、善与恶的评判准则，道德拥有多个层面，如平等、公正、善良、慷慨等。

深入分析这些道德层面，我们发现它们基本上蕴含两层含义。第一层是彼此之间的非伤害原则，例如公正与平等。这不难理解，因为人们在生理上的共性决定了人权必须被平等对待，无论是生命权、健康权还是精神自由，非伤害是其根本。

在此基础上，从道德角度看，还有第二层含义，即利他主义。无论是善良、慷慨还是仁爱、慈悲，这些都指向利他的道德方向。

这同样易于理解。一方面，利他过程是自我价值实现的过程，它满足了自我实现的需求。另一方面，利他也是利己的基础，是获得爱与尊重的前提。只有在利他的过程中实现自我价值的创造，我们才能满足自身的需求，获得爱与尊重。

在这个以经济和社会交往为基础的多元化社会中，不伤害他人虽是基本原则，但要满足自身更广泛、更高层次的需求，则需要我们学会利他。只有在利他的基础上，我们的价值才能得到实现，我们的需求才能得到充分满足，从而抵达幸福的彼岸，享有德福一致的人生。只有树立在利他基础上的价值观，才是真正正确的价值观。

因此，在世俗的社会生活中，树立价值观应以利他为基础。有一种观点认为，只有先满足自己的需求，才能利他，这实际上是颠倒了先后顺序。实际上，只有通过利他的行为，我们才能激发他人的善意，从而获得他人的"利他"性回馈。

诺贝尔和平奖得主、格莱珉银行创始人尤努斯曾有一段关于利己与利他的经典论述。他说："每个人都想要为自己争取点什么，这是人类的自私一面。我们承认这一点，事实也证明了它的客观存在。但是，每个人同时也拥有无私的一面。我们都是自私的；我们也都是无私的。无私的我们想要帮助他人，每个人都想。不管我们表面看起来有多冷酷，内心里，我们都想要帮助别人，并从中得到快乐。"通过利他，我们不仅得到需求的满足和快乐，还能最大限度地激发他人的善意，从而生活在一个不断传播的利他链条中。现实生活中的事实也极大地证明了这一点。

因此，要树立正确的价值观，我们应当从一颗利他之心出发，至少是不伤害他人为基础，建立我们的价值认知。换种说法，只有"给别人创造价值"这样一种价值观才是符合道与德的价值观，才是应当推崇的价值观，才是我们在世俗生活中走向德福一致的必经之路。树立正确的价值观就是要让我们怀揣一颗利他之心，并以此为我们行动的起点。换言之，这个正确的价值观不仅要符合我们对幸福的追求，同时也必须要符合社会道德准则，从而在根本上保障我们成就德福一致的人生。

价值观不仅驱动我们的需求，同样也驱动着我们的志向，或者叫作理想、梦想。如果说价值观告诉我们什么才是有价值的，那么志向则告诉我们什么才是值得的人生追求。很显然，价值在于大小，而志向则是有方向的，从数学中的两个概念类比一下，那么价值更像是标量，志向则是矢量。就像没有矢量无法改变运动一样，没有志向，我们也无法改变我们的行动。因此，立志为规划人生的首要之事。正所谓"志不立，天下无可成之事"。然而，即使我们有了志向，但方向错了，我们同样很难到达想去的地方，这就涉及树立正确志向的问题。事实上，正确的志向意味着正确的人生方向，只要我们人生方向是对的，哪怕走慢一点，我们终将会距离我们的理想越来越近。因此，我们不仅要立志，更要立正确的志向。志向就像一座灯塔，指明了我们的行动方向，行动先得立志。

那么，什么样的志向才是正确的志向呢？我们又该如何立志呢？

由上分析，不难看出立志的基础是我们的认知，尤其是价值观。正确的价值观是树立远大志向的保障。对于价值观，我们上文也分析过，一套正确的价值观必然是利他的，至少是不伤害他人的，而我们的志向同样应以此为基础。

在上一章中，我们也曾得到这样的结论，那就是我们应当探寻道、顺应道、坚守道。我们应当运用理性，或追求世俗生活中的德福一致，或追求理性之上的真理与自由，这是人生最值得追求的方向。

在现实生活中，或许追求真理与自由显得有些遥远，毕竟我们生活在一个几乎无法脱离的社会中，但是至少我们可以把我们的生活过得更加有意义。那么在世俗生活中，德福一致似乎是我们人生方向的最佳选择。

在前文中，我们也强调了人的社会性。人的社会性决定了个体不可能独立应对生活中的所有问题，也不可能仅凭自己来满足自己的所有需求。个体必须融入社会这一大系统，成为社会网络中的一个节点。人类是一个开放系统，这不仅指需要食物、水、空气等生理需求的输入，还包括爱与归属、尊重、自我实现等社会化需求的输入。更为重要的是，作为一个开放系统的人，必须同时进行有价值的输出，以保持输出与输入的动态平衡。在社会这个大系统中，人们需要与社会进行良好的物质和信息交换，从社会中获得需求的满足，同时为社会和他人创造价值，以满足他人的需求，形成人与社会的动态平衡。这种动态平衡，无论是物质的输入输出还是信息的交换，本质上都是价值的流转。人们从社会获得价值的同时，也需要为社会创造价值，而这正是德福一致的基础。

基于此，如果我们想获得德福一致的生活，首先，我们应当结合利他中的"他"的需求，作为我们立志的方向。具体来说，就是要求我们深入社会，了解社会、国家、产业、市场，寻找真正能够为这个社会、他人创造价值的事业，即立足于价值创造。这样的志向与"利他"的价值观一脉相承，也是我们在世俗中获得幸福的关键。

其次，立志必须结合自身的兴趣爱好和能力专长。兴趣和爱好，作为人的一种个性心理倾向，本质上也是人的一种行为动机，由需求驱动。从兴趣爱好的满足中，人们可以体验到需求满足时的积极情绪，而且这种满足往往比生理性需求的满足更加持久、深刻。因此，兴趣爱好可以成为实现志向过程中的即时积极反馈，是实现理想的重要动力，正所谓兴趣是最好的老师。

能力专长是实现梦想的梯子，它让人可以从更高的起点出发，从而实现更大的价值。因此，兴趣爱好与能力专长不仅可以驱动自身的行动，还可以更充分地发挥自身的优势，让我们实现梦想的过程变得更加容易。

再次，人生最好立大志。

所谓志向或理想，应是值得一生追求的长远目标，而非短暂、一时的人生阶段性目标。若我们的志向过于短浅，比如一两年便可实现的，那么实现之后，我们可能会再度陷入无志向、无动力、无意义的生活状态。如果新的志向不考虑之前的成果，无疑是对过去努力的浪费。因此，立志应当高远，结合社会需求、个人的兴趣与专长，树立一个终身的追求。正如张载所言："人若志趣不远，心不在焉，虽学无成"，因此他才有"为天地立心，为生民立命，为往圣继绝学，为万世开天平"的宏图大志，千年来激励着人们，今听之，仍感心灵震撼。

最后，立志是一个循序渐进的过程，不宜勉强。

有人主张立志要趁早，但这并不符合人生的发展规律。在儿童或青少年时期，对社会的了解尚未深入和全面，难以形成正确的价值观，也难以充分认识到自己的兴趣爱好与专长。在这种情况下，过早的立志往往缺乏深度和持久性，如"少年不识愁滋味，为赋新词强说愁"般的无病呻吟。

因此，立志应建立在正确的价值观基础之上，更根本的是，在对世界、对人生有了全面认知之后，才能构建起真正的人生追求。

为此，我们可以将立志的过程分为五个循序渐进的阶段：

第一阶段：小学、初中阶段。这一阶段主要是广泛学习，涉猎各学科知识，一方面了解社会需求，另一方面探索自己的兴趣爱好，发掘自身专长。

第二阶段：高中阶段。经过十多年的中小学学习以后，我们对自己的职业兴趣和能力专长也有了一定的了解。在这一阶段，我们不仅面临分科，还面临高考志愿填报。考虑到高中分科及志愿填报将很大程度上影响个体的职业路径，在这一阶段，我们有必要对自己的职业理想进行系统的思考，确定大致的职业方向。

第三阶段：大学阶段。大学期间可以更好地认识自己的兴趣爱好，全面了解社会发展与需求。在此基础上，进行科学而全面的专业评测，并进行走上社会前的职业规划。大学毕业后的工作选择将极大地影响个人的人生轨迹。这一阶段的选择，不应仅以金钱为导向，而应以个人成长和发展为首要考量因素。

第四阶段：工作三到五年以后。这一阶段主要是对人生理想的校正。如果职业发展顺利，与自己的理想越来越接近，那么只需适当调整。如果发现自己的职业路径与理想相去甚远，甚至由于自我认知的偏差而厌恶当前的工作，那么就需要借助家人、导师、朋友的意见进行深入的职业分析，判断是外部环境的问题还是自身的问题，并在深入分析的基础上及时做出调整。

第五阶段：40 岁左右。这也是人生志向改变的最后阶段。此时人的心智趋于成熟，人生选择也更加理性。如果这个阶段你还未明确自己真正想做什么，那么未来的机会就非常有限了。此时，你的生活最好能实现财务自由，至少达到生存自由。在这样的基础上，当你不受生理和安全需求的束缚，专注于实现自身价值时，你还可以对职业生涯进行最后的规划或选择。当然，这种规划和选择大多是基于自己能力的选择，也就是说，是建立在过去十多年积累的认知、能力甚至人脉关系上的选择，跨界的情况较少。雷军 41 岁创立小米，任正非 43 岁创立华为，都是在人生的第五阶段开始真正的事业进阶之路。

当然，这是一种基本认知，并不是绝对的。立志没有时间限制。这再次告诉我们，认知比年龄更重要，知识的复利和在此基础上的能力进化是我们获得成功的关键。

相比于立志，职业规划对成年人尤其是年轻人更为重要。职业规划考虑的因素同样包括价值创造、兴趣爱好、专长和个人成长等。此外，从外部因素来看，职业规划还应当了解社会形势、国家发展趋势和产业变迁，在社会与产业发展的交汇点上规划自己的职业生涯，这样更容易走向成功。

回头看，正如古人所说："天下熙熙，皆为利来；天下攘攘，皆为利往。"许多人以利己为主，难以做到利他之志。无论是利他之心还是利他之利，发脾气是缺乏利他之心的表现，不懂得分享财富则是没有利他之利。众生都将面临生老病死的苦难，佛家认为人生有八苦，谁都无法逃避，唯有利他才能解脱。如稻盛和夫所言，舍弃私心，为公司、员工做贡献。如果家庭中能实行纯粹的利他，那家庭就是幸福的；如果将此理应用于公司，也能使其发展壮大；如果把利他之心扩展到国家、民族，那就是不忘初心、牢记使命，为人民谋幸福；如果扩展到全人类，那就能够构建"人类命运共同体"，为世界带来和平与发展。若再进一步，将生命与自然界、宇宙整体考虑在内，从学理上讲，那就达到了佛家的众生平等，道家的上善若水、道法自然、天人合一的境界。这个时候，你的眼里全是好人，你的心里全是般若。世界还有什么纷争，万物还有什么不和谐呢？

## 8.2　思维力（一）：系统思维

在正确的价值观与志向基础上，我们同样需要培养自己的能力。如果说价值观与志向为我们指明了前进的方向，那么能力则提供了实现理想的关键支撑。只有通过培养卓越的个人能力，我们才能更顺利地抵达理想的彼岸。这其中，最核心的能力便是思维力。

从本质上讲，思维或思考是意识活动的一种过程，它涉及对大脑接收到的信息进行处理并形成输出，而思维力则指高效进行这一过程的能力。换言之，一个人如果拥有出色的思维力，就意味着他能高效地处理信息并给出合理的输出。

提升思维力，掌握高效的思考方法，不仅有助于我们在日常生活和工作中快速、准确地进行信息的识别、理解、筛选、分类和整理，而且能够提高我们的学习效率，增强我们迅速定位、分析和解决问题的能力。更为重要的是，思维力还能促进记忆力和创造力的发展。可以说，一个人的思维力是他最重要的通用能力之一。

具体来说，思维力可以细分为多个方面，例如理解能力、分析能力、综合能力、推理能力、对比能力和抽象能力等。

让我们首先探讨一种基本的思维能力：系统思维力。

要理解系统思维力，我们首先要明确什么是系统。广义上，任何包含多个相互关联的组成部分的集合体都可称为系统。在我看来，一个系统还应至少包括处理要素，即一组输入量、一组输出量（有时被称为流入量和流出量，统称为流量）以及系统内部的存量——输入输出量的差值。系统之所以包括处理要素，是因为它必须是实体的，自然也就是可观测的。既然系统是实体的且可观测的，它必然与特定的物质对象发生相互作用，并在交互过程中导致系统及其交互对象发生变化。如此，特定的物质对象自然成为系统的输入量，而交互后的输出量则是系统作用后的结果。当然，在这个过程中，系统的组成部分也可能会有所变化，比如一部分存量转化成了系统的一部分。

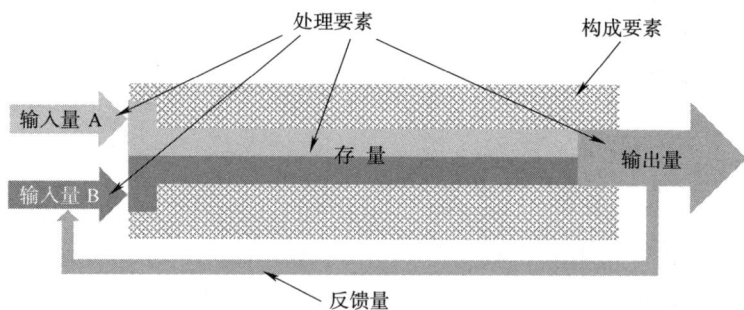

一个典型系统的构成示意图

此外，作为一个系统往往是有层次的。这主要包括两个层面的含义。一方面，系统本身很多时候可以分为能量物质层（简称物质层）、信息层和价值层；通常来说，系统的物质层关注其作用，信息层关注其功能，价值层则关注其目的。另一方面，系统的要素往往并非简单的实体，而是具有复杂结构的子系统，这就形成了不同层次的嵌套系统，其中子系统嵌入在母系统中。

在很多情况下，真正的系统功能或目的并不表现在物质层，而更多体现在信息层和价值层。但无论我们的关注点在哪个层面，系统的总体结构都具有普遍性。

基于这样的认识，我们日常所见的事物，无论是小到由质子和电子组成的氢原子，还是大到我们所身处的银河系；无论是简单如一辆自行车，还是复杂如一个生命体，都可以被视为一个系统。在本书中，我们在很多情况下也将研究对象视为系统来进行研究，比如对生物界、个体的人以及人类社会的研究。

在此基础上，系统思维力即将研究对象作为一个系统来进行分析的能力。这种能力一方面要求研究者能够对系统内部各要素及其相互关系进行分解与构建，另一方面还要求将系统视为一个整体，通过研究其输入与输出来实现对系统的整体性研究。这既包括分析、综合能力，也包括抽象、推理能力。在对系统的整体研究中，系统所呈现的众多层级和特性是研究的重点，例如系统的物质层、信息层、价值层，以及系统的开放性、自组织性、非线性和反馈特征等。

那么，为什么系统思维力如此重要呢？

首先，系统的基本形式是简单而确定的，因此它的适用性非常广泛。根据上面的分析，一个系统至少包含两个及以上的要素，且这些要素之间有一定的相互关系，同时系统必然存在输入量与输出量，确保了系统的可观测性。基于系统这些基本要素，我们对系统的研究方法就变得简单而确定了。比如，我们会首先研究系统的组成要素及它们之间的相互关系，然后研究输入与输出，这在我们解决问题或进行决策时将提供巨大帮助。

其次，系统思维力可以让我们全面而深刻地理解研究对象，从而抓住事物的本质。系统思考力要求我们从分析要素开始，这样既能深入系统内部了解其层级结构，又能清晰地看到系统的每一部分，避免遗漏。在梳理系统要素之间的关系时，我们还可以通过考察每个要素间的关系以及要素与系统整体的关系，形成完整的因果关系链或因果关系网，实现对系统的全面深入分析。而在输入与输出的分析中，我们可以采用多角度、多层次的方法，例如从物质层、信息层、价值层的角度出发，对系统的外部关联进行全面而深刻的分析。

此外，系统思维力使我们在面临问题时能够从根本上找到解决方案，实现治标又治本。

通过对系统的深入分析和对外部联系的全面梳理，我们可以获得内外部关系的图谱，揭示出系统各要素间的因果联系以及系统的运作原理。当需要对系统进行纠正时，我们便能够更清晰、有针对性地调整内部或输入要素，进而调整系统的运作机制，确保系统产生期望的输出，达到治标又治本的效果。

总而言之，系统思维力允许我们对研究对象进行结构化的全面分析，增强了我们思考问题的全面性和深入性，极大地避免了凭感觉和片面看待问题的缺点。可以毫不夸张地说，系统思维力是人类认知世界最重要的方法之一。

那么，我们应该如何培养系统的思考力呢？

首先，我们需要掌握一套系统思考的方法。

正如前面分析的，一个系统必然包含多个要素，这些要素在系统中通常存在一定的相互关系。因此，我们首先应该识别这些要素，并澄清它们之间的相互关系。

以人体为例，人的身体作为一个系统，可以分为8个子系统，即人体的8个要素：包括呼吸系统、消化系统、循环系统、泌尿系统、神经系统、内分泌系统、运动系统和生殖系统。其中，呼吸系统、消化系统、循环系统和泌尿系统负责接收能量与物质、转化能量、排出代谢物等功能，属于能量物质层，为信息层提供能量物质支持以保证其正常运转。生殖系统和神经系统不仅属于物质层，也属于信息层，主要负责第一反馈机制和第二反馈机制的信息接收、存储、处理和输出。运动系统和内分泌系统则是信息层与能量物质层之间的桥梁：一方面，信息层通过控制这两个系统来保证整个能量物质系统的正常运转；另一方面，信息层也可以通过运动系统来实现信息的收集和表达。这使得人体系统成为一个能量物质与信息流转的完整系统。正是通过能量物质层与生命信息层的交互流转，生命体实现了自我表达与自我延续的两大基本特征。

而人类的特殊性在于，除了生殖系统之外，基于神经系统的独特信息层实现了我们之前提到的第二反馈机制，并在此基础上构建了人类作为系统的价值层。

事实上，任何系统必然包含能量物质层。在生命系统中，基于基因的信息层得以发展，通过信息流实现物质的有机组织。而人类则进一步演化出基于神经系统的信息层，并在此基础上形成了一套以目的或需求等心理倾向为价值判断标准的价值层。每个层面都对应着相应的构成要素、流量和存量等处理要素，这些要素之间又存在复杂的关联关系，共同构成了一个复杂的多维系统。在一个更高级且多层次的系统中，物质层的输入主要是为了支持信息层的信息流转或价值层的价值实现。因此，当我们基于这样的理解去分析研究对象时，我们的认识无疑将变得更加深入。

当然，从系统的其他属性来考虑，系统可能还有许多其他的特性，使其成为一个更为特殊的系统，例如系统的开放性与动态性、非线性、反馈特性、自组织性等。

一般来说，封闭系统由于缺乏输入与输出，会不可避免地趋向于最大熵状态。因此，我们在日常生活中遇到的系统几乎都是开放的，或者至少是部分开放的，而这些开放的系统对于我们生活来说才是真正有价值的。

在开放系统中，由于复杂性，系统输入与输出之间的因果关系变得更为复杂。一方面，系统内部因素的相互作用使得输入与输出不再具有简单的线性关系；另一方面，基于信息因果论的系统不再遵循严格的线性规律，从而增加了系统的不确定性；此外，系统输入输出的多元性也增加了系统的复杂性。这些影响最终导致系统呈现出非线性、动态性和复杂性的特征。

在现实生活中，复杂系统往往会演变成一类特殊系统，即系统的输出通过一定的因果关系（比如受到系统内部要素的影响）反作用于系统的输入，进而影响系统的要素、关系、结构及输出。我们将这类系统称为反馈系统。反馈系统最显著的特点是，输入与输出以及系统主体不再是单向关联，而是通过反馈形成了互为因果的复杂互动。

在反馈系统中，根据输入对输出影响的不同，信息层可分为增强型和调节型反馈系统。增强型系统含有增强回路，其中输入促进输出的增加；复利便是增强型系统的一个例证。相对地，调节型系统则包含调节回路，其中的反馈输入会减弱输出。增强型系统在价值层面又可细分为积极增强型和消极增强型。积极增强型反馈系统是有价值的，即我们常说的良性循环；而消极增强型则是无价值的，即恶性循环。对于无价值的增强型系统，我们通常可以通过调整输入或系统结构来减弱系统输出，从而打破恶性循环，将其转变为调节型系统。

要改变一个系统，我们必须识别限制因素，了解我们能够改变的是系统输入还是系统结构本身，这样我们才能有效地改变系统输出，以获得期望的结果。

研究反馈系统时，我们不仅要考虑不同层次间的相互作用，还需考虑时间延迟的影响。延迟是由系统内各要素及其关系的存继与变化引起的。由于这些存继与变化（例如某些输入变成了系统的一部分），输入和输出可以暂时分离，互相独立，并可能暂时失衡，产生延迟。尽管人们通常希望通过改变输入立即得到反馈，但延迟却常常是不可避免的。比如，你今天投资了优质股票，并不代表明天它的价格就会上升；你努力工作，也不一定下个月就能获得加薪。因此，在研究反馈系统时，我们必须高度关注并充分考虑延迟的影响，而在价值层面，这要求我们保持耐心和等待的态度。

最后，还有一类特殊的反馈系统，称为自组织系统。当一个反馈系统拥有了信息（某种规则）的表达和保持能力时，它就变成了自组织系统。这意味着信息层的流动与转换是自组织的基础。如前文分析生命的系统时提到的，这种系统的条件是一个远离平衡态的非线性开放系统。

在我们掌握了不同类型的系统和不同层面的系统知识后，让我们回过头来审视一些具体的系统思考方法。

首先，当我们采用系统思考的方法进行系统分析时，应对系统进行分类定位，并确定系统的边界。系统的分类定位要求我们明确研究对象是否构成一个系统，以及它是什么样的系统——是一个简单的开放系统？一个包含多个要素、多种输入的复杂系统？是一个输入与输出相互关联、存在延迟的反馈系统？还是一个自组织系统？快速而准确地对系统进行分类和定位，可以让我们迅速确认并分析其特性。同时，清晰划定系统边界有助于我们识别哪些是组成要素，哪些是处理要素，哪些属于输入或输出，从而更精确地进行关系分析。

只有在对系统进行了准确的分类和定位之后，我们才能对其输入量和输出量进行分析，以实现整体上的系统理解。根据系统的定位结果，我们可以在不同层次上（如物质层、信息层、价值层）对输入和输出进行分层分析，探究不同层次上输入和输出之间的对应关系。

在分析输入量与输出量时，芭芭拉·明托提出的"相互独立、完全穷尽"的MECE原则将极大助益于我们对输入量和输出量的梳理。具体而言，我们可以从时间维度、空间维度或重要性维度、逻辑维度进行梳理，并检验其是否符合MECE原则。

除了对系统的整体分析之外，我们还需要深入探索系统内部的各个要素及其相互关系，以理解这些因素如何引起系统结构的变化。系统内要素与关系的分析比输入输出分析更为重要，因为正是它们最终决定着系统的输出。当我们改变输入量时，虽然输出量确实会发生变化，但如果系统内的要素、关系及结构保持不变，那么重复同样的输入量将产生一致的输出量，这便是经验的基础。然而，现实情况往往更为复杂，由于系统的开放性和动态性，其内部要素与关系持续变化，导致系统结构的演变，进而影响输出量的改变。

因此，我们在分析系统时，必须以理解系统内的要素、关系及其基础上的结构为目标。只有这样，我们才能真正深入理解系统的内部机制，抓住系统的本质，从而全面地从系统构成要素和系统处理要素两个层面来理解和控制系统，最终实现系统的功能或目标。

在梳理系统要素时，我们也可以应用MECE原则来检验要素梳理的合理性。而在分析要素之间的关联时，我们可以采用结构化的思维方法，探讨它们之间是否存在树状关系、网状关系或是总线型关系等。当然，我们还可以通过深入的原因分析，探索要素间的层次性和因果性。5why分析法提供了一套具体的操作流程，帮助我们查找因果关系。

在完成了以上三个方面的基础分析之后，我们将利用最初系统分类的结果来进行更深入和细致的分析。例如，对于一个系统来说，非线性特征在不同输入条件下可能导致输出的巨大差异；对于反馈系统，则需进一步分析信息层与价值层的反馈机制及其延迟效应，以充分理解反馈系统；而自组织系统则需要我们在信息层、价值层等多个层面分析其因果关系，并重点研究自组织如何导致系统结构的动态变化，实现对系统的立体化、多层次分析。

此外，我们进行系统思考并将研究对象视为系统进行分析的最终目的是理解系统的运作机制，掌握并利用这一系统，甚至改造它，从而发挥其功能或达成目标，进而体现其价值。

因此，我们还必须遵循以下基本原则：

第一个原则是以事实或数据为基础，即实事求是。这要求我们一方面收集历史数据，了解系统过去的运行情况，掌握输入与输出的关系。另一方面，需要深入调研，理解构成系统的各个要素，以便透析和掌控系统。

第二个原则是坚持从多层次、多角度进行针对性分析。这意味着我们需要对同一系统进行多层次、多角度的分析，比如考虑信息不对等情况下不同信息拥有者的视角，以及从多个价值相关者的角度进行分析。同时，针对不同的系统，运用不同的模型进行分析，如查理·芒格所提倡的多元思维模型分析法。

第三个原则是结果导向原则。在绝大多数情况下，我们分析一个系统并非仅为了分析系统本身，而是有目的的。这个目的就是利用系统分析的成果来制定决策或解决问题。我们的系统分析必须能够指导实际行动。

总而言之，系统思维方法是对研究对象进行全面、深入分析的优选途径。通过这套系统化的分析方法，我们能为制定决策和解决问题打下坚实的基础。

然而，真正提高系统思维能力需要我们在实践中不断使用系统思考的方法，长期训练，使其成为我们的内在能力或习惯。在下一章中，我们将集中讨论这部分内容。

## 8.3　思维力（二）：结构化思维与模型化思维

在上一节中，我们探讨了一套普适而基础的思维方法：系统思维法。由于系统思维法需要考虑诸如非线性、动态性和关联性等复杂特点，它在我们的日常生活和工作中可能不易掌握。

为此，让我们转向一种更为简化的系统思维方法——结构化思维法。与系统化思维强调要素及其关系不同，结构化思维更加关注价值和目的，通过基于特定目标的分析来实现系统的价值。

通常，结构化思维采用金字塔结构的形式，它是一种建立在明确目标基础上的思考方式。这些目标往往是单一或高度相关的，因此结构化思维的一个显著特征是采用总分结构，自上而下、逐层深入地思考问题。这也是为何结构化思维呈现金字塔结构之故。

结构化思维旨在处理日常事务，如解决问题、制定决策和完成任务。因此，其重点通常放在信息层和价值层，尤其是价值层。同样，结构化思维也须遵循事实与数据为基础、结果为导向等基本原则。

本质上，结构化思维将思考者视为一个系统，通过大脑中信息的流转来处理信息并得出结论。具体而言，在流程上，我们可以按照思考的逻辑顺序划分为获取相关信息、信息处理和结论表达三个关键阶段，对应于人作为系统的信息输入、处理和输出过程。

在这三个过程中，结构化思维都能够得到有效应用。在获取相关信息时，可以通过主题结构对输入信息进行分类和分层分析，例如利用中心论点、分论点和论据来层次化解析对方传达的信息，并依据一定规则进行分类，以快速把握信息的价值或结构。在信息处理时，无论是解决问题、制定决策还是完成任务，我们都可以根据总体目标、子目标和行动计划来进行逐层的金字塔结构分解。在信息表达过程中，同样可以采用结论先行、自上而下的金字塔结构来传达，这会使信息接收者更易于理解。

接下来，我们将进行更详细的分析。

在获取相关信息的阶段，这一过程可以细分为信息的搜集、识别、分层和分类。

信息搜集主要通过沟通、阅读和观察等手段来记录和呈现信息，关键在于全面性，确保没有遗漏。

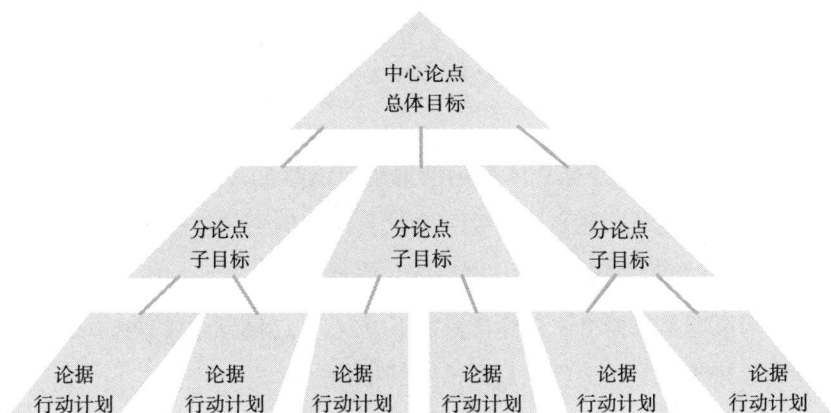

论证 / 方案金字塔结构示意图

信息识别则是鉴别信息的准确性和可靠性，判断信息的价值或其合理性。这要求我们对信息是否具有价值、是否能支撑论点或分论点进行评估，从而排除那些不准确、无价值或不合理的信息。

在信息分层与分类时，我们需要迅速辨识出信息的层次性和类型。在分层过程中，我们应识别出主要论点、分论点、论据（例如事实或数据、推理结果等），或者总体目标、子目标和行动计划，并将这些以金字塔结构形式排列。在分类过程中，我们可以采用时间维度、空间维度、重要性维度、逻辑维度等方法进行类别划分，尤其通过逻辑分解可以彻底穷尽各个子项。常用的逻辑划分法包括正反二分法、函数变量法、四象限法等。例如，在分析考大学的结果时，我们可以使用正反二分法区分"考上"与"没考上"，进一步地，使用四象限法细分出考上理想大学和喜欢的专业、考上理想大学但不喜欢的专业、没考上理想大学但喜欢专业等情况。分类完成后，应用MECE原则来检查是否相互独立且完全穷尽。

通过信息的搜集、识别、分层和分类，我们不仅能抓住事物的本质、快速理清关系，还能有效提取有价值的信息，形成系统的认识。这种基于结构化思维的信息获取方式，无疑是我们在日常生活中迅速获取有价值信息的重要方法。

在信息处理阶段，核心任务是加工已获取的信息，得出我们需要的结果。

通常，无论是要阐述一个观点、提供解决方案、表达请求或建议，还是进行一项研究，我们的总体目标就是结构化思维的起点。在此基础上，我们可以在不同层级上分解，形成各层次的重点内容，确保下一层级对上一层级的支撑和具体化。

更具体地说，我们通常采用两种方式来实现这一过程：归纳总结和逻辑推理，即演绎推理。

归纳总结的方法涉及根据总体目标搜集事实或数据，并对这些信息进行概括，从而自下而上地形成结论或观点。这是一个从具体实例到一般规律的过程。逻辑推理是一种严密的思考过程，它依照特定规则从一项判断推导至另一项判断。在结构化分析中，这种逻辑推理是根据总体目标自上而下分解，以得出具体的策略或手段。因此，逻辑分析通常表现为从一般原则到具体情况的推导过程。

事实上，无论是归纳法还是逻辑推理，它们都是更为系统化思维方式的一部分，并且不仅仅限于结构化思维的应用。实际上，近代哲学正是基于这两种方法展开深入研究，并最终分化为经验主义和理性主义两大流派。尤其是逻辑演绎，它在哲学、数学和物理学等领域得到了广泛应用。

接下来，我们来简要介绍逻辑演绎的基础方法。逻辑演绎通常是从一个或多个假设出发，遵循一套确定的推理规则进行严格的思考过程。它的可靠性建立在因果决定论和固定的逻辑规则之上。因此，如果前提是正确的，那么推理所得出的结论也必然正确。例如，亚里士多德的"三段论"通过大前提和小前提得出结论，确保了结论的正确性。一个典型的例子是：所有人类都会死亡（大前提），苏格拉底是人类（小前提），所以苏格拉底会死亡（结论）。

逻辑思维的对象是我们试图认识的事物，但直接对象则是从具体事物中抽象出来的概念，这一过程称之为定义。原则上，只有对概念建立了准确定义之后，我们才能进行直接的逻辑思维。然而，仅仅定义概念是不够的；我们还需要通过分析来解释或深入理解概念，这通常涉及应用特定的范畴。更为重要的是使用已定义的概念来解释新概念或根据规则推导出新的结论。判断不仅是对概念的存在、属性和关系的解释和描述，也是利用概念形成新结论的方式。判断常以断言的形式表达，在逻辑学和数学中则称为命题或定理。在结构化思维中，这些判断体现为所得出的结论。

在结构化思维中，虽然逻辑演绎的方法不需要过于复杂，如明确的定义或范畴分析，但其基本思路是一致的。如果我们想表达一个观点，该观点的正确性应当有具体的理由或分论点支持，这些应置于金字塔结构的第二层，而支撑这些理由或分论点的论据（如事实或数据）则位于第三层。当然，对于更复杂的观点，可以通过增加层级和细分理由来阐释。然而，鉴于人脑处理信息的能力有限，通常建议不超过三层，每层不超过七个论点。同样地，若目标是提出解决方案，我们需要在系统分析基础上，将方案按金字塔结构分解为总体目标、子目标和行动计划。总体目标通常由待解决的问题明确指出，子目标是对总体目标不同方面的细化，而行动计划则是对子目标的进一步具体化，应当具备可衡量性和时间限制等特征。

在逻辑思维过程中，如果将概念比作砖块，那么通过逻辑推理得到的断言便是最终构建而成的房屋，而逻辑思维的过程本身则相当于建房子的过程。逻辑思维能力就类似于我们用砖瓦搭建房屋的技艺。

至于我们提到的假设或公设，它们通常并非通过逻辑推理获得，而是通过归纳总结得出。通过归纳总结得到的公设或假设并不具备绝对的正确性，至少在理论上它们是可以被证伪的。然而，这并不意味着归纳总结的价值可以被忽视。实际上，归纳总结之所以能被广泛运用，正是因为它有其独特的效力。在结构化思维中，归纳总结通常与目标结合使用，或是在某个已经细分的框架下进行信息的归纳和整理。信息归纳整理的基础方式正是我们之前提到的分层与分类。

基于分层与分类，归纳总结还需要进行的一个重要步骤是概括。概括是一个寻找共性的过程，主要分为属性概括、功能概括、方法概括、结果概括和关系概括等。例如，既然火车、汽车和自行车都有轮子，我们就可以概括出"车辆具有轮子"这一共同属性。

自启蒙运动以来，哲学界的两大流派为我们展开了归纳总结和逻辑演绎两种路径，直到今天，我们在认识世界和改造世界的过程中仍然广泛运用这两种方法。在我们的结构化思维中，归纳总结和逻辑演绎往往结合使用，两者都极为重要。

此外，在信息的输出过程中，无论是通过语言还是文字表达，都有一套结构化的思维方式作为支撑。具体来说，就是"结论先行，自上而下"的表达方式，这也是我们一再强调的结构化思维模式。更具体地讲，我们从结论开始，逐步向下分解为分论点和论据。

但是，表达和思考的过程存在差异。思考是核心内容，而表达则需要考虑听众或读者的理解程度。为了达到更好的理解效果，表达通常会在开头和结尾部分强化目的。例如，可以通过提出问题来引出观点和诉求，或者设置悬念来吸引注意力。而在结尾部分，则可能通过重复结论或请求以增强效果。

总的来说，结构化思维要求我们在任何阶段、任何层级都有一个清晰的思维框架，正所谓"心中有框架，手中有方法"。

除了系统思维和结构化思维，更高效的思维方式是模型化思维。人们在日常生活中建立了许多思维模型，帮助我们快速认识事物、做出决策、设定目标和完成任务等。模型化思维正是利用这些基于结构化思维的现成模型进行高效思考的方式。

由于这些模型大多是系统思维和结构化思维的产物，逻辑严谨并经过实践检验，因此具有很高的价值。与结构化思维相比，模型化思维通过借用多种现有模型为我们提供了一条快速分析问题、制定决策和解决问题的途径，显得更加实用和方便。

如果说结构化思维是我们自行搭建舞台来表演，那么模型化思维则是利用前人已经建好的舞台直接演出。真正的高手不仅具备底层的系统思维和中层的结构化思维，还掌握各种现成的思维模型。模型化思维减少了寻找因果关系的步骤，直接使用模型对事物进行分析，轻松自如，效率显著。

模型可以简单也可以复杂。简单的模型可以用几句话描述清楚，例如经典的PDCA模型。复杂的模型可能是一套完整的理论体系，如马斯洛的需求层次理论，这是对人的需求分析的经典模型。实际上，一个完整的研究理论可以被看作是针对特定研究对象的研究模型。

人类特有的第二反馈机制使我们通常将因果决定论视为目的论。在人类社会中，目的论能够解释许多现象，因而被广泛接受。基于目的论，无论是个人还是组织的行为都显示出目的性。具体而言，这种目的在社会中体现为对价值的追求，包括利益的追求。无论是利他主义还是自利主义，本质上都是价值观的差异。但归结为"目的"，则必须是有价值的，而不是损人不利己的。

基于这一理念，我们为了追求"价值"这一目的而开展的工作、制定的决策、解决的问题和进行的研究几乎都可以从目的出发。进一步地，我们可以从目的出发，快速选择合适的模型来展开对研究对象的分析。基于快速的分析结果，我们开始收集信息（事实和数据），根据这些信息进行因果关系分析或过程推演，从而得出相应的结论，以服务于问题解决或事务决策。

接下来，我们从研究"目的"出发，探讨一些常用的模型。在管理学领域，目的通常被具体化为目标。管理学泰斗彼得·德鲁克对目标进行了深入研究，并提出了著名的SMART原则，这一原则在我们日常生活中同样非常实用。应用SMART原则，我们可以从多个角度分析目标或目的，从而使后续行动更加清晰和有方向。

确立了具体明确的目标后，我们还需要了解现实情况，包括当前状态、资源、优势与劣势，以及面临的困难、问题、挑战和机会。这类似于SWOT分析模型。当前状态涉及与目标之间的差距，这种差距的真实性和准确性至关重要。在资源方面，我们可以从人力、资金、信息、知识与技能、能力、工具与物料等多个角度进行分析。这些资源实际上与我们经济学中讨论的"生产要素"类似。在分析存在的困难、问题以及面临的挑战和机会时，我们也可以从人员、资金、知识与技能、能力、工具与物料等方面进行考虑，这与质量管理中的"人机料法环"分析法相似。这些在不同领域中重复出现的资源或要素，虽然分析层次不同，但从系统角度来看，它们是从个体到组织，乃至整个经济社会不可或缺的输入要素。我们可以将这些内容整合成一个模型，暂时称之为"输入要素模型"。

明确了目标和现状后，我们通常会进一步讨论实现目标的具体方案。在许多情况下，为了达到某个目标，我们会有多个可选方案。无论是哪种方案，都应结合我们的目标和现状来制定。这又回到了结构化思维的范畴，我们通过将目标分解为子目标，再将子目标细化为行动计划、任务清单、进度时间表等。

在《决策的艺术》一书中，哈蒙德等人提出了通过过程确定可选方案，通过双赢的方式提供可选方案，通过信息收集的方式制定可选方案，通过延缓时间寻找可选方案。但无论采用哪种方法，原则上都应确保方案是具体且可操作的。此时，我们可以运用5W1H（即Who，What，When，Where，Why，How）的框架来考察可选方案，完善实施者、实施时间、实施地点、实施方法和步骤、所需资源等关键因素。

在找到多个可选方案后，我们需要对这些方案进行评估，并选择最佳的一套。

通常，对可选方案的评估和选择可以考虑以下三种方法：

第一种是结果评价法，即通过预测结果（包括风险预测）以及个人对可能结果的满意度（包括风险承受能力）来确定采用哪个方案。

第二种是投入评价法，即通过对每个投入因素的成本估算，选择在达到预期目标时投入成本最低的方案。

第三种是投入产出评价法，即结合前两种方法进行综合评估。

当然，具体的方案并不总是有明确的量化指标，这时我们可以进行一些价值的量化转换。有时，我们的目标可能无法让所有人满意，这时我们可能需要对目标进行调整。

最后，即使我们确定了一个明确的方案，我们仍然可以通过调整方案的输入因素来优化最终方案。在此基础上，我们还应该考虑风险带来的负面影响，并为最终方案准备一套次优的备选方案或应急预案。

这就是制定方案或决策的最科学、最实用的方法。这种方法在不同著作中被以类似步骤总结出来，如《决策的艺术》中的 PROACT 思维模型、《高绩效教练》中的 GROW 模型，以及 OIIC 模型。

不过，无论如何，这个阶段仍然是计划阶段，即 PDCA 循环中的 Plan 阶段。这仅是我们头脑中的构思，而非现实中的实施。要真正出色地执行某个方案或决策，还需要付诸实际行动（Do）。在此，我们提出两个行动要点作为参考。第一，行动必须基于方案而非直觉。任何时候，我们都应将方案作为行动指南，这要求我们具备出色的执行力。第二，行动必须围绕目标展开，即要有全局意识。当我们按方案行动遇到困难，或正偏离目标时，可能需要暂停进行适当调整。针对这一点，最常见的做法是建立一套监测反馈机制。

除了行动环节，PDCA 循环还提醒我们应进行结果检查与经验总结，即 Check 环节。在此环节，一个常用方法是 KISS 复盘法，它能帮助我们分类寻找需要保持、改进、终止或开始（补充）的措施。

完成检查后，根据 KISS 复盘法找到的改进措施，我们进行改进（即 PDCA 中的 Action），从而形成完整的 PDCA 循环。这正是一套有效的监测反馈机制。

以上就是我们在日常生活中，从目标出发进行思考和行动时所常用的一些模型。深入理解并应用这些模型，可以帮助我们更快速、高效地解决生活和工作中的问题。

最后，关于前述的三种常用思考方式，我们需要再次强调几个在思考过程中需注意的要点：

首先，我们必须以目标为行动导向。无论是采用系统思考、结构化思考，还是模型化思考的方式，从目的论的视角来看，我们都希望实现目标，即获得我们想要的结果。这个目标必须是明确且一致的。然而，在实际行动中，我们可能会因为健忘、私心或习惯而偏离甚至忘记最初的目标，导致结果与预期相悖。以目标为导向实际上是在我们意识中建立起一套目标监督机制，引导我们的行动方向，确保期望的结果得以实现。

其次，我们需要以事实为基础。笛卡儿在其著作《谈谈方法》中提出一条重要原则："凡是我没有明确认识到的，我绝不把它当成真的接受。"这意味着我们要谨慎避免草率的判断和先入为主的观点，只有那些清晰呈现在我们心中、无法怀疑的事实才能成为我们判断的基础。以事实为基础要求我们始终保持批判和怀疑的精神。

事实上，我们的固有认知和经验是有局限的。这些认知和经验会干扰我们对事件的理解，导致偏见，使我们无法看到完整的系统，从而做出错误的归因或片面的决策。因此，"没有调查就没有发言权"，我们应以事实为基础，对事不对人，摒弃个人情感、立场和偏见，根据真实的现实情况弄清问题的本质，并提供切实的解决方案，这是实现目标的重要基础。

最后，我们需要学会运用多种理论进行复杂思维的模式，即查理·芒格所说的"多元思维模型"。正如查理·芒格经常提到的，对于拿着锤子的人来说，全世界都是钉子，这反映了我们单向思维的局限性。多元思维模型作为查理·芒格一生智慧的结晶，教导我们要打破惯性思维体系，在脑中构建一种复合的思维模型框架，在不同层次、不同角度运用不同理论去思考问题，增强对事物的认知，揭示事物背后的本质与原理。例如，对于一个事件，我们可以运用物理学和化学来了解物质层面的相互作用，也可以运用生物学、人类学来研究基因信息层面的流动，还可以通过心理学来探究意识信息层面的流通，以及通过社会学、经济学、伦理学来理解价值层面的转换。

至此，我们已经相对系统地讨论了思维方法。回顾所探讨的内容，我们需意识到，我们的思维方式本质上是我们意识的一部分，是我们对客观世界的思考和反映。作为生命个体和独一无二的人，我们不仅拥有第一反馈机制，也具备第二反馈机制；我们既有直觉也有理性。我们应该充分利用第二反馈机制和理性来思考问题。

在《思考，快与慢》中，丹尼尔·卡尼曼提出了"系统一"和"系统二"两个概念。系统一是典型的基于第一反馈机制的自我，是基于欲望和恐惧的思考模式。如果我们希望成长，就必须充分发挥第二反馈机制的作用，高效地运用系统二，去认识世界，理解世界的运行规律，以及洞察性与道的相互作用。

# 8.4　情感力

除了思维能力之外，情绪和情感作为一种心理体验，对我们的生活和工作有着极大的影响，尤其是在社会交往和沟通能力方面，甚至影响着我们的人生方向。情感力是指我们对情绪和情感的感知及管理能力。如果说思维能力体现在一个人的智商上，那么情感力则表现为情商。良好的情感力不仅能让我们在需求得到满足时轻松体验快乐和幸福，还能为我们提供实现愿望、获得幸福的持续动力和方向指引。其中，优秀的情绪控制能力是高效沟通的重要基础，我们将在后文中对此进行深入讨论。

情绪和情感体验是我们在情绪和情感过程中的心理状态的表现，更具体地说，是在我们的需求得到满足或未得到满足时的心理状态。而情感力正是我们感知和管理这些情绪和情感的能力。具体而言，情感力主要包括我们对情绪和情感的觉察力、自我情绪管理能力以及管理他人情绪的能力，即共情力。

**首先，我们来探讨情绪与情感的感知力。**

正如前文所述，人类的情绪与情感极为复杂，涵盖了积极和消极两方面。

积极情绪不仅包括快乐、幸福、兴奋和愉悦等，还包含了在各种需求得到满足时所体验到的获得感、成就感、升华感、意义感和价值感。而消极情绪则包括失落、沮丧、苦恼、忧虑、担心、恐惧、怨恨和愤怒等。

情绪与情感的感知力主要表现为我们对不同情感的准确感知和表达能力。随着我们需求的日益丰富，当这些需求被满足或未被满足时，相应的情绪与情感便会产生。

无论是积极还是消极的情绪，它们的出现大多数时候都是不可避免的。在这种情况下，我们不能简单地将积极或消极情绪标签化为好或坏，而是需要面对、认识并调节它们，特别是消极情绪。我们不能阻止消极情绪的产生，关键在于我们如何感知并应对它们。

基于这样的理解，情绪与情感的感知力显得尤为重要。如果我们能够准确地感知自己的情绪和情感，并适当地表达出来，无论是出于自我调节的目的还是为了寻求他人帮助，这都非常关键。准确地感知和表达情感还能促进我们的自我觉察能力，这也是自我情绪管理能力的基础。

**其次，我们来讨论自我情绪管理能力。**

自我情绪管理能力指的是我们在面对外界环境——如人、事、物、信息等各种刺激时，如何管理自己的情绪以做出恰当反应的能力。这种恰当的标准是基于道德准则上对个人需求的满足，至少是符合个人期望的满足，体现了德行与幸福的和谐一致。

心理学研究中广为人知的 ABC 理论指出，我们的情绪直接源自我们的信念体系。根据前文分析，情绪来自我们的认知过程，而非直接由外部刺激所引起。从根本上说，外部刺激需要经过我们的认知过滤，最终导致情绪反应。

从脑科学视角来看，外部刺激会在大脑中形成特定的神经通路。更深入的研究发现，这些通路并非唯一。有时，外部刺激会通过我们的情绪脑——具体来说是杏仁核——并在其控制下产生情绪乃至身体的反应，这是我们潜意识中的情绪反应路径。而有时则会通过人类特有的理性脑，即大脑皮层，在其理性思考的基础上产生情绪和身体反应，这是在理性监控下的情绪反应路径。这两种路径的不同，使我们能够在遇到危险时通过杏仁核迅速作出反应，并在需要时让大脑皮层理性地控制情绪反应。这样的脑科学研究结果为我们的情绪管理提供了理论基础。

基于这样的研究基础，我们可以通过改变外部刺激或我们的认知这两种途径来控制或转变我们的情绪反应。然而，改变外部刺激显然非常困难，甚至是不可能的。特别是对于已经发生的事件，我们自然无法回到过去阻止它们发生。因此，试图通过改变外部刺激来影响结果往往是无效的，也就是说，这条路径往往不能满足我们的需求或期望，自然也就无法改变我们的情绪。

于是，我们只能选择通过改变我们的认知或信念来调整情绪，让理性参与情绪管理，通过理性改变认知或信念以调整我们的情绪，尤其是对消极情绪的反应。这是基于 ABC 理论的最实用的方法。

那么，在理性的监督下，具体如何实现消极情绪的管理呢？

心理学中的认知疗法为我们提供了一些启示。认知疗法旨在通过改变我们的认知，让我们与消极情绪进行辩论，从而产生新的积极情绪体验。

首先，从根本上讲，我们需要改变对情绪的认知。我们应该认识到情绪的产生伴随着需求的满足与否，而需求是由人的认知决定的。根据心理学中的 ABC 模型，这个认知对应着我们的信念（Belief）。只要我们改变信念，就可以改变情绪。建立了这样的认知后，我们才会意识到并愿意去管理情绪。

其次，基于认知的改变，我们需要学习几个重要步骤。

第一步是自我觉察。自我觉察意味着我们要用理性来观察当前的消极情绪体验，并进行情绪分类及分析其背后的原因。通过理性的介入，我们可以及时意识到并正视消极情绪，便于理性对情绪的管理。

第二步是及时辩驳，改变那些引起情绪反应的不当信念，改变认知。

从辩证的角度看，任何一件事情发生都有其负面和正面。在这种情况下，改变我们不恰当的信念或认知，寻找事件的积极面是可能的。当我们对事件的积极面有了认知，便可以让这种认知改变我们情绪的反应方式，从而化解消极情绪。例如，如果我们在开车时遇到一个抢道的司机而感到愤怒，但如果我们改变认知，理性地考虑：也许对方是医生，正急着去医院救人。这样一来，我们的情绪就会得到缓解。形象地说，认知在我们意识中只为情绪安排了一把椅子。如果认知让消极情绪坐下，我们就会感到消极；如果让积极情绪坐下，我们就会感到积极。通过转变认知，我们可以将情绪的座位让给积极情绪，消极情绪自然会被替代。

当然，如果我们没有提前意识到消极情绪的产生并表达出来，事后的觉察和及时的补救同样能起到一定的修复作用。

上述步骤被心理学家阿尔伯特·艾利斯总结为理性情绪疗法（Rational Emotive Therapy，RET）的 ABCDE 理论。其中，A 代表诱发事件或行为（Activating event），B 是个体对 A 产生的信念或认知（Belief），C（Consequence）指造成的情绪结果，

D 则是利用理性对错误的认知或信念进行辩驳（Disputing），以此改变原有的错误认知与信念。最后，E 代表经过辩驳后产生的新的认知、信念以及情绪上的改善效果（New Effect）。当然，从 C 到 D 的自我觉察是最为关键的一步。只有当我们自我觉察到自己的错误认知和消极情绪时，才会去挑战这些错误的认知和信念，从而引发情绪上的改进。理性情绪疗法的 ABCDE 理论不仅可以帮助我们深入理解情绪过程，还能指导我们有效提升自我情绪管理能力。

事实上，经验告诉我们，当我们改变了自己的认知并转变消极情绪表达之后，会发生一件奇妙的事情：周围人的情绪也会随着我们的改变而变化。

最后，让我们来探讨共情能力。

共情能力是指个体对他人情绪的识别、认同和管理的能力。更具体地说，它涵盖了对别人情绪与情感的敏感察觉和共鸣。如果一个人能够敏感地感知并对他人的情绪与情感表达产生共鸣，那么他就在共情他人。当然，更广义的共情还包括认知和思维的共情，但在这里我们主要讨论的是情绪和情感方面的共情。

对个人而言，共情能力不仅丰富了我们的情感体验，还能提高我们的情商，增强社交和沟通能力，培养仁慈、慷慨的个人人格品质，使我们能更有效地解决沟通障碍，甚至提升我们的理解力和创造力。对于被共情的对象来说，通过我们的共情，他们往往能够获得巨大的支持力量，克服困难，甚至在人生的低谷中找到出路，进而达到我们管理他人情绪的目标。

最新的研究揭示了共情能力的神经科学基础——镜像神经元。借助于镜像神经元，我们拥有了观察和模仿的能力。对于他人情绪与情感的观察、理解与表达，正是这一能力的具体体现。

那么，如何培养自己的共情能力呢？

首先，我们需要从认知做起。只有当我们认识到共情能力的重要性，并理解其本质，将其纳入我们的认知范畴中，我们才有可能培养出共情能力。

其次，基于认知的基础上，共情也有一套具体的方法可供遵循。

第一步，我们需要耐心倾听。倾听是共情的基石。通过倾听，我们不仅能了解对方的情绪感受和态度，还能发现引起这些情绪背后的事件，从而增进对对方的理解。

第二步，在倾听的基础上，我们需要理解对方的感受及其来源，即探究引发对方情绪的事件以及其认知依据。

第三步，在理解的基础上，我们需要做出恰当的共情回应。这种回应既不应包含个人的观点、评价和意见，也不应有否定或纠正对方的意图。恰当的回应应该重述所听到的事件及对方对此事件的感受和态度，并尝试表达对对方这种感受和态度的理解，进而引导对方释放或调整自己的情绪。

通过这样的共情过程，我们在很多情况下能够有效识别和认同他人的情绪，并对他人的情绪进行管理。当然，掌握这种共情技巧也需要刻意练习，才能转化为我们的共情能力。

最后，我们的共情力本质上来源于我们的内心——具体而言，源自我们的仁爱之心、慈悲之心。正是这些内在的品质驱动我们对他人的感受产生同理性的理解。因此，除了技巧训练之外，更为重要的是我们要真正拥有一颗充满仁爱与慈悲的心。归根结底，这颗心也是我在前文提到的利他之心的核心所在。

毋庸置疑，情感力对我们至关重要，而情绪与情感的感知、管理和共情都是情感力的重要表现。了解并熟练运用这些方法，不仅有助于提升我们的情感力，也会使我们越来越接近内心与外在幸福和谐统一的生活。

# 8.5　意志力

除此之外，我们还需要锻炼自己的意志力。所谓意志力，是指我们在意志过程中所展现出来的对意识和行为活动的控制力。具体而言，当我们面对困难时，意志力表现为一种心理控制力。它通常与逆商（逆境商数）的高低相对应，而良好的意志力更是我们采取行动的动力源泉。

具体来说，坚强的意志力会体现在自觉、自控、果断、自信、乐观和持之以恒等多种个性特质上。

首先，让我们探讨自觉。

一个人在动机、兴趣、理想等个人心理倾向的驱动下自觉地从事某项活动，其背后是对满足需求的期望。需求的驱动力使人们逐步形成更高层次的心理倾向，如动机、兴趣、理想和志向，进而自发产生自觉行动，表现出自觉性。因此，自觉的根本在于需求的推动。基于这一点，培养人的自觉性的关键在于激发人的需求，尤其是更高层次的需求，这能显著增强个人的自觉性。这不仅在自我学习和认知中至关重要，同样在教育领域也极为关键，例如激发一个人的学习兴趣。

在具体的方法上，我们应该通过激发更高层次的需求来培养自觉性，根据这些需求培养兴趣、理想或志向。依据我们对学习的分析，无论是通过模仿还是刻意练习，都可以有效地激发兴趣和培养理想或志向。

除了自觉性外，还有自控力。如果说自觉性是驱使一个人主动去做某些事情，那么自控力则是要求一个人克制自己不去做某些事情，以便专注于那些需要完成的任务。根据这一理解，提高自控力可以通过对需要控制的具体行为进行认知上的禁止和价值否定来实现，也可以通过认知转移来实现。

认知禁止即在认知层面上对自己说"不"，从而实现行为的自制。常用的手段是价值否定，即认为某些行为没有价值，这样可以在一定程度上减弱行为的动机，从而控制具体的行为。然而，根据"禁果效应"，很多时候我们越是想要压抑某些行为，潜意识里就越想去做这些事情。因此，仅仅依靠认知禁止往往是不够的。

更为有效的方式是认知转移。所谓认知转移，就是将我们的焦点从需要抑制的事物上转移到我们应当做、易于做且感兴趣的事情上。正如前文所述，我们的认知在意识中只为情绪安排了一个"座位"。事实上，大脑的总"座位"数量有限，只能供我们不同的主观意识轮流"入座"，也就是说，我们的意识活动总是以串行的形式展现，即便有时切换迅速，它仍是连续的。因此，如果我们把这唯一的"座位"交给另一个具体的意识活动，比如另一种情绪或思维模式，它将引导并控制我们的行为，达到自我控制的效果。与认知禁止相比，认知转移的优势在于让大脑中的"座位"被另一个不需要禁止的意识活动所占据，而不是空置。

通过频繁地进行认知转移训练，我们可以有效地消除潜意识的抗拒，进而使自控成为习惯，从而增强我们的自控力。

接下来，我们来探讨果断性。

果断性指的是快速做出决策或选择的能力。它不同于武断或鲁莽，而是基于出色的思考力和良好的情感力。拥有敏锐透视本质的思考力，能使我们对决策对象的本质和利害关系有清晰的认识。当我们具备良好的情感力时，就能在此基础上形成更理性的思考，促进果断的决策或选择。此外，由决策或选择带来的积极结果也会增强我们的自信，使我们在面临决策或选择时变得更加果断。

此外，还有一组概念通常也被视作意志力的一部分，即自信与乐观。

自信类似于班杜拉提出的自我效能感，不同之处在于，班杜拉的自我效能感是指人们对自己是否能够运用现有技能完成某项任务的信心水平。较低的自信水平或自卑感也属于自我效能感的范围，只不过是低自我效能感而已。然而，自信通常是自我效能感高的心理表现。自信的人，或者说自我效能感高的人，往往更加自觉、自控力强，并且更果断，因此更容易取得成功。自信的培养主要通过外部激励来实现，这包括来自他人的激励和来自事件的激励。来自他人的激励可以是领导对员工的表扬、家长对孩子的鼓励等，来自事件的激励则包括个人成功完成的工作任务等，这些激励都能增强一个人的自信心。

与自信相比，乐观通常指的是个体对外部事物或事件所持的态度和解释风格。乐观的人倾向于认为不幸是暂时的，而好运则是持久的。这种乐观的态度和解释方式极大地促进了意志过程的实现，并有助于积极情绪的产生。塞利格曼的研究显示，乐观是可以学习和培养的，其方法正基于我们之前讨论的 ABC 理论，即通过挑战和重塑信念来生成新的想法。

乐观并不是与自信完全无关的品质，它们在本质上都是个体积极心理特征的表现。对自我能力的乐观解释即是自信。因此，无论是自信还是乐观，都有助于促进意志过程的实现，这也是本书将它们视为意志力一部分的原因。

最后，让我们探讨坚持的能力，也称为坚忍力。这是指个体在面对困难时显示出的克服困难、持续努力的能力。通常我们对意志力的理解主要指的就是坚忍力。

俗话说："理想很丰满，现实很骨感。"生活中常有不尽如人意的时刻，现实的苛刻不时冲击着我们脆弱的心灵，甚至带来挫败感，使我们陷入焦虑。在充满挑战的日常中，坚忍力成为我们继续前行的关键力量。

然而，个人的坚忍并非与生俱来，而是后天习得的。那么，我们该如何培养坚忍力呢?

塞利格曼关于电击狗的实验告诉我们,长期无法改变现状的努力会导致习得性无助。而需求的长期轻易满足则可能引起习得性失能,典型的例子包括动物园动物难以适应野外生存的现象。坚忍力的培养既不能落入习得性无助,也不能沦为习得性失能,而应基于习得性乐观,并通过正向激励来加强努力的成果。这意味着我们需要保持一定的努力过程,并适时给予正向激励。这样,个人的自信被激发,形成习得性乐观,进而更好地培养出坚忍力。

无论源自自信还是乐观,个人的坚忍力最终都显现为一种心理特质。这种特质从根本上是基于我们的认知,由认知驱动的意志力构成了它的心理学基础。

进一步来看,上述讨论的意志力的各个要素无一不是推动我们前进的动力。将意志力与情感力结合,我们可以用一个流行的术语来总结:心力。

如果食物为我们提供的是生理能量,那么心力则为我们提供精神动力。而心力的修炼,归根结底都关联到我们的认知。认知是我们意识活动的基础,它不仅是情绪产生的土壤,也是意志力的根基。

因此,总的来说,若想要构建思维力、提升情感力、磨炼意志力,我们必须从认知着手。我们需要认识到万物演化的规律,并在此基础上,通过之前章节提到的具体方法来提高我们的能力。

在认知层面,我们首先应当理解并坚信宇宙演化的原则:守恒律、因果律、差异的普遍性及其重要性、反馈机制的效力以及理性的威力。这就是追寻和顺应"道"的过程,也是我们前七章内容的主旨所在。

其次,我们还应该坚持某些信念,例如我们的认知是可以改变的。基于反馈机制下的理性思考,虽然我们知道自由存在于因果关系之中,但另一方面,这正说明通过学习,我们可以改变自己的认知。唯有树立这样的信念,我们才能接受本章所述的方法,并将其应用在实践中,以实现自我认知的提升,进而增强我们的能力,最终可能达到幸福与自由的人生境界。

最后,既然我们的认知受到环境的影响,有时只要我们持有正确的认知,改变所处的环境同样能够促进认知的进一步提升。

# 8.6 本章小结

在本章中，我们深入探讨了如何确立价值观、立志、思考以及管理情绪与情感，并培养自己的意志力。

关于如何建立个人价值观，我们延续上一章的思想，强调价值观应建立在探索、遵循和坚持"道"之上。更具体地说，在日常生活中，树立正确的价值观必须以道德为基础；道德的正当性是对我们每个人最基本的要求。在此基础上，我们可以追求更高尚的道德品质，如心怀利他，构建价值认知，实现生命的价值。唯有基于道德追求幸福，我们才能从根本上确保实现德福一致的人生。

基于这样的价值观，我们的人生方向自然清晰。从日常生活角度来看，若想过上有意义的生活，德福一致似乎是最佳选择。而超越日常生活，无论是追求仁善之德还是追求理性之上的真理与自由，都成为超越世俗生活的至高选择。

此外，在选择人生目标和职业规划时，我们还应该充分考虑自己的兴趣和特长，循序渐进地立下宏伟志向。

在确立了价值观、志向或理想的基础上，我们需要进一步讨论获取相关能力和方法。思维力作为核心能力，对我们的生活和工作至关重要。我们从一般到具体，讨论了系统思维、结构化思维和模型化思维的重要性及具体方法。

接着，我们重点讨论了情感力。情感力不仅是沟通的基础，也是前进的动力。它既包含情绪感知能力，也包括情绪管理能力，如自我情绪管理和共情能力。基于这样的理解，我们探讨了情绪管理的方法，熟练运用这些方法能够提升我们的情感力，让我们更接近德福一致的生活。

进一步地，我们讨论了意志力，它体现了我们在面对困难时心理与行动的控制能力。良好的意志力赋予我们强大的行动力，增强我们前行的信心。

总而言之，能力的提升为我们走向德福一致的生活提供了基础性的支持。

# 9

## 外练方法

在上一章中，我们集中探讨了树立价值观与志向，以及培养思维力、情感力和意志力的重要性。这些能力的培养旨在重构我们的思维体系，并有可能将这些能力内化为我们的一部分。

然而，掌握这些能力并非易事。要树立正确的价值观和坚定的人生理想，提升思维力，培养良好的情感力和意志力，均离不开学习。从出生那一刻起，个体的改变主要受外部环境的影响。无论是家庭、学校还是社会，环境对我们的影响无处不在。适应或部环境的影响，都依赖于学习，它是我们从外部环境中获得改变的唯一方式。没有学习，我们无法进入第二反馈机制作用的社会系统，无法获得理性和道德准则的教化，从而远离真正的幸福。因此，本章前两节将重点讨论学习的内容。

但是，即使拥有有效的学习方法仍然不够。习惯是影响我们日常行为的主导因素，因此我们必须努力改变不良习惯，养成良好习惯。然而，改变习惯并非易事。

作为生命体，我们受到生命本性的影响，时常表现出贪婪和自私，这会阻碍我们寻求幸福的旅程。所有的能力，包括思维力、情感力和意志力，都可能受到这种动物性的影响，导致非理性的表现。

此外，改变习惯面临更大的挑战：习惯本身。正如我们对习惯的分析所示，习惯是一种状态的维持。一旦形成了认知习惯，打破它就等同于突破旧的第二反馈机制。由于大脑中的神经元网络已建立，改变习惯变得非常困难。

即便如此，我们的认知并非不可改变。我们有理性和道德指引，理性为我们提供了对抗不良习惯的动力，而道德则像一只无形的手，帮助我们抵抗动物性。

为此，我们需要建立一个有效的认识和能力体系，将其固化在大脑中，形成习惯。这样，我们的思维力、情感力和意志力才能内化成有价值的能力，并自然地在日常行为中体现出来。第三节将重点讨论习惯养成的方法。

有了学习的法则和习惯养成的方法，结合前一章提出的各种能力培养方法，我们有可能成为一个能力出众、人格健全的人，并在日常生活中应用这些方法来行动和沟通。除了学习和习惯养成，我们还将结合前文的能力和方法培养讨论，落实到日常生活中最基本的"行动"和"沟通"两个方面，探讨一些具体的方法。最后，我们将就家庭经营、家庭教育、企业管理等具体生活命题展开讨论。

# 9.1 学习之法（一）

不论是改变我们的认知，树立正确的价值观与志向，还是转变我们的思维方式，培养强大的心智力量，我们都需要通过一系列切实可行的方法来实现。而学习，似乎是唯一的途径。从婴儿啼哭到牙牙学语，再到成就学识与智慧，学习贯穿了人的一生。没有学习，人便没有进步。

首先，从系统的角度来看，要改造一个系统，必须改变其输入，从而改变系统的结构，实现系统的革新。作为一个具有反馈机制的开放、非线性复杂自组织系统，当无法改变遗传基因，也无法通过手术令大脑变得更聪明、更理性时，我们只能通过外部环境影响大脑，进而改变意识系统。这正是学习的过程。

当然，由于人固有的第二反馈机制，信息输入能够改变意识，并优化自身的第二反馈机制。因此，学习不仅是信息输入，更是通过输入改变大脑，优化第二反馈机制的过程。

从心理学视角看，学习的目的在于改善认知和思维，培养情感力和意志力，优化心理倾向，塑造健全人格等。学习是一个广泛且持续的心理和行为过程。更具体地说，学习是通过知情意的过程来改变我们在这些过程中的心理表现，进而改变个性倾向和特征，实现在正确价值观引导下的协调组织和健康发展。而健康的标准就是我们之前提及的"德福一致"，即个体内部及其与外界之间的动态平衡状态。

因此，学习不仅是知识的获取，更关乎认知、能力、心理倾向和人格的完善。既然学习如此关键，我们该如何提高学习效率？如何通过学习实现自我成长呢？我们需要先了解影响学习的要素。

首先，对学习的认知是影响因素之一，即学习的本质是什么。

无论是从系统的角度还是心理学的角度理解，学习都是人与外部环境互动的过程，是塑造自我意识的过程。其终极目标是认识世界、认识自我并取得成长，而不仅仅是获取知识的过程。

如果我们仅将学习视为知识的积累，那显然是一种狭隘的看法。

不可忽视的事实是，所有知识都源于现实世界，并且现实世界是普遍联系的。正如我们在本书中探讨的，从物质到生命再到人类社会，一切都是相互关联的。知识作为人们认识世界和自我的成果，同样是互相连接的。因此，在枯燥的知识背后，我们应该看到那个生动而奇妙的世界。

基于这样的理解，我们不能片面地以条块的方式理解世界，更不能将获取知识作为学习的终极目标，从而将认识现实世界与获取知识割裂开来。每个人都有认识世界、认识自我和取得成长的需求，而学习知识正是达到这些目的的途径和方法，而非最终目标。所以，学习知识也应是人类的一种自然需求。

然而，现实中许多人把生动、奇妙的世界与知识分离，对知识的重视使学习变成了一个纯粹的知识获取过程，而非认识世界、认识自我、取得成长的过程。

基于这样的理解，高效学习应该始于改变我们对学习和知识的认知。我们应该将知识联系起来，理解其在现实世界中的应用，并在更深层次的认知上实现这种联系，从而形成一套相互关联的、认识世界和自我、促进成长的认知和方法体系。自然地，学习过程也应当是认识世界、自我和成长的过程，是自我塑造的过程，而不仅仅是知识积累的过程。这样，我们才能真正理解学习的意义，克服学习障碍，激发学习动力。

第二个影响因素是我们的学习驱动力，如兴趣、认知需求或理想等。

学习不仅是个体认识世界、自我和成长的过程，也是一个涉及身心的过程，或者说是一个基于需求、由动机驱动的行为过程。因此，影响学习效果的另一个关键因素是学习的驱动力，即我们为何要学习。

实际上，根据我们对学习的认知——作为了解世界、自我并完善自身第二反馈机制的有效途径，再结合我们的"心理行为关系模型"，学习的驱动力自然应是由人类特有的需求所驱动的行为。这些需求广泛包括获取生存技能的需求、获得尊重的需求、认知需求，也包括实现自我（理想与志向）的需求以及由此产生的使命感，还有人们天生的好奇心和兴趣爱好。最后还包括在需求得到满足时产生的积极情感体验，如获得知识或成长后感受到的成就感或自我价值感。

在这些需求的推动下，人们才会产生学习的动机，并进而展开学习行为。这就是关于学习的第二反馈机制。正因如此，学习本应是一件快乐的事，而非"学海无涯苦作舟"。

但遗憾的是，有些学生的学习成了"父母唠叨"下的被动学习。这种外在驱动力从根本上破坏了孩子的第二反馈机制，使孩子将学习视为一种被迫的行为、痛苦的过程，这无疑是悲哀的。

当我们认识到学习的动力应该是内在驱动力而非外在驱动力时，我们的学习才能从被动变主动，从而真正找到学习的方向。

第三个影响因素是我们已有的学习素养。

即便我们拥有学习的兴趣和需求，想要高效学习也不是一蹴而就的事情。我们的学习素养（主要包括认知能力、思维模式、记忆力等）会极大地影响我们的学习能力。例如，一个只具备小学知识水平的孩子很难理解微积分，这是由孩子的认知基础所决定的。

具体来说，如果认知能力较弱，我们就无法充分理解所学知识点的深层含义。如果思维混乱，我们便无法整理复杂的信息，进而提高学习效率。如果思维方式属于固定型，我们就很难接受新知，甚至可能害怕改变，对获取新知持排斥态度。如果记忆力不佳，大脑对知识的存储就会变得缓慢而低效，更不用说灵活运用了。

此外，意志力、性格特点等学习素养也会影响学习能力和效果。例如，不同性格特征的人在运用不同学习方式时，所获得的学习效果差异可能很大，听觉型学习者和视觉型学习者适宜的高效学习方式明显不同。

第四个影响因素是学习内容对效果的影响。

学习是身心过程的一部分，是大脑接收、理解和记忆学习内容的过程。因此，学习不仅受学习素养的影响，还受学习内容的呈现形式的影响。心理学家对大脑的研究表明，人们的大脑更容易理解和记忆具体化（形象化）、图像化（具有视觉效果）、动态化（含有运动元素）、故事化（有情节）、结构化的知识。因此，如果学习内容具有这些特点，如富有视觉元素、情节或强关联性，大脑将更易于进行理解和记忆。

第五个影响因素是我们的学习方法和策略，不同的学习方法和策略会产生截然不同的学习效果。

美国缅因州的国家训练实验室在深入研究的基础上，提出了著名的学习金字塔理论。该理论指出，不同的学习策略将导致截然不同的学习效果，具体表现在通过课堂听讲、阅读、视听材料学习、演示、讨论、实践以及教授他人等活动中，其学习效率依次递增。

具体而言，研究结果显示，仅通过听讲获得的学习效率是最低的，两周后的知识保留率仅为5%。阅读是比听讲更有效的学习方式，但单独阅读的两周后知识保留率也只有10%。采用视听结合的方式（如观看图片和视听资料）进行学习，两周后的知识保留率可提高至20%，然而这一效率依旧不尽如人意。观看演示的学习方式，两周后的知识保留率达到30%，这并非最理想的效果。而通过小组讨论加强学习，两周后的知识保留率可达到50%，这一效果已经相对显著（当然，如果缺乏讨论伙伴，可以选择自我对话）。通过实际操作来强化学习，两周后的知识保留率可以达到75%。而以教授他人的方式来强化学习，两周后的知识保留率则高达90%。

从这项研究我们可以得出结论，结合基本学习（听讲、阅读、视听结合、观看演示）与强化学习（讨论和教授他人）的方式，相比于单一的基本学习手段，效果明显提升，其中以教授他人为最有效的强化学习途径。

心理学研究表明，除了被动学习（如听课、阅读、观看视听材料或演示），某些主动学习策略显得更为有效。这些策略包括复述策略、组织策略和精加工策略。中国传统中有言"读书百遍，其义自见"，这正是复述策略的体现，其中最常见的复述策略就是复习。艾宾浩斯的研究进一步揭示了学习后的遗忘进程和复习的最佳时机。组织策略旨在通过发现新旧知识之间的内在联系，或寻找所学知识内部的关系，来更好地构建知识结构，从而提高学习效果。常见的组织策略工具包括制作提纲、绘制结构图和流程图等。精加工策略则是在需要记忆的内容和现有熟悉的知识框架之间建立联系，并将这种联系形象化、图像化，以实现快速记忆，记忆宫殿便是一个典型的精细加工策略。

最后，元认知策略指的是学习者通过对自身学习过程和方式的监控和调整来提高学习效果的策略，主要包括计划策略、监控策略和调节策略。此外，资源管理策略，例如时间管理和学习环境管理策略，也能显著促进学习。

了解了这些影响学习的因素后，我们再来探讨如何高效学习，情况就变得更加清晰。

## 9.2　学习之法（二）

在本节中，我们将继续讨论更为具体的学习方法。

根据之前的分析，由于五个方面的因素都会对学习产生影响，我们将分别从这五个方面具体讨论如何改善我们的学习效果，提升学习效率。

首先，从认知方面来说，学习本质上是认识世界、认识自我、获得成长的过程，而不仅仅是获取知识。同时，因为我们认识世界、认识自我和获得成长是一种需求，我们应当将学习视为一种需求，而非负担。只要我们改变对学习的认知，将学习的主体转化为我们自己，变被动为主动，学习将变得更轻松、更高效。实际上，经验一再证明，无论是在学习过程中还是获得新知时，因认知需求满足而产生的成就感、获得感、升华感都能让人更加快乐。

进一步来说，学习的内容并不仅仅是书本上经过学科划分的、割裂的条块化的知识，而是系统知识体系中的一部分。这就要求我们对学习内容采取更包容的态度，认识更系统、深入，从而把知识内化为自己的系统化认知。在需要时，我们应该接受更广泛的、不同形式的知识，并采用系统的方法去学习，寻找知识之间的内在联系与差异，形成自身系统化的认知。

其次，从学习的驱动力方面来说，既然学习是我们的基本需求之一，那么学习动机背后必然存在坚实的内驱因素。诸如认知需求、兴趣、理想、自我价值感等都是重要的内驱因素。因此，挖掘学习者的内驱因素，激发学习者的内驱力，让学习者形成关于学习的第二反馈机制，真正成为学习的主体，可以为学习提供源源不断的动力。这其中，兴趣是更为重要的内驱因素。那么，我们该如何激发学习兴趣呢？

我们可以通过过程和结果两个方面来激发学习兴趣。以过程激发学习兴趣可以从专注学习带来的积极心理体验入手，也可以通过增加学习过程的趣味性来实现。具体而言，心流状态是指全神贯注于某项活动时的心理状态，其关键在于掌握学习内容的难度，既不能太难导致学习者感到挫败，也不能太易导致学习者厌烦。此外，稳定积极的心理状态，如愉快的情绪和良好的安全感，也是进入专注学习状态的重要条件。通过游戏化的编排学习内容，可以增加学习的趣味性。

从结果方面激发学习兴趣，主要指通过学习成果产生的成就感、价值感等积极心理状态来促进学习者的学习兴趣。例如，学生在考试中得到满分对其学习兴趣具有激励作用。通过成就感、价值感进行自我激励，可以使学习变成一件快乐的事，持续刻意地让学习者获得积极的心理体验，从而与学习效果形成增强型反馈循环，促进学习者持续、高效地学习。

此外，外部激励也能增强学习者的兴趣。然而，外部激励尤其是物质奖励，并不稳定，一旦移除，学习者的兴趣可能会急剧下降。因此，物质奖励并非最佳的激励方式。

再次，提高认知能力、改变思维模式、增强记忆力，甚至保持旺盛的精力，都将有助于提升学习效率。较强的认知能力使我们更易于理解知识，更系统的思维模式有助于我们组织和记忆知识，而更强的记忆力则直接利于我们记住所学。

反之，认知能力、思维力和记忆力本身也是学习的重要内容，这些都需要通过学习来加以提高。关于如何提升这些能力，许多书籍提供了各种方法，我们在之前的讨论中也已经涉及了主要的思维技巧，读者可以深入阅读以获得更多领悟。现在，当我们探讨学习方法时，实质上是在介绍提升认知的策略。

在此，我要特别补充有关思维模式对学习影响的研究，尤其是成长型思维模式对学习的积极作用。拥有固定型思维的人倾向于认为自己或他人的认知能力是固定不变的，例如，他们认为一个人的聪明与否是与生俱来的，喜欢给别人打上标签并坚持自己的看法。而拥有成长型思维的人则总是用发展的视角看待事物，乐于接受和学习新事物，并通过学习改变自己、实现成长。具有成长型思维的人不仅能从学习中获得益处，还能激励周围的人一同进步。

另外，在优化学习内容方面，使学习内容图像化、情节化、结构化都能显著提升学习效率。具体而言，我们可以利用图表直观展示学习内容，通过视频动态展示信息，绘制思维导图来结构化知识，以及编织故事情节让学习内容更加生动，这将有助于我们更好地记忆和理解知识，从而提高学习效率。

最后，最重要的是通过优化学习方法来实现提高学习效率的目标。

那么，有哪些更好的学习方法可以更有效地提高我们的学习效率呢？

我们日常的学习，从有无目的性来划分，可以分为刻意学习和无意学习。在这里，我们将重点关注刻意学习。

刻意学习是指有明确目标的学习活动，包括我们日常接触的听讲、观看视频课程、阅读、观看演示以及亲身实践等。然而，前人总结的知识，大部分是通过文字或视听材料的形式呈现。因此，我们通常只能通过被动的方式如听讲、观看视频课程、阅读和观看演示来开始我们的学习旅程。

基于此，首先我们必须运用高效的学习策略来优化学习方法，提升学习效率和效果。让我们看看如何高效地听讲。

提高听讲效率的关键是变被动为主动。我们可以在课前预习，对内容有一个大致了解，并提出自己的疑问，带着问题去听讲。对于如何提问题，我们可以参考黄金圈法则中的三个问题，或参照后文"如何提问"部分的内容。我们还可以根据讲座的主题提前构思提纲或内容，然后与实际听讲内容进行对比，以此查缺补漏，或者根据提纲进行填空式学习，构建自己的知识框架。如果我们具备较强的结构化思维能力，可以在听讲时实时深度处理信息，比如分类、总结、归纳、概括所讲内容，以促进理解和记忆。

阅读是我们终生最可靠、最便捷的学习方式之一。下面介绍一些技巧，能显著提升阅读的效率和效果。

为了提高阅读的专注度和速度，指读法是一种非常有效的引导阅读技巧。但要真正通过阅读理解并记住知识，我们需要像听讲一样进行知识的组织。例如，我们可以先略读全文，把握大意，并在脑中建立知识大纲——这并不需要真的写下来。在略读基础上再进行精读，精读的过程就是对脑海中的知识框架进行内容填充和再组织。在这一过程中，我们可以运用结构化思维进行内容分析、分类、总结和概括，寻找内在联系，实现知识的逻辑结构化。对于那些关键点，为了便于记忆，我们还可以采用精加工策略，比如"记忆宫殿"技术，进行集中和有针对性的记忆练习。

在观看视频材料的过程中，我们也可以采用上述方法，通过结构化思维对知识进行再组织，加深我们对知识的理解和记忆。

观看演示也是一项重要的学习途径，这得益于大脑对图像化和直观内容的偏好。由于演示的视觉化和直观性，我们能够对步骤和动作产生深刻的直观印象。因此，在学习金字塔中，基于演示的学习效果通常优于听讲和阅读。然而，演示也可能干扰我们对知识的归纳总结，这就要求我们不仅要将演示内容转化为图像化记忆，还要进一步通过结构化思维将其重组为有组织的知识。

通过分析不同的学习形式，我们可以明显看出，学习者的主动性和思维模式在学习过程中的重要性。常言道："打铁还需自身硬"，如果我们拥有更强的思维能力，即使是传统的学习方法也能焕发新生，带来更佳的学习成效。同样明显的是，在被动学习过程中，组织策略的重要性不容忽视。通过运用组织策略，将被动接受转化为主动处理，如分类、归纳、总结、抽象、概括、寻找关联以及进行结构化填充，可以显著提升学习效果。

另一方面，我们需要利用积极的学习方式或策略来加强学习。实际上，学习很少能一蹴而就，知识通常需要在我们的大脑中经过多次强化才能真正掌握，技能也需要通过持续练习才能精进并熟练运用。因此，强化学习往往比初次学习更为重要。

在强化学习的过程中，复述策略是一个常用的方法，但简单重复、死记硬背却是最不明智的强化手段，甚至可能培养出不愿思考的习惯。记忆的强化应当通过挖掘内涵及内在联系、理解这些关系来实现。

此外，无论是从学习金字塔理论、费曼学习法，还是拉塞尔·L·阿克夫和丹尼尔·格林伯格等人研究的翻转式学习法来看，教授他人无疑是一种高效的强化学习策略，它带来了显著的学习提升优势。在初步理解的基础上，学生通过自己重新组织学习内容，并以自己的语言表达和教授他人，这样既涵盖了组织策略，又加强了输出，从而促进记忆与理解，自然能达到复合效果。

那么，如何实现通过教授他人来强化自己的学习呢？根据费曼学习法，我们首先应该在纸上整理归纳知识，并进行重组。为了让我们的理解更加透彻，我们在组织知识时应该设想自己面对的是零基础的听众，并对学习内容进行简化，包括采用图像化和结构化等手段，使其更易于理解。之后，我们可以向周围的人复述所学知识，或者如果没有听众，则可以对着镜子讲解。最后，询问对方哪些部分未能理解或感到困惑，回顾并记录下自己不理解或讲述不流畅的部分，以便再次学习和讲授。

此外，通过测试来巩固学习内容、通过小组讨论加强知识学习，以及应用《刻意练习》中提到的 3F（专注、反馈和修正）学习法，都能够有效提升强化学习的效果，同时将被动学习转化为主动学习，激发学习者的积极性。

**接下来，我们来探讨学习阶段划分及各阶段的学习重点。**

第一阶段：寻找内在动力。

这一阶段的核心任务是澄清我们学习的驱动力究竟是什么：是被父母或老师所迫，由我们的某种需求驱动，还是纯粹出于兴趣？如果我们以被动的态度进入学习过程，带着不情愿的情绪，那么实际的学习效果往往不佳。此时，我们必须转变认知，调整对学习的态度，努力找到学习的内在动力。具体而言，我们可以在没有任何预设条件、不带任何压力的情境下进行随机性学习，例如随意翻阅两本相关的书籍，或者上网搜索一些基础知识点，逐渐点燃兴趣的火花，同时尽量避免外部因素或学习内容引起的负面情绪。

第二阶段：确立学习目标和制订学习计划。

这一阶段是从非刻意学习过渡到刻意学习的关键时刻。一旦我们产生了学习的兴趣和愿望，可以开始给自己施加一些压力，设定明确的学习目标，比如决定在多长时间内学完多少内容，并对如何达成这些学习目标设立具体、可衡量的标准。接着，我们可以列出详细的学习计划表，明确每一步的计划。

第三阶段：主动寻求并吸收知识。

这是学习过程中最关键的阶段，在此阶段，我们需要借助高效的学习方法来推进学习。

具体来讲，在学习开始之前，我们可能会因为目标看起来难以达成而产生拖延，正所谓"万事开头难"。这时，我们可以将目标分解成小步骤，如阅读一页书、写下十个字等容易完成的小目标，从而消除抵触情绪，自然而然地启动学习过程。

在学习过程中，无论是听讲、阅读、查资料还是观看演示，我们都应保持积极参与。这要求我们在学习时深度地组织和加工知识，通过分类、归纳、总结、抽象、概括、寻找关联以及结构化整理等方法。最终在学完以后，能够将所学内容体系化，构建自己的知识结构图。如果由于思维能力尚需加强，还无法实现知识的结构化组织，我们可以适度增加复习频次，寻找感觉。

在这个阶段，我们还应该保持专注，必须避免身体在而心神不在、眼睛在而大脑不在的状态。如果我们意识到自己正在读书，却无法理解书中的内容，甚至感到昏昏欲睡，那么我们可以尝试边阅读边做笔记，或者暂时停下来做一些能提神的活动。实际上，如果我们能在初始学习时就运用组织策略或精加工策略，学习状态也将随之改善。

第四阶段：执行强化学习。

事实上，初始学习往往并不高效，我们可能一时理解了材料，但随时间推移又遗忘了。因此，强化学习显得尤为关键。

正如之前的分析，此阶段我们可以通过教授他人、小组讨论、自我对话、绘制思维导图等手段进行深入的强化学习。

在强化学习的过程中，及时反馈至关重要，例如完成思维导图后与原始学习材料对照检查错误并进行补充。

第五阶段：进行效果测试和反馈。

这一阶段主要是输出的直接测试，它比强化阶段的反馈应更系统、更具挑战性。此时，我们可以制订详细的测试计划，进行较长时间的集中测试和反馈。当然，反馈形式可以包括讲座、考试、测验等传统方法。

第六阶段：适时调整。

顾名思义，这个阶段需要根据目标检验成果并及时做出调整。需要注意的是，这种调整不应只停留在表面，而应继续进行深层次修正。

从学习阶段的分析来看，我们不难发现这其实体现了我们之前讨论的 PDCA（计划 - 执行 - 检查 - 行动）循环改进方法。不难理解，学习过程本身也可以看作是一个持续改进的过程，自然也适用于 PDCA 的方法。

最后，除了应用各学习阶段的特定学习方法外，**我们还可以采用一些辅助技巧来提高学习效率。**

第一个技巧：结合刻意学习与非刻意学习。

多年来形成的对学习的固有观念可能会让我们在学习时产生抵触。如果我们不把学习看作一项刻意的任务，而是在没有压力的情况下随意阅读书籍、观看视频或与他人讨论，以了解某个主题，这样的非刻意学习通常会带来更好的效果。特别是在激发学习兴趣方面，通过提问和讨论的方式，可以让学习者自发参与和深入思考，从而减少潜意识中的抵触感。

第二个技巧：学会差异化学习。

这个技巧在非深度学习环境下尤其有效。追求新鲜感是人的天性。一成不变的学习环境和方法可能导致厌倦，而变换学习内容和形式，以及定期在学习和休息之间切换，能够提供新鲜感和强烈刺激，增强对学习内容的记忆。

第三个技巧：拓展外延，寻找联系。

正如之前提到的，人类的知识体系是深度相互关联的。我们所学习的每一点知识都有其前因后果，我们不应将知识孤立地存放于记忆之中，而应通过拓展正在学习的知识，发掘新知识与已有知识间的关联。通过知识的类比、迁移和串联，我们可以完善自己的认知网络，从而加深对所学知识的理解和记忆。

第四个技巧：学会选择性学习。

虽然"学无止境"，但我们也必须认识到自己的需求，明白我们既不可能也无须成为一部全知全能的百科全书。这就要求我们学会在学习中进行选择。

具体而言，选择性学习意味着在学习过程中运用元认知策略：从明确学习的目的出发，到选择学习的内容，再到筛选可接受的观点，都需经过精挑细选。例如，我们可以优先学习那些自己在生活和工作中用得上的知识，而不是盲目追求广泛学习。

此外，我们应当挑选高质量的学习材料。在如今这个信息爆炸的时代，知识变得极其容易获得，但同时也伴随着大量的低质量、碎片化信息。即使我们学习了大量这样的知识，也不必然能够促进快速成长。相反，那些高质量的知识资源，如教科书和经典专著，却往往被忽视，这是不正确的。最后，选择性学习还要求我们具备辨别能力，保持质疑精神，在繁杂的信息中辨别真伪，只接受正确的观点，并构建基于本质的认知体系。

总的来说，学习不是人生某个阶段的任务，而是贯穿我们一生的持续过程。古人早已总结出"读万卷书，行万里路"的学习理念，提醒我们要不断学习。而在当今时代，终身学习已成为日常生活的一部分。只有掌握了高效学习的方法，我们才能在生活和工作中持续成长、不断进步，更好地实现自我价值。

# 9.3 习惯养成之法

至此，我们已经探讨了树立价值观、立定志向、思考方式、情绪与情感的管理、意志品质的培养，甚至学习的方法。然而，仅仅理解这些能力和方法，并不意味着我们能够在需要时熟练运用它们。

实际上，数千年来人类创造了浩如烟海的知识，在几乎所有领域积累了丰富的经验，总结出了系统化的方法。但这些本应手到擒来的经验和方法，却常常与我们的现实生活相去甚远，这不仅仅是因为我们对它们缺乏了解，更关键的是，在我们的知识与行动之间存在着巨大的鸿沟。

如果我们不设法跨越这一鸿沟，我们就无法真正掌握这些方法，自然也难以熟练地应用它们。若这些方法不能被我们真正内化并自如运用，对我们来说就毫无价值。唯有当我们真正习得并能够自如运用这些方法，使之成为我们习惯的一部分，内化为我们的能力，实现知行合一，我们才谈得上真正的成长。

关于知行问题，中国传统文化自古以来便有深入研究，但普遍认为"知"先于"行"，且大体上认为知易行难。这种认识在王阳明那里发生了翻天覆地的变化。

经历人生重大挫折后，王阳明反思苦痛，融合儒释道三家思想，创立了以"知行合一"为核心的"阳明心学"，旨在向人们传达从认知到实践的新理念。

阳明心学从"心即理"，到"知行合一"，再到"致良知"，不仅将认识与实践合二为一，还将其建立在一个坚实的基础——道德之上，从而将人生追求归结为"致良知"。

具体而言，王阳明借鉴佛家思想提出"心即理"，首次确立了人心的核心地位：若无人心，则无天理；而非朱熹所主张的人心代表人的欲望，是需要消除的部分。简而言之，天理存于人心之中，而非心之外。

在"心即理"的基础上，王阳明融合道家"道法自然"的思想提出"知行合一"，这是他的核心观点，也是整个心学体系的重大突破。在知行合一之前，人们认为知（A）仅是知，行（B）仅是行，两者截然分离。但在王阳明的道德框架下，知和行合而为一，只有一个概念知行（A），没有独立的概念 B 存在。所谓的知与行不过是"知行"这一概念的两个自然而必然的阶段。正如王阳明所说："知是行之始，行是知之成。"更容易的理解是："知是知行之始，行是知行之成。"人们从知到行的过渡应当如行云流水，顺畅无阻，是必然的、自然的过程。因此，一念发动处，便即是行。中国传统武术的最高境界，讲究剑人合一，行随意动（行意拳），正是追求知行合一的极致状态。

在我看来，王阳明的"知行合一"给我们的最大启示在于习惯的重要性，更确切地说，是习惯性认知的重要性。

在前文中，我们已经探讨了习惯的概念。人们日常生活中的绝大多数行为都是受到习惯性认知的驱使，而非明确的目或显著的利益关系所引导。换言之，尽管反馈机制是习惯形成的基础，但一旦习惯根植，我们的大多数行为便由潜意识中的习惯性认知所驱动，这种稳定且难以改变的模式，实际上体现了一种"知行合一"的状态。我们之所以难以跨越从知到行的鸿沟，难以将这些方法内化为能力、习惯化，难以实现新的知行合一，关键在于我们原有的不良习惯性认知所促成的负面"知行合一"。

显然，王阳明也洞悉了这一现象。因此，他最终将心学思想浓缩为"致良知"三字，倡导我们从培养正向的道德认知出发，走向知行合一。这实际上与前文多次提及的"心理行为关系模型"以及我们提出的人生方向之"追求德福一致"中对德行的追求不谋而合。为了弥合知与行之间的裂痕，我们必须从认知做起。一方面，我们应深刻理解知行合一的本质，认识到行为上的偏差源自认知上的偏差。唯有从改变我们的认知入手，才能推动行为的变革，进而养成知行合一的习惯。

当然，王阳明的"致良知"更侧重于世俗生活中的道德层面，具体而言，是指塑造"道德习惯"。然而，我倾向于赋予"良知"更广义的内涵，即良好的认知。这种良好的认知不仅包括道德认知，还涵盖了我们通常所说的理性认知、正确的价值观、健全的思维力、情感力、意志力以及学习能力。如此，致良知便不再局限于道德领域，而是成为实施"知行合一"的关键所在。此外，我认为王阳明的"知"还应包含另一层意义，即习惯性的认知或称之为认知习惯。

在西方世界，"习惯性认知"以不同的形式呈现，广为人知，那就是潜意识。弗洛伊德通过深入研究人类意识（尤其是潜意识），提出了意识的三层次理论：意识、前意识和潜意识。进一步研究揭示，人的大部分行为实际上是由潜意识所驱动的。

至于潜意识的来源，根据弗洛伊德的理论，它源自我们的个人成长经历（尤其是那些负面的创伤性经历）以及"力比多"。力比多是弗洛伊德创造的一个概念，最初以性欲为核心，指代人的动物本能。后来经过荣格等人的发展，这一概念被赋予了更广泛的意义，其核心与本书提到的生命本性（第一性）相一致。然而，由于弗洛伊德的力比多观念偏重于人的动物属性，因此显得狭隘且片面。

正因为此，我认为应弱化潜意识中基于生命本性的自然属性，而强调其社会属性，特别是道德属性。如此一来，我们可以认为潜意识本质上是我们每个人的习惯性认知。一旦形成潜意识或习惯性认知，它们往往能够在无须通过意识理性判断的情况下驱动我们的行为，这些行为便构成了我们的习惯性行为。我们在前文中指出，大部分行为受习惯驱动，现在又提到这些行为大多是受潜意识影响，两者本质上是相通的。而由潜意识或习惯性认知驱动的行为，实际上体现了知行合一的状态，为知行合一提供了心理学基础。

丹尼尔·卡尼曼在其著作《思考，快与慢》中，将基于潜意识的思考方式称为系统1，或直觉式的无意识思考系统。借助系统1，人们能够高效处理许多事务。例如，我们之前讨论的基于杏仁核的潜意识情绪反应途径就属于系统1，它能让我们在面临危险时迅速做出反应。但正是由于系统1的影响，人才会表现出各种非理性行为。更具体地说，当系统 1 的思考模式受到不良外部环境或力比多的影响时，就会形成不良的习惯性认知，导致系统 1 的非理性行为。

然而，基于理性的系统 2 也不总是积极的。在《身心合一的奇迹力量》中，提摩西·加尔韦发现，理性在很多情况下可能成为成功的障碍。比如在运动或学习的心流状态中，以理性为工具的系统 2（加尔韦称之为自我 1）的介入可能产生负面影响。而在没有理性干预的潜意识状态下，学习者可以获得更好的学习效果，运动员也能有更好的竞技表现。

由此可见，意识和潜意识并没有绝对的优劣之分，理性和感性都至关重要。系统 1 和系统 2 各有自己的长处：系统 1 响应迅速，能够流畅地解决问题，使我们的思维不停滞；系统 2 则考虑全面，确保我们的思维不偏颇。

因此，由于潜意识处理事情迅速且耗能较少，我们通常倾向于使用基于潜意识的系统 1 来处理日常事务。当系统 1 运行顺畅时，我们不必动用基于理性的系统 2。然而，当我们因错误的习惯性认知导致系统 1 出错、言行失当时，就需要运用系统 2 来进行干预和纠正。

总的来说，我们认识到，我们的大多数行为都是由潜意识所驱动的。基于这样的认识，如果我们想要充分利用前文讨论的那些优秀的思维方法、情感管理技巧、意志品质和学习方法，迅速且优质地处理生活中的各类事务，解决日常问题，并逐渐接近幸福，我们就需要塑造自己的潜意识，培养良好的习惯性认知，实现知行合一。

梅瑞德·曼恩提出的心理学第 101 法则也告诉我们，唯有主动改变潜意识，我们的生活才可能有所变化。否则，我们只会继续沿着以往一点一滴构建的生活方式走下去。

更具体地说，良好的潜意识或习惯性认知应当是根植于理性的知行合一状态，它是建立在理性基础之上的。在这种状态下，我们的潜意识被理性化、道德化，而基于理性及其道德准则的应对策略会自然而然地调节我们对生命本性中的欲望、恐惧和焦虑的反应。同时，基于理性的认知和思维方式也会自然地应对生活和工作中因非理性导致的种种问题。在这样的状态下，我们能够更轻松地面对生活和工作的挑战，甚至能毫不费力地保持正念，进入心流状态，实现以理性化的潜意识为基础的知行合一，享受身心和谐带来的幸福。

然而，我们如何实现这样一种理性的潜意识状态呢？如何形成一系列基于理性与道德的潜意识，让良好的习惯来驱动我们的日常行为，从而实现知行合一？

从以上分析来看，这种状态包含两个关键要素：理性和潜意识。为了便于理解和记忆，我们可以借助四象限法对这两个要素进行分类。将这两个要素置于第一象限，将理性与意识放在第二象限，将非理性与意识放在第三象限，以及将非理性与潜意识放在第四象限。如此我们便可明了，要实现知行合一的状态，关键在于强化第一象限的作用。

| 理性<br>意识 | **理性**<br>**潜意识** |
|---|---|
| 非理性<br>意识 | 非理性<br>潜意识 |

良好习惯的目标是塑造理性的潜意识

从知行合一的角度来看，我们的目标是将前文探讨的方法潜意识化，这恰与王阳明心学中的"致良知"相呼应。在《传习录》中，王阳明多次提到"事上磨"的实践方法，即他所言："人须在事上磨，方立得住。"

那么，这种方法的合理性何在呢？如前文分析，人作为理性生物，其本性在于基于第二反馈机制的理性。在社会环境中，每个正常的人都能通过第二反馈机制获得理性，并由此形成良好的习惯，进而发展成稳定的人格和道德品质。

为了让我们的第二反馈机制有效运行，我们需要通过与外部环境的互动来实现，这就是广义上的"做事"，包括工作、学习、生活等各种活动。若要第二反馈机制持续有效，就需要我们不断地历练，特别是对第二反馈机制本身的锻炼。《异类》一书中，格拉德维尔提出了"一万小时定律"，强调了持续练习的重要性。

古人有云："读万卷书，行万里路"，意在告诉我们只有通过广泛的认知过程，才能养成良好的习惯。在此基础上，我们或许可以再添一句"历万般事"，意味着持续的认识与实践是塑造更佳习惯、成就更好自我的关键。

因此，无论是王阳明的"事上磨"，还是我们所说的"持续历练"，实践似乎都是习惯养成的唯一途径。当然，我们可以更深入地研究怎样的持续历练更为高效，这便是基于第二反馈机制的刻意练习策略。

艾利克森在《刻意练习》一书中明确指出，通过刻意练习能够改变人的心理表征，并获得习惯性的思维模式。刻意练习不仅仅是简单的重复，而是对第二反馈机制的应用及其优化完善，是学习的高效方式，也是将能力潜意识化、养成良好习惯的有效路径。这种练习要求我们对所经历之事形成反馈机制，并通过该机制进行持续的潜意识训练，以实现对潜意识的革新。而且，这种反馈机制必须是亲身体验的，正所谓"纸上得来终觉浅，绝知此事要躬行"，这与我们之前讨论的学习方法紧密相连。

更具体而言，刻意练习是一种有目的性的训练方式。首先，我们需要运用理性来掌握正确的方法，当然，我们也可以借鉴前人的经验，学习他人的正确做法。其次，我们需要专注于任务本身，保持正念，避免心猿意马。最后，在我们完成行动后，还需要及时反馈，比如立刻总结问题并迅速进行纠正。在整个过程中，我们的显性意识必须积极参与，虽然这可能会让我们感到疲劳，但我们必须跳出舒适区，接受持续的挑战。

事实上，除了通过刻意练习培养好习惯之外，还需改变我们原有的坏习惯。此时，我们需要借助前文提及的情绪管理 ABCDE 法则。

具体来说，改变习惯的第一步是意识到自己不良的习惯性认知与行为；第二步是运用理性重新分析自己的意识和行为，做出更合理的选择；第三步是应用 3F 原则进行持续的实践。长期坚持，使理性思考成为自己的习惯。这种方法的本质在于启用我们的"元认知"，实现自我监督与改进。然而，这同样需要我们反复训练，过程可能艰难且痛苦。

那么，如何简化我们的习惯培养过程呢？

斯蒂芬·盖斯在其《微习惯》一书中提出了一种极其简单的行为方式来培养习惯，即微习惯。

肖恩·埃科尔提出的"20 s 启动法则"告诉我们，如果一个行为的启动时间超过 20 s，那么它就很难启动。这正是古人所说的"万事开头难"。从脑科学的角度看，这是因为开始一项新活动本质上涉及改变神经网络；从心理学角度来看，则需要改变习惯性认知。无论哪种解释，这都需要能量消耗，就像开车时加速起步阶段需要更多能量一样。因此，当我们的系统 2 想要改变认知、塑造习惯时，系统 1（潜意识）会以启动能量过大为由拒绝开始。

通常，我们培养习惯的策略，无论是基于动力还是意志力，都要求我们克服开始时的障碍，这无疑是困难的。但简单的微习惯通过降低行动的启动能量门槛，使我们轻松越过这道障碍，从而让系统 1 更愿意接受改变。一旦我们通过微习惯开始了某项需要培养的认知或行为，潜意识的抵触就会大大减少。随着时间的推移，我们新的心理表征逐渐形成，良好的习惯也就随之养成。此时，即使微习惯的难度增加，系统 1 自然也不会反对。更重要的是，微习惯能够提升我们的自信，帮助我们面对自身意志力薄弱的挑战。

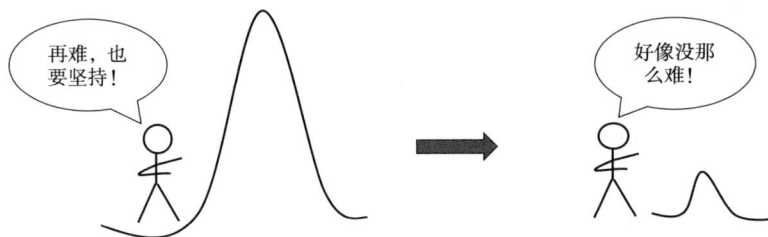

微习惯降低行动的启动能量

最后，让我们回过头来再补充一些关于意识的内容。

我们所强调的理性的潜意识，并不意味着在任何时候都应该让潜意识来指导我们的行为。实际上，在许多情况下，尤其是面对复杂的决策时，我们需要有基于理性的系统 2 参与我们的思考和决策过程。在我们日常生活，系统 2 依然扮演着至关重要的角色。

因此，即便我们的潜意识已经足够强大，最理想的状态并不是让基于潜意识的系统 1 不断主宰我们的意识，操纵我们的行为。相反，我们应该追求的是快速思考与缓慢思考能够无缝衔接，让系统 1 和系统 2 能够自如地切换，使潜意识与显意识可以协同作战，实现身心的合一。

那么，如何实现系统 1 与系统 2 之间的自如切换，使潜意识与意识协同作战呢？

在这个问题上，我们可以培养元认知的习惯。

正如前文所述，元认知是对思考的思考，对认知的认知，它是对我们的意识活动或行为进行规划、监控和调整的一种机制。通过元认知，我们不仅可以更好地实现自我觉察，还能对我们的情绪和行为进行及时的干预和纠正。

现今，我们的许多行为都采用元认知的方法，尤其是在集体活动中，比如公司进行项目投标、执行工程建设时，都会有一个详细的规划过程。这个过程可以通过细化的规划，提前梳理所有流程和动作，甚至预测结果。这种周密的计划和预演可以有效避免系统 1 的快速思考带来的偏见和失误，让缓慢思考得以介入。

这对我们如何更好地在系统 1 与系统 2 之间切换具有很大的启示意义。当我们面对不紧急但重要的决策或问题时（实际上，生活中的大多数事情并不紧迫），我们完全可以借助元认知策略，让系统 2 参与进来，让缓慢思考在脑海中盘旋一会儿，然后理性地选择最可能导致预期结果的行动方案，从而规避系统 1 可能带来的偏见和失误。

然而，元认知也需要成为我们习惯性认知的一部分，使其在需要时能自动介入，及时发挥效用。这就是我们要培养的元认知习惯，而之前讨论的方法同样适用于元认知习惯的培养。

总结来说，一方面，我们要尽可能地打造基于理性的潜意识系统或习惯性认知。正如古语所云："纸上得来终觉浅，绝知此事要躬行"，读万卷书，行万里路，历万般事，我们需要通过认知系统的不断运作和实践来磨炼自己，打造基于理性的潜意识系统，才能养成深入骨髓的良好习惯，改正错误的潜意识，避免各种认知偏差，真正将上文讨论的方法转化为我们的能力，进而塑造出优良的人格。另一方面，我们不能忽视基于意识的系统 2 的重要性，通过运用元认知习惯，可以使两者协同发挥作用，我们将更容易缓解或消除由潜意识或系统 1 带来的负面影响。这将有助于我们实现知行合一，让系统 1 与系统 2 完美配合，使自我 1 与自我 2 协调一致，让我们感受到身心合一的奇迹力量，并在世俗生活中获得超越道德的幸福。

然而，无论何时，我们的认知始终是我们行为的出发点。我们无法改变外部环境，但我们可以改变自己的认知。让我们从改变认知开始，进而改变我们的习惯，塑造我们的能力和性格，这样我们才有机会改变我们的命运，改变这个世界。

# 9.4 做事之法

我们每个人，作为一个社会个体，无论是在学习、工作还是日常生活中的其他活动，归根结底都在进行各种事务。可以说，我们的生活就是由一连串的行为和活动组成的，从日常的衣食住行到职场上的拼搏、事业上的奋斗，这些行为活动构成了我们生活旋律中的每一个音符。如何优质地完成这些任务，是我们谱写美好生活的基础，也是每个人的追求。因此，探究如何有效做事，怎样将事情做到最好，显得尤为重要。

在深入讨论如何做事之前，我们需要从两个角度来理解做事的本质。从系统的视角来看，做事本质上是视自己为一个系统，在特定的输入条件下，产生预期的输出。而从目的论的视角来看，做事则是为实现某一目的，而展开的一系列思考和行动的过程。

正是由于目的性的存在，"将事情做好"的评价标准便带有主观性或主体依赖性，即是否达到了预定的目的，实现了期望的结果。

在我们的日常生活中，做事可能是出于个人需求，也可能是为了满足他人的期望。更具体地说，不论出于哪种原因，做事主要可以归纳为以下几种形态：完成任务、解决问题、做出决策或选择、进行学术研究等。

至于如何做事，前文介绍的各种方法和能力都是重要的理论支持，尤其是关于思维力的章节内容，将为"如何做事，如何将事情做到最好"提供众多实用的方法，我们将在本节中进一步探讨这些内容。

接下来，我们将基于之前关于思维力的讨论，针对"完成任务、解决问题、做出决策或选择、进行学术研究"这些具体的做事形态进行分析。

**首先，让我们讨论如何完成一项任务。**

完成任务通常指的是实现他人设定或指派的具有明确目标的事务，这属于做事的基础层面。当我们接到一项任务时，首要步骤是明确任务要求，即利用目标导向的任务分解方法，澄清完成任务所需执行的具体事项、所需资源、时间安排以及完成期限。这正是运用前文提到的5W1H模型。

在对任务进行评估的基础上，我们可以着手开始执行。在任务实施过程中，最好能详细记录进程，如果遭遇问题或困难，则应用解决问题的策略去克服它们。任务完成后，应进行一次成果检查，评价任务执行的质量与完整性。如发现偏差，可进行多次修正，以达到既定目标。整个过程，正符合我们经常提及的PDCA（计划—执行—检查—行动）循环。

更进一步地，如果所承担的任务不仅目标明确，而且执行依据（例如流程规范）也清晰且标准化，那么完成任务就转化为按规定办理。此时，任务成功的关键就在于执行力度，尤其在许多非创造性工作中，完成任务实质上就是要严格遵循工作规范按部就班地执行。在这种情况下，提升个人的执行力，按照既定制度或流程规范做事，成为确保任务顺利完成的关键所在。

**接下来，我们探讨如何解决问题。**

与单纯完成任务相比，解决问题要求我们运用更加复杂的思维框架。具体而言，解决问题可以划分为以下几个步骤：分析并明确问题所在，设定解决目标，了解当前状况，提出解决方案，并根据这些方案来执行任务。

通常，问题来源有两种：一种是自己直接遭遇的，另一种是他人遇到并需要我们来解决的。不管是哪种问题，面对它们时的首要反应不应该是凭直觉寻找解决方法，而是应该先对问题进行分析和明确。

分析和明确问题意味着我们需要批判性地审视问题，理解其真正含义，并探究问题的成因。

为了准确把握问题的真正含义，我们可以尽量清晰准确地描述问题，即便是他人提出的问题，我们也可以通过询问来使其变得清晰准确。

这种清晰准确的表述可以从事实化和数据化做起。事实化即是将问题还原至事实层面，例如"公司招人难"的问题，可以具体到"公司近两年的招聘计划均未达成"。数据化则是用量化数据来精确描述问题，如将"公司招人难"的问题量化为"上年度公司招聘到岗率不足50%"。

除了明确问题的含义外，还需要深入分析问题背后的原因。在分析原因时，我们可以采用多种方法，常见的有前文提到的"5Why法"，即通过连续追问大约五个"为什么"，来追溯问题的源头。这个方法的优点在于简单易行，易于操作，但缺点是可能会遗漏某些原因。此外，我们可以利用系统思考的方法来探索问题成因。进行系统分析时，首先要分析系统的要素及其相互关系，找出与问题相关的要素，探究问题与各要素之间以及要素彼此间的相互作用。这样的分析能让我们更全面地识别问题的根本原因。关于系统思考的具体应用，可以参考之前的章节内容；当然，结构化的思维训练也能为寻找问题的原因提供有力的支持。

当我们清楚地认识到问题的含义和成因后，就可以设定解决问题的目标了。

设定目标时，我们可以参考之前讨论的模型化思维法中提及的一些原则和具体方法。例如，我们可以应用SMART原则（具体、可衡量、可达成、相关性、时限性）和DOAM目标分解法（方向、目标、行动、测量标准），这样可以使目标变得清晰明确。

具体来讲，在分析并明确问题的过程中，如果我们进行了系统化的思考，识别出问题的根本原因，那么在进行DOAM分解时，从这些根本原因出发，相应地分解解决问题的目标，这往往是一种高效的策略。

确定目标后，我们还需了解当前状况。

了解现状的第一个作用是对问题进行再评估，以深化对问题的理解。比如，当我们了解到多数公司都面临招聘难题时，可能意识到外部人力资源市场的状况是导致本公司招人困难的一个重要原因。第二，了解现状能够帮助我们判断设定的目标是否合理。例如，在了解了生产工艺后，我们可能会发现将产品合格率从80%提高到100%是不现实的，而将其提升到90%则是一个更实际的目标。第三，了解现状，尤其是掌握的资源情况，有助于我们为后续的解决方案提供坚实的基础，便于制定出更为现实和合理的解决方案。

对于了解现状的方法，同样可以借鉴前文提到的模型化思维相关内容，例如采用SWOT分析法来了解当前状态、资源、优势、劣势以及面临的挑战和机会。

从明确问题到设定目标，再到了解现状，这三步为接下来提出解决方案提供了坚实支持。而且，这三个步骤不应是线性进展，而是需要反复迭代的过程，因为它们相互影响。只有这样才能系统地将问题、目标和资源联系起来，为实施有效方案打下基础。

接下来，我们可以开始正式制定解决方案。

制定解决方案的第一步是探索各种可能的方案。

鉴于问题的影响因子或原因通常是多样且多层次的，解决方案应针对哪个或哪些影响因素展开，最终形成的具体方案也会有所不同，其潜在效果也可能有显著差异。因此，为了制定出更合理的解决方案，我们需要先探索多种可能的方案。

具体来说，我们可以参照前文模型化思维的内容，如《决策的艺术》中提到的通过过程来确定可选方案，通过双赢策略来提供备选方案，通过信息搜集来制定方案，或是通过延长时间来寻找更多选项。当然，任何一套解决方案都需要有一个清晰、可行的行动计划，这包括方案执行者、时间表、地点、方法和步骤、所需资源（如资金、设施、工具、材料等）等要素。同时，还应尽量设立与解决方案相对应的量化考核指标。

制定解决方案的第二步是对可选方案进行评估和筛选。

在评估和筛选过程中，我们可以借鉴之前讨论的模型化思维相关内容，运用结果评价法、投入评价法等方法来辅助决策。

第三步，一旦我们确定了一个具体方案，我们还可以通过调整方案中的输入变量来对最终方案进行优化。

第四步，我们必须考虑潜在风险可能带来的负面影响，并为最终方案准备一套替代方案或应急预案作为备选。

此外，在整个解决方案制定过程中，我们都应当充分考虑方案的系统性和现实性。尽可能地从原因入手以改变结果，避免仅仅对症下药的临时措施。尽量确保方案建立在事实和数据的基础之上，避免成为缺乏实际操作性的空谈。

通过这样一套科学且系统的方法，我们将能够得出一个风险更小、可行性更高的解决方案。

当然，如果我们面对的问题相对简单，通过应用 DOAM 方法细化目标的过程，我们很可能已经得到了一个有效的解决方案。

如果我们的目标仅仅是提供解决方案——就像多数咨询公司所做的那样——通

常情况下，提交了解决方案便意味着问题已得到解决。

然而，如果我们正在处理一个交钥匙工程，也就是说我们需要确保问题完全解决才算完成，那么在制定了详尽的解决方案之后，我们还需要付诸具体行动。此时，解决问题转变为完成具体任务，我们可以采用前文提及的完成任务的方法，执行PDCA循环的后续三个步骤：分阶段实施行动，并进行实时监督、检查以及反馈改进。

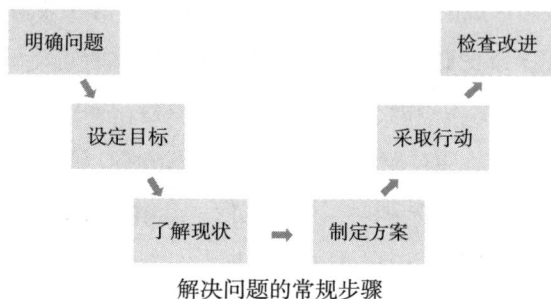

解决问题的常规步骤

当然，这样一套基于问题、目标、现状、方案、行动和检查改进的解决问题流程显然是相当复杂的。那么，有没有一种更快速的问题解决方法呢？

此时，我们可以探讨另一种称为"假设法"的方法。

假设法依赖于直觉、经验，或使用现成的模型对问题进行模型化分析，对原因进行假定，并直接推导出解决方案。本质上，假设法仍是一种模型化的思考与执行方法。与之前讨论的系统化方法和步骤相比，这种方法减少了对现实情况的分析，直接在经验模型的基础上进行分析，因此显得更加高效。

然而，假设法并不是任何人都能轻松掌握的。只有那些长期在某个领域工作、见多识广，并对相应问题已经有了成熟解决方案的人，甚至已经形成了许多"问题 - 解决方案"模型的人，才能够运用这种方法迅速给出解决方案。例如，一个营销专家，他对各种营销理论和模型有系统的认识，并且经验丰富，那么他就可以不需要考虑实际情况，直接给出高效的解决方案。我们所说的某个专业领域的专家，大多都是利用丰富的经验和这种模型化的方法来快速解决问题的。

使用假设法提出的解决方案，同样需要一个实施、验证和改进的过程。它也有相应的解决问题步骤：

第一步，基于模型的假设，迅速构建问题和应对方案。这一步主要是对问题的分解，以及针对分解后的问题原因，直接提出解决方案。例如，如果某企业员工的工作积极性不高，我们可以采用奥尔德弗的 ERG 理论，从生存需求、关系需求和成长需求三方面直接分析影响员工积极性的因素。并针对这三个因素，分别在保障安全需要的薪酬福利、确保关系需要的尊重与关爱、归属感等方面，以及保障成长需要的职位晋升与学习培训等方面提出具体方案。

第二步，实施假设的方案并验证效果。这一步中，我们可以通过制度和灵活的措施实施方案一段时间，观察并记录实施效果。

第三步，调整假设条件，持续验证与改进。在此步骤中，一方面我们可以通过实施过程的记录，专注于某些有效的措施并进行强化；另一方面，我们可以取消一些无效的措施。通过这样的验证与改进，我们可以有效地解决相应的问题。

这就是使用假设法解决问题的基本步骤。

除此之外，很多时候虽然解决问题的方法大同小异，大的步骤是正确的，但具体的小方法我们需要充分理解并结合实际灵活应用。例如，在处理复杂问题或事务时，我们实际上可以使用上述解决问题的方法和步骤，但可能需要将复杂问题简化，分解成多个简单的子问题，然后使用这些方法和步骤。对于更简单的问题，则可以合并或省略某些步骤，比如将明确问题、确定或设定目标、了解现状统一起来分析，而省略寻找可选方案的步骤，直接制定可行方案或应用 DOAM 法，直接给出基于目标的具体措施。

此外，在"解决问题"的研究领域，有学者提出了问题的三分类法，即将问题分为恢复原状型、预防隐患型和追求理想型。针对不同类型问题，我们可以提出更为合适的解决方案。但总体而言，解决问题的基本框架大体相似，因此这里不再详细展开。

**接下来，我们简要讨论如何进行决策或选择。**

从本质上讲，做决策或选择也是针对问题寻找解决方案的过程。但决策与选择通常存在相对明确的答案或方案供参考或选择，这降低了难度。因此，之前讨论的解决问题的方法同样适用于这类决策与选择，此处不再赘述。

**我们再来看一下如何开展学术研究。**

学术研究相较于解决问题更具创造性，其核心在于理解一个系统及其运作机制。

具体来讲，学术研究有两个目标：一是探究规律或原理，二是寻找方法或方案。

首先我们来讨论"探究规律或原理"。

自赫拉克利特时代起，人们就认识到了认识世界的双重层次——现实层次和逻辑层次。基于这两个层次，人们探索世界规律的方法自然分化为两种典型方式。

一种方式是对现实世界进行直接观察，通过概括、归纳总结来探寻规律，诸如历史学、政治学、社会学等多采用这种方法，哲学上称之为经验论。经验论引入实验方法后，研究手段得到极大提升，被广泛应用于物理、化学、生物乃至心理、地质、管理等领域。

另一种方式则是从现实世界现象中概括抽象出基本公理和假设，然后结合这些公理假设与相应规则在抽象的逻辑层面进行推理，最终回归到现实世界进行解释。这就是前文提到的逻辑演绎法，哲学上对应唯理论。以理性逻辑推理为基础的典型学科是数学。此外，物理学也广泛采用了逻辑推理方法。不仅如此，物理学还充分融合了实证方法和逻辑推理方法，成为学问研究和科学实践的典范。

至今，基于观察的经验方法特别是结合实验的实证方法已广泛应用于各学科领域，并被越来越多的人接受。而基于理性的逻辑推理因其难以掌握而显得有些高深莫测。

除此之外，基于现有的实验结果和文献资料进行研究，总结规律也成了一种重要方法。

总的来说，探究规律或原理需要在现象或事实的基础上进行观察、实证以及资料分析，同时我们也不能忽视理性与逻辑推理的重要性。

而在"寻找方法或方案"的过程中，我们的经验归纳总结法（包括实验验证法）和逻辑演绎推理法同样不可或缺。比如在医学领域，新药的研究主要依靠实验方法；在计算机科学中，逻辑演绎推理法则被广泛运用。

至此，我们讨论了一些通用的做事方法，包括完成任务、解决问题、做出决策或选择、进行学术研究等。

总结来说，做事的一个关键环节就是明确目标。

在系统思考方法中，物质层对应着相互作用，信息层对应着功能，而价值层则对应着目的或目标。做事的评估标准以人为主，因此价值层面尤为重要，背后总有明确的目的或目标，无论是为了满足需求、实现理想、兴趣驱动，还是完成他人的任务。即便忘记了其他环节，也不应忘记背后的目的、目标或动机，这些是我们行动的起点。

然而，从更高的维度审视"做事"，影响它的因素还有很多，例如个人心理状态、意愿、遇到困难时的意志力等。个人层面上，成功做事需要基于全面的认知与能力提升，价值观、思维力、情感力、意志力、兴趣与动机都至关重要。

本节内容与上一章关于思维力的讨论高度相关，尤其是模型化思维部分，很多模型与"做事"紧密相连。做好事情的关键在于清晰思考。建议读者将本节内容与上一章相关内容对比阅读，深刻理解思维力的重要性，认识到思维方法对做事的关键作用。

最后需要指出的是，上述讨论的做事方法主要聚焦于"做"这一行为，并未深入涉及执行者——人。实际上，执行做事的是个体还是组织，是有区别的。

个体做事只需一个思想指导，而组织做事涉及多个思想的组织与协同，这增加了复杂性，也带来了不确定性。我们当然希望这种不确定性能转化为积极的确定性。因此，在组织层面做事时，我们需要引入另一主题：组织管理，使多人参与的群体真正成为一个有机体，每个人在其中职责明确、各司其职、高效协作、规范操作。这就涉及了所谓的组织管理。

要让一个组织有效做事，就涉及组织业务（即组织的做事内容）和组织管理两个方面。由于组织管理的核心是对人的管理，特别是对人的思想的管理，沟通显得尤为关键。此外，除了处理确定的"事务"，日常生活中人与人之间的沟通也是不可或缺的。接下来，我们将转入"沟通"这一主题的讨论。

## 9.5  沟通之法

我们每个人，作为社会的成员，在学习、工作或生活的其他方面，都无法避免与他人建立联系。正因为此，马克思才会说："人是一切社会关系的总和。"

在我们每个人的复杂社会关系网中，沟通几乎是必不可少的。通过沟通，我们建立和维持社会关系。正如前文提到的，沟通不仅是与人相处的基本技能，也是组织管理的核心技巧。俗话说："良言一句三冬暖，恶语伤人六月寒。"良好的沟通能够改变人们的态度，舒缓情绪，提升思想，从而使做事变得更加顺畅。

因此，探讨如何进行有效沟通是非常有必要的。

在此之前，让我们先了解影响沟通的具体因素。这有助于我们从本质上理解沟通，并改进我们的沟通方式。

广义上讲，沟通也是一种行为，首先由认知驱动。

更具体地，根据我们之前讨论的"心理 - 行为关系模型"，认知，特别是价值认知或价值观，塑造了个体的心理倾向，如需求、目的和动机等，这些心理倾向进一步推动人的行为，包括沟通。

进一步来说，如果行为的结果满足了个体的心理倾向，就会产生积极的心理状态，如愉悦的情绪；反之，则可能导致消极的心理状态。然而，如果一个人具有强大的情感力，他可以克服内心的负面情绪；如果一个人具有坚定的意志力，他可以战胜外界的困难。这样的人将继续控制自己的行为，积极行动，追求期望的结果。

在这样一个心理活动的过程中，沟通作为行为活动的直接结果，是需求等个性心理倾向的满足与否，而其表现出来的则是心理状态的好坏——更具体地说，是情绪状态的积极或消极。

**在这个过程中，我们可以清晰地看到影响沟通的各种因素。**

首先，从行为的心理归因来看，认知是最为核心的影响因素。

由于生理因素（如遗传）和人生经历的差异（比如获取的信息、文化传统、社会角色的不同），个体间的认知差异是不可避免的。无论是对自我的认知（如自我角色定位），还是对外部人、事、物的社会认知，这些差异都会导致沟通者的观点和看法不同，进而产生沟通分歧。特别是对外部事物的认知差异更为显著。这种认知不仅影响我们所持有的观点或目的，还影响我们的沟通方式。此外，如前文所述，习惯性认知的影响通常远大于理性认知，导致大量认知偏差，从而引起沟通障碍。

更具体地讲，近因效应、首因效应、光晕效应、刻板印象、锚定效应、权威偏见、信仰偏见、从众效应、蔡加尼克效应以及其他非理性带来的认知偏见都可能在沟通中形成障碍。

其次，需求、动机等个性心理倾向也是影响沟通的重要因素。

当双方的需求或动机一致时，沟通往往自然顺畅。如果沟通双方的需求不一致，就可能陷入各说各话的局面。这种因需求不同而产生的沟通分歧，在谈判中尤为常见。在谈判桌上，各方坚持自己的立场和目标，从而导致分歧。

此外，沟通中彼此的情绪状态及其营造的氛围，也极大地影响沟通效果。

情绪直接反映了需求或动机的满足程度。一般而言，当个性心理倾向未得到满足时，易产生负面情绪。然而，沟通的前提往往是双方并无一致的需求、目的或动机。在这种情况下，沟通过程中很容易产生消极情绪。如果双方都带着消极情绪沟通，那么消极情绪就会形成一个负面的增强型反馈循环，这不仅破坏沟通氛围，还可能导致沟通者失去理性与耐心，引发各种认知偏见和沟通分歧，甚至破坏长期关系。

最后，影响沟通的最直接因素是沟通者的沟通技巧。基于自我中心和个人利益的态度，采取道德评判、责备、比较评价、强人所难、回避责任等沟通方法，会严重损害沟通效果。相反，以客观和公正为基础，通过表达事实、感受和请求的方式进行沟通，则会让沟通更为顺畅。

**基于以上的认识，在沟通中如何通过改变影响因素来改善沟通效果变得易于分析。**

首先，我们需要从认知着手。

具体而言，我们应尽量保持理性，对人、事、物和信息等对象的认知要尽可能客观，并引导对话方也以理性的态度看待沟通内容。

更具体地讲，适度的自我透露有助于表达自我认知，争取对方的理解和一致认知，进而在对方心中建立预设的积极印象，有效化解刻板印象等非理性偏见。通过询问沟通对象的自我认知，可以加深对其人格特征的全面理解。在沟通内容上，坦率分享个人观点和认知，有助于促进关系和达成共识。当然，坦率不总能保证认知上的一致，此时，采用"知觉检核"策略，反思外界事物的认知是否存在偏差，是否客观、理性、准确以及道德正确，将有助于缩小彼此在认知上的差异，进一步解决沟通分歧。

其次，我们要关注沟通的目标或需求。

通常，非闲聊的沟通总有特定目的或目标，尤其在谈判中更是如此。因此，沟通的首要任务是明确目标，澄清双方的需求或诉求。

很多时候，由于羞于表明自己的目的，或误以为对方已了解而未加以明确表达，导致目标模糊、不一致，从而产生误会或分歧。明确目的的坦诚表达是实现有效沟通的关键。

还有一种情况是，沟通双方开始时目的明确，但随着讨论深入，话题逐渐偏离了初衷，转向无目的的争执，例如本意是交流却变成了反驳或说服对方，或因一些与目标无关的观点而发生争吵，这都会降低沟通效率。针对这种情况，适时暂停和重申目标，能够帮助沟通重新回到正轨。

当然，在沟通过程中，彼此的目标或诉求不一致是常有的情况。在这种情况下，最关键的是寻找共同的目标或诉求。为此，一方面我们需要培养双赢的思维模式，寻求既符合自己利益又不违背对方利益的共同目标。另一方面，我们还需要运用系统化思维和创造力，深入探究不同目的或诉求的根源以及它们之间的关联，积极寻找能够满足双方利益的第三种选择。具体而言，我们可以采取简化复杂问题、逐步分解目标的策略，从更大的框架逐渐深入到具体的子目标，探索其中的因果关系，并针对每个子目标寻找解决方案，从而找到双方都能接受的共赢策略。

此外，相较于单纯的事务处理，在沟通中我们应更加注重目标的复杂性，培养对双重目标的意识。这不仅包括沟通的实质目标或利益，还应该考虑沟通的关系目标，即保持良好的沟通关系。毕竟我们的沟通对象通常不是一次性的交往对象，而是长期的合作伙伴。因此，为了一时的利益而损害长期关系，长远来看可能会产生负面的认知偏见，不利于双方的良好相处。

另外，我们还应当注重管理情绪、营造积极的沟通氛围。

沟通中双方的负面情绪状态不仅会破坏沟通氛围，还可能导致沟通者失去理性与耐心，形成认知偏见，引发分歧甚至矛盾，最终破坏长期关系。因此，情绪管理在沟通中显得尤为关键。

控制情绪的基础在于情绪管理能力。正如我们之前分析的那样，沟通过程中，我们不仅要管理自己的情绪，还要留意对方的情绪。

关于自我情绪的管理方法，我们提到了理性情绪疗法（RET），也就是著名的ABCDE 理论。其中最关键的是在 C（结果）与 D（辩驳）之间建立联系，这是自我觉察的重要一步。通过自我觉察，我们可以与错误的认知或信念进行辩论，改变自己的认知，进而获得全新的情感体验。

当我们有效管理好自己的情绪时，通常也会积极影响沟通对象，使他们感到放松并愿意参与沟通。

留意沟通对象的情绪，关键在于共情能力。

正如我们前面提到的，共情不仅仅是同情或怜悯，而是对他人情绪的觉察和感同身受。在沟通中，如果对方处于消极情绪状态，我们首先应做的不是立即讨论事件本身，而是先共情对方的感受，赢得信任，并尝试了解对方情绪低落的原因，给予必要的情感支持，从而达到管理对方情绪的目的。

当然，有效的情绪管理同样依赖于我们对情绪的感知和表达能力。只有当我们能够准确感受到彼此的情绪时，我们才有可能恰当地表达这些情绪，并进一步有效地管理它们。

然而，沟通并非易事。很多时候，尽管我们尽力避免认知偏见，并且目标明确，但由于沟通对象自身的非理性特征——毕竟大多数人都是有限理性的，且情绪多变，带有成见、自负和虚荣——这会导致认知偏差和认知能力的局限。此外，沟通对象不良的情绪管理能力也会增加沟通的难度，可能导致误解、不必要的误会，甚至矛盾与冲突。因此，在沟通方法上，我们需要掌握一些有效的技巧来提升沟通的效率和效果。这就要求我们从影响沟通最直接的方法着手，提高沟通质量。

接下来，我们将从沟通形式的角度出发，更具体地讨论关于认知、目的和情绪等因素的具体沟通方法和技巧。

日常沟通可以分为倾听与观察、表达和提问四个主要形式。倾听与观察通常是并行的，它们是获取信息的过程，也是获取信息的重要手段。表达则是向沟通对象传递信息的过程及其重要手段。提问通常是为了获取信息而进行的请求表达。此外，沟通还涉及一个思考过程，即从获取信息到表达信息的过程中的思考。有关系统思考的方法，请参考前文关于思维力的章节。

现在，我们将从倾听与观察、表达、提问这几个关键沟通环节来探讨一些方法和技巧。

倾听不仅是获取信息的重要手段，也是理解沟通对象和达成共识的基础。如果一个人不能理解对方的观点，如何能达成一致意见和共识呢？戴尔·卡耐基以擅长沟通而著称，他曾说："在别人心中，我是一个谈话高手。但实际上，我只是善于倾听，愿意聆听他们的内心声音。"由此可见，倾听在沟通中的重要性。

但倾听并非如我们想象的那般简单。心理学研究表明，一个人在倾听他人 5 s 以上后，就会开始构思自己的回答，说明成为一个善于倾听的人是多么困难。然而，善于倾听的能力也是可以通过练习习得的。

从获取信息的角度来看，我们在倾听时不仅要关注对方的言语内容，还要留意对方的感受和情绪。在内容方面，除了对方描述的事件，我们还应关注其所表达的观点和归因，以及目的和诉求。在感受和情绪方面，我们不仅要通过言语内容了解对方的情感状态，还应结合观察，从对方的表情、语调等多个方面全面理解。

进一步地，从理解对方的角度来看，我们不仅需要倾听，还需要进行共情式倾听。这意味着我们要站在对方的立场上，从他们的角度去归因，主动寻求与对方一致的理解。

在具体的倾听方法中，我们需要保持专注，这可以通过关注沟通对象和非言语行为来体现，如适时的微笑、复述对方的话或总结对方的观点。同时，通过提问可以帮助沟通对象更充分地表达自己的观点、归因、目的和诉求。

总的来说，倾听可以说是管理沟通情绪的最重要的方法，甚至比表达更为关键。关键在于以对方为中心，作为倾听者的我们应尽可能避免对对方的表达进行评价或发表意见。

除了倾听，观察同样是沟通中获取信息的重要手段。心理学家艾伯特·麦拉宾提出了"55387 定律"，即沟通中 55% 的信息是通过非言语行为传达的，38% 的信息是通过语调和声音的节奏传达，而仅有 7% 的信息是通过语言内容本身传达的。因此，我们必须注意观察沟通对象的肢体语言、表情和声调变化，以便更好地理解对方的观点、动机、态度、情绪和意愿。

　　基于这样的了解，表达才能成为有效的沟通工具。接下来，我们将讨论表达，或者更具体地说，是"说话"这一沟通形式。

　　沟通中的认知偏见是一大障碍。为了克服这些偏见，我们在表达时需追求客观和具体性，尽量避免认知偏差。在表达情绪时，我们应尽量描述感受而非意见，并避免情绪宣泄。此外，在表达目的时，我们应提出明确而具体的请求，而不是对他人发出命令或要求。在《非暴力沟通》一书中，马歇尔·卢森堡博士详细阐述了这一点，指出我们在表达时应尽量讲述事实、表达感受、提出明确的请求或目的，同时避免道德评判、比较评判、强人所难、回避责任等表达方式。

　　在表达事实方面，为了尽可能避免认知偏见并保持客观具体，我们应该表达我们所看到和听到的事实或行为。为了避免不良的认知习惯，我们应该在表达时善用"知觉检核"，在脑中自觉检查我们的表达内容是否存在认知偏差、道德评判、比较、强人所难或回避责任等问题。例如，像"你总是迟到""我妻子做的饭不好吃""我女朋友不爱我""这个小孩很笨"这样的表达并不是事实，而"这周你有三天没有按时上班""我妻子做的饭不合我的胃口""我女朋友昨天向我发了脾气""这个小孩期末语文考试考了 70 分"则是更接近事实的表述。

　　在表达感受方面，正如前文所述，我们首先需要尽可能准确地感知自己或沟通对象的情绪。只有深刻准确地感知到彼此的情绪，我们才可能表达出彼此的情绪感受。进一步地，扩展我们的情绪词汇，将提升我们的情绪表达能力，使我们在表达自己或对方的情绪时更加准确，这同样有助于缓解彼此的负面情绪。在感知的基础上，我们应该准确且无偏见地表达感受，例如"我感到愤怒""我感到快乐""我感到失望""看起来你很生气"或"看起来你有点沮丧"都是在表达感受。然而，像"我感觉你不真诚""我感觉他在骗我""我感觉她很自私"等则不是感受的表达，而是评价或意见，这不是良好的表达方式。

　　在表达目的或请求方面，如前所述，我们需要尽量具体而明确。例如，"请你在本周三下班之前完成这个方案并发给我，可以吗？"显然比"请尽快完成这个方案！"更加明确。除了表达自己的请求，当沟通对象不善于表达请求时，我们还应该通过询问、观察和倾听的方式及时了解并表达对方的需求。比如，母亲看到孩子放学回家不开心时，可以说："看来你心情不好，是不是在学校遇到了什么不愉快的事情？需要妈妈帮忙吗？"

此外，在日常生活中，根据马斯洛的需求层次理论，每个人都有基本需求。因此，表达重视、认可与赞同，表达支持、承认与尊重，满足对方被尊重和被认可的需求，能够让对方感受到尊重、价值、自我效能和掌控感。这不仅能满足对方的心理需求，还能管理好对方的沟通情绪，营造良好的沟通氛围，并使对方乐于合作。例如，给予对方选择的自由，哪怕是微小的选择，也比命令更好；可以说："这么困难的工作，只有你能做到"；或者"我相信这件事对你来说轻而易举"；又或者"你能帮上这个忙，我真的非常感激"。

最后，在表达这一环节中，无论是表达事实、感受还是请求，根据55387法则，我们都应该管理好自己的肢体动作、语气语调和表情，以控制好自己的沟通情绪和态度。而在一些更正式的场合或讨论更复杂的主题时，例如演讲或谈判，金字塔原理可以帮助我们更清晰地表达观点。而采用包括背景、冲突、问题、答案的SCQA结构化表达会使我们的叙述更清楚、更生动、更具吸引力。

接下来，我们从沟通形式的角度继续探讨"提问"。

提问能够帮助我们获得更全面和真实的信息。通过提问，我们能促进对方进行自我思考和整理思想，甚至激发新的想法。苏格拉底就因其擅长提问而闻名，他有一句名言："问题是接生婆，它能帮助新思想的诞生。"提问还能帮助缓解对方的负面情绪。正如前文分析的，人的显意识中只有有限的空间，提问可以使得"思考"占据对方的主观意识，从而减少情绪的影响。

提问可以分为开放式提问和封闭式提问。

开放式提问通常用于沟通初期，帮助我们了解情况，例如事情的经过、观点、动机、态度、情绪和意愿。开放式提问可以参考结构化和模型化的思维方式，比如使用5W1H（即Who、What、When、Where、Why、How）来了解事件的原因和经过。

**以下是一些常见的开放式提问示例：**

（1）了解事情的经过和现状："发生了什么事？""事情是怎样发展的？""现在情况如何？""你参与了哪些部分？""你尝试了哪些应对措施？"

（2）探询对方的态度和观点："你想表达什么？""你对此怎么看？""哪些事情支持了你的观点？""你感觉如何？""你内心是怎么想的？"

（3）探究原因："为什么？""你认为有哪些原因，它们分别是什么？""你怎么知道这是正确的？"

（4）了解对方的目的、诉求和措施："你的诉求是什么？""你希望发生什么样的变化？""你有什么解决方案或选择？""你见过别人如何处理类似情况？""你打算何时采取行动？""你需要我提供什么帮助或资源？""如果不这样做，会发生什么？"

为了让对方的表述更加完整和清晰，我们可以补充提问："还有吗？""然后呢？"为了深入探讨，我们可以根据具体情况针对某一观点或措施从广度和深度上进行延伸提问。在交流过程中，我们还可以使用像"我解释得清楚吗？"这样的问题来帮助对方更好地倾听。

至于封闭式提问，它们通常用于确认性的情况，例如当要求沟通对象执行任务或提供支持时，通过封闭式问题如"你愿意吗？"来确认对方的意愿。又或者，当注意到某人情绪低落时，用封闭式提问来确认对方的情绪及其背后的原因。

除此之外，提问还需留意沟通的氛围。当对方不愿意回答问题或参与交流时，我们不应强迫。

从沟通形式分析总结来看，我认为沟通不仅仅是关乎事情本身或自说自话。与不断地表达相比，通过提问式和倾听式的沟通来替代以表达为主导的沟通显得更为重要。同时，在沟通中管理好自己的情绪、尊重对方、关注并共情对方的感受，营造一种安全的沟通氛围；引导对方进入思考状态，让对方感到有控制感；激发并满足对方的高层次需求，这些都是提高沟通效果的重要技巧。

当然，需要说明的是，上述介绍的沟通方法与技巧是从不同角度整理而成的沟通工具箱。我们在日常生活中的沟通往往是倾听与观察、思考与表达、提问等多种形式的复合过程，是彼此了解、认同、接纳的过程。因此，在沟通过程中具体使用哪些工具，需要在充分理解这些方法与技巧的基础上，根据不同的沟通场景选择适用的方式，以提高我们的沟通能力和沟通效果。

其中，意识到沟通的双重目标是至关重要的。我们的沟通对象大多数时候都处于受"第一性"的控制或原有错误认知的影响下，存在各种认知偏差。我们无法完全以理性方式进行沟通，而应考虑对方情绪与情感的需求，维持良好的沟通关系，才能取得良好的沟通效果。也就是说，我们既要关注沟通的事务、问题和目标，关注实质目标或利益，也要关注沟通对象和关系，情绪情感目标以及关系目标。这要求我们既要就事论事，又要以人为本；既要有良好的思维力，又要有优秀的情感力。这样，我们的沟通才会更为顺畅。这也是我们将沟通视为对人及其思想管理的关键能力的原因。

最后，从更广泛的视角来看，做事和沟通从未是孤立的。在生活中，很多时候做事就是沟通，沟通也是做事。无论是之前讨论的做事还是当前讨论的沟通，这些方法虽然更具体、更贴近生活，但仍然是概括性的讨论，由于篇幅限制，不可能详尽无遗。我只能力求让内容条理清晰，并希望读者阅读后能形成一套相对系统的方法认知。

## 9.6　家庭经营与教育

在探讨了做事与沟通这两个社会生活的基本要素之后，我们将深入讨论生活中的一些更具体的主题，包括如何经营家庭和如何管理企业。

首先，我们从社会的基本单位——家庭开始谈起。

家庭是我们生命的出发点，也是我们的避风港。无论我们的生活如何变迁，家庭始终对我们产生着深远的影响。如歌德所言："无论是国王还是农夫，家庭和睦即是最大的幸福。"在家庭生活中，夫妻关系和亲子关系至关重要。接下来，我们将探讨如何处理好夫妻关系以及如何进行子女教育。

我们首先来分析夫妻间的关系处理和相处之道。

从近年的统计数据来看，高企的离婚率表明，维护夫妻关系并非易事。夫妻双方因个人经历、教育背景和生活环境的差异，自然存在认知、思维方式和价值观上的差异。正如前文所述，这些差异最终导致需求的不同，从而引发动机、语言表达和行为等多方面的不一致。所有这些差异构成了夫妻相处难题的根源。

然而，要维持良好的夫妻关系，需要培养共同的认知、思维方式和价值观，并在此基础上塑造个性特征。这意味着作为独立的个体，夫妻双方一方面需要共有的心理基础，另一方面，由于受环境影响，双方的认知很难达到完全一致，这就产生了明显的矛盾。

如果我们接受这一现实，那么显然，找到具有完全相同认知、思维方式和价值观的伴侣的可能性极小。在这种情况下，我认为夫妻和谐相处的基础不应仅仅是共有的认知、思维方式和价值观。换句话说，夫妻双方和谐相处的秘诀并不仅仅在于找到一个心灵相通的伴侣。

实际上，夫妻之间在认知、思维方式和价值观方面也无须强求一致。真正的夫妻相处之道，应是允许彼此保持不同的生活节奏。

从认知的视角来看，在夫妻相处中应当建立起对彼此认知差异性的认知，也就是承认并接受双方在思维方式、价值观以及需求、语言和行为风格上的不同。只有承认这些差异的客观存在，我们才能正确地看待并接纳它们。而这正是婚姻关系中最为关键的要素：宽容与尊重。

基于这样的理解，我们可以得出结论：良好婚姻关系的秘诀不在于找到一个和自己步调一致的伴侣，而在于学会宽容与尊重，接纳对方的不同步伐。

例如，从生理和社会角色上，男性和女性之间存在一些先天的差异是明确且明显的。通常认为男性更理性，女性更感性。因此，在交流时，男性可能更倾向于讨论事实和逻辑，而女性则可能更关注情感和关系的层面。这种差异在沟通方式上往往成为夫妻间的障碍。了解并包容这些思维和表达方式的不同，可以有效减少矛盾，促进良好的相处。

另一方面，女性对关系的重视对于维护夫妻关系尤其有益。正如前文提到的，家庭和睦是最重要的，中华文化中的"家和万事兴"便体现了这一点。因此，在婚姻生活中，重视情感和关系的交流往往比单纯的逻辑推理与是非对错更为重要。夫妻间的对错并不是最关键的，更重要的是照顾彼此的感受，维护和谐的关系。

实际上，除了宽容与尊重，良好的沟通是处理婚姻关系最有力的工具。具体的沟通方法正是我们之前讨论过的技巧，比如避免过于理性的辩论、不要争论对错、不做不必要的比较，而是要学会倾听，努力理解对方的立场，共情对方的情绪，并肯定对方的诉求。在表达时，也可以采用描述事实、分享感受、提出具体请求等方式来实现有效沟通。

通过这样的分析，我们可以看出，维持良好的夫妻关系。关键在于认识到彼此之间的差异，接纳这些差异，并以关系为中心，运用我们之前讨论过的沟通技巧，通常就能取得较好的效果。

在家庭中，除了夫妻关系之外，亲子关系也同等重要，这涉及了家庭教育的问题。

我们之前提到，个体心理特征的形成主要受到两方面因素的影响：一方面是父母的遗传，另一方面是所处的外部环境。最关键的外部环境便是以父母为核心的原生家庭。因此，无论是从遗传还是环境角度来看，父母对子女都有着深远的影响。所以，家庭在个人成长过程中扮演着至关重要的角色，具有不可替代的重要性和不可避免的必然性。相应地，家庭教育成为儿童教育中最关键的部分。

**接下来，让我们探讨家庭教育这一主题。**

从教育这一更广泛的话题来看，正如前文所讨论的，人类的独特之处在于拥有第二反馈机制，而教育正是优化这一机制的捷径。

具体来讲，教育的目标在于利用积累的文化资源来加速大脑的发展，使之形成更加理性的认知和思维模式。基于此，考虑到人的社会与生活需求，教育还应培养出具备完善人格、幸福能力和高尚道德品质的人，这样的人才能够为社会创造价值，满足社会的需求。这与我们之前讨论的追求德福一致的概念是一致的。人们追求德福一致，教育的重要目标自然也应当是培养能够实现这一状态的能力。

进一步说，从心理学的角度出发，教育的本质是对认知塑造、思维力、情感力、意志力的培养，以及对价值观和个性心理倾向的引导、人格和道德品质的培育，目的是让人成为一个认知理性、能力全面、人格健全、道德高尚的个体，既能获得个人幸福，同时也能符合社会的需求。

良好的教育应该采取更有效的方法来实现对人的认知、能力、人格和道德品质的培育。这意味着教育内容无论是在家庭还是学校，都应围绕这些方面展开，并且在方法上发展出更高效的教育手段。

在教育内容上，我们应坚持全面的教育，包括认知塑造、各种能力的培养、价值观和个性心理的引导以及人格和道德品质的培育。在此基础上，不仅要全面覆盖，还要突出重点，比如在学校教育中应更注重认知和能力的培养，而在家庭教育中则应更注重价值观的引导、人格教育和道德品质教育。

需要强调的是，我们提倡认知塑造的教育方式，并不支持填鸭式的知识教育模式。填鸭式知识教育侧重于知识的获取，将人视为存储设备，仅仅进行知识的接收、储存和输出，缺少了认知塑造中的加工和内化过程。这容易导致学习者形成固定的思维模式。在固定思维下，人的认知不一定变得更理性，能力也不一定得到实际提升。

接下来，我们将讨论教育方法，并将焦点集中在家庭教育上。

既然我们认为教育的目的在于帮助学习者完善其第二反馈机制，那么教育的主体无疑是学习者本身。

教育（educate）一词源自引导或引出的概念，意指通过某些手段激发出潜藏在个体身心内部的潜能。按照这样的教育理念，教育的中心应是学习者，教育者的角色则转变为从旁辅导，激发学习者的好奇心、兴趣和主动性，培育其独立、自尊、归属感、价值观和自我效能感，让学习者自主探索、学习和成长。正因为此，苏格拉底才提出："教育不是填鸭式灌输，而是点燃求知的火焰。"他还认为，教师应当像助产士那般行事。

具体到家庭教育，只有把孩子视为教育的中心，采纳蒙台梭利女士提倡的"儿童本位"理念，才能收获理想的教育成效。这意味着要激发孩子的认知和思考能力。

进一步来说，这种理解要求家长不仅需要深入了解孩子的心理和生理发展规律，尊重他们尚未成熟的状态，还要以孩子的自我发展为目标，采取恰当的教育方法。

就了解孩子的发展规律而言，不同年龄的孩子有不同的认知方式。根据皮亚杰的理论，在感知运动阶段和前运算阶段，孩子具有较强的感知能力，但理解和解释现象的能力较弱，主要通过感觉、直觉、观察和模仿来了解世界。到了具体运算阶段，孩子开始具备一定的逻辑思维能力；而直到形式运算阶段，孩子才拥有抽象思维的能力。心理社会发展方面，埃里克森的理论指出，0~2 岁的主要教育目标是建立安全感，3~4 岁是培养独立性的阶段，4~7 岁是激发主动性的时期，7~12 岁则是培养勤奋感的关键时期，青春期重点是培养自我同一性。显然，单纯依靠说教的教育手段既不切实际也低效。

　　基于这些认知，孩子只有在建立了一定的感知基础上，才能理解语言和文字。在不同的心理发展阶段，家长也需要适时放手。然而，很少有家长真正了解儿童的认知和心理发展特点，更不用说实施针对性的教育了。

　　在具体的教育方法上，"儿童本位"的原则要求我们把认知塑造、能力培养以及人格和道德品质的培养的主动权交给孩子，帮助他们建立起一个基于第二反馈机制的自我学习和成长系统。作为家长，我们应该退居到辅助位置，成为苏格拉底口中的"助产士"，或者艾莉森·高普尼克所说的"园丁"，对孩子进行针对性的引导和启发式教育，给予孩子更多的关爱和成长空间。

　　那么，在家庭教育中，家长应如何扮演"助产士"或"园丁"的角色呢？

　　从认知教育的角度来看，正如我们之前强调的，学习是改变人的主要方式。培养良好的学习能力应从激发学习兴趣和强化学习动机开始，而不是直接进行知识传授。尤其是对于系统性和抽象性的体系化知识，这些对儿童来说可能显得枯燥乏味。因此，提高知识的趣味性变得至关重要。

　　通过将知识游戏化，我们可以激发孩子的天性，同时实现参与式学习，这可以有效提升儿童的学习热情。此外，以身作则、自主学习以及营造家庭学习氛围也有助于促进孩子的学习主动性。更系统的方法是利用我们之前讨论的过程与结果来激发学习兴趣。

　　在具体的教育方法上，根据学习金字塔理论，对于具有一定认知能力的孩子，在自学的基础上进行复述是一种非常有效的教学模式。此外，我们之前提到的"费曼学习法"和"翻转课堂学习法"都是这一理念的产物，它们都比填鸭式教学更有效，并能在认知教育中取得良好的成效。

　　除了认知教育，在家庭教育中更重要的是培养孩子的价值观、情感力、意志力和良好人格。那么，在这些方面我们应该如何实施家庭教育呢？

　　谈到价值观，本质上是指基于道德准则的价值观，即利他主义，具体包括诚实、正直、善良、慷慨等品质。对于情感力，我们提到了自我情绪调节能力和共情能力，以及在满足个性心理倾向时体验积极情绪与感受的能力，如感受爱和幸福的能力。此外，满足安全需求会产生安全感，满足爱与归属的需求会产生幸福感和归属感，尊重需求得到满足则会产生自尊感。自我实现需求得到满足时，孩子将拥有价值感和成就感。所有这些积极的心理体验将成为孩子的内在驱动力，进而增强孩子的意志力，提升行动力，并增加获得幸福的能力。至于意志力，我们提到了自觉、自控、果断、自信与乐观、坚韧等心理特质，这些都将使孩子在遇到困难和挫折时不会轻易放弃，而是坚定地向前迈进。

在家庭教育中，最常见的方法就是通常所说的"言传身教"。

事实上，身教在家庭教育中是一种更为有效的教育手段。婴幼儿期的孩子，尤其是0~3岁的儿童，几乎无法理解家长语言所表达的含义，因此这个阶段的孩子大多是通过观察家长的声调、表情和行为来理解家长的意图，而非通过听父母的语言内容与家长交流。对于正在成长中的孩子来说，观察和模仿是其最重要的学习方式。孩子天生具有观察和模仿的天分，父母的一言一行都可能成为孩子模仿的对象。在这种情况下，家长的各种情绪表达和行为方式都将成为孩子的模仿对象，从而让孩子逐渐成为另一个自己。因此，我们常说"言传不如身教"，我们应该更多地采用身教而非言传。

具体来说，身教包括示范教育和引导教育两个方面。示范教育要求父母在日常生活中通过自己的言行示范，展现出良好的价值观、情感力、意志力以及行为方式，表现出健全的人格特征，从而让孩子在模仿中获得这些方面的成长。如果家长本身缺乏良好的情感力和意志力，没有健全的人格，并在生活中经常表现出较差的情绪控制能力，例如易怒、暴躁或忧郁，或者自控能力差，如对手机等电子产品上瘾，则孩子很难从家长的不良行为中自发形成良好的心智与行为模式。这也体现了良好的夫妻关系和家庭氛围对孩子成长的重要性。

正如谚语所说："桃李不言，下自成蹊。"我们身体上的基因可以遗传给孩子，我们精神上的优秀同样可以通过言行传递给孩子。

此外，通过引导教育，主要是情感引导的方式，激发孩子的第二反馈机制，这也是家庭教育中促进孩子健康成长的重要方式。

语言作为第二反馈机制的重要信息源，在人际交流中发挥着极为重要的作用。人与人之间的即时信息交流绝大多数是通过语言来实现的，在这样的现实情况下，通过语言交流实现教育目的无疑是重要的。而引导教育正是要通过语言沟通的方式，对孩子进行情感引导，实现对孩子的教育培养。

相比于更适合婴幼儿期的示范教育，采用语言沟通方式的引导教育则更适合童年期至青少年期的孩子。

引导教育，一方面旨在激发孩子发展更高层次的需求，并引导他们在满足这些高级需求的过程中获得积极的心理体验。例如，在认知需求得到满足时所体验到的升华感，以及在实现自我价值时获得的价值感和意义感。通过提供无条件的爱，我们不仅赋予孩子安全感和归属感，还应适时加强他们的积极情感体验，将这些体验转化为推动孩子成长的内在动力。另一方面，当孩子面临各种消极情绪时，我们应当深入理解、共鸣并表达他们的感受，指导他们认识并独立应对自己的消极情绪，进而提升他们的情感处理能力和意志力。

除了情感引导，思维引导能够促进孩子思考能力的提高，价值观引导有助于孩子价值体系的建立，行为引导则能加强孩子的行为认知与规则意识。

具体到情感引导，这是一种以语言沟通为主的教育方式，其核心原则遵循《正面管教》中提出的"和善而坚定"的理念。父母若无法有效控制自身情绪，很可能培养出情绪调节能力较弱的孩子。因此，"和善"意味着我们将情绪管理与关系维护置于首位，优先于事件本身，即家长应基于无条件的爱，在处理孩子问题时首先控制好自身情绪，展现出温和的一面，使孩子感受到我们的关怀，保持其情绪的积极性，从而维持良好的亲子关系，再探讨问题及分歧。

然而，爱与自由绝非放任或无限制的纵容，而是应在《正面管教》所述的另一原则——"和善基础上的坚定"——指导下设定行为边界。这一原则通过坚定的态度确立孩子的行为界限，从而抑制孩子基于本能的过度自私和非理性行为。"坚定"要求父母以身作则，确保规则的正确性，并维护规则的权威性，让孩子清晰感知到行为的界限。无论孩子是通过纠缠不休还是哭闹来施加压力，我们都必须以"和善而坚定"的方式维护规则。

综上所述，和善而坚定的教育方法既要求我们展现对孩子无条件的爱，又要求我们理性地为孩子划定明确的行为边界。

在情感力的培养中，特别是共情能力的发展，我们需通过语言交流传达对孩子持续的共情响应。面对孩子考试成绩不佳时的沮丧、犯错后的懊恼、取得成就时的兴奋或是做噩梦后的恐惧，我们应深入倾听并接纳孩子的感受，用言语反映并共情孩子的情感。在共情的基础上，当孩子处于消极情绪状态时，我们应通过信任、支持与鼓励的语言表达理解、支援，并提供行为指导。考虑到孩子认知水平的局限，为孩子的情绪贴上标签也有助于引导他们认识、理解情绪，进而更好地应对消极情绪。

通过共情等手段培养和加强孩子的安全感、归属感、自我效能感、成就感、升华感和意义感，可以显著增强孩子的意志力，使他们在遇到困难时能更加自觉、自信、勇敢和坚忍地成长。

在培养意志力方面，及时的语言反馈同样关键，它可以帮助孩子发展良好的意志力。例如，当孩子分心玩耍而忽视作业，可能是因为他们暂时忘记了自律的重要性，此时我们需要通过简洁提示，强化规则或明确行为界限。面对孩子的不自信或选择困难，我们应通过充分沟通提供理解、支持和鼓励，并耐心帮助他们分析问题，促使他们做出决策。

总结来说，家庭教育的核心是孩子，而非家长。孩子从出生起就拥有自己的第二反馈机制，其成长基于这一机制，并拥有无限的可能性，而不应仅仅是我们的复制品。教育不应像木匠制作家具那样刻板，而应如同园丁照料花园，为孩子提供肥沃的土壤，激发他们的兴趣和理想，赋予他们成长的动力。这才是对孩子最有益的教育方式。

当前，教育已成为许多家庭和学校的挑战，也是国家强盛、民族复兴和社会发展的关键因素。只有真正理解教育的本质和方法，我们才能培养出全面发展的下一代。

# 9.7 企业的经营管理

在深入探讨了家庭与教育的话题后，我们有必要转向更大范围的组织——企业的经营管理。

在讨论企业经营与管理的问题之前，首先应明确企业的根本性质。正如彼得·德鲁克所言，企业是社会的器官。然而，企业不仅仅是一个器官。如果将企业视为一个独立实体，我倾向于认为企业的本质是一个高级的生命体，一个具有自组织能力的开放系统或高效组织。当我们深入观察企业内部，维持其运作的并非各种器官，而是一群活生生的人，这些人并不完全像我们身体器官那样受大脑控制。

那么，企业为何存在呢？德鲁克认为，企业并非为自身而存在，而是为实现特定的社会目标而存在，旨在满足社会、社群以及个人的特定需求。从目的论的角度来看，确实如此。但从社会发展的视角来看，企业也可以被理解为社会发展到一定阶段后的自然产物。由于企业相较于个体能够组织更大的社会力量，创造更大的社会价值，从而满足社会、社群及个人的特定需求，因此企业具有存在的意义。

与个体相比，企业作为一个组织可以更高效地将各业务和职能部门及员工进行组织化分工，并通过这些部门和员工的有机组织和协同运作，充分发挥其组织化作用，从而实现更大的社会价值。

因此，为了高效地组织企业，使其高效运转，并高效完成业务以实现更大的社会价值，企业面临着两项核心任务：业务经营和组织管理，这两者合称为企业的经营管理。这也正对应了前文提及的组织业务和管理的概念。

因此，接下来我们将分别分析企业的业务经营与组织管理。

首先，将企业置于整个社会和产业的广阔背景下，正如"人应当有正确的价值观"一样，在经营管理中，企业也需要树立正确的价值观，并以此为企业的行为指南。价值具有主体依赖性，对个体有价值的事物并不一定对群体有价值。但是，我们发现企业的价值或其存在的意义在于能够"创造更大的社会价值"。因此，企业应当追求自身社会价值的实现，促进产业与社会发展，并以此作为自己的价值观。明确地说，企业树立的价值观中的价值所依赖的主体应当是社会或社会群体，而不是企业自身。如果一个企业的价值观仅仅是"赚钱"，或者是"做对企业自身有价值的事情"，那无疑是脱离了企业存在的意义。

人基于价值观会树立自己的志向或理想，企业亦然。类比于人的志向或理想，企业根据自身价值观的驱动，寻找到自己的使命并设定其愿景。企业寻找自己的使命就是要明白自身存在的意义，解决"我是谁？我因何而活？"的问题。而设定愿景就是要解决"我将去往何方？"的问题。一定程度上，使命是社会赋予的、历史赋予的，而愿景则是根据使命自我设定的。

当然，在管理学中，一般认为使命愿景在前，价值观在后。我认为这主要是将价值观理解为企业应遵循的经营价值准则，所以便将其放在了使命愿景之后。但是根据本书的分析，个人认为价值观作为认知的一部分，是在驱动着使命的发现与愿景的确立，而非使命愿景拉动价值观的确立。改变愿景，改变一个口号就可以，改变价值观却是要改变认知，是异常艰难的。

在一个企业的经营管理中，"使命、愿景、价值观"有时被认为是企业战略的先导部分，指明方向，有时也会被认为是企业文化最为重要的组成部分，激励前行。无论哪种理解，"使命、愿景、价值观"的确立都是企业最高管理者最为重要的关键任务。而作为企业最高管理者，只有在使命、愿景、价值观这些根本问题上想透了、明确了，企业才会有明确的战略方向，才有可能获得发展的动力，才有可能实现持续经营发展。

当然，"价值观、愿景、使命"仍旧是抽象的，这就像人的"自我实现"的需求那样，只是企业的大方向与驱动力，并不能保障企业的日常经营的顺畅。

所以，如何从高度概括的"使命、愿景、价值观"分解为企业具体的日常经营管理，或者说在企业的"使命、愿景、价值观"与企业日常经营管理之间，如何自上而下打通经脉，让二者同频共振，是有重要意义的，也是需要智慧的，更是必不可少的。

在企业经营管理中，人们通常将这一搭建桥梁的工作称为战略规划。通俗来说，就是将企业的"使命、愿景、价值观"具体化为公司的经营发展目标，并进一步细化为组织战略、竞争战略、职能战略等。

从另一个角度看，企业战略规划本质上是要根据外部的社会需求、产业需求、市场需求来选择企业的经营发展方向，制定竞争方式，设计组织结构，从而为企业的持续发展提供指导。

企业战略规划同样有很多理论支持，无论是通过五力模型分析，还是采用SWOT分析法，或是 ECIRM 模型，战略规划都离不开产业——产业是企业发展战略规划的最关键因素。

如果说产业是影响企业发展战略的外因，那么另一个重要影响因素——企业自身的情况则是内因，这包括企业的管理者素质、人员结构、管理体系、技术能力、盈利模式等。

当一个企业有了战略之后，如何使企业能够创造社会价值，生存和发展就成了企业管理者必须面对的具体问题。这正是前文提及的企业的业务经营与组织管理这两项任务。

首先来看企业的经营。

概括而言，企业的经营本质上是做事，关注做事的目标和方法。具体包括：在某一时间段内需要完成哪些事情（做正确的事），这些事情的目标是什么，这些事情的重要性与紧急性如何（这将共同决定做事的优先级），完成这些事情的具体流程和方法是什么（正确地做事）。对于企业来说，其经营也可以按照此思路展开。例如，业务经营常用的方法是采用目标管理，同样也可以采用 PDCA 流程进行。这与我们前文讨论的解决问题的做事方式在一定程度上是类似的。

首先，在业务经营的计划阶段，由于企业的业务经营是企业战略的具体承载，我们在制定经营目标时必须考虑对战略的继承性。在此基础上，运用 SMART 原则和 DOAM 目标分解法，使目标具体、明确且可执行。

其次，在业务经营的执行阶段，企业的主要业务包括供应、研发、生产、销售四个方面。在这四个环节的具体推进中，我们更应注重流程规范管理而非制度管理。明确的流程规范指导我们做什么、怎么做，解决了职责不清、业务流转低效的问题，从而自然地规避经营风险、节约管理成本，提升业务效率。而制度往往更多地告诉我们不能做什么，它不直接、不明确，存在管理缺陷。有些企业一味地加强制度管理，将员工束手束脚，让制度成了企业经营的桎梏。即便企业有制度，制度也应当服务于业务。

在这四个阶段中，研发是价值创造的关键，销售是价值实现的关键。因此，这二者是企业经营的重中之重，决定了企业经营发展的上限。正如德鲁克所说：企业的经营只有一个重心，或统一于技术，或统一于市场。同时，由于这两项业务本身的不确定性，如研发过程中的技术风险，销售过程中来自市场或客户的风险，因此对于研发与销售业务的管理，必须保持灵活性，及时跟踪、反馈，并做出必要的调整。

业务经营的考核同样重要，其背后是一套合理、公平、权威的业务考核体系。从考核体系的制定到执行，我们要将考核与业务计划紧密挂钩，突出绩效导向，明确考核规则，减少人为干预，保障考核体系合理、公平、权威。

另外，由于业务的不确定性，业务的调整与例外管理也是业务管理的重要部分。当业务出现重大偏差或例外情况，业务调整与例外管理就显得尤为重要，例外管理是对管理者能力的考验。

总之，业务的经营不仅要适当选择，聚焦主业，做正确的事情，更重要的是运用目标管理、流程规范管理，完善业务考核体系，从而高效实现业务经营计划的落地。

除了业务管理，组织管理同样重要，甚至更加重要。

如前所述，企业的组织管理主要目标是将企业员工有效地组织起来，实现高效的业务经营。组织管理的主要对象是人。由于人的复杂性，包括人的第一性与第二性对抗中产生的各种不确定的认知与思维方式，企业的组织管理相较于企业的业务经营需要企业管理者更大的智慧。

具体而言，从管理的层次来看，常见企业组织管理有三个层次：通过管理者（人）来组织管理员工（人）；通过制度、流程、规范等形成一套体系来组织管理人；通过文化来组织管理人。而从管理的具体对象来看，主要包括管人的行为与管人的内心。

首先，我们来看"通过人来组织管理人"这种形式，也就是通常所说的人管人。在一定程度上，如果管理者具备出色的业务能力、管理能力和领导力，那么在小型组织中，人管人会起到非常好的管理效果。一方面，管理者的业务能力可以很好地指导下属完成业务。另一方面，管理者良好的管理能力和领导力可以保障与下属之间的高效协作，提升下属的执行力和工作积极性。但是，人管人的缺陷也是显而易见的。一方面，人管人对于管理者的能力要求非常高，既要业务能力强，又要管理能力强，更要领导力强，同时在面对不同工作时还得灵活运用这三种能力，这是极其困难的。业务能力更多要求的是思维力，管理能力是以思维力为主，情感力为次，而领导力却要求情感力、意志力为主，思维力为次，表现出沟通和组织思维。这三者本身存在的思维差异与思维切换对人的要求极高，所以很难协调一致、灵活运用。另一方面，随着组织变得庞大，通过人管人的模式来管理组织，"让组织高效"就变得越来越不可能。这是由人的时间、精力有限性所决定的必然结果。因此，在庞大的组织中，人管人变得非常低效。

相比于人管人，更高效的是体系管人，通过制度、流程、规范的建设，形成一套管理体系实现员工各司其职、各尽其责，让组织成为一个分工明确、协同运作的真正组织，从而更大地发挥组织本身的效能。

但是，体系化的管理必须在体系建设过程中就保证系统运转的效能。具体而言，在制度管理中，制度设计须具有系统性、合理性、实际性、明确性，制度的执行应具有权威性、可靠性。制度不是狗皮膏药，哪里痛就贴一块，而是一个逻辑性强、系统性强的体系化规则。制度是权威的，不应让领导凌驾于制度之上；而制度也不是灵丹妙药，并不能解决所有的问题，尤其是在例外管理中，还需要管理者的深入融入。因此，制度不可过度使用，正所谓过犹不及。对于流程规范的建设，更是组织高效运行的依托，通过定岗定责基础上的流程，可以最大限度地明确岗位、明确职责，消除员工推诿扯皮现象，促进业务高效流转。操作规范同样可以将做事的高效方法固化下来，保证员工作业效率，规避作业风险。但是流程规范的设计，同样要考虑系统性、合理性、实际性、明确性。

总之，通过体系化的管理，可以更大程度上让一个组织高效地运转起来，尤其是对于庞大的企业组织，制度、流程、规范才是企业高效运转的依靠。

然而，体系化的管理同样不是十全十美的，设计再好的制度也会有漏洞和缺陷，再完整的流程规范也不能包治百病，在企业管理中例外随时可能发生。

面对这些例外，是让员工钻营投机，钻制度的空子，还是尽心竭力弥补体系的漏洞，这就需要靠企业文化了。如果制度是让人尽职尽责，那么企业文化才能够让人尽心尽力，才能真正通过管"心"，达到管"行"的目的。

那么，什么是企业文化呢？

文化是群体性认知，企业文化就是企业中员工的群体性认知。具体来说，企业文化是企业的精神禀赋，除了我们通常所述的价值观、愿景与使命之外，还包括企业成员遵循的道德准则、工作态度以及外显的工作风格等。在日常工作中，企业文化更多地体现为员工自觉秉持的道德准则，如公正、和善、民主；表现出的工作态度，如积极主动或消极被动，认真负责或推诿扯皮；创新精神，是冒险激进还是保守顽固；工作风格，如细致严谨或粗枝大叶，团结协作或各自为政；工作方式，如按章办事或人治为主，遵守规则或随意行事。这些特征通过工作中的彼此影响很可能成为企业大多数员工工作的行为表现。这些员工在日常工作中所秉持的风格很多时候由于群体效应而变得固化且难以改变，形成工作习惯，并融入企业文化。也正因此，企业文化建设成了企业经营中最艰难的部分，而好的企业文化也成为企业难能可贵的一笔财富。

那么，企业文化到底在企业的组织管理中起到什么作用呢？

具体来说，表现为两方面：一方面，企业文化对人的管理更多的是引导、凝聚与激励，而非约束与限制。企业文化就像一个磁化过程，可以让一个企业的员工在更深层次（精神层次）具有更高的一致性，从而实现引导、凝聚与激励员工，增强员工的企业认同感，进一步增强员工的责任感与使命感，服务企业目标。另一方面，企业文化更为重要的作用是在发展员工，促进员工成长，成就员工，让员工在工作中获得更高层次需求满足时的归属感、价值感与成就感，服务员工目标。

而如何将约束与限制变为引导、凝聚与激励，如何才能发展员工、成就员工，则需要良好的企业文化建设。那么，企业管理者应当如何进行企业文化的建设呢？

从本质上来说，实现对员工的激励，就是要让员工意识到员工与企业的关系，就像企业与社会的关系那样，是个体与组织的关系，并且让员工在自我驱动中，实现与企业的共同发展。发展、成就员工本质上是在促进员工需求的发展中，满足员工的需求，让员工获得多层次的需求满足，如安全的需求（表现为薪资、报酬）、被肯定与尊重的需求、认知的需求、自我实现的需求（成就感、价值感、意义感），从而让员工在工作之中获得薪酬之外更大的获得感。

这样一来，对员工的激励、发展、成就变成了员工的价值创造与员工需求满足这样两个命题。

从员工的价值创造角度来说，首先自然是改变员工的认知，让员工理解这样一套价值认知体系，即企业的价值观与员工的价值观的一致性，那就是价值创造。只有通过企业的价值创造，才能实现企业的生存与发展，而只有通过员工的价值创造，才能实现员工的需求满足，包括个人成长。

从员工的需求满足的角度来说，其基础同样是认知，认知决定了人的需求、动机等个性心理倾向，进而影响其行为风格。因此，我们对员工的需求满足必须从其认知开始，通过改变其认知，实现对员工的更高层次需求的激发，并在更高层次需求上满足员工，进而实现对员工的激励与发展。

具体来说，首先，企业管理者应当树立自己正确的价值认知，以身作则，发挥榜样的力量（是不是很熟悉的方法呢？）。只有企业管理者自己从内心深处将经营企业当作为社会、为客户创造价值，为更为广泛的人谋福祉，才能得到员工的尊重与认可。但凡真正成功的企业家，无不具有这样的魅力，稻盛和夫正是以这样的价值观在京瓷创立之初得到了员工的信任和支持，最终创办了两家世界 500 强。乔布斯正是以"为了减少用户 10 s 的开机时间"的价值创造精神，成就了苹果公司。

其次，皮格马利翁效应告诉我们，你期望什么就会发生什么。如果企业认为员工是善的，那么就会激发员工的善意，使员工真正参与到企业的经营与管理中，树立员工的主人翁意识。信守对员工的承诺，员工也将以诚信回馈企业；尊重员工，员工自然会尊重企业管理者，看重企业；相信员工的能力，员工也会相信自己，创造奇迹。抱怨只会招来员工的抱怨，批评否定只会让员工心生不满，否定公司。

从企业管理的层面来说，如果您做公司只是想挣点钱，那么您只需要知道怎么做事、怎么做项目就可以了。如果您想做一个更好的企业，那么您就需要进行体系建设；如果您想做一番事业，并保持基业长青，那么您必须要进行企业文化建设。

不管怎样，企业文化建设都应该立足于对人的引导、凝聚与激励中，立足于发展人、成就人。正如稻盛和夫所言，在经营中最可靠的东西就是人心。只有真正实现对人的引导、凝聚与激励作用，让人心所向，让员工得到发展，获得成就，才称得上走心的激励方法，才称得上好的企业文化，才能创造伟大的企业。

不难看出，企业组织管理的重点在于管理的体系建设以及更为有效的企业文化建设。当前对于知识工作者的管理，更是要以企业文化来滋润人心，而不是通过一套管理制度就可以"一招鲜，吃遍天"。

最后，不论是企业经营，还是企业管理，我们都要面向产业、面向社会，同时深入企业内部，将企业看作一个组织，找到并立足于维持企业内部平衡，维持企业与产业、社会平衡的那个平衡点，来进行工作。如此，我们才会让企业的经营发展得到持续的保障。

# 9.8　本章小结

在本章中，我们的讨论主题从内修转到外练，概括性地讨论了学习、习惯养成、做事、沟通等日常行为活动的具体方法，并更为具体地讨论了家庭中夫妻相处与子女教育的方法，以及企业经营管理的方法。

在第一节中，我们系统地分析了学习的本质、影响学习的因素以及学习的具体方法。我们之所以讨论学习，是因为只有通过学习，我们才能获得认知的根本性转变，进而改变我们的能力，乃至塑造我们的人格。

当然，学习并不等同于习得。无论多么精妙的方法，只有真正成为我们的习惯的一部分，内化为我们的能力，实现知行合一，我们才能获得真正的成长与进步。因此，我们又讨论了习惯养成的方法。

此后，我们更具体地讨论了在日常生活中两项最基本的活动：做事与沟通。

在关于做事这个主题的讨论中，我们分析了"做事"的本质。在此基础上，我们重点讨论了"如何完成一项任务"和"如何解决问题"，并简要讨论了"如何进行决策或选择""如何进行学术研究"。

在关于沟通这个主题的讨论中，我们通过寻找影响沟通的具体因素，来探讨如何有效地沟通。通过对影响沟通效果的具体因素的分析，我们不难看出，有效的沟通应当从改变认知开始，尽量让自己更加理性，让我们自己对于人、事、物、信息等各种对象的认知更加客观，尽可能避免自己的认知偏见，从而达到高效沟通的目的。在此基础上，我们也更具体地从倾听与观察、表达、提问这几个重要沟通环节梳理了一些沟通方法与技巧，具有很大的实操价值。

在本章的最后两节，我们分别讨论了家庭经营与教育、企业的经营管理。

在讨论家庭经营时，我们重点讨论了夫妻相处之道，其关键便是通过宽容与尊重，容许另一半步调的不一致。而对于家庭教育，我们也分析了教育的本质与家庭教育的一些具体方法。

在讨论企业的经营管理时，我们重点讨论了企业的经营和企业组织管理的方法。企业的经营可参考本章第四节做事的方法，通过目标管理、PDCA 循环、流程规范管理更高效地实现企业的经营。而对于企业的组织管理，则更多地应该通过体系管理、企业文化管理来实现对员工的激励和发展。

至此，我们系统完成了从内修到外练的具体能力与方法的讨论。只要我们能够建设好我们的能力，灵活运用这些方法，提升自身的思维力、情感力、意志力，实现自我提升与自我完善，那么无论是做事还是做人，无论是处理家庭关系、教育子女，还是做日常工作，都能够更加从容地应对，也可以在世俗生活中更接近德福一致的人生境界。

在具体的方法运用中，我们同样需要顺应平衡之道。从系统角度来看，次优化与中央控制都不是最好的结果。我们只有在次优化与中央控制之间寻求平衡，既保证系统的整体目标的实现，又保障子系统或要素的自由度，维持子系统或要素的活力，实现系统和子系统或要素的协调组织，才能实现系统动态的存续与发展。在了解了我们所关心的系统的本性以及平衡之道以后，我们在方法上，毫无疑问将更加地运用自如、自信从容。

最后，内修与外练是相互促进的关系，而不是彼此孤立的关系。我们运用能力，提升我们做事、沟通的成效。我们通过学习、实践磨炼提升我们的思维力、情感力、意志力、学习力等各种能力。如此这般，形成一个积极的增强型反馈系统，让我们越来越优秀，最终走向德福一致；让我们身处的世界越来越好，从而走向和谐发展。

基于此，如果我们将自己的生命融入人类社会的发展与进步中，那么正是前文所说的对道德的追寻。当然，与此同时，我们也要保证我们每个人作为系统的平衡，那么幸福必然是我们人生追求的重要部分。由此形成了人们在世俗生活中对于德福一致的追求。而如果我们将自己的生命融入整个生命的延续与进化中，融入对万物演化的探索中，那么正是我们前文所说的对真理的追求。当然，由于人具有的第一性与第二性，从而产生了人们对于自由的追求，进而形成了对于真理和自由的更高追求。这样的理解，正是对前文我们所讨论的，对于在世俗生活中德福一致的追求以及更高层次的真理和自由的追求的另一种合理的解释。从本质上来讲，对于德福一致的追求是在追求人类社会的和谐，是在创造真正的大同世界。而对于真理与自由的追求，则是在创造更加和谐的生命世界，乃至更加和谐的万物世界。

从冯友兰先生关于人的境界理论来说，以上的两种追求，基本对应了冯友兰先生的道德境界与天地境界，是一种道德的追求，甚至是超越自我的追求。

那么，亲爱的读者，您想要什么样的人生追求呢？

# 后　记

至此，我们终于完成了我们的认知探险之旅，来到了这次旅途的山巅之上。我们可以从容地回首走过的路，回忆我们认知探险之旅在思想地图上留下的每个新的路标。空间变换理论、动态多宇宙理论、生命蕴能理论、第一反馈机制、第二反馈机制、理性人性论、心理行为关系模型、道德的理性起源，这一个个新路标直观地将我们的认知之路串联起来，形成了新的思想地图。我们也可以轻松地找到每一套理论在万物演化、生命进化、人类社会发展各个阶段所处的位置。我们可以自豪地说一声，我们的认知探险之旅充实而富足。

但是，我们的生活却并没有结束。

每个人都想过好这一生。我们都想有舒适的居所、便捷的交通、充足的食物、完善的医疗、自由的生活空间。我们很难脱离对于物质、财富、地位、功名的追求和不同层次的需求。我们都想获得幸福的人生。

但幸福的生活其实并不容易，我们所处的世界也并非完美。

另一方面，即使我们现在取得了事业上巨大的成功，已经获得了富足的生活，我们也没有任何理由傲慢，更不应贪婪。

事实上，我们所有的语言与行为，从根本上来说都是自然规律下物质相互作用或信息相互作用的表现，我们完全没必要认为自己多么聪明、无所不能。作为社会化的个体，我们绝大多数认知与行为都是源自以信息因果论为基础的社会环境影响，我们的独特性也只不过像人体在遗传中碱基对变异造成的一个差异一样，只是物质世界对我们的影响所致。

进一步看，当我们面对数百亿光年浩瀚无垠的宇宙，相比于本性与天道规律作用下的物质世界，我们是如此渺小，如此微不足道，我们的意志是那么自然却又无足轻重。在大自然这个有机体面前，我们只是相互作用下的一粒尘埃。而我们的贪婪也只是生命的本性在我们身上留下的印记，我们真的不是无所不能的生灵。

人们无比坚定地寻找着生命的目的与意义，就像追逐自己尾巴的小狮子，在自我欲望的控制下变得迷失，殊不知生命的意义是我们自己赋予的。很多时候，由于人们忽视了万物运行的规律，忽视了我们自然的本性与永恒的天道，进一步丧失了人作为人的理性，从而丧失了赋予自己生命真意的能力。正如《生命的跃升》前言中说的那样："庸碌的人们，在地球上为了土地、石油等琐事争吵不休，却完全无视于这个飘荡在无尽虚空中、充满生气的瑰宝，就是我们共享的家园。"

我们真正应该做的，是去寻找人性之根本（即理性），并以此为基础赋予自我生命以真意，让自己成为一个真正的人，探寻道，顺应道，坚守道，去追寻世俗生活中的德福一致，甚至去追求超越世俗的真理与自由。

一方面，在世俗生活中我们可以"将此身心奉尘刹，是则名为道德心"。正如钱穆先生所说的一段话："人总有一死，在此短短数十年间，总盼有能感到痛快舒服的一段。这绝不是知识，也不是权力，又不是经济，又不是环境，而是将我内心中所蕴蓄的最高要求发挥出来，而成为道德精神，这决然是人生中最舒服最痛快的一段。"当然，我也绝对相信在理性与道德的浸润下，善良、仁爱、慈悲、公平、正义都能散发出迷人的气息，走向那"最舒服、最痛快"的德福一致。

另一方面，我们当然也可以持超凡脱俗的心态寻找生命超越的境界，寻找那一点点远离世俗的自由，或是无畏地探寻万物之真理、生命之真谛。在这个过程中，我们同样可以获得生命的最高欢愉和心灵的极大震撼。

当然，道德与真理的追求从来不是矛盾的双方。道德是真理之花，同样真理也可以成为解除人类生存苦难的良药和去除愚昧的真经。康德的那句名言："有两种东西，我对它们的思考越是深沉和持久，它们在我心灵中唤起的赞叹和敬畏就会越来越历久弥新，一是我们头顶浩瀚灿烂的星空，一是我们心中崇高的道德法则。"当你越是回味，就越觉得动人心弦。只有如此，生命的价值才可以实现，才可以散发出绚烂的光芒。

最后，当回到我们的人生、我们的日常，有一点是绝不能舍弃的，那就是基于理性的自由选择权利。在大的道德准则作为前提条件下，我们可以有很多人生选择。但是我们到底想过怎样的人生，面对日常到底选择哪一种能力来应对，我们必须内心无比清楚，无比坚定，并做出那个理性的选择。每个人都是一个独特的自我，但是如果丧失了理性选择的权利与意识，那么我们就丧失了自我。每个人的生命只有一次，我们应当照顾好我们的生命，让它做出理性的选择，散发出绚烂的光芒，才不枉此生。

至此，我们的认知探险之旅结束了，但是我们的人生还有很多的可能。当我们看透一切真相，我们依然坚信美好。让我们一同改变认知、进阶能力、重塑习惯、创造价值、追寻美好。让我们在临终的那一刻，也可以坦然地说一声"此心光明"。